Rolf Rüdiger

Telefonüberwachung

videel

ISBN 3-89906-362-7

http://www.videel.de

Gesamtherstellung: videel, Niebüll

Umschlagentwurf: Frank Davidsen, Niebüll
Umschlaggestaltung: Frank Davidsen, Niebüll
Satz und Layout: Patrick Reschke, Leck

Inhalt

Abbildungsverzeichnis

Prolog

Im November 2000 schrieb ein Autorenkollektiv um Prof. Dr. Rolf Ackermann in der unabhängigen Zeitschrift für die kriminalistische Wissenschaft und Praxis ‚Kriminalistik':

„Die ‚Kriminalistische Akustik '(KA) wird fälschlicherweise in der Praxis oft als Sprechererkennung bezeichnet, was erstens nicht einmal der Sprecheridentifizierung als einem Teil der ‚Kriminalistischen Akustik' gerecht wird, da dort die kriminalistische Aufgabe nicht nur in der Erkennung, sondern in den meisten Fällen in der auf Gesetzmäßigkeiten beruhenden eindeutigen Identifikation besteht. Zweitens können unter dem Begriff Sprechererkennung nicht die weit über die Sprecheridentifizierung hinausgehenden Aufgabenstellungen eingeordnet werden, die das Gebiet der Kriminalistischen Akustik für die Praxis der Kriminalitätsbekämpfung noch zu bieten im Stande ist.“[1]

In der hier vorliegenden Arbeit habe ich kriminalakustische Elemente auf die Erfassung und Auswertung von Telefonüberwachungen (TÜ) übertragen, weil ich der Ansicht bin, dass die KA eben das für die Praxis bietet. Der erfassende und auswertende Sachbearbeiter von Telefonüberwachungen hätte durchaus die Möglichkeit, operative Maßnahmen nach §§ 100 a/b StPO effizienter und effektiver durchzuführen.
Weil es eine Ausbildung auf diesem Sektor bisher nicht gibt, werden Telefonüberwachungen in Berlin seit 1990 von Laien bearbeitet. Bis etwa Mitte 1999 bin ich leitender Zollfahnder einer Gemeinsamen Ermittlungsgruppe Rauschgift gewesen und kann das zumindest für den Bereich der Rauschgiftkriminalitätsbekämpfung beurteilen. Über die Zeit danach enthalte ich mich eines Urteils, aber allzu viel hat sich nach Angaben von noch aktiven Bekannten seitdem nicht getan.
Unter der Überschrift:

„Ermittlungsflop im größten deutschen Zigarettenschmuggel-Verfahren“?

brachte das Wochenmagazin der Spiegel in seiner Nr. 30/2002 den nachfolgenden Artikel:

„Das größte deutsche Ermittlungsverfahren gegen Zigarettenschmuggler droht zumindest teilweise zu platzen. Mehr als 100 Beschuldigte sollen dabei einen Steuerschaden von 300 Millionen Euro angerichtet haben. Die Ermittlungen dauerten knapp zwei Jahre, 230 Telefonanschlüsse wurden abgehört. Ein ‚spektakulärer Erfolg' der ‚deutschlandweit größten jemals durchgeführten Durchsuchungs- und Festnahmeaktion', rühmte

[1] Ackermann, Prof. Dr. Rolf et. al.. Zum Stellenwert der Kriminalistik, -Teil 3- in Zeitschrift „Kriminalistik“ 11/00, Seiten 731 ff

das Zollfahndungsamt Hamburg ihre Aktion nach der Verhaftung von 13 Verdächtigen und der Beschlagnahme von Bargeld im Wert von mehr als fünf Millionen Euro am 29. Januar dieses Jahres. Das Hanseatische Oberlandesgericht (OLG)hat nun allerdings etliche der 230 Telefonüberwachungen für rechtswidrig erklärt, deshalb droht den Ermittlern ein spektakulärer Flop. Größtenteils hatte die Staatsanwaltschaft ihre Anträge auf Telefonüberwachung mit dem Verdacht auf Steuerhehlerei in Tateinheit mit Geldwäsche begründet. Bei Geldwäsche ist das Abhören zulässig, bei Steuerhehlerei nicht. Da aber, so das OLG, laut Bundesgerichtshof niemand wegen Geldwäsche bestraft werden kann, wenn er auch die Vortat, in diesem Fall Steuerhehlerei, begangen hat, hätte die Telefonüberwachung nicht genehmigt werden dürfen. Der erste mutmaßliche Zigarettenschmuggler musste deshalb bereits aus der U-Haft entlassen werden, weil alle ihm vorgeworfenen Taten auf Erkenntnissen der laut OLG rechtswidrigen Abhörmaßnahme beruhten“.

Das Beispiel macht Wissensmängel selbst gestandener Damen und Herren von der Staatsanwaltschaft deutlich.

In den vergangenen Jahren habe ich mich beobachtend hinter meine Kollegen gestellt und den Entschluss gefasst, alles Interessante über das Thema zusammenzutragen und aufzuschreiben. Ich habe in den Bibliotheken, staatlichen Archiven, im Internet wie auch im Archiv der Beauftragten für die Unterlagen der ehemaligen Staatssicherheit der DDR nach Material gesucht und bin fündig geworden.

Vielleicht kann diese Arbeit zu einem besseren Verständnis für die Schwierigkeiten führen, wie sie mit der Bearbeitung von TÜ – Maßnahmen verbunden sind. Sie sollte darüber hinaus bei den Verantwortlichen den Willen wecken, ihre Kriminalitätsbekämpfer gut ausgebildet von der Leine zu lassen.

Das Göring‘sche Forschungsamt (FA) beim Reichsluftfahrtministerium[2] hat bei seinen Datenerfassern und –auswertern Universitätsbildung vorausgesetzt und in den späten Jahren seines Bestehens auch Auswerterschulen eingerichtet.[3]

Dem Einwand, man könne einen geheimen Dienst wie das ehemalige FA nicht mit der auf legaler Basis arbeitenden Kriminalpolizei vergleichen, halte ich entgegen, dass die amerikanische Bundespolizeibehörde FBI[4] ihre Erfolge einer universitären - nicht nur juristischen -, Ausbildung, einer hohen Berufsauffassung seiner Angehörigen und verfemten geheimdienstlichen Methoden verdankt.

Nur in der seit dem 3. Oktober 1990 bestehenden Bundesrepublik Deutschland konnte man sich entgegen der Auffassung etlicher Fachleute leisten, den einzigartig dastehenden Lehrstuhl für Kriminalistik an der Humboldt – Universität zu Berlin abzuwickeln.

---

[2] Unter dieser Bezeichnung entwickelte sich in Deutschland bis zum Ende des Zweiten Weltkrieges der geheimste Nachrichtendienst des Reiches.

[3] Vergleiche auch Kittel, „das Forschungsamt“.

[4] Federal Bureau of Investigations.

Vorwort

Die Ausführungen umreißen im wesentlichen die Geschichte der Datenfernübertragung, die Geschichte des Postgeheimnisses im weitesten Sinne, die rechtlichen Grundlagen von Telefonüberwachungen (TÜ) und die nichttechnische kriminalistische Auswertung audiophonetisch erlangter Informationen im Rahmen von TÜ. Einige historische Beispiele für den gelungenen Einsatz von Datenfernübertragung sollen einen Blick auf längst vergangene Zeiten und deren Möglichkeiten bei der Verbrechensbekämpfung ermöglichen. In diesem Zusammenhang wurde der Fall Tetzner über den eigentlichen Rahmen der Arbeit hinausgehend betont, weil er vermutlich bei den meisten Kriminalisten Neugier wecken dürfte. Deshalb findet der interessierte Leser im Anhang weitere Aktenauszüge zu diesem in den zwanziger Jahren des vorigen Jahrhunderts einmaligen Fall.

Bei der Untersuchung von TÜ – Maßnahmen hat den Verfasser insbesondere das Problem des staatlichen Sicherheitsanspruches interessiert, womit die Erhaltung der politischen Macht gemeint ist. Die Nationalsozialisten hebelten die Weimarer Reichsverfassung (WRV) mittels des Gesetzes zum Schutze von Volk und Staat aus, nutzten aber die sich aus dem Wegfall des Telefongeheimnisses (§117 WRV) ergebenden Möglichkeiten der Kriminalitätsbekämpfung in sehr geringem Umfange.

Der demokratische deutsche Staat hat sich hingegen eine äußerst brauchbare Gesetzgebung geschaffen, die den wechselnden politischen Mehrheiten grundgesetzlich garantiert für die Kriminalitätsbekämpfung zur Verfügung steht.

Die Rechtsgrundlagen von TÜ sind überarbeitet worden. Der Verfasser ist für jeden Hinweis auf eventuell übersehene Änderungen des Rechts dankbar.

Den Schwerpunkt der Arbeit bilden die Planung und Vorbereitung, das Erfassen, Auswerten und Umsetzen von TÜ. In diesem Rahmen war das Ansprechen der Dolmetscherproblematik unbedingt erforderlich.

Dem Praktiker soll die gründliche Untersuchung einer deutschsprachigen TÜ unter Berücksichtigung kriminalakustischer Aspekte und unter dem Blickwinkel des Erfassens und Auswertens bei der Bearbeitung von TÜ helfen.

Um Persönlichkeitsrechte zu schützen, wurden Namen geändert.

Die Bilder des Abbildungsverzeichnisses habe ich von käuflich erworbenen Postkarten des Postmuseums Berlin (damals hatte es seinen Sitz noch an der Urania) gescannt und teilweise mit eigenen Texten versehen. Am 22. Oktober 2002 sprach ich mit Herrn Stolze vom Museum für Kommunikation (früher Postmuseum) wegen eventuell ins Haus stehender urheberrechtlicher Schwierigkeiten. Weil ich die Postkarten selbst nicht mehr im Besitz habe, konnte ich mich nicht an den/die eigentlichen Urheber wenden. Herr Stolze riet mir, nötigenfalls auf das Telefonat mit ihm zu verweisen. Für seine Hilfe danke ich ihm hiermit aufrichtig.

Bei der Suche im Zentralarchiv der Bundesbeauftragten für die Unterlagen des Staatssicherheitsdienstes der ehemaligen DDR habe ich mich rührender Unterstützung meines Betreuers, des Herrn Gerd Petzold aus Berlin, erfreut. Ihm gilt mein besonderer Dank.

Kapitel 01

Ein kurzer Abriss der Nachrichtenübermittlung

Die Nachrichtenübermittlung hat die Kreativität der Menschheit seit Beginn ihres Bestehens angeregt. Übermittelt werden aus philosophischer Sicht Nachrichtenelemente (Zeichen), die von einer Informationsquelle durch einen Auswahlvorgang erzeugt, von einem Sender aus einer statischen Signalform (z.B. gedruckte Zeichen) in eine dynamische Signalform (z. B. Töne, Rauchzeichen, elektrische Impulse) umgesetzt und in dieser Form von einem Empfänger beobachtet bzw. aufgenommen werden[5].
Im kriminalistischen Bereich werden Informationen aus dem Bereich der Verhütung, Verhinderung, Aufdeckung und Aufklärung von Straftaten und anderer kriminalistisch relevanter Ereignisse übermittelt. Dazu bedienen sich die Ermittler unterschiedlichster Informationsspeicher und -syteme, die einer laufenden technischen und rechtlichen Entwicklung unterworfen waren und sind. Kriminelle wissen sich des Nachrichtenpotentials ohne Bindung an rechtliche Auflagen in der Regel noch besser zu bedienen.
Dabei haben die „Telekommunikations- und Computertechnik“ sowohl für Ermittler als auch Kriminelle eine überragende Bedeutung gewonnen.
Der Begriff „Telephonieren“ ist den griechischen Wörtern tele (fern) und phon. (Ton, Laut) entlehnt. Die Lexika verweisen unter „Telefonieren“ in der Regel auf „Fernsprechen“ und definieren letzteren Begriff als die auf elektrischem Wege erfolgende Übermittlung von Sprache.
Das „Fernsprechen“ und das nicht immer und überall grundgesetzlich geschützte „Fernmeldegeheimnis“ sowie die in modernen demokratischen Rechtsstaaten das Fernmeldegeheimnis gesetzlich kontrolliert einschränkende, „Telefon- oder auch Fernmeldeüberwachung“ sind wesentlich vom Bereich der Kommunikations- und Medientechnik geprägt. Moderne Kommunikations- und Medientechnik entwickelte sich aus der mechanisch- optischen und der elektrischen Telegraphie und Telephonie[6].
Die schnelle Übermittlung von Nachrichten war politisch und militärisch immer notwendig, fand aber auch im privaten Bereich interessierte Nutzer. 490 v. Chr. siegte ein athenisches Heer in der Ebene von Marathon über persische Truppen. Die Legende besagt, dass die passiv am Krieg beteiligten, zu Hause weilenden Frauen und Männer Athens durch die Nachricht eines Läufers über die Ungewissheit ihres Schicksals befreit worden sein sollen, der „Sieg, Sieg, Sieg“ schrie, bevor er auf dem Marktplatz des Ortes das Zeitliche segnete. Wenn die Saga vom Langläufer wahr ist, scheint einerseits der Kurier nicht seinen besten Tag erwischt zu haben, andererseits schilderte der griechische Barde Aischylos 458 vor Christus in seinem Theaterstück „Agamem-

[5] Vgl. Philosophisches Wörterbuch Teil 1, Seite 569.
[6] Zur Geschichte mechanisch-optisch -elektrischer Telegraphie und der Telefonie vgl. „Chronik der Technik“, Bertelsmann Lexikon Verlag GmbH, Bertelsmann Electronic Publishing, Gütersloh, München 1995.

non“, dass selbiger griechische Heerführer schon 1184 v.Chr. seiner Ehefrau Klytämnestra mit Hilfe einer Kette von neun Signalfeuern die Nachricht vom Fall der Stadt Troja gesendet hat. Die Länge dieser Telegraphenlinie zwischen Troja in Kleinasien und Argos auf dem Peloponnes wird unterschiedlich angegeben: Es ist von 454 km, aber auch von 800 km die Rede. Je nach Linienführung wären beide Entfernungen denkbar. Die einzelnen Fackelstationen lagen auf weithin sichtbaren Hügeln. Mit Hilfe von Rauchsignalen wurden die Nachrichten von Station zu Station übermittelt. Man verbrannte Substanzen, die einen starken Rauch entwickelten, z.B. mit Pech und Harzen getränkte Reiser oder alte Schiffstaue. Offenbar geriet diese Art der Nachrichtenübermittlung im Verlauf der Jahrhunderte in Vergessenheit. So kam es, dass der Läufer zwar sein Ziel erreichte, aber die Toten des Schlachtfeldes um plus 1 vermehrte. Ohne Zweifel ein Manko hinsichtlich der militärisch-taktischen Fähigkeiten der später Geborenen.

Sie haben jedoch aus diesem tragischen Ereignis Lehren gezogen, denn um 450 v.Chr. erfanden die Griechen Kleoxenos und Demoklitos die Telegraphie, die „Fernschrift“ (griech. tele = fern, graphein = schreiben). Sie teilten das Alphabet in fünf Gruppen zu je fünf Buchstaben ein und übermitteln diese in zwei aufeinanderfolgenden Phasen durch je fünf Rauch- oder Fackelzeichen. Praktisch läßt sich dieses Verfahren realisieren, wenn ein Fackelträger mit zwei Fackeln operierte. Eine bis fünf Hebungen des einen Arms geben eine Buchstabengruppe an, die Hebungen des anderen Arms bestimmen eindeutig den Platz des einzelnen Buchstaben innerhalb der Gruppe. 250 Jahre später soll Polybios diesen Fackeltelegraphen erneut vorgeschlagen haben.

Die neue Art der Telegraphie unterschied sich qualitativ von der des Agamemnon, denn jetzt hätte der seinem liebenden Weib nicht nur die zuvor abgesprochene Nachricht über Sieg oder Niederlage, sondern auch die Geschichte vom hölzernen Pferd, wenn auch technisch bedingt langsamer, zukommen lassen können[7].

Anfang des 4. Jahrhunderts vor Christus nutzte Hannibal bei seinem Sizilienfeldzug einen Synchrontelegraphen, um sich mit Nachschub aus Karthago versorgen zu lassen. Sender und Empfänger verfügten jeweils über eine Wasseruhr der ägyptischen Art, auf der die Nachrichten verzeichnet waren. Start und Stop des Wasserflusses wurden über Fackeln signalisiert[8].

Über einen ähnlich betriebenen optisch- hydraulischen Telegrafen berichtete Äneas der Taktiker in seinem Buch „Von der Belagerungskunst“ um 360 vor Christus. Seine Erfindung basierte auf der Idee, Nachrichten nach Fackeleinsatz später ablesen zu können. Er stellte an zwei Telegrafenstationen gleich große, mit gleichartigen Hähnen aus-

---

[7] Sicherlich sind die seit dem 17. Jahrhundert und auch in der Neuzeit verwendeten Signalflaggen auf See, Trommelsignale beim Militär und Trommelsignale in Afrika auf griechische telegraphische Erkenntnisse zurückzuführen. Die indianischen Ureinwohner Nordamerikas verwendeten zur Nachrichtenübermittlung Rauchsignale, die sie vermutlich eigener Kreativität zu verdanken hatten.

[8] Astrid Schürmann. „Kommunikation in der antiken Gesellschaft.“ Soweit das Auge reicht, Seiten 13-14.

gestattete Wassergefäße auf. Mit einer Fackel wurden Signale zum Öffnen und Wiederschließen der Hähne gegeben. In der so festgesetzten Zeit sank der Wasserspiegel bis zu bestimmten Marken, denen gewisse, zuvor abgesprochene Nachrichten zugeordnet waren. Zwar ließen sich so nicht beliebige Nachrichten übermitteln, aber die Anzahl war größer als beim Fackeltelegraphen.

Um 150 v.Chr. betrieben die Römer ein Rauchtelegraphennetz von insgesamt 3000 römischen Meilen (4500 km) Ausdehnung. Dabei handelt es sich um ein optisches Signalnetz, das nur mit zuvor festgelegten Rauchzeichen, nicht mit frei formulierbaren Nachrichten arbeitete. Die Übermittlung einzelner Buchstaben mit Hilfe der Rauchtelegraphie wäre zu zeitaufwendig gewesen. Längs der Telegraphenlinien standen jeweils auf Sichtweite voneinander entfernt Telegraphentürme, in denen Raucherzeuger untergebracht waren. Jeder Turm besaß ein Rohr, das seitlich über das Dach in die Höhe ragte. Aus ihm quoll der Rauch hoch in die Luft. Hunderte derartige Türme gehörten zum römischen Telegraphennetz, das wegen der schnellen Übermittlungsmöglichkeit von Nachrichten wesentlich zur Regierbarkeit des sich schnell ausdehnenden Reiches beitrug. Jeder dieser Türme war ständig von einer Wache besetzt und arbeitete in beiden Richtungen.

650 Jahre später teilt uns der römische Militärschriftsteller Flavius Vegetius Renatus in seiner „Abhandlung über die Kriegskunst“ mit, dass die Römer die Rauchtelegraphen als militärisch - taktische Einrichtung durch „Semaphoren“, sogenannte Balkentelegraphen, ersetzt hatten.

Bevor die französischen Gebrüder Chappe sie 1792 neu erfanden, schlug 1579 der italienische Architekt Giacomo Della Porta vor, die menschliche Stimme durch Röhren über weite Entfernungen fortzuleiten. Diese „akustische Telegraphie“ beruhte nur zum Teil auf der Schallfortleitung im Innern der Röhre. Wesentlich ist die Übertragung der Schallwelle in der Röhrenwandung als sog. Körperschall. Die Schallgeschwindigkeit in Festkörpern ist viel höher als in Luft (z.B. 5100 m/s in Eisen gegenüber rund 332 m/s in Luft). Das bedeutet bei gleicher Frequenz eine entsprechend größere Wellenlänge, woraus eine größere Reichweite resultiert. Es blieb beim nicht zeitgemäßen Vorschlag.

Claude und Ignace Urbain Chappe aus Frankreich entwickelten gemeinsam mit den Ingenieuren Delaunay und Breguet ein optisches Telegraphensystem, welches sich in Europa in unterschiedlichsten Variationen bis weit in die Mitte des 1900 Jahrhunderts bewähren sollte. Claude Chappe stellte 1793 das fertig konzipierte System dem Konvent der jungen französischen Republik vor. Er hatte in Frankfurt am Main Modelle von Türmen bauen lassen, die er wie die Römer „Semaphoren“ nannte. Auf deren Spitzen repräsentierten bewegliche Arme durch ihre Stellung Zahlen und Zeichen, aus denen Wörter und Sätze gebildet werden konnten. Noch 1793 begannen die Arbeiten an der ersten Flügeltelegraphenstrecke zwischen Paris und Lilie, 1794 wurde die Strecke mit 22 Zwischenstationen eingeweiht. Ein Signal überwand die Entfernung von 20 km in 2 Minuten.

Von nun an schritt die Installation von optischen Telegraphenlinien in Europa rasch voran. Schon 1794 errichtete der Mechaniker Böckmann die erste Linie Deutschlands von Karlsruhe aus, nachdem hier bereits 1755 Prof. Bergsträsser ein optisches Telegraphennetz vorgeschlagen hatte. Böckmanns Linie nahm am 22. November 1794 den Dienst auf.

Preußen eröffnete die erste optische Telegraphenlinie 1832 von Berlin nach Trier. Sowohl in Frankreich als auch in den deutschen Ländern diente die neue Technik nur der Übermittlung politischer und militärischer Nachrichten.

Die Errichtung der Türme, ihre Instandhaltung und die Bezahlung des Personals verursachten erhebliche Kosten. Als Napoleon 1799 per Staatsstreich an die Macht gelangte, wies das Telegrafenbudget einen Schuldenberg von mehr als 500.000 Francs aus. Die laufenden Unterhaltungskosten schätzte der erste Konsul als zu hoch ein. Die Gebrüder Chappe kamen in eine verzweifelte Lage, weil Napoleon die Ausgaben auf 150.000 Francs begrenzte. „(Sie) schlagen daher eine kommerzielle Nutzung des Telegrafen vor. In einem Bericht vom 7. Dezember 1800 stellen sie verschiedene Lösungen vor: Nutzung des Telegrafen als Presseagentur, als Hilfsmittel des Handels und der Banken oder, um die Ergebnisse der nationalen Lotterie zu übertragen, denn: - indem der Telegraf gleichzeitig in Paris, Straßburg und Brüssel die Ergebnisse der verschiedenen Ziehungen bekannt gibt, bringt er damit alle unerlaubten Etablissements zum Erliegen, die sich im Zeitraum der zwischen der Schließung (dem Absenden und der Ziehung) bis zur Veröffentlichung (nach der Übermittlung durch die Post) der gezogenen Zahlen verstreicht, (in den offiziellen Lotterieannahmestellen) verbergen.

Napoleon geht auf diese Argumentation nicht ein. Die Baustelle der Linie nach Italien ist zum Stillstand gebracht. Die Linien von Lille und Straßburg werden im September 1802 geschlossen. Aber die Verwalter der nationalen Lotterie intervenieren, nachdem sie berechnet haben, dass die telegrafische Übertragung der Ergebnisse ihre Erträge deutlich erhöhen kann. Am 28. Januar 1803 wird die Wiedereröffnung der existierenden Linien - auf Kosten der Lotterie - beschlossen, wie auch die Verlängerung der Linien Paris - Lille bis nach Brüssel[9].“

Wenn auch im Altertum und im Frankreich Napoleons die Telegrafenlinien staatspolitischen oder militärischen Zwecken dienten, gab es auch Versuche, den Telegrafen kommerziell zu nutzen.

„(Die kaufmännische Erkenntnis, dass Zeit Geld bedeutet), führte in den Hansestädten Bremen und Hamburg zu Überlegungen, wie man früher als bisher erfahren könnte, welche Schiffe von See her in die Weser beziehungsweise in die Elbe eingelaufen waren. Dann ließen sich unwirtschaftliche Liegezeiten für die Schiffe in den Häfen vermeiden. Von Cuxhaven bis Hamburg hatten die Schiffe noch eine Strecke von rund 100 Kilometern zurückzulegen. Zeit genug für die Reedereien und Importfirmen, um bei rascher

[9] Charbon, Paul. „Entstehung und Entwicklung des Chappeschen Telegrafennetzes in Frankreich.“ Soweit das Auge reicht, Seite 40.

Benachrichtigung alle Vorbereitungen zur Entladung der Schiffe, zur Lagerung oder zum Versand der Güter zu treffen. So reiste im Jahre 1796 im Auftrag des Hamburger Senats eine Delegation unter der Leitung des Domherrn Dr. Franz Joh. Lorenz Meyer nach Paris, um den dortigen Telegrafen auf seine Verwendbarkeit für den Schiffsmeldedienst sowie für den allgemeinen Nachrichtenverkehr zu studieren.
Nach seiner Rückkehr befürwortete Meyer in Vortrag und Schrift die Anlage eines optischen Telegrafen nach dem französischen Vorbild. „Die zur Prüfung des Projekts eingesetzte Kommission kam jedoch zum Ergebnis, dass die hohen Kosten für Errichtung und Betrieb einer optischen Telegrafenlinie deren Nutzen überwiegen würden und lehnte daher das Projekt ab. ... . Einige Jahre, nachdem Preußen die optische Telegrafenlinie von Berlin nach Koblenz in Betrieb genommen hatte", stellte 1835 der Altonaer Kaufmann und Weinessigfabrikant Johann Ludwig Schmidt den „Antrag auf Genehmigung für den Bau einer optischen Telegrafenlinie für den Schiffsmeldeverkehr von Hamburg nach Cuxhaven."[10] Schmidt war offensichtlich Idealist und ließ sich auch nicht entmutigen, als die Commerzdeputation dem Unternehmen ein „baldiges unrühmliches Ende prophezeite. ... Als von den insgesamt aufgelegten 120 Aktien nur 15 verkauft werden konnten, übernahm er den Rest. Der Senat[11] war zunächst nicht bereit, das Projekt finanziell zu unterstützen[12]." Schmidt verbitterte nach dem Ausscheiden seines überaus befähigten Inspektors Gehrke, der dem Unternehmen aufgrund seines Einschreitens gegen Unpünktlichkeit und Nachlässigkeit eine angemessene Kapitalverzinsung beschert hatte. Als schließlich die mechanisch- optische- der elektromagnetischen Telegrafie weichen musste, ging das Unternehmen 1849 in Konkurs. Schmidts rührende Versuche über die Propagierung eines Volkstelegrafen und die Erinnerung an die Meriten des Telegrafen während des großen Brandes in Hamburg 1842 hielten das Schicksal nicht auf. Schmidt starb ruiniert.
1796 ging die erste englische Linie zwischen Dover und Portsmouth in Betrieb. 1798 entstanden in Frankreich und Deutschland zwei längere Überlandlinien. Die Brüder Chappe eröffneten eine Semaphoren-Strecke zwischen Paris und Straßburg und verbanden insgesamt 29 französische Städte über 534 Stationen. In Deutschland wurde als erste längere Telegraphenlinie die Verbindung Berlin - Frankfurt am Main eingerichtet.
Schon im Jahre 1809 baute Samuel Thomas von Sömmerring in München einen elektrischen Telegraphen, mit dem es gelang, über größere Entfernungen Nachrichten zu übermitteln. Das Gerät konnte sich wegen seines komplizierten Aufbaus praktisch nicht durchzusetzen. Es benötigte nicht weniger als 35 Übertragungsdrähte.

---

[10] Wessel, Horst A. „Die optische Telegrafenlinie von Hamburg nach Cuxhaven." Soweit das Auge reicht, Seiten 205

[11] Man kann durchaus festhalten, dass die Hamburger Kaufmannschaft sich nach dem Motto verhielt, „wasch mir den Pelz, aber mach mich nicht nass".

[12] Wessel, Horst A. Ebenda.

Sömmerring übernahm das technische Prinzip von Francisco Salva, der es bereits 1804 in Barcelona erfand und realisierte. Sömmerring verwendete lediglich stärkere Batterien und konnte deshalb eine 3,5 km lange Strecke überbrücken. Salvas Telegraph benutzte für jeden Buchstaben eine eigene elektrische Leitung sowie eine gemeinsame Rückleitung. Jeder Draht war mit einer Elektrode verbunden, die in einem Glasröhrchen mit angesäuertem Wasser steckte. Die zweiten Elektroden aller Gläser waren gemeinsam an die Rückleitung angeschlossen. Gab Salva auf eine bestimmte Leitung einen Stromstoß, dann führte das am anderen Ende zu einer Elektrolyse: Im zugehörigen Röhrchen stiegen Gasblasen auf und wiesen damit auf den übertragenen Buchstaben hin.

Das relativ umständliche Verfahren, bei dem hauptsächlich das Zeichenerkennen sehr langwierig war, fand erstaunlicherweise außer Sömmerring noch zahlreiche weitere Nachahmer.

1820 schufen der Däne Hans Christian Orsted, der Franzose André Marje Ampère und der Deutsche Johann Salomo Christoph Schweigger mit aufeinander aufbauenden Erkenntnissen die Grundlagen des elektromotorischen Prinzips und damit zugleich der Strom-Meßtechnik[13]. Auf ihren Erkenntnissen basierend, bauten die Göttinger Professoren Carl Friedrich Gauß und Wilhelm Eduard Weber in der Sternwarte der Universität und im etwa 2,7 km entfernten Physikalischen Institut den vom russischen Diplomaten Baron Pawel Schilling in Berlin konstruierte Nadeltelegraphen auf.

In einem Brief vom 20. November 1833 an seinen Freund Olbers beschreibt Gauß die Göttinger Telegraphenanlage so: „Ich weiß nicht, ob ich Ihnen schon früher von einer großartigen Vorrichtung, die wir hier gemacht haben, schrieb. Es ist eine galvanische Kette zwischen der Sternwarte und dem physikalischen Kabinett durch Drähte in der Luft über die Häuser weg oben zum Johannisturm hinauf und wieder herab gezogen. Die ganze Drahtlänge wird etwa 8600 Fuß sein. An beiden Enden ist sie mit einem Schweiggerschen Multiplikator (1820) verbunden, bei mir von 170 Gewinden, bei Weber im physikalischen Kabinett von 50 Gewinden, beide um einpfündige Magnetnadeln geführt, die nach meinen Einrichtungen aufgehängt sind. Ich habe eine einfache Vor-

[13] Orsted machte zunächst die Entdeckung, dass eine geschlossene stromdurchflossene Leiterschleife eine Kraftwirkung auf Magnetnadeln ausübt. Salomo Schweigger, der die Orstedschen Experimente wiederholt, fand heraus, dass sich die Ablenkung der Magnetnadel verstärkte, wenn man statt eines einzelnen Drahtrings, wie ihn Orsted verwendete, viele Drahtwindungen um die Magnetnadel legte. Er sprach vom Multiplikatorprinzip. Damit ließen sich erstmals auch ganz schwache Ströme erkennen und messen.

In Weiterführung der Orstedschen Versuche entdeckte Ampère, dass sich stromführende Leiter durch in die Nähe gebrachte Magnete bewegen lassen und dass darüber hinaus auch zwei stromführende Leiter aufeinander Magnetkräfte ausübten. Er wies nach, dass sich jeder Magnet durch geeignete stromdurchflossene Leiteranordnungen ersetzen lässt und umgekehrt jeder stromdurchflossene Leiter durch passend gewählte Magneten. Für den Ausschlag der Magnetnadel unter dem Einfluss elektrischer Ströme leitete Ampère eine mathematische Gesetzmäßigkeit her (die sog. »Ampèresche Schwimmerregel«). Ampère dachte auch an die Möglichkeit, durch elektrischen Strom Magnetnadeln auszulenken und auf dieser Basis einen Telegraphen zu konstruieren.

richtung ausgedacht, wodurch ich augenblicklich die Richtung des Stromes umkehren kann, die ich Kommutator nenne.
Wenn ich so taktmäßig an meiner galvanischen Säule operiere, so wird in sehr kurzer Zeit die Bewegung der Nadel im physikalischen Kabinett so stark, dass sie an eine Glocke anschlägt, hörbar in einem anderen Zimmer. Dies ist jedoch mehr Spielerei. Die Absicht ist, dass die Bewegungen gesehen werden sollen, wo die äußerste Akkuratesse, d.h. Genauigkeit erreicht werden kann.
Wir haben diese Vorrichtung bereits zu telegraphischen Versuchen gebraucht, die sehr gut mit ganzen Wörtern oder kleineren Phrasen gelungen sind.
Diese Art zu telegraphieren hat das Angenehme, dass sie von Wetter und Tageszeit ganz unabhängig ist. Jeder, der das Zeichen gibt und der dasselbe empfängt, bleibt in seinem Zimmer, wenn er will, bei verschlossenen Fensterläden. Ich bin überzeugt, dass bei Anwendung von hinlänglich starken Drähten auf diese Weise mit einem Schlage von Göttingen nach Hannover oder von Hannover nach Göttingen telegraphiert werden könnte."
Den eigentlichen Durchbruch bei der elektrischen Telegraphie erzielte der US-Amerikaner Morse[14] 1840 mit der Schaffung seines eigenen Telegraphenalphabets. Dabei beteiligte sich Morse mit großem Erfolg an einem im Februar 1837 vom US-amerikanischen Kongreß ausgeschriebenen Wettbewerb für einen mechanisch-optischen Telegraphen. Zunächst stellte er ein unvollkommenes Modell eines schreibenden Telegraphen aus Teilen einer Malerstaffelei und einer Wanduhr vor. Die Zeichen wurden ausgesendet, indem man mit Zeichentypen besetzte Schienen unter einem zweiarmigen Tastenhebel hindurchzog. Im Empfänger zeichnete ein am Anker eines Elektromagneten befestigter Bleistift die Signale auf einem durch ein Uhrwerk bewegten Papierstreifen auf. Nun vereinfacht Morse den Sender durch die später nach ihm benannte Taste, mit der er Buchstaben und Ziffern codiert. Diese „Morsezeichen" bestehen aus Folgen von kurzen und langen Signalen. Ein ähnliches Telegraphenalphabet hatte allerdings schon 1829 der Amerikaner Swain vorgeschlagen. Morses Alphabet wurde 1865 vom Welttelegraphenverein übernommen und in seine endgültige Form gebracht.

---

[14] Morse, Samuel Finley Breeze
US-amerikanischer Erfinder
* 27. April 1791, Charlestown/Massachusetts. T 2. April 1872, Poughkeepsie bei New York.
Morse, Sohn eines Geistlichen, begann seine Laufbahn als Maler, der Landschaftsmotive, Porträts und Historienmalerei bevorzugte und in New York eine Künstlervereinigung gründete. 1832 besuchte er Europa. Auf der Schiffspassage zurück in seine Heimat hörte er Gespräche über Telegraphie, die ihn zu eigenen Konstruktionen auf diesem Gebiet anregten. Er gab 1839 die Malerei auf und meldete seine erste Erfindung des Morse-Alphabets, das die Buchstaben, Ziffern und Satzzeichen als Folge von Punkten und Strichen kodierte, sowie ein geeignetes Übertragungsgerät zum Patent an. Von der Öffentlichkeit ernst genommen wurden seine Erfindungen erst, als 1844 mit einem Morseapparat ein politisches Wahlergebnis von Baltimore nach Washington übertragen wurde und dadurch die Bedeutung der Telegraphie für das Nachrichtenwesen augenfällig wurde.

Mit der Einführung des Morseschen Telegraphenalphabets setzte sich die elektrische Telegraphie rasch international durch. Die Verfechter der etablierten optischen Telegraphennetze verloren ihre Argumente, nachdem Morse im Mai 1844 eine Linie zwischen Baltimore und Washington mit dem historischen Telegramm „What God has Wrought" (wie Großes hat Gott geschaffen) eröffnen konnte. Wenig später waren die USA mit einem Netz von Telegraphendrähten überzogen.
Um die Welt telegraphisch verbinden zu können, bedurfte es der Kabelindustrie. Der deutsche Erfinder und Unternehmer Werner Siemens baute eine Maschine, die Leitungsdrähte mit Guttapercha überzog und dadurch isolierte. Die Kabel waren jedoch gegenüber mechanischen Beschädigungen nicht besonders geschützt. Die Guttaperchahülle scheuerte auf dem Meeresboden auf. Am 28.9.1851 verlegten James und John Brett ein vieradriges Guttaperchatelegraphenkabel zwischen Dover und Sangatte durch den Ärmelkanal. Dieses Kabel war nicht nur mit Guttapercha isoliert, sondern zusätzlich mit Hanf umwickelt und durch einen Eisendrahtmantel geschützt. Am 13 November in Betrieb genommen, leistete es seine Dienste bis in das zwanzigste Jahrhundert hinein. Zwischen 1854 und 1902 verlegte allein die deutsche Telegraphenverwaltung 104 Seekabel, die meisten davon allerdings im deutschen Küstenbereich zu den Nord- und Ostseeinseln. 73 Kabel wurden im selben Zeitabschnitt von italienischen und anderen Gesellschaften im Mittelmeer installiert. 40 Kabel brachte die britische Firma Siemens & Brothers für britische, französische, russische, us-amerikanische, mexikanische, osmanische und andere internationale Telegraphengesellschaften in aller Welt aus. Weltweit sind 1902 rund 380.000 km Seekabel verlegt.
1931 führte die US-amerikanische Firma American Telephon and Telegraph Company das erste Fernschreibnetz für private Teilnehmer ein.
1933 eröffnete das deutsche Postministerium das „Telexnetz". Jeder konnte einen Anschluss beantragen. Die Geräte mussten privat beschafft werden, wurden aber von der Post an das posteigene Netzwerk angeschlossen.
Die drahtgebundene Telegraphie wurde von der drahtlosen Telegraphie abgelöst. 1880 telegraphierte der amerikanische Physiker Trowbridge in Cambridge (USA) drahtlos durch elektrodynamische Induktion über eine Entfernung von 1600 m.
Der italienische Physiker und Ingenieur Marconi[15] begann seine weltverändernde Tätigkeit mit physikalischen Untersuchungen der von James Clerk Maxwell theoretisch beschriebenen und von Heinrich Hertz praktisch entdeckten elektromagnetischen Wellen. Er experimentierte mit den bereits bekannten Sendern und Antennen und verbesserte sie erheblich. 1896 zog Marconi nach Großbritannien, wo seine Arbeiten staatlich subventioniert wurden. 1897 gründete er dort „Marconi's Telegraph Compa-

[15] Guglielmo Marchese, geboren am 25. April 1874 in Bologna, gestorben am 20. Juli 1937 in Rom. 1909 wurde Marconi zusammen mit Karl Ferdinand Braun mit dem Nobelpreis für Physik ausgezeichnet.

ny". Er verstand es in publikumswirksamen Aktionen immer wieder, die Weltöffentlichkeit auf seine Arbeit aufmerksam zu machen: 1899 funkte er erstmals über den Ärmelkanal, 1901 überwand er mit seiner drahtlosen Telegraphie den Atlantik (1897). Dieses Vorhaben hatten viele Naturwissenschaftler für unmöglich gehalten, weil sie glaubten, die sich geradlinig ausbreitenden Radiowellen könnten der Erdkrümmung nicht folgen. Auch Marconi selbst konnte sich seinen Erfolg nicht erklären: Ionisierte Schichten in der hohen Atmosphäre hatten die Wellen reflektiert.

Der Übergang vom Telegraphieren zum Telefonieren

„Der Grundgedanke, die menschliche Sprache durch elektrischen Strom zu übertragen, stammt von dem Franzosen Charles Boursel, der in seinem 1852 veröffentlichten Aufsatz „telephonie electrique" diese Möglichkeit theoretisch erörterte."[16]
Als eigentliches Geburtsdatum des Telefonierens wird das Jahr 1876 angesehen, denn am 14.2.1876 meldeten unabhängig voneinander die beiden US-Amerikaner Elisha Gray aus Chicago und der aus Schottland stammende Physiologe Alexander Graham Bell Patente auf neue Telefone an.
Gray hatte sein Gerät im Prinzip schon 1874 erfunden. Sein Geber gleicht dem von Johann Philipp Reis, ist allerdings verbessert durch das von dem Engländer Jeates entwickelte Flüssigkeitsmikrofon. Im Empfänger verwendete Gray eine elektromagnetisch gesteuerte Membran.
Bell arbeitete sowohl im Sender wie im Empfänger mit Membranen, die vor einem mit Drahtwindungen umwickelten Stahlmagneten schwangen. Diese Anordnung war nicht nur einfach, sie machte auch sowohl im Sender wie im Empfänger eine Batterie entbehrlich. Wie Bell selbst berichtete, waren seine ersten Versuche Misserfolge. Erst nach langem Experimentieren fand er die richtigen schwingenden Massen, und der erhoffte Effekt stellte sich ein. Am 2. Juni 1875 gelang es ihm, erstmals einen Ton elektrisch zu übertragen. Neun Monate später - Bell hatte sein Patent schon angemeldet - machten technische Verbesserungen, die in der Patentschrift noch gar nicht berücksichtigt waren, die Übertragung der menschlichen Sprache möglich. Am 10. März 1876 hörte Bells Laborgehilfe Thomas A. Watson in seinem Arbeitszimmer den ersten Satz, der mit Bells Telefon übertragen wurde: „Watson, kommen Sie hierher, ich brauche Sie nötig."
Trotz des technischen Erfolgs blieb das Telefon Bells anfänglich völlig unbeachtet. Als Kommunikationsmittel konnte es sich niemand so recht vorstellen. Sogar auf der Weltausstellung, die 1876 in Philadelphia stattfindet, schenkte man der dort installierten Telefonanlage zunächst kaum Beachtung. Erst als sie der Kaiser von Brasilien entdeckte und sein reges Interesse bekundete, bedachte die Ausstellungsleitung

[16] Postler, Frank. Die historische Entwicklung des Post- und Fernmeldewesens in Deutschland ... . S. 56.

Bells Exponat mit einer goldenen Medaille. Jetzt war Bell zur Weiterentwicklung motiviert. Er experimentierte mit Fernverbindungen. Am 9. Oktober kam ein erstes Gespräch über 3200 m zwischen Boston und Cambridge zustande. Bell bot sein Telefonsystem der US-amerikanischen und der britischen Regierung an. Der humorige Vertreter des britischen Post Office antwortete, dass die Amerikaner vielleicht so ein Ding brauchen könnten, dass die Engländer aber über genügend kleine Jungen verfügten, um schriftliche Mitteilungen zu überbringen.
Im Folgejahr, am 9. Juli 1877, gründete Bell zusammen mit Watson, G. Hubbard und Sanders die „Bell Telephone Company, Gardina G. Hubbard Trustee“ in Boston und nahm die Fertigung von Telefonapparaten in großem Umfang auf. Die Gesellschaft verkaufte die Geräte aber nicht, sondern vermietete sie. Ab 1878 nannte sie sich dann „Bell Telephone Company“, die schließlich 1889 unter Einbeziehung der Grayschen Patentrechte in die am 28. Februar 1885 gegründeten „American Telephone and Telegraph Company“ in New York aufging. Deren Ziel war es, Telefonverbindungen in ganz Nordamerika zu betreiben.
Im Frühjahr 1877 nahm sich in Deutschland Werner Siemens[17] des Bellschen Telefons an, nachdem der deutsche Generalpostmeister Heinrich von Stephan von einem Londoner Telegraphenbeamten Anfang 1877 zwei Bell - Telefone geschenkt bekommen hatte. Da es in Deutschland zur Zeit von Bells Erfindung noch kein einheitliches Patentrecht gab, beschloss er zusammen mit dem Ingenieur und Unternehmer Werner Siemens, den Rechtsschutz zu ignorieren. Siemens verbesserte Bells Telefon technisch und leitete zusammen mit von Stephan dessen Einführung in die Wege. Die Bell - Gesellschaft versuchte, diesen von ihr nicht lizenzierten Nachbau zu verhindern, was ihr aber nicht gelang, denn das erste deutsche Patentgesetz trat erst einige Monate später, am 1. Juni 1877, in Kraft.
Im Zusammenhang mit den Bemühungen Bells, Siemens am nichtlizenzierten Nachbau zu hindern, schrieb Werner von Siemens am 6. November 1877 einen Brief an seinen Bruder Carl: „Werde wohl nächstens ein Telephonpatent beantragen. Wir sind mitten in den Versuchen und ich glaube, wir werden Bell bald sehr übertreffen. Am

[17] Siemens, Werner von, deutscher Erfinder und Unternehmer, geboren am 13. Dezember 1816 in Lenthe/Hannover, gestorben am 6. Dezember 1892 in Berlin. Siemens, dem aus finanziellen Gründen ein Studium versagt blieb, wurde 1838 preußischer Artillerieoffizier. Er glänzte schon während seines Militärdienstes durch zahlreiche Erfindungen auf dem Gebiet der Elektrotechnik. 1841 entwickelte er ein Galvanisierungsverfahren, 1846 einen Zeiger- und Drucktelegraphen und die Isolation elektrischer Kabel durch Guttapercha-Umhüllung, was in der Praxis zum Seekabel führte. Zusammen mit dem Mechaniker Johann Georg Halske gründete er 1847 die „Telegraphen-Bauanstalt Siemens & Halske“ in Berlin, die zur Keimzelle der späteren Weltfirma „Siemens AG“ wurde. Unternehmerisch erfolgreich, verließ Siemens 1849 die Armee und widmete sich nur noch technischen Entwicklungen. 1866 realisierte er die elektrische Dynamomaschine und leitete damit die Ära der industriellen Nutzung der elektrischen Energie ein. Weltweit verlegte seine Firma Telegraphenleitungen und Seekabel. 1879 baute er den Prototyp einer elektrischen Lokomotive, 1880 einen elektrischen Fahrstuhl, 1881 einen elektrischen Straßenbahntriebwagen. 1887 wirkte Siemens an der Gründung der „Physikalisch-Technischen Reichsanstalt“ mit. Ein Jahr später wurde er geadelt.

besten geht noch immer das alte Berliner Weihnachtsmarkt - Telephon, zwei Waldteufel mit den Strippen zusammengebunden (gemeint ist das Fernsprechen über eine straff gespannte feuchte Schnur mit zwei Dosen an den Enden). Das wird seit vielen Jahren in den Weihnachtsbuden verkauft. Wir Esel haben zwar das Wunder des deutlichen Verstehens auf 60 Fuß und mehr Entfernung angestaunt, aber die Sache nicht verfolgt, auch dann nicht, als Reis es elektrisch zu machen versuchte!"[18]

Bereits am 26.10.1861 führte Reis[19] in einer Sitzung der Physikalischen Gesellschaft in Frankfurt am Main das erste - von ihm erfundene - Magnettelefon vor. Das Gerät bestand aus einem Geber und einem Empfänger, die durch zwei Leitungen miteinander verbunden waren. Der Geber war in einfacher Form dem menschlichen Ohr nachgebildet. Als Membran - die dem Trommelfell entsprach - diente eine tierische Blase. Das Mikrophon bildeten zwei federnde Metallstreifen, die so eingestellt waren, dass sie sich bei ausgebauchter Membran leitend berührten. Der Empfänger bestand aus einem schlanken, mit einer Spulenwicklung umgebenen Eisenstab. Durch die Spule floss der sogenannte Sprechstrom. Dieser wurde im Geber dadurch erzeugt, dass der Strom aus einer Batterie über die beiden Metallstreifen geleitet wurde, die ihn beim Besprechen der Membran in Impulse verwandelten. Der Eisenstab im Empfänger wurde durch den Sprechstrom in der Spule zu Longitudinalschwingungen angeregt, die einen leisen Ton verursachten. Diese Erscheinung des „galvanischen Tönens" hatte bereits 1837 Ch. G. Page aus den USA beobachtet, aber nicht näher untersucht. Nach dem Sitzungsbericht des Physikalischen Vereins gelang Reis mit seinem „Telefon" sowohl die Übertragung von Tönen wie auch der menschlichen Stimme, die teilweise gut verständlich war.

Die Firma Siemens & Halske erhielt bereits am 14. Dezember 1877 ein deutsches Patent auf ein von Siemens technisch verbessertes Telefon, bei dem die schwingenden Teile magnetisch im Gleichgewicht waren. Von November bis Jahresende verkaufte die Firma Tausende ihrer neuen Telefone. Ende Dezember lag die Tagesproduktion bereits bei 700 Stück. Und selbst damit war die Nachfrage nicht zu decken.

Am 12.11.1877 ging in Friedrichsberg bei Berlin das erste deutsche Telegraphenamt

---

[18] Siemens spielte mit den durch „Strippen zusammengebunden zwei Waldteufeln" auf das bereits den Chinesen um 968 bekannte Fadentelefon an. Im übrigen beklagt er, dass seit der Erfindung des Telefons durch den deutschen Volksschullehrers Philipp Reis aus Gelnhausen in Hessen niemand mehr an der Sache gearbeitet habe.

[19] Reis, Johann Philipp deutscher Physiker, geboren am 7. Januar 1834 in Gelnhausen, gestorben am 14. Januar 1874 in Friedrichsdorf/Bad Homburg. Reis begann seine berufliche Laufbahn als Angestellter in einem Farbengeschäft. Er bildete sich autodidaktisch auf dem Gebiet der Naturwissenschaften, vor allem der Physik, und versuchte experimentell, akustische Schwingungen in elektrische Impulse umzuwandeln. Im Alter von 19 Jahren nahm er neben seiner Arbeit ein Mathematik- und Physikstudium auf. Danach wurde er Privatlehrer in Friedrichsdorf. Dort entwickelte er ein Gerät, mit dem sich Schallwellen nicht nur in elektromagnetische Schwingungen umsetzen, sondern zugleich auch über 100 m weit als Strom fortleiten ließen. Er nannte diese Einrichtung „Telephon". 1861 führte er sie dem Physikalischen Verein in Frankfurt und 1864 an der Universität Gießen vor. In der Praxis stieß seine Erfindung allerdings noch auf kein Interesse.

mit Fernsprecheinrichtung in Betrieb, nachdem am 26.10.1877 zwischen dem Generaltelegraphenamt und dem Generalpostamt zwei Versuchstelefone miteinander verbunden worden waren. Es nahm auf seinem Leitungsnetz probeweise den Telefonbetrieb auf, und das Publikum richtete erste private Sprechstellen mit Siemens Telefonen - das Stück zu 5 Mark - ein. Offiziell wurde der Fernsprechverkehr in Berlin am 1. April 1881 in Berlin mit 48 Anschlussteilnehmern eröffnet.
Im Jahr 1880 wurden dann in Mühlhausen im Elsass und im Januar 1881 in Berlin die ersten deutschen Fernsprechvermittlungsämter (Handvermittlung) eingeweiht.
Dem Misstrauen und Gewinnstreben eines amerikanischen Leichenbestatters aus Kansas City verdankt die Welt 1889 die automatische Telefonvermittlung. Bis dahin wurden Telefonate zwischen den einzelnen Gesprächspartnern ausschließlich handvermittelt. Die Telefonapparate verbanden den Benutzer direkt mit dem „Fräulein vom Amt". Diese Dame stellte die gewünschte Verbindung manuell durch „Stöpseln" her. Dafür stand ihr der „Klappenschrank" zur Verfügung, an dem der Anschluss jedes einzelnen Teilnehmers an einer Steckbuchse endete. Die Buchsen waren mit den Telefonnummern gekennzeichnet. Die Telefonistin verband die Buchse des Anrufers mit der Buchse des Angerufenen durch ein Kabelstück.
Almon Brown Strowger argwöhnte, dass die Damen vom Amt, wenn ihm ein Sterbefall telefonisch gemeldet wurde, gegen Provision andere Bestattungsunternehmer informierten. Diese mögliche Indiskretion wollte er verhindern, indem er das „Fräulein vom Amt" durch unbestechliche Technik ersetzte. Die Strowger - Zentrale erlaubte jedem Telefonteilnehmer durch das kodierte Drücken dreier Knöpfe an seinem Gerät über eine Kombination von elektromagnetisch betätigten Kontakten in der Zentrale automatisch zu dem gewünschten Gesprächspartner durchgeschaltet zu werden. Später entwickelten Strowgers Partner die Wählscheibe, die entsprechende Impulsfolgen aussendete, die dann in der Zentrale dekodiert wurden.
Auf den Geschmack gekommen, stellte er 1892 den von seinem Partner entwickelten Hebdrehwähler[20] vor, der in der Zentrale Impulse von Telefonwählscheiben verarbeitete.
Die erste Aufzeichnung von Telefonanrufen verdankte die Menschheit dem dänischen Elektroingenieur Valdemar Poulsen und seinem Mitarbeiter Pedersen. 1898 verbanden sie einen Phonographen mit dem Telefon und nannten das kombinierte Gerät Telegraphon oder Telephonograph. Es konnte Gespräche selbsttätig aufzeichnen. Die

[20] Strowgers Wähler zählte technisch gesehen zur Gruppe der sogenannten Schrittschalt-Wähler, bei denen ein Kontaktarm durch Elektromagneten bei jedem Wählimpuls schrittweise von Kontakt zu Kontakt weiterbewegt wurde, bis er auf dem anzuwählenden Kontakt liegen blieb. Der Kontaktarm führte dabei zunächst als Ganzes eine Hubbewegung aus und gelangte damit in eine von zehn Kontaktebenen. In dieser Ebene machte der Arm dann eine schrittweise Drehbewegung. Bei zehn Kontakten pro Ebene konnte ein einzelner Hebdrehwähler auf diese Weise insgesamt 100 verschiedene Kontakte ansteuern. Bei Gruppen hintereinander geschalteter Wähler multiplizierte sich die Zahl erreichbarer Anschlüsse. So erreichten drei serielle Gruppen von 1 + 100 + 10000 = 10101 Zählern insgesamt 100 x 100 x 100 = 1000000 Teilnehmer.

registrierten Texte ließen sich später über den Telefonhörer abhören.
In Verbindung mit dieser Konstruktion machte Poulsen die Grundlagenerfindung der Magnettonaufzeichnung. Als Tonträgermaterial verwendete er Stahldraht.
Ein Jahr später erfand der serbische Elektroingenieur Mihajlo Pupin die Selbstinduktionsspule zur Kompensation von Telefonkabelkapazitäten. Parallele Fernsprechleitungen (Hin- und Rückleitung) ließen sich als die Beläge eines Kondensators auffassen. Da Kondensatoren Wechselstrom leiten, kam es zu Verlusten der Telefonströme. Bei langen Leitungen ist diese Dämpfung beachtlich, und über mehr als 100 km Freileitung ließ sich deshalb bisher nicht telefonieren. Kondensatorkapazitäten ließen sich aber durch die Induktivitäten von Spulen für jeweils bestimmte Frequenzbereiche kompensieren. Von dieser Erkenntnis machte Pupin Gebrauch, indem er in regelmäßigen Abständen Spulen in die Telefonleitungen legte. Auf diese Weise ließen sich die Telefonreichweiten für Erdkabelleitungen auf 66 km und für Freileitungen auf etwa 600 km erhöhen.
1909 nahmen die ersten beiden deutschen Selbstwählfernmeldeämter ihren Betrieb auf. Eine Anlage für Ortsgespräche wurde in Hildesheim eingeweiht, ein Großstadtfernsprechamt für die automatische Vermittlung von zunächst 2500 Teilnehmern in München - Schwabing.
Das Strowger - System (1889), das noch immer Kinderkrankheiten zeigte, eignete sich nicht ohne weiteres für eine breite Einführung in Deutschland. Die Berliner Firma Siemens & Halske verbesserte dieses System für automatische Telefonvermittlung entscheidend. Das Zentralbatterieamt in München leitete die Automatisierung im Fernsprechverkehr Europas ein.
1915 wurde in den USA das erste Patent für das elektromechanische Fernmeldevermittlungsverfahren „Crossbar“ erteilt. Eine Anlage nach diesem Prinzip entstand allerdings erst 1926 in Schweden. Die „Crossbar“ oder Kreuzschienenverteiler arbeiteten rationeller als die bisher verwendeten Wähler. Ein Wähler verband die Leitung eines Anrufers mit der des Angerufenen dadurch, dass ein Kontaktarm je Wählimpuls einen Schritt weiter wanderte. Normale Drehwähler machten das durch Rotation in nur einer Ebene, Hebdrehwähler in einer von zehn übereinanderliegenden Kontaktebenen. Jeder Wähler konnte nur eine einzige Verbindung gleichzeitig herstellen. Anders der Koordinatenkoppler: Hier lagen die Anrufleitungen auf parallelen horizontalen Schienen, die abgehenden Leitungen auf ebenfalls parallelen vertikalen Schienen. Es entstand ein Kreuzraster. Elektromagneten verbanden je nach Wählimpulsen einzelne Kreuzungsstellen. Solche Verteiler konnten mehrere Verbindungen gleichzeitig schalten.
1925 entwickelte der Elektrotechniker Joseph Maxfield aus den USA in den Bell Telephone Laboratories das elektrische Mikrophon. In Telefonen benutzte man bisher Kohlemikrophone, die nur ein recht begrenztes Frequenzband der Schallschwingungen auf-

nahmen und außerdem stets ein gewisses Rauschen durch die Bewegung der Kohlekörnerchen erzeugten. Zudem alterten diese Mikrophone relativ schnell.[21]
1935 wurden in Deutschland Koaxialkabel für die Konzentrierung von Telefonaten auf Fernstrecken und die Übertragung von Fernsehsignalen eingesetzt. Koaxialkabel sind konzentrische Doppelleitungen, wobei der eine massive Leiter isoliert von einem zweiten röhrenförmigen umgeben ist. Durchmesser sind 5 mm (später 2,6 mm) für den Innen- und 18 mm (später 9,4 oder 9,5 mm) für den Außenleiter. Der Innenleiter besteht aus Draht, später auch aus Litze. Der Außenleiter ist entweder ein geschlossenes Rohr oder ein Drahtgeflecht - Schlauch. Koaxialkabel zeichneten sich gegenüber Paralleldrahtleitungen durch einen günstigeren Querschnitt für den Stromfluss und durch das Fehlen von Energieabstrahlung aus. Sie eigneten sich für die Übertragung sehr hoher Frequenzen und daher breiter Frequenzbänder. Sie konnten deshalb wesentlich mehr Telefonate gleichzeitig übertragen als herkömmliche Telefonleitungen.
Die ersten verlegten Koaxialkabel besaßen zugleich einen Beipack aus symmetrischen Leitungen. Sie waren für ein Vielkanal - Telefonsystem mit 200 Kanälen und für Fernsehübertragungen (geplant sind 441 Zeilen) bestimmt.
1952 wurde in der Bundesrepublik damit begonnen, die bereits seit 1923 von der Firma Siemens technisch vorbereitete landesweite Telefonfernwahl einzuführen. Bisher wurden Gespräche, die über den Ortsbereich hinausgingen, noch immer handvermittelt. Bis ein flächendeckendes automatisches Fernsprechnetz arbeitete, vergingen allerdings noch weitere 20 Jahre. Erst 1972 lief der nationale Fernsprechbetrieb vollkommen automatisch ab. Einen ersten Versuchsbetrieb für die Fernwahl nahm bereits 1923 die Netzgruppe Weilheim in Oberbayern auf. Verwendet wurde dabei ein Kabeltyp, wie er schon zwischen 1912 und 1921 als „Rheinlandkabel“ im Westen Deutschlands für Telefonübertragungen verlegt wurde. Inzwischen technisch und hinsichtlich seiner Mehrfachausnutzung auch wirtschaftlich verbessert, wurde der gleiche Kabeltyp auch ab 1952 eingesetzt. Er wurde zum Muster für das gesamte Fernsprechnetz in den Ländern Westeuropas.
1960 nahmen die Satellitenmissionen nach den ersten geglückten Satellitenstarts durch die Sowjets im Jahr 1957 und amerikanische Raumfahrtinstitutionen im Jahr 1958 rapide zu. Die Satelliten differenzierten sich in Forschungs- und Anwendungssatelliten. Beide konnten eine Fülle sehr verschiedener Aufgaben erfüllen. Forschungssatelliten erfassten beispielsweise geophysikalische und astrophysikalische Daten: Raumtemperaturen und Strahlungsverhältnisse, interplanetarische Materie und Meteoritenhäufigkeit, at-

---

[21] Als Mikrophon für Schallplattenaufnahmen verwendete man große Trichter, die die Schallwellen zu einer kleinen schwingenden Metallplatte leiteten, an der sich der metallene Schreibstift zum Ritzen der Vaterplatte befand. Das von Maxfield entwickelte Mikrophon arbeitete elektrisch. Eine kleine Spule schwang, vom Schall getroffen, im Feld eines Permanentmagneten. Dadurch wurde in der Spule ein Strom induziert, der anschließend in einer Triode verstärkt wurde. Er erzeugte - elektromagnetisch - eine mechanische Kraft im Plattenschneidgerät.

mosphärische Dichte und Temperatur, Erdgestalt, irdisches und solares Magnetfeld, Wolkenbilder. Forschungssatelliten konnten aber auch rein raumfahrttechnische Fragestellungen beantworten. Die ersten Anwendungssatelliten verfolgten unter anderem Aufgaben der Kommunikationstechnik.

1961 stellte die IBM Deutschland ihr Verfahren „Tele - Processing“ vor. Damit ließen sich telefonisch übertragene Daten unmittelbar per Computer weiterverarbeiten. Mit der Möglichkeit, Computer über das Telefonnetz miteinander zu verbinden, erreichte die elektronische Datenverarbeitung eine neue Dimension. Informationstechnik im nationalen, ja im weltweiten Verbund ließ sich erahnen. Das Prinzip ist einfach. Jeder Computer arbeitet von Haus aus mit sogenannten Peripheriegeräten zusammen. Zu ihnen gehören Eingabe- und Ausgabeeinheiten. Die Eingabeeinheiten konnten z. B. eine Tastatur, Lochkarten- oder Magnetbandleser sein. Als Ausgabegeräte kamen Drukker, Bildschirme, Kartenlocher oder Magnetbandgeräte in Frage. An das Rechenwerk sind diese Peripheriegeräte über sogenannte Schnittstellen angeschlossen, die die Daten parallel oder seriell übermitteln. Schnittstellen lassen sich so einrichten, dass sie über Adapter (Modems) einen Datenfluss in das Telefonnetz einspeisen oder aus diesem - auf der anderen Seite der Verbindung - übernehmen. Damit war die bilaterale Zusammenschaltung von Computern wie auch der Verbund zu größeren Datennetzen möglich.

Am 6.4.1965 ging als erster künstlicher Erdtrabant der kommerzielle Kommunikationssatellit „Early Bird“ für Telefon-, Fernseh- und Datenübermittlung in eine geostationäre Umlaufbahn. Der Satellit bewegte sich in einer annähernd kreisförmigen Bahn in 34.993 bis 38.577 km Höhe mit einer Umlaufgeschwindigkeit von 1.436,4 Minuten (das sind 23 Stunden, 56 Minuten und 24 Sekunden). Seine Bahn war gegenüber dem Äquator um nur 0,1 Grad geneigt. Damit entsprach seine Umlaufzeit der Dauer der täglichen Erdrotation. Er hatte also keine Relativbewegung zur Erdoberfläche. Auf diese Weise wurde er für die Zwecke der Kommunikation besonders wertvoll, denn die Funkverbindungen brauchten nicht - wie bei früheren Kommunikationssatelliten - unterbrochen zu werden. Außerdem erübrigte sich ein Nachführen der Satellitenfunkantenne in den Erdstationen. Die Bahnhöhe geostationärer Satelliten von rund 36.000 km ließ sich genauso wenig variieren wie ihre in der Äquatorebene liegende Bahnebene. Die Umlaufgeschwindigkeit hing nämlich wegen der Fliehkräfte unmittelbar mit dem Bahnradius zusammen.

1966 verwendete der US-Wissenschaftler Charles Kao erstmals Lichtleitfasern zur Übermittlung von Telefongesprächen. Die Eigenschaften von homogenen Glasfasern, Licht unverzerrt zu leiten, hatte schon 1955 der Engländer Narinder S. Kapany entdeckt. Kao leitete statt sichtbaren Lichts unsichtbare elektromagnetische Wellen durch extrem dünne Glasfasern. Dabei zeigte sich, dass die Fasern nach der gleichen physikalischen Gesetzmäßigkeit der Totalreflexion ein breites Frequenzspektrum übertrugen. Daraus wiederum folgte, dass sich - etwa bei der Übermittlung von Telefonströmen - zahlreiche Gespräche gleichzeitig in verschiedenen Frequenzen fortleiten ließen.

Die Glasfaser ist ein Breitbandkabel. Eine einzige Faser von nur einem tausendstel Millimeter Stärke kann ohne weiteres 30.000 bis 40.000 Telefonate, ein kugelschreiberdickes Faserbündel bereits eine Milliarde Telefonate oder 200.000 Fernsehprogramme zeitgleich fortleiten. Ein normales Zweileiter - Kupferkabel bringt es dagegen auf nicht mehr als 63, ein Koaxialkabel auf einige tausend Gespräche. Voraussetzung für die Totalreflexion im Glaskabel ist ein zweischichtiger Aufbau. Die Seele des Fadens besteht aus einem andersbrechenden Glas als der sie umgebende Mantel.
Im Januar 1970 wurde erstmals auf der ganzen Welt eine elektronische Zeitmultiplex - Vermittlung im öffentlichen Telefonnetz verwendet. Und ab März waren Europa und die USA durch Telefondirektwahl miteinander verbunden.
Der Selbstwählbetrieb zwischen den Kontinenten wurde 42 Jahre nach den ersten handvermittelten transatlantischen Telefongesprächen eingeführt. Er bediente sich der Telesatelliten. 1979 arbeiteten 90% aller internationalen Verbindungen automatisch. Das Zeitmultiplex - System ist ein Verfahren zur besseren Ausnutzung der Fernsprechkanäle. Hierbei werden jeweils mehrere gleichartige Signale derart gebündelt, dass sie sich zeitlich „geschachtelt" auf ein und demselben Übertragungsweg fortleiten lassen. Am Empfangsort werden sie von entsprechenden Schaltungen wieder „entschachtelt". Man spricht dabei von „Selektion". Das Zeitmultiplex - System ist eine Ergänzung zum sog. Frequenzmultiplex, bei dem sich die gemeinsam übertragenen Signale verschiedener Telefonate durch unterschiedliche Trägerfrequenzen auszeichnen. Dazu werden die Sprachsignale aus ihrem Grundfrequenzbereich von 300 bis 3400 Hz durch Modulation und Frequenzumsetzung in höhere Frequenzbereiche gebracht. Die Einführung der Breitbandtechnologien, insbesondere der Breitbandübertragungswege, führten um 1980 zu zahlreichen neuen Kommunikationsformen, die auch unter der Bezeichnung Telekommunikation bekannt wurden. Im Gegensatz zu den klassischen Fernschreib-, Telefon- und Hörfunknetzen, in denen Signale von einigen KHz Bandbreite übertragen wurden, lag jetzt die Bandbreite bei mehreren MHz.
Dadurch ließen sich im Fernsprechnetz Fernsprechkonferenzen realisieren. Über dasselbe Netz oder über spezielle Datennetze konnten Fernsteuer- und Fernüberwachungsanlagen betrieben werden. Zwischen Computern wurde durch spezielle Erweiterungen der Fernsprech-, Fernschreib- und Datennetze Teledatenkommunikation möglich. Kodierte Textnachrichten ließen sich als elektronische Bürofernschreiben auch in Form von Fernschreibkonferenzen schriftlich oder über Videotext und Bildschirmtext per Monitor übermitteln.
In der Festbildkommunikation wurde es möglich, über das Fernsprech- oder das Fernsehverteilnetz schriftliche Nachrichten - auch Halbtonbilder - zu übertragen. Das konnte beim Fernkopieren auf Papier erfolgen, bei der Faksimile - Zeitung als Papierkopie oder mit Hilfe der Bildschirmausgabe.

Auch die Kombination von Text- und Festbildkommunikation war möglich. Das geschah in der elektronischen Briefübermittlung (Telebrief) über das Fernsprech- oder Fernschreibnetz.
In der Bewegtbild - Kommunikation konnten über feste Fernsehverbindungen Videokonferenzen durchgeführt werden. Auf ähnliche Weise ließen sich Video - Überwachungsdienste einführen, die unter Verwendung fester Fernsehverbindungen in Sammelnetzen von einer Zentrale aus verschiedene Objekte bewachen. Auch das Bildtelefon konnte verwirklicht werden. Schließlich führte man mobile Dienste ein, etwa die Funktelefonie über das Funkverteilnetz, verschiedene Sprechfunkdienste - „öffentlicher beweglicher Landfunkdienst" öbL - über ein neugestaltetes öbL-Funkdialognetz, sowie die Daten-, Bild- und Textübertragung mittels Funk durch entsprechende Endgeräte. Um 1985 hatte sich ein Großteil der Büros im wirtschaftlichen Bereich auf die Arbeit mit elektronischen Geräten umgestellt. Die erforderliche Zusatzausbildung der Arbeitskräfte beschränkte sich - sofern nicht im Einzelfall Programmierfähigkeiten erwartet wurden - meist auf eine kurze Einarbeitungsphase von wenigen Tagen oder Wochen. Die Arbeitsplätze änderten sich kaum. Auf dem Schreibtisch stand statt der Schreibmaschine ein Schreibautomat mit oder ohne Bildschirm oder ein kleines Computerterminal. Allenfalls die Beleuchtung musste der Arbeitsweise mit den Bildschirmen angepasst werden. Die Hauptänderungen lagen im Park elektronischer Geräte, der den Büros zur Verfügung stand. Im allgemeinen waren das für die Grundausrüstung eines normalen Schreibbüros, Postbüros oder Sekretariats bereits keine Speicherschreibmaschinen oder Schreibautomaten mehr, sondern Bürocomputer. In etwa bestand die Ausrüstung eines modernen Büros Mitte der 80iger Jahre aus nachfolgend aufgeführten Gebrauchsgegenständen:

- Speicherschreibmaschine bzw. -automat oder Bürocomputer
- ggf. Terminal eines zentralen Hauscomputers
- Matrixdrucker als schnelles Computer-Ausgabegerät
- Typenraddrucker als Schönschreibdrucker
- ggf. Laserdrucker
- Diskettenarchiv
- ggf. Festspeicher als externer Computerspeicher
- ggf. Teletexgerät als Bürofernschreiber
- MODEM (1961) für die Telefon-Datenkommunikation
- Telefon mit Nummernspeicher und Wählautomat

Im Jahre 1997 entsprach dieser 12 Jahre alte Standard in vielen Büros Berliner Ermittlungsbehörden noch immer nicht dem dienstlichen Alltag. Aber seit 1996 wurden z. B. im Bereich des Berliner Zollfahndungsdienstes ernsthafte Anstrengungen unternommen, die Arbeitsplätze der Ermittler mit PC auszustatten.
Die Möglichkeiten der computergestützten Datenübertragung änderten sich indessen auch im Softwarebereich rasend schnell. Im Bereich des Berliner Zollfahndungsdienstes

wurde Ausgang des Jahres 1999 mit WORD 6.0, EXCEL und POWER POINT aus dem Windows Office Programm gearbeitet. Vom Vorsteher über die Kollegen Sachbearbeiter konnten jetzt Verwaltungsanordnungen, Termine sowie andere Informationen per E-Mail untereinander versendet und empfangen werden. Man konnte auch die Telefonnummer einer x beliebigen bundesrepublikanischen Dienststelle abgreifen und derlei nette Sachen mehr. Man konnte Berichte mit WORD selber schreiben und in EXCEL laufend gesammelte Daten tabellarisch erfassen. Die Zukunft verlangt den an einer Hochschule bzw. Fachhochschule ausgebildeten Ermittler. Er soll eigenverantwortlich und vorausschauend in der Verbrechensbekämpfung Wissen umzusetzen fähig sein. Das nächste Jahrtausend wird die Ermittler mit wissenschaftlich gebildeten Verbrechern, deren modernster Computer- und Kommunikationstechnik und ihren bestens gerüsteten Juristen konfrontieren.

Der Ermittlungsbeamte der Zukunft wird nicht mehr in großen kostenträchtigen Dienstgebäuden arbeiten müssen. Jede Informationsgewinnung und -weitergabe wird mit dem häuslichen PC und überall mit kleinen tragbaren Geräten einer zusammengewachsenen Computer- und Kommunikationstechnik möglich sein. Arbeitsergebnisse werden an den Rechner des zuständigen Sachbearbeiters, z. B. bei der Staatsanwaltschaft versandt und gleichzeitig bei den Ermittlungsbehörden zentral gespeichert, wo sie von Befugten abrufbar sind. Die Kommunikation der Ermittler untereinander wird auch visuell über Datenübermittlungsgeräte an jedem Ort gewährleistet sein. Operative Maßnahmen werden über solche Geräte geplant und von Spezialeinheiten durchgeführt. Räumlichkeiten sind nur noch für Verwaltungsbeamte und für die von ihnen verwalteten Mittel nötig. Dazu gehören die Ausstattung der Angehörigen von Spezialeinheiten, Räumlichkeiten für die Erfüllung sozialer und gesellschaftlicher Bedürfnisse, für die Asservierung und Untersuchung von Beweismitteln und eventuell die Polizeigewahrsame. Die Ermittlungsakten aus Papier werden einmal der Vergangenheit angehören wie die Steintafeln der Vorzeit. Sie werden durch Mikrofiches ersetzt.

Mit der Entwicklung der Datenfernübertragung ging auch immer das Bedürfnis der Menschen einher, solche Daten überprüfen zu können. Dem entspricht die Aufnahme- und Auswertetechnik fernübertragener Daten. Die Abhörtechnik entwickelt sich gemäß dem Stand der Technik ebenfalls weiter und gereicht auf legalem Boden der Menschheit zum Segen.

Kapitel 02

Die Entwicklung des Postgeheimnisses[22] in Deutschland unter dem Blickwinkel des staatlichen Sicherheitsanspruchs

Die Tolerierung staatlichen Sicherheitsdenkens hinsichtlich der Einschränkung des Postgeheimnisses ist nicht nur von der technischen Entwicklung, sondern auch von einhergehenden gesellschaftlichen Veränderungen abhängig gewesen. Die Herrschenden der Hochkulturen vorchristlicher Zeit, des ausgehenden Mittelalters wie auch die der Neuzeit hatten und haben grundsätzlich differierende Ansichten über die Wahrung des „Postgeheimnisses“[23] als zur Macht drängende Eliten von Beherrschten. Die begegnen im modernen demokratischen Deutschland dem Sicherheitsanspruch des der Gesellschaft verpflichteten staatlichen Oberbaus mit obligatem Misstrauen, wie lange Debatten um die Rechtlichkeit der das Postgeheimnis einschränkenden Maßnahmen im Bundestag der 60iger und um die Rechtmäßigkeit des „großen Lauschangriffs“ der 90iger Jahre des 20. Jahrhunderts bestätigten. Unterschiedlichste Betrachtungsweisen und differierende Motivationslagen diktierten das „Für und Wider Überwachungsmaßnahmen“. Die Tatsache, dass Wissen um fremde Nachrichten Macht verleiht, impliziert deren Missbrauch. Diese Überzeugung rankt sich insbesondere um den öffentlichen Bereich, weniger um den privaten. Der bot der FDP Politikerin Dr. Diemer - Nicolaus und dem SPD Politiker Dr. Müller - Emmert am 28. April 1967 im Bundestag Gelegenheit für die Forderung nach Gesetzen gegen illegales, privates Abhören durch „Miniabhörgeräte“ und anderen Politikern in konsequenter Weiterverfolgung des Gedankens den zu Recht erhobenen Anspruch auf legale staatliche Abhörmaßnahmen bei Ablösung alliierter Vorbehalte. Während die illegitime Neugier des Nachbarn von dem durch staatliche Maßnahmen nicht betroffenen Teil der Bevölkerung nach dem Motto „homo sum, nihil a me alienum puto“[24] in aller Regel wie die eigene hingenommen wird,[25] diskreditieren an die Macht strebende Eliten die im demokratischen Staat um der Sicherheit aller Willen notwendige und deshalb legitimierte Wissbegier. So entstehen in der Bevölkerung diffizile Bewusstseinslagen. Während sich die Masse der Bevölkerung von staatlichen Sicherheitsbemühungen nicht tangiert fühlt und das in der Regel bei eigener Staats- und Gesellschaftsakzeptanz auch nicht ist, halten es oppositionelle Eliten aus Gründen eigenen politischen Machtstrebens immer wieder für opportun, der Masse der

[22] Der Begriff „Postgeheimnis“ soll hier Brief- Post- Fernmeldegeheimnis und auch die Raumüberwachung subsumieren.

[23] Gesellschaftliche Umwälzungen hingen selbstverständlich nicht allein von der Wahrung des „Postgeheimnisses“ ab. Zudem ändern sich im heutigen demokratischen Staat nicht mehr die gesellschaftlichen Verhältnisse, wenn eine andere „Elite“ durch Wahlen an die Macht berufen wird.

[24] Nichts Menschliches ist mir fremd

[25] Die Big Brother – Auflagen bei RTL dürften diese These hinreichend belegen.

Beherrschten die am Volkskörper Blut saugende Unrechtskrake ins Bewusstseinsbild zu kleistern. Das schadet insbesondere den von Verantwortung getragenen und von Kontrolle begleiteten Bemühungen um Sicherheit aller Bürger im demokratisch legitimierten Staat, weil verteufelte Herrschaftssicherung nach innen und außen einerseits und Schutz vor Verbrechen andererseits für die überwiegend Unbeteiligten zu einer Suppe verkocht werden, die von denen ungefiltert gefressen werden soll. Das funktioniert in Teilen, weil das Rezept der Brühe nicht bekannt ist und die Aufforderung zum Genuss plausibel klingt.
Warnungen vor der Unterwanderung der Gesellschaft durch die sogenannte „Organisierte Kriminalität" werden dem Staatsvolk als Kunstprodukte schwarzsehender übereifriger Exekutivler verkauft. Beruhigend setzt man „Organisierte Kriminalität" mit in Statistiken und Medien sichtbar erfolgreich bekämpftem Verbrechen gleich, definiert[26] entsprechend und erzeugt in der Bevölkerung die Illusion des bei Ermittlern immer ironisch kommentierten Spruchs: „Wir kriegen sie alle".
Und so sollte man sich nicht wundern, wenn wir die Kriminalität im Lande haben, die wir eigentlich nicht verdienten.[27]
Für die Frühmittelaltler der von undurchdringlichen Wäldern umgebenen autarken Siedlungskammern auf dem Gebiet des heutigen Deutschlands waren Kontakte zu anderen Menschen nicht nur unmöglich, sie wurden durchaus auch als unnötig empfunden. Ganz anders ihre sozial weiterentwickelten Nachbarn südlich der Alpen, die ein System fester Stützpunkte, Relaisstationen und Straßen militärisch, wirtschaftlich und nachrichtlich nutzten.[28]
Dennoch, „eine eigentliche Briefpost gab es nicht." So stellte sich römischen Rechtsgelehrten die Frage nach einer Kodifizierung des Tatbestandes der unberechtigten Brieferöffnung nicht. „Zwar kam in der Kaiserzeit der sogenannte cursus publicus

[26] Nach allem, was den Bürgern Europas nach der Wende in Bezug auf das Anwachsen der Kriminalität geboten wurde, wird deutlich, dass nicht die Feld- Wald- und Wiesenkriminalität die eigentliche Organisierte Kriminalität ausmacht. Die wirklich organisierten und organisierenden Kriminellen haben sich in den Bereichen Politik, Medien, der öffentlichen Verwaltung, der Justiz und der Wirtschaft international etabliert. Die Organisierte Kriminalität stellt sich heute als eine von mindestens zwei Personen getragene, sich selbst erhaltende, kriminelle Verschwörung gegen die Gesellschaft eines Staates mit dem Ziel dar, dessen Strukturen zu unterwandern, um politische und wirtschaftliche Macht zu übernehmen, unkontrolliert auszuüben und illegale materielle und immaterielle Gewinne zu realisieren.
Dabei bedient sie sich, abhängig von der gesellschaftlichen Konstitution, gewerblicher und geschäftsähnlicher Strukturen, der Anwendung von Gewalt oder anderer zur Einschüchterung geeigneter Mittel und der Korruption.
[27] Folgerichtig werden begleitend gerade noch akzeptable Strukturen der Kriminalpolizei unter dem Deckmantel notwendiger Reformen zerschlagen und dringend notwendige Struktur- und Ausbildungsänderungen beim Zollfahndungsdienst verhindert. Der Parteienfinanzierungsskandal Ausgangs des 20. Jahrhunderts macht die Verbindung zwischen Kriminalität und Politik besonders deutlich. Jeder kritisch denkende Mensch kann sich jetzt die von Politkern verhinderte Umkehr der Beweislast bei verdächtiger Herkunft von Vermögen erklären.
[28] Vgl. Schneidmüller, Bernd. Briefe und Boten im Mittelalter.

auf, aber seine Benutzung stand doch an sich nur den hohen Staatsbeamten[29] und nur zu Staatszwecken zu. Wurde nun auch mit der Ausdehnung der Benutzung durch besondere Erlaubnisscheine (diplomata), wie es scheint, ziemlich umfassender Unfug getrieben, so lag doch zu einem (rechtlichen, d.V.) Schutze solcher Verhältnisse kaum Veranlassung vor. Die Bestellung der (übrigens mit Bindfaden umwundenen und gesiegelten) Briefe erfolgte in der näheren Umgebung durch einen Privatboten, den puer tabellarius, während Schreiben nach entfernteren Orten gelegentlich reisenden Bekannten, besonders Kaufleuten, mitgegeben' wurden. ... Gegen Unredlichkeiten des puer tabellarius hatte der Herr in der potestas dominica eine wirksame Handhabe, und unter den Bekannten wird man sich nur vertrauenswürdige Personen zur Briefbestellung ausgesucht haben."[30] Das Delikt der Verletzung des Briefgeheimnisses verschwindet schließlich bis zum Ende des 15. Jahrhundert. Friedländer stellt fest, dass es ihm „trotz eifrigsten Suchens nicht gelungen (ist), in den Rechtsquellen dieser Zeit auch nur eine nebensächliche Erwähnung unseres Delikts zu finden. Wieder erscheint dasselbe, soweit ich sehe, erst im 16. Jahrhundert."[31]
Die Formierung des fränkischen Reiches in Europa „(drohte) immer wieder an Problemen der Kommunikation ... zu scheitern. Monarchische Herrschaft wurde in diesem riesigen Reich von der Nordsee bis nach Mittelitalien, von der Elbe bis nach Nordspanien durch das Reisekönigtum möglich, das die Ausbildung einer festen Hauptstadt unnötig erscheinen ließ. Ebenso wie der König selbst, reisten seine Boten durchs Reich, Personen, die die königlichen Gesetze, die Kapitularien, bekannt machten. Für die Ordnung von Herrschaft, Gericht und Verwaltung hatten die karolingischen Herrscher Königsboten, missi dominici,[32] eingesetzt, die zu zweit im Auftrag des Königs unterwegs (und mit außerordentlichen Vollmachten ausgestattet) waren."[33] Träger solcher Botschaften hatten immer eine Vertrauensstellung inne, während weniger wichtige Nachrichten auch von Boten übermittelt wurden, die man mittels symbolischer Maulschelle zur Verschwiegenheit verpflichtete.

---

[29] Der kleine Pauly. Lexikon der Antike. Agentes in rebus waren ein militärisch organisiertes Korps (schola) kaiserlicher Botenreiter. Erstmals erwähnt 319 wuchs ihr Aufgabenbereich und damit ihre Bedeutung ständig an. Zunächst oblag ihnen die Bestellung kaiserlicher Brief und Befehle, dann finden wir sie als Aufseher über das Postwesen (cursus publicus). Als curiosi schließlich meldeten sie dem Hof ihre Beobachtungen (vor allem von Verbrechen) aus den Provinzen. Ihre zum Teil rechtmäßig verliehenen, vielfach aber angemaßten staatspolizeilichen Befugnisse ließen sie gelegentlich als Landplage erscheinen.

[30] Friedländer. Die Verletzung des Briefgeheimnisses, Seite 758-759.

[31] Friedländer. ebenda, Seite 760.

[32] Engler, Aulo. Europas Stunde Null. Seite 376.: „Die Königsboten (wurden) ‚verfassungsmäßig' institutionalisiert und zu einem hervorragenden Instrument in der Hand des Königs ausgebaut. Die Königsboten (wurden) jeweils nur für die Dauer eines Jahres berufen. Damit wurde erreicht, dass sich keine engere ‚kollegiale' Zusammenarbeit zwischen dem Kontrollierten und dem Kontrollorgan entwickeln konnte. Es waren immer zwei Königsboten, ein geistlicher und ein weltlicher, die das Land bereisten." (Siehe auch Anhang Text).

[33] Schneidmüller, Bernd. Briefe und Boten im Mittelalter. Seite 15-16.

Letztlich blieb das „Botenwesen in den verschiedenen Phasen des Mittelalters von Kommunikationsweisen und der gesellschaftlichen Durchdringung und Verdichtung (abhängig).[34] Das trifft auf das Nachrichtenübermittlungswesen des Deutschen Ordens ebenso zu wie auf das der Deutschen Hanse oder der Universitäten.
Das Botenwesen des Mittelalters unterscheidet sich von den Anfängen der Post durch deren Institutionalisierung, verbunden mit der Verpflichtung des redlichen Transports von Nachrichten, Menschen oder Waren. Man vertraute der sich langsam entwickelnden „Institution Post“ durch Anvertrauen. „Die Post ist (deshalb) in ihren Anfängen nirgendwo eine Institution, deren Beginn sich exakt festschreiben lässt, sondern eine an den Notwendigkeiten und Erfordernissen der Zeit wachsende Einrichtung von zunächst sehr unbestimmten und unregelmäßigen Formen. Insofern ist auch der Streit um die Einführung einer ältesten deutschen Post durch den Deutschen Orden sowohl was das Datum betrifft, als auch was dessen vielfach behauptete exemplarische Bedeutung angeht, gar nicht zu führen. Je nach Gewichtung und Blickrichtung wird das Ergebnis einer diesbezüglichen Bewertung immer anders ausfallen. So wurde unlängst bemerkt, dass die Wurzeln des modernen Postwesens frühestens in der Zeit Kaiser Maximilians I. zu suchen seien, und auch in Preußen selbst nicht vor Ende des 16. Jahrhunderts“.[35]
1516 erließ Kaiser Maximilian I. ein Postprivileg an Franz von Taxis, der um diese Zeit allerdings noch schlicht bürgerlich Daxis geheißen haben dürfte. Der Postdienst der Daxis im Heiligen Römischen Reich wurde exklusiv unter kaiserlichen Schutz gestellt und bis nach Rom und Neapel ausgedehnt. Für dieses Privileg kassierte der aufgrund seiner glücklosen Kriegführung an chronischem Geldmangel leidende Maximilian. Es hat dennoch vorn und hinten nicht gereicht, denn im Herbst 1518 verschloss ihm das Zentrum seiner Herrschaft, die Stadt Insbruck, die Tore, weil er den dort ansässigen Gastwirten und Handwerkern 24.000 Gulden schuldete.[36] 1597 soll Rudolph II. die „Posten“ zu einem kaiserlichen Regal[37] erklärt haben. Am 20. Juli 1615 belehnte Kaiser Matthias den zwischenzeitlich in den Adelsstand erhobenen Freiherrn Lamoral von Taxis und dessen männliche Erben mit dem Reichspostgeneralat und legte damit der Familie den roten Teppich auf den Weg zu „bescheidenem“ Reichtum. Der unternehmerische Sinn des alten Franz Daxis hatte sich bezahlt gemacht.
Die kaiserlich abgesegnete Informationsschöpfung durch Mitlesen fremder Post hatte für die Thurn und Taxis und den Kaiser eine kaum erwartete Folge. Sie führte neben weiteren Faktoren von Beginn an zu räumlich begrenzter Ausbreitung des kaiserlichen Postgeneralats im Reich.

---

[34] Schneidmüller, ebenda, Seite 15

[35] Rotter, Ekkehart. Die Organisation des Briefverkehrs beim Deutschen Orden. Seite 37.

[36] Vgl. Autorenkollektiv Laube, Steinmetz, Vogler. Illustrierte Geschichte der deutschen frühbürgerlichen Revolution. Seite 41

[37] Regalien: Aus dem Lateinischen. Regalis: dem König zukommend. Ein dem König zukommendes Hoheitsrecht

Die Kriegserklärung des Schwedenkönigs Gustav Adolf von 1630 enthielt u.a. seine bittere, möglicherweise ein wenig geheuchelte Beschwerde, „dass ihm der Kaiser einen Brief an den Fürsten von Siebenbürgen ‚wider aller Völker Recht und Gewohnheit' erbrochen habe."[38] Das aufkommende Postwesen enthielt nachrichtendienstliche Elemente und es hieße, den herrschenden Habsburger zu unterschätzen, hätte der ernsthaft mit der Nutzung der kaiserlichen Post durch das feindliche Schweden oder nach dem Westfälischen Frieden von 1648 durch das emporkommende Brandenburg - Preußen gerechnet. Darum entbrannte vor dem Hintergrund allseitiger militärischer Ohnmacht auf dem Boden des Heiligen Römischen Reiches ein zähes diplomatisches Ringen zwischen den landesherrlich selbstbewussten Potentaten des aufstrebenden Brandenburg - Preußen und den „Kaiserlichen" um die Post. Schließlich setzte sich um 1666 beim Kaiser und seinem Erzkanzler in Wien die Erkenntnis durch, dass das Reichspostmonopol aufgrund der realen Machtverhältnisse nicht durchsetzbar ist. Defacto bestand damit neben dem Thurn und Taxis`schen Reichserbgeneralat die brandenburgische Landespost.

Zwei weitere Faktoren lenkten das Schicksal der von den Thurn und Taxis entliehenen Reichspost. Schon Lamoral von Taxis (1557 - 1624) betrachtete sich nicht mehr als treuhänderischer Verwalter eines erblichen Reichslehens, sondern verfügte über sein Unternehmen wie ein Patrimonial- oder Eigenherr. Mit Ende des dreißigjährigen Krieges war die „teutsche Libertät" restauriert. Einige der deutschen Fürsten hatten nicht die Absicht, auf das ihrer Ansicht nach ihnen zustehende Postregal zu Gunsten der Thurn und Taxis zu verzichten.

Als letzter Faktor fallen schwer die Erträge aus dem Postregal ins Gewicht. Verträge mit der Taxis - Post sicherten jährliche Einkünfte zu, aber unter Abwägung der vorgenannten Faktoren schien es lukrativer, Gewinne der „Ausländer"[39] selbst zu vereinnahmen. Das endgültige Aus der privaten Post erfolgte 1866 gegen die Entschädigungszahlung von 3 Millionen Talern an das Thurn und Taxis`sche Fürstenhaus. Bis zum Ausgang des zwanzigsten Jahrhunderts blieb die Post ein staatliches Unternehmen.

Engelmann, der das Thurn und Taxis'sche Unternehmen aus der Sicht des scharfgesichtigen Unrechtswitterers der 70iger Jahre des 20. Jahrhunderts emotional beleuchtete, schrieb 1973: „Ursprünglich war die Familie weder reich noch adlig. Unter dem schlichten Namen Daxis walteten die Vorfahren im ausgehenden Mittelalter südlich der Alpen und in Tirol ihres Amtes als Briefträger, dann als kleine Posthalter. Vielleicht wären sie heute wohlhabende Hotelbesitzer in Bozen, aber keineswegs hocharistokratische DM - Milliardäre, hätten es die Ahnen mit ihren Pflichten so streng genommen, wie man es heutzutage von Postbeamten verlangt. Statt dessen begannen sie frühzeitig damit, die

---

[38] Vgl. Friedländer, ebenda, Fußnote Seite 762 (Rotteck-Welcker, Staatslexikon II 591 Art. Beschlagnahme).

[39] Die Bürger der Einzelstaaten betrachteten sich nicht als Deutsche Reichsangehörige, sondern als z.B. bayerische oder preußische Staatsangehörige.

ihnen anvertrauten Briefschaften heimlich zu öffnen[40] und sich mit den daraus gewonnenen Informationen teils selbst geschäftlich zu betätigen, teils hohen geistlichen wie weltlichen Herren nützlich zu machen. Das führte zu wachsendem Wohlstand, mit dessen Hilfe sie ihr Postgebiet immer weiter ausdehnen konnten. Sie schlugen bald alle Konkurrenten aus dem Felde und erwarben das Postmonopol im Reich, nicht zuletzt mit dem Argument, dass sie nur dann wirklich alles erfahren und der kaiserlichen Regierung mitteilen könnten, wenn sämtliche Post durch ihre Hände ginge .... [41]

Anno 1529 schimpfte Reformator Luther in seiner Schrift, „von heimlich gestohlenen Briefen samt einer Auslegung des 7. Psalms wider Herzog Georg zu Sachsen wie ein Rohrspatz.: ‚Es ist schon ein großer Unterschied unter einem fremden und eigenen Brief; ja kein größer Brieffälscher ist auf Erden, denn wer einen heimlichen Brief, wider Wissen und Willen seines Herrn, offenbar, oder einem Fremden zu eigen macht: denn wer einen heimlichen Brief offenbar macht, der verfälscht nicht vier oder fünf Worte darinnen, sondern den ganzen Brief ... ‘ „. [42]

Luther hatte allen Grund für seine Missfallensäußerungen. Georg zu Sachsen war als Gegner der Reformation und Begründer des Bundes katholischer Fürsten zur Durchsetzung des Wormser Edikts 1526 in Dessau sein natürlicher Feind. Das 1521 über Luther in Worms verhängte Edikt sprach über ihn die Reichsacht aus und verbot Verbreitung und Lektüre seiner Schriften. 1524 wurde das Edikt in Nürnberg Reichsgesetz. Dessen Durchsetzung scheiterte am Widerstand der evangelischen Reichsstände. Spätmittelalterliche Frömmigkeit brachte den geächteten und damit vogelfreien Luther akut in Lebensgefahr. Jeder frommkatholische Zeitgenosse hätte die Welt mit Gott über einen gemeuchelten Luther versöhnt.

Dass Georg zu Sachsen Luther'sche Post von den Spezialisten des Thurn- und Taxis'schen Unternehmens sachgerecht behandeln ließ, hätte nur ein sehr blauäugiger Luther annehmen können. Jeder katholische Reichsständler musste sich in der Pflicht fühlen, wenn er eines Schriebs aus Luthers Hand habhaft werden konnte. Luther war Feind des „Heiligen Römischen Reiches Deutscher Nation“. Er untergrub dessen Pfeiler. Alles war dem katholischen Fürsten Recht, wenn es der Sicherung des Reiches galt, auch das Öffnen eines Lutherischen Briefes.

Kriminalistisches Denken lässt die Version zu, dass die fragliche Post unter nicht vorhergesehenen Umständen in die Hände des Sachsenherzogs geriet und der Lutherische Zorn eher diesem Unglück gegolten haben wird.

Die Brechung des Briefgeheimnisses durch vom Souverän beauftragte Spezialisten oder durch den Souverän selbst war für die Bevölkerung auch in Zeiten allgemeiner Unruhe

[40] Engelmann, Bernt. Wir Untertanen. Seite 80: „Jeder Brief ging durch sogenannte ‚schwarze Kabinette‘, wo er geöffnet, gelesen, erforderlichenfalls kopiert, wieder sorgfältig verschlossen und erst dann dem Empfänger zugeleitet wurde.“

[41] Engelmann, Bernt; Wallraff, Günter. Ihr da oben, wir da unten. Seite 41

[42] Friedländer, ebenda, Seite 761.

(Reformation, Bauerkriege) kein Thema. In Rothenburg ging „die Furcht der Obrigkeit vor aufwieglerischen Einflüssen von außerhalb soweit, dass die geschworenen Meister des Handwerks jährlich nach der Ratswahl schwören mussten, jeden Brief, der von einem fremden Ort an das hiesige Handwerk gerichtet war, nicht zu öffnen, sondern zuerst dem Bürgermeister zur Einsicht vorzulegen. ... Hierbei ist aber anzumerken, dass die Bevölkerung im großen und ganzen gehorsam hinter ihrer Obrigkeit stand."[43] Dafür sorgte eine „gute Polizei", wenn wir auch heute etwas ganz anderes darunter verstehen, als zu Zeiten Luthers. Im 16. Jahrhundert war „Polizei" ein Begriff im weitesten Sinne. „Ordnung und Polizei versuchten sowohl Gotteslästerung, übermäßiges Trinken, Putzsucht in Kleidung zu steuern und den Luxus einzudämmen. Beispielsweise verboten sie Kaufleuten und Gewerbetreibenden in Städten, Samt-, Damast-, Atlas- oder Seidenröcke zu tragen, wie sie sich auch gegen überflüssiges Zaumzeug der Pferde und weltliche Kleidung der Geistlichen wandten. Wuchergeschäfte, Zigeuner als Türkenspione bekämpften sie ebenso wie Belästigungen durch Schalksnarren, Monopole, Bettler- und Müßiggängerwesen. Daneben ordneten sie Rechtsfragen von Apothekern, Goldschmieden und Handwerkern. Das in den Reichspolizeiordnungen verankerte ius politiae wirkte ebenfalls auf die Landesherren, die sich sämtlich zur Handhabung der Polizei in ihrem Territorium und zur Interpretation eines weiten Polizeibegriffes verstanden."[44] Mit dem Öffnen von Briefen betrauten die Fürsten ihre Büttel ganz sicher nicht.

Die gehorsam hinter der Obrigkeit Stehenden konnten mit überragender Mehrheit weder lesen noch schreiben. Entsprechend gering dürfte die von den Souveräns überwachte Briefpost gewesen sein. Ausgangs des 17. Jahrhunderts lasen und schrieben von etwa 22 Millionen Menschen im Reich 130.000 bis 220.000. Ein nicht gerade überwältigender Prozentsatz. 14 Stunden täglicher Arbeit der überwiegend Unterprivilegierten ließen kaum Bildungshunger aufkommen. Noch im 18. Jahrhundert gingen lediglich 25 % aller Kinder zur Schule, von denen 10 % Lesen und Schreiben lernten.

Grimmelshausen ironisierte während des dreißigjährigen Krieges (1618-1648) die Bildungsmisere der Reichsbevölkerung. Sein Vater war ein geschickter, fleißiger Bauer, der ihn die Glückseligkeit „perfecter und vollkommener Unwissenheit" nicht länger genießen lassen wollte und ihn deshalb mit dem „uralten Hirtenamt" betraute. „Er vertraute mir erstlich seine Säu, zweitens seine Ziegen und zuletzt seine ganze Herde Schafe, dass ich selbige hüten, weiden und vermittelst meiner Sackpfeife, welcher Klang ... , vor dem Wolf beschützen sollte." Später gerät der mittlerweile dank der Bemühungen eines Einsiedlers des Lesens und Schreibens kundige, kindlich naive Simplicius an einen Offizier, den er als solchen nicht besser erkennen kann und bittet: „Ach mein lieber Hermaphrodit, lass mir doch mein Gebetbüchlein!" Der reagiert seiner Bildung angemessen: „du Narr, ... , wer Teufel hat dir gesagt, dass ich Hermann heiße?, befahl darauf

[43] Schild, Wolfgang. Justiz in alter Zeit. Seite 383.
[44] Schild, Wolfgang, Justiz in alter Zeit, Seite 50-51.

zweien Soldaten mich zum Gubernator zu führen, welchem er besagtes Buch mitgab, weil der Phantast ohn das, wie ich gleich merkte, selbst weder lesen noch schreiben konnte."[45]

Der in betroffenen Kreisen ruchbar werdende illegale Nachrichtenfluss im Tiroler Raum muss die Rechtsgelehrten dieser Gegend problembewusst gemacht haben, denn die Tiroler Landesordnung von 1532 enthält als älteste gesetzliche Bestimmung in deutscher Sprache Tatbestand und Strafandrohung der Verletzung des Briefgeheimnisses, während sich die seit dem Augsburger Reichstag von 1530 reichsgesetzliche CCC (Constitutio Criminalis Carolinae) von 1534 über dieses spezielle Delikt ausschweigt.[46]

Bis zur Aufnahme des Briefgeheimnisses als Bürgerrecht in die landesständische Verfassung des Kurfürstentums Hessen vom 05.01.1831, § 38 und der des deutschen Reiches von 1848 und weit darüber hinaus, betrachteten die Herrschenden das Briefgeheimnis einerseits unter dem Blickwinkel des Regelungsbedarfs und andererseits unter dem Aspekt ihres Herrschaftsverständnisses. So mutierte die Problematik zu einer rein juristischen. Nicht die absolute Geheimhaltung des Inhaltes einer schriftlichen Mitteilung stand im Mittelpunkt ehrlicher Kodifizierung, sondern die juristische Klärung von Begriffen wie Fälschung, Urkunde, Erbrechung etc..

Beispielhaft zeigt Friedländer auf. „Das Ius provinciale ducatus Prussiae von 1620 bestimmte im Liber VI, Titulus VIII de falsis § 6: ‚Quisquis praeterea alterius literas fraudulenter et improbe resignat, legit aut legendas tradit, vel contenta aliis prodit atque ea re scriptorem, vel eum ad quem scribuntur literae, aliquo detrimento, damno vel ignominia adficit, is falsi crimen haud dubie committit et arbitraria poena carceris vel infamiae coercendus est'.[47] Diese ... Bestimmung ging ... in ziemlich genauer Verdeutschung in das kurfürstlich - brandenburgische revidierte Landrecht des Herzogtums Preußen von 1685 und das Preußische Landrecht von 1721 über.

Auch im Codex iuris bavarici criminalis von 1751 erscheint unser Delikt als falsum (Fälschung). Der Tatbestand wird im § 2 des Kapitels im I. Teil dahin bezeichnet, dass jemand ‚Briefe oder Siegel ... erbricht'. Interessant ist die Behandlung, die unser Delikt in der Theresiana von 1768 erfahren hat. Es erscheint zwar auch hier als ‚Falsch', aber das Gesetz sagt klar, dass diese Unterordnung nur eine terminologische Bedeutung hat. ‚Dieses Laster enthalte in seinem weitem Umfang allerhand ... böse Vorteile ... von deren einigen ... in dieser peinlichen Gerichtsordnung absonderlich gehandelt, andere aber, und zwar die gemeinere hier angeführt; die übrige hingegen, denen man wegen Verschiedenheit solch schalkhaft betrüglicher Handlungen fast kei-

[45] Grimmelshausen, H.J.Chr..Der abenteuerliche Simplicissimus. Seite 15/73.

[46] Vgl. auch Friedländer.

[47] Wer außerdem die Briefe eines anderen betrügerisch und unredlich entsiegelt, liest oder das Gelesene weitergibt, oder den Inhalt (der Briefe) anderen öffentlich mitteilt und so dem Schreiber der Briefe oder demjenigen, dem die Briefe geschrieben wurden, Schaden, Nachteil oder Beraubung des guten Namen widerfahren, begeht ohne Zweifel das Verbrechen der Fälschung und ihm sollte die richterliche Strafe des Gefängnisses und sogar die Entehrung auferlegt werden.

nen Namen geben kann, unter der Allgemeinheit des Falsch einbegriffen werden'. So gehört hierher der Fall, dass jemand fremde Schriften und Briefe aufbricht', und die Täter bezeichnet das Gesetz als Leute, ,welche einen besonders hinterlistigen Betrug, den auch sonst verständige Leute nicht wohl fürsehen und verhüten können, und derlei schalkhafte Parthiten und Schelmenstücke wissentlich und vorsätzlich begehen', gewiß ein wichtiger Beleg für das Erkennen der Bedeutsamkeit eines Schutzes des Briefgeheimnisses.
All dies ändert sich in der Josephina von 1787. Der ,Trug (stellionatus, falsum)' ist wieder ein Sammeldelikt, nicht nur eine terminologische Bezeichnung. Die Verletzung des Briefgeheimnisses wird nicht erwähnt."[48]
Die demoralisierenden Auswirkungen des 30 - jährigen Krieges zwangen Joseph I. mit seiner Wahlkapitulation von 1690, die Wahrung des Briefgeheimnisses in Artikel 34 § 2 reichsgrundgesetzlich zu garantieren. „Diese niedergelegte, in allen späteren Wahlkapitulationen fast wörtlich wiederholte Satzung lautet wie folgt: ,Nicht weniger wollen wir den General Erb Reichspostmeister dahin halten, dass er seine Posten mit aller Notdurft wohl versehe, die getreue und richtige Briefbestellung ... ohnverweißlich befördere'".[49]
Das Gesetz ist in der Tat Ausfluss eines durch den langen Krieg verursachten Moralverfalls auch der Taxis'schen Postler. Majestät appellierten an seinen Generalerbpostmeister, die Postbediensteten zu disziplinieren, weil die sich hinsichtlich der von ihnen beförderten Post Freiheiten herausnahmen, die den Unmut gebildeter, aber dem Herrschaftshaus treu ergebener Bevölkerungsteile hervorrufen mussten.
Und so garantierte § 18 der Reichspostordnung von 1698 und später die preußische neue Postordnung vom 10. August 1712 in Kapitel VIII § 4 den ordentlichen Ablauf der Postangelegenheiten. Das ALR (Allgemeines Preußisches Landrecht) von 1794 drohte in Teil II, Titel 20, Abschnitt 15, § 1370 dem unbefugten Öffner von Briefen eine drei- bis vierzehntägige Gefängnisstrafe an, ohne dass das an der landläufig geübten Praxis der illegalen Brieferöffnung etwas geändert hätte.
Obwohl die Bundesversammlung des deutschen Bundes ihren beständigen Sitz in Frankfurt am Main nahm, die erste Sitzung auf den 1. September 1815 festgelegt war und das erste Geschäft dieser Bundesversammlung die Abfassung der Grundgesetze des Bundes sein sollte, fanden die Großmächte des deutschen Bundes, Österreich und Preußen, erst nach der Revolution von 1848 zum Konstitutionalismus, während eine Reihe süddeutscher und mitteldeutscher Staaten weniger Zeit mit der Verwirklichung des Artikel XIII[50] der Bundesakte vom 8. Juni 1815 verstreichen ließen. Am schnellsten reagierten noch die Bayern, die Badener und die Württemberger. Die Verfassungsurkunde für das Königreich Württemberg vom 25. September 1819 „stellte

[48] Friedländer. Die Verletzung des Briefgeheimnisses. Seite 765 ff..
[49] Friedländer, ebenda, Seite 767.
[50] Art. XIII: In allen Bundesstaaten wird eine landständische Verfassung statt finden.

einen Kompromiss zwischen Monarch und Volksvertretung dar, der mit einigen Änderungen die politische Entwicklung in Württemberg für fast 100 Jahre trug."[51] Kapitel III der württembergischen Verfassung, welches die allgemeinen Rechtsverhältnisse der Staatsbürger abhandelt, erwähnte das Briefgeheimnis nicht. Das galt auch für die bereits am 28. Mai 1818 vom bayerischen König seinem Volke gegebene Verfassung. Titel IV enthält die allgemeinen Rechte und Pflichten der Bayern, hier wie in der Badensischen Verfassung findet das Briefgeheimnis keine Erwähnung.

Das Briefgeheimnis erhielt erstmals in der landständischen hessischen Verfassung vom 5. Januar 1831 Verfassungsrang.[52]

Die niemals wirksam gewordene Verfassung des deutschen Reiches vom 28. März 1848 gewährleistet in Artikel III, § 142 das Briefgeheimnis und unterwirft es, modern bis heute, Einschränkungen bei strafrechtlichen Untersuchungen und in Kriegsfällen.

Die revolutionären Ereignisse des März 1848 zwangen auch den preußische König Friedrich - Wilhelm VI, am 6. Februar 1850 den Eid auf eine preußische Verfassung abzulegen. Titel II unterfallen die „Rechte der Preußen", unter anderem das in Artikel 33 festgeschriebene Briefgeheimnis.[53] Im Wortlaut entspricht der Text genau dem der Frankfurter Pauls - Kirchen - Verfassung von 1848.

Der Deutsche Bund endete mit dem deutsch - österreichischem Krieg von 1866. Der Kaiser von Österreich anerkannte im Vorfrieden von Nikolsburg am 26. Juli 1866 die Auflösung des deutschen Staatenbundes.

Die nun folgenden Verfassungen des Norddeutschen Bundes vom 16. April 1867 und des Deutschen Reiches vom 16. April 1871 zählten keine Grundrechte auf. Die Verfassung des Deutschen Reiches beschränkte sich auf die Organisation des Reiches. Die Regelung des Verhältnisses der Bürger zum Staate wurde als Angelegenheit der Gliedstaaten betrachtet. Von gesetzlichen Ausnahmefällen (Bayern und Württemberg)[54] abgesehen, war das Briefgeheimnis in den deutschen Verfassungen und Verfassungsentwürfen grundgesetzlich anerkannt.

Der mittelbar § 1370 des ALR entnommene § 299 des RStGB bedroht die vorsätzliche und unbefugte Eröffnung eines verschlossenen, nicht zur Kenntnisnahme durch den Täter bestimmten Schriftstücks (Brief oder andere Urkunde) allerdings nur auf Antrag. Strafbare Handlungen durch Postbeamte, die widerrechtliche Eröffnung oder Unterdrückung von der Post anvertrauten Briefen oder Paketen unterfielen § 354 RStGB. Die Telegraphen- und Fernsprechanstalten gehörten zur Reichspost. Die dort beschäftigten Beamten oder andere mit Beaufsichtigung und (oder) Bedienung einer zu öffent-

[51] Düring/Rudolf. Texte zur deutschen Verfassungsgeschichte. Seite 21-22

[52] Vgl. Tonnemacher. Dissertation.

[53] Das Briefgeheimnis ist unverletzlich. Die bei strafgerichtlichen Untersuchungen und in Kriegsfällen notwendigen Beschränkungen sind durch Gesetzgebung festzustellen.

[54] Das Reichstrafgesetzbuch wie auch die Reichsstrafprozessordnung galten in allen Bundesländern des Reiches . Die erst am 1. April 1921 aufgehobenen Sonderrechte Bayerns und Württembergs hinsichtlich der Post- und Telegraphenverwaltung änderte an deren rechtlicher Substanz und Auswirkungen nichts.

lichen Zwecken dienenden Telegraphenanstalt betraute Personen wurden nach § 355 RStGB bestraft, wenn sie von der Anstalt anvertraute Depeschen fälschten, widerrechtlich eröffneten oder unterdrückten oder widerrechtlich andere von ihrem Inhalte (Verletzung des Depeschengeheimnisses) benachrichtigten. Gleichgestellt war die wissentliche Gestattung der Vornahme solcher Handlungen durch Dritte sowie die wissentliche Hilfeleistung dazu.

Die gesetzliche Ausnahme von der Wahrung des Briefgeheimnisses regelte wie heute der § 99 der RStPO. Die Strafprozessordnung von 1893 führt im 1. Buch, achter Abschnitt, 4. (Beschlagnahme von Postsendungen und Telegrammen) zu § 99 aus: „Zulässig ist die Beschlagnahme der an den Beschuldigten gerichteten Briefe und Sendungen auf der Post sowie der an ihn gerichteten Telegramme auf den Telegrafenanstalten, (desgleichen) ist zulässig an den bezeichneten Orten die Beschlagnahme solcher Briefe, Sendungen und Telegramme, (in Betreff derer) Tatsachen vorliegen, aus welchen zu schließen ist, dass sie von dem Beschuldigten herrühren oder für ihn bestimmt sind und dass ihr Inhalt für die Untersuchung Bedeutung habe.“[55]

Dem legendären Begründer der Reichspost und gleichzeitig strikten Verfechter des Postgeheimnisses, (von) Stephan, folgte ein ehemaliger General Podbielski, den seine Freunde auch gerne den „dicken Pod“ nannten. Der war nicht kleinlich im Umgang mit gesetzlichen Bestimmungen. „So ordnete er seinen eigenen Worten nach an, ‚ihm besonders interessante Telegramme aus dem ganzen Reich und namentlich aus Berlin zuzuleiten.‘“[56]

Die gesetzlich einschränkende Überwachung des Fernmeldeverkehrs gab es im Kaiserreich noch nicht. Offiziell wurde der Fernsprechverkehr am 1. April 1881 eröffnet. Artikel 117 der Weimarer Reichsverfassung (WRV) vom 11. August 1919 erweiterte das Grundrecht des Briefgeheimnisses um das Fernsprechgeheimnis. Er lautete: „Das Briefgeheimnis sowie das Post-, Telegraphen- und das Fernsprechgeheimnis sind unverletzlich. Ausnahmen können nur durch Reichsgesetz erlassen werden.“

Erst während des 1. Weltkrieges sah sich die Oberste Heeresleitung zu Einschränkungen des Telegraphen- und Fernsprechgeheimnisses gezwungen. Aufgrund einer Meldung vom 3. August 1914 ordnete das Generalkommando im Bereich des 11. Armeekorps unter Betreff: „Überwachung Telegraphen- und Fernsprechanlagen“ die Überwachung des Automobilverkehrs an. Die Meldung aus Warnkenhagen besagte, dass ein französisches Auto mit der Nummer 12386 in Pölitz bei Plaatz gesehen worden sei und sich in Richtung Osten weiterbewege. Am 5. August 1914 wurde die Meldung aus Warnkenhagen präzisiert: „Heute früh 0800 Uhr ist allen Anstalten durch Kreistelegramm mitgeteilt worden, dass ein französisches Auto mit 3 Damen und Geld für Russland in Deutschland unterwegs sei. Die Nummer des Autos ist im Kreistelegramm angegeben. Die Absendung des Kreistelegramms ist vom General-

[55] Lediglich die in Klammern gesetzten Begriffe haben sich bis heute geändert.

[56] Vogt, Martin. Die Post im Kaiserreich, Heinrich von Stephan und seine Nachfolger, Seite 222

stab beim h. (hiesigen) PA (Postamt) beantragt worden. Der Herr Staatsanwalt hat die Absendung genehmigt. Martens. 5. / 8. 1914
Berlin, den 6. August 1914
z. d. A. [57]

Am 9. Februar 1917 erhielt Geheimrat Klaus in Berlin die telegraphische Mitteilung, dass die „amerikanische Schiffsstation Scorpion in Konstantinopel einen Postsack an (die) amerikanische Botschaft (in) Berlin abgesandt (habe). (Darüber hinaus habe die) amerikanische Botschaft in Konstantinopel einen Postsack an den Minister der auswärtigen Angelegenheiten in Amerika übersandt. Beide Postsäcke (seien) mit Konventionalzug anscheinend heute aus Konstantinopel abgegangen. Es (werde) gebeten, die Postsäcke anzuhalten und der Postüberwachungsstelle Berlin 17 zuzuführen. Die Postsäcke (seien) mit einem roten Kreuz gekennzeichnet. Umgehende Mitteilung, sobald Anhaltung erfolgt ist (werde) erbeten. Stellvertretender Generalstab 3 b Abwehr." Am 13. Februar 1917 meldete die kaiserliche Oberpostdirektion „streng geheim" Vollzug. [58]

Die Militärbehörden ergriffen angesichts drohender Streiks 1918 vorbeugende Maßnahmen. Am 18. Juli 1918 teilte ein Herr W dem Herrn Staatsekretär streng geheim mit, dass es für angezeigt gehalten würde, den Telegrammverkehr „von und nach den Streikorten und Berlin über die postalischen Zensurstellen zu leiten, hier durch erfahrene Postbeamte sorgfältig prüfen zu lassen und alle Telegramme, bei denen es sich möglicherweise um eine Verständigung zwischen den Streikleitungen oder um Nachrichtenübermittlungen zur Förderung des Streiks handelt, anzuhalten und dem für den Aufgabeort zuständigen Militärbefehlshaber vorzulegen (sei)." [59]

Um fernmündliche Absprachen zu unterbinden, wurde vorgeschlagen, den Fernsprechverkehr vom zuständigen Militärbefehlshaber für 12 Stunden unterbrechen zu lassen.
Die kaiserliche Oberpostdirektion reagierte:
Unter Punkt 9 bis 12 eines streng geheimen Berichts, die Überwachung des Telegramm- und Fernsprechverkehrs betreffend, lesen wir:

9. Im Fernsprechverkehre wird die u. U. anzuordnende Unterbrechung des Verkehrs nach den Streikgebieten in gleicher Weise durch das hiesige Fernamt überwacht. Soweit einzelne Anstalten des Bezirks unmittelbar in Fernleitungen eingeschaltet sind, sind sie anzuweisen, jeglichen Verkehr nach den Streikorten während der Überwachungsdauer über das Fernamt zu leiten.

10. Beim Fernamt findet die Überwachung der Sperre für die von hier abgehenden Gespräche am Rohrpostverteiler, für die Durchgangsgespräche am Durchgangsschrank statt. Am Rohrpostverteiler sind die Sendeschlitze nach den gesperrten Fernleitungen zu kennzeichnen, am Durchgangsschrank sind die betreffenden Klinken zu stöpseln.

---

[57] Aus Unterlagen des Deutschen Zentralarchivs Berlin.
[58] Aus Unterlagen des Deutschen Zentralarchivs Berlin.
[59] Aus Unterlagen des Deutschen Zentralarchivs Berlin.

11. Die Anmeldeblätter und Durchgangsmeldungen laufen in der gewöhnlichen Weise bei den bezeichneten Stellen zusammen. Hier werden die zugelassenen Gesprächsanmeldungen (Militärdienstgespräche) ausgesondert und mit einem Prüfungsvermerk zu den Fernplätzen weitergesandt. Die übrigen Anmeldungen und Durchgangsmeldungen werden zurückgehalten.
12. Die Beamtinnen an den Fernplätzen, an denen sich der Verkehr nach den Streikgebieten abwickelt, haben darauf zu achten, dass nur solche Anmeldungen erledigt werden dürfen, die den Genehmigungsvermerk der Verteilerstelle tragen. Die zugelassenen Verbindungen sind durch Mithören zu überwachen. [60]
Offensichtlich ergaben sich hinsichtlich der Durchführung der Telegramm- und Fernsprechüberwachung Schwierigkeiten, denn am 22. Oktober 1918 teilt ein Herr W vom Kriegsministerium dem Herrn Staatsekretär des Reichs - Postamts mit, dass er „mit der von seiner Excellenz vorgeschlagenen Regelung der Überwachung des Telegrammverkehrs bei Streiks" einverstanden sei. Die Sperrung des Fernverkehrs konnte nicht durchgesetzt werden. Dafür schlug die Reichspost die Überwachung des Fernsprechverkehrs vor, die der Vertreter des Kriegsministeriums für dringend erforderlich hielt..
Der spätere Reichspräsident Friedrich Ebert monierte im Hauptausschuss des Reichstags während des Krieges die das Briefgeheimnis gefährdende Postkontrolle, weil sie sich nicht mehr nur gegen Landesverräter, sondern auch oppositionelle Sozis richtete.
Am 9. November 1918 befand sich der Magdeburger Oberpostdirektor in einer prekären Lage. Seine Amtsleitung stand unter Überwachung des Soldatenrates. So bat er um Herstellung einer Geheimverbindung unter Benutzung einer Ader des Berlin - Magdeburger Kabels. [61]
Die unterschiedlichen Machtkonstellationen nach dem 1. Weltkriege ermöglichten auch den linken Kräften Überwachungsmaßnahmen. Am 13. August 1920 berichtete der Erste Grenzpolizeidirektor der Landesgrenzpolizei Osten: „Ein häufig erprobter Vertrauensmann aus Görlitz meldet: Die Zentrale der U.S.P.D., Abteilung Nachrichten, hat an sämtliche Bezirksleiter durch Spezialkuriere ein Schreiben folgenden Inhalts gerichtet:
Bei sämtlichen Behörden, insbesondere Militär- und Polizeibehörden, sind die Telefongespräche und Telegramme aufs genaueste zu überwachen. Nach Möglichkeit sind auf dortigen Postämtern organisierte kriegsverletzte Genossen unterzubringen (zwecks Berichterstattung), da selbige zuverlässiger als weibliche Personen sind"...[62]
Selbstverständlich hörten auch die französischen Sieger den deutschen Funk- und Fernsprechverkehr ab, während sich die Engländer vornehm zurückhielten. Von deutscher Seite zog man die Verlegung von Kabeln durch nicht besetztes Gebiet in Erwägung, um Telefonüberwachungen auszuschließen.

[60] Kaiserliche Ober-Postdirektion III A 1069 vom 2. August 1918
[61] Aus den Unterlagen des deutschen Zentralarchivs Berlin.
[62] Ministerium des Inneren, Landesgrenzpolizei Osten. Tgb. Nr. 4512 IV L.Gr. vom 13. August 1920

Auch die Raumüberwachung war kein Novum. Ein Bericht an das Auswärtige Amt vom 24. Februar 1921 vermittelt: „Während des Krieges ist mehrfach zum Zwecke der Überwachung verdächtiger Personen, Gefangener und anderer von der Möglichkeit Gebrauch gemacht worden, die in einem geschlossenen Raum geführten Gespräche durch versteckt im Raum angebrachte kleine Mikrophone mittels Drahtverbindung nach einem Überwachungsort zu leiten und dort mit Hilfe von Sprachverstärkern aufzunehmen. Zu diesem Zweck wurden in den in Frage kommenden Räumen eine Anzahl Mikrophone an den Wänden unter der Tapete, in elektrischen Beleuchtungskörpern, Steckkontakten, Klingelkontakten und anderen geeigneten Stellen so angebracht und durch Leitung mit der Überwachungsstelle verbunden, dass die in den betreffenden Räumen befindlichen Personen völlig ahnungslos waren und sich daher in ihren Gesprächen keinerlei Zurückhaltung auferlegten.
Da die Gegenseite über die erforderlichen technischen Einrichtungen verfügt, kann angenommen werden, dass sie diese auch bei gegebenen Anlässen benutzt, und ich sehe mich daher genötigt, das Auswärtige Amt ganz besonders auf die schweren Schäden hinzuweisen, die entstehen könnten, wenn die von der deutschen Delegation während der bevorstehenden Konferenz in London bewohnten Räume seitens der englischen Regierung in der angedeuteten Weise vorbereitet sind.“[63] ...
Der Ober-Postrat Arendt schrieb am 29. März 1921 zu dieser Problematik an das Auswärtige Amt: „In der Anlage habe ich die wesentlichen Erfahrungen aus der Kriegszeit zusammengestellt. Die auswärtigen Vertretungen und jeder Sonderbeauftragte müssten nach meiner Ansicht in der Überzeugung leben, dass sie in fremden Räumen oder in solchen, die vorübergehend ihrer Überwachung entzogen waren, unbedingt und immer mit der Möglichkeit rechnen müssen, belauscht zu werden. Wir haben im Kriege Räume mit Lauschanlagen derartig ausgestattet, dass es wohl auch dem Fachmann schwierig gewesen wäre, sie in allen Einzelheiten aufzudecken.“[64]
In den zwanziger Jahren des 20. Jahrhundert gab es noch keine elektronischen Aufspürgeräte für Wanzen. Ober-Postrat Arendt erläuterte in seinem Bericht, welche Möglichkeiten den Beamten des Auswärtigen Amtes zur Verfügung standen, um sich solcher Lauschmittel zu entledigen. Ein durchaus aufwendiges Unterfangen, weil man Wände Zentimeter für Zentimeter abzuklopfen hatte, Tapeten zu erneuern gewesen wären, Möbel hätten ausgetauscht werden müssen etc.
Im politisch ereignisreichen Jahr 1921 zapften polenfreundliche Personen aus nicht nachvollziehbaren Gründen das Ostpreußenkabel an, soweit es oberirdisch geführt wurde. In diesen Fällen wurde das Reichswehrministerium verständigt.
Aus der Zeit der Weimarer Republik weiß David Irving zu berichten: „ ... und verschiedene Polizeibehörden hatten gelegentlich Telefongespräche abgehört; aber der Umfang dieser Aktivitäten war sehr begrenzt. Walther Seifert, 1925 bis 1932 im Wehrmacht-

[63] Aus den Unterlagen des Deutschen Zentralarchivs Berlin.
[64] Ober-Postrat Arendt, Nr. I A 836 vom 29. März 1921.

samt des Reichswehrministeriums bei der Abwehr tätig, berichtet, dass die Abhöreinrichtung damals aus etwa 20 „Klinken" bestand. Abgehört wurden die fremden Attachés und Botschafter; ausgeschlossen dagegen war es, dass die Minister oder gar der Reichskanzler Brüning abgehört worden wären."[i (Anhang)]
Ein solches gelegentliches Abhören von Telefongesprächen durch die Polizei lässt sich im Mordfall Tetzner im Dezember 1929 nachweisen. Die Überwachung diente der Ergreifung des flüchtigen Versicherungsbetrügers und Mörders Tetzner. Der Fall war für die deutsche Kripo und die deutsche Justiz ein Novum, weil Tetzner nach Abschluss einer hohen Unfallversicherung eine ihm völlig fremde Person tötete, in seinem Kfz verbrannte und sie unter dem Namen Tetzner von seiner Ehefrau beerdigen ließ. Tetzner selbst setzte sich unter einem Alias - Namen nach Straßburg in Frankreich ab, von wo aus er mit seiner Ehefrau telefonisch in Verbindung trat. Folgerichtig trat die zuständige Kriminalabteilung Leipzig mit dem AG Leipzig wie folgt in Verbindung:
„An das AG, Abt. III B, Leipzig
In der Sache gegen den Kaufmann Tetzner wegen Mordes wird gebeten, bei der Oberpostdirektion Leipzig den Antrag auf Überwachung der Gespräche auf der Anschlussnummer 33530, Teilnehmer Heber, Elisenstraße 52, zu stellen. Die Ehefrau Tetzners empfängt auf dieser Nummer Gespräche, u.a. auch aus dem Ausland, die annehmbar von ihrem Manne ausgehen. In der Sache Tetzner ist bereits vom AG Leipzig Postsperre verhängt worden, Az. 20 S. Reg. 2699/29.
Kriminal-Abteilung Leipzig"
„Die Polizei hat meines Wissens von diesem operativen Mittel selten Gebrauch gemacht. Letztlich dienten Postsperre und Telefonüberwachung auch in der Weimarer Republik überwiegend der Sicherung staatlicher Interessen". Letztlich dienten Postsperre und Telefonüberwachung auch in der Weimarer Republik überwiegend der Sicherung staatlicher Interessen.
Wenn auch die nationalsozialistische Gesetzgebung die Weimarer Verfassung weitgehend aushöhlte, blieb sie doch bestehen. Die Einschränkungen des Artikel 117 der WRV dienten der Herrschaftssicherung. Kriminelle wurden mittels dieser operativen Möglichkeit nicht bekämpft.[ii (Anhang)]
Man kann durchaus sagen, dass seit Abschaffung der Folter bis zur Notstandsgesetzgebung der Bundesrepublik Deutschland Ausgangs der 60iger Jahre des vorigen Jahrhunderts kriminelle Elemente nicht mittels erbrochener Briefe respektive der Telefonüberwachung mit anschließender Auswertung ihres kriminellen Inhalts überführt wurden.

***

Am 17. Januar 1935 legten Kapitän z. S. Canaris, Major Banler, SS - Gruppenführer Heydrich, Oberregierungsrat Dr. Best, Oberregierungsrat Dr. Patschowski und SS - Sturmbannführer Jost im Reichswehrministerium die Aufgaben der Wehrmacht einer-

seits und der Geheimen Staatpolizei und dem Sicherheitsdienst des Reichsführers - SS andererseits in bezug auf die Abwehr von Spionage und Verrat unter anderem fest:
II. Aufgaben der Geheimen Staatspolizei:
5.) Fernsprech- und Postüberwachung unter Berücksichtigung der Vereinbarung zwischen Abwehr - Abteilung und Forschungsamt. [65]
Zur Zeit der Besprechung dieser hochrangigen Spezialisten des Dritten Reiches auf dem Gebiet der Abwehr von Spionage und Verrat existierte das sogenannte „Forschungsamt" (FA) bereits seit 10. April 1933. Es sollte sich zum geheimsten, effektivsten und effizientesten Nachrichtendienst des Dritten Reiches entwickeln. Das neben ihm bestehende FA der Reichspost schmälerte seine Leistungen ebenso wenig wie die noch in Heer und Marine existierenden Aufklärungsdienste. „Aus Tarnungsgründen (wählte man) den Namen Reichsluftfahrtministerium / Forschungsamt. Eine Kennzeichnung dieser Dienststelle, die keinerlei Verdacht erregte, da jedermann annehmen konnte, dass vom Reichsluftfahrtministerium selbstverständlich auch Forschungen betrieben werden mussten und eben dieses Amt dafür zuständig war." [66]
Göring verhielt sich gegenüber den Anträgen der GESTAPO sehr zurückhaltend, weil er sich der Neutralität, Objektivität und Ungebundenheit des Forschungsamtes mit tiefem Ernst verpflichtet fühlte. Ohne das große „G" unter einem Antrag der GESTAPO auf Fernmeldeüberwachung ging nichts. Undurchsichtige Begründungen der GESTAPO auf Abhören von Gesprächen wies Göring zurück. Genehmigte er den Antrag, ließ er die Ergebnisse nur an die Berechtigten ausliefern, wenn sie sich im Rahmen der Antragsbegründung hielten. [67]
Während des Nürnberger Prozesses sagte Göring dazu aus: „ Um keinen Missbrauch seitens der Polizei einzuführen, musste, sobald dieses Amt Telefongespräche abhören sollte, meine persönliche Genehmigung eingeholt werden. Daneben konnte trotzdem natürlich ein unkontrolliertes Abhören stattfinden, wie das technisch heute überall möglich ist."[68]
Missbräuchliche Versuche scheint es seitens der STAPO und STAPO - Leitstellen gegeben zu haben, denn am 14. Juli 1937 ordnete der Reichsführer SS und Chef der Deutschen Polizei im Reichsministerium des Innern (RFSS u. Ch. d. Dtsch. Polizei im RmdI) in einer „Geheimen Reichssache" unter dem Betreff „Fernsprechüberwachungseinrichtungen" an, dass ... „zum Zwecke einer einheitlichen Behandlung ... deshalb angeordnet (wird), dass Anträge auf Einrichtung von Telefonüberwachungsstellen künftig nur an den RFSS u. Ch. d. Dtsch. Polizei im RmdI Ref. S - V 9 zu richten sind.

[65] Bundesarchiv Berlin 58/242.
[66] Gellermann, Günther W. ... und lauschten für Hitler. Seite 19.
[67] Hierzu auch Irving, Gellermann und Kittel.
[68] Kittel, Ulrich. Das Forschungsamt. Seite 14.

Am 28. August 1937 ersucht er im Nachgang zu vorstehendem Erlaß um die Beantwortung nachfolgender Fragen:
Welche Stapoleit-, Stapo-, Aussen- und Grenzdienststellen verfügen über eine von der Reichspost eingerichtete Telefonüberwachungsstelle?
Für wie viel Teilnehmer sind Anschlüsse vorhanden?
Ist die Überwachungseinrichtung Eigentum der Reichspost oder der Stapostelle?
Wie hoch ist die eventuell zu zahlende Miete?
Werden die Anrufe optisch oder akustisch signalisiert oder ist Dauerbesetzung des Überwachungsgeräts erforderlich?
Welche Erfahrungen sind mit den Überwachungseinrichtungen gemacht worden, und zwar sowohl hinsichtlich der erzielten Ergebnisse, als auch der technischen Gestaltung der verwendeten Geräte?
Wie ist an Orten, wo die Überwachung nur durch das FA durchgeführt wird, die Zusammenarbeit mit diesem. Sind die Ergebnisse für die Belange der Geheimen Staatspolizei zufriedenstellend oder verspricht die Vornahme der Telefonüberwachung durch die Staatspolizei größere Erfolge?
Sorgfältige Beantwortung der Fragen ist erforderlich. [69]
Der RFSS hat während der ganzen Zeit des Bestehens des Forschungsamtes versucht, es unter seine Oberhoheit zu bringen, wie auch Punkt 7. des Fragenkatalogs belegen dürfte.
Göring hat das immer wieder zu verhindern gewusst und sich während des Nürnberger Prozesses wie folgt geäußert:
„Es ist richtig, dass die Polizei danach strebte, dieses Instrument in die Hand zu bekommen, sie hat es aber nicht von mir bekommen und hat vielleicht da und dort eine Nebenüberwachung aufgemacht, aber die entscheidende Überwachung, die ja technisch durch das Postministerium geschaltet werden musste, die konnte ich anordnen.“ [70]
Offensichtlich sahen die Verantwortlichen bei der GESTAPO und um den Reichsführer SS keinen Handlungsbedarf im Hinblick auf die operativen Möglichkeiten von TÜ bei der Bekämpfung von Verbrechen. Das galt erst recht für den Reichsmarschall und sein FA.
Am 01. November 1938 erlaubte man den Staatspolizei(leit)stellen - Leitern und ihren Vertretern Anträge auf Telefonüberwachung in den Fällen von Verbrechen des Hoch- und Landesverrates, Attentaten, Sabotageakten, Terrorakten oder Devisenverbrechen bei Dringlichkeit und, um jede Erfolgsverzögerung zu verhindern, direkt bei der zuständigen Reichspostdirektion zu stellen.[71] Die Genehmigung des Geheimen Staatspolizeiamtes war indessen unverzüglich gleichzeitig einzuholen. Die Verantwortung für derar-

---

[69] Bundesarchiv 58-242.

[70] Der Prozeß gegen die Hauptkriegsverbrecher, Band IX, Seite 490.

[71] Aus Unterlagen des Zentralarchivs Berlin. Geheimes Staatspolizeiamt. B.Nr. 143/38 g. Rs. – II G i.V.m. Erlass des Geheimen Staatspolizeiamtes vom 10.08.38.

tige Anträge lag bei den Leitern der jeweiligen Staatspolizei(leit)stellen. Erstaunlich ist auch der Hinweis auf die Befristung der Anträge. Die bundesdeutsche Demokratie begrenzt den ersten Antrag auf drei Monate. Die Praxis des Dritten Reiches mutet geradezu vorsintflutlich an.

Am 08. Juni 1938 wurde die polizeiliche Überwachung aller Telefongespräche des ehemaligen Hessischen Innenministers Wilhelm Leuschner angeordnet, weil Leuschner im dringenden Verdacht stand, Angehöriger eines sogenannten Arbeitskreises zu sein und illegale marxistische Beziehungen mit dänischen Staatsangehörigen und Reichsdeutschen in Dänemark zu unterhalten.[72] Die Maßnahmen waren bis 15.07.1938 begrenzt. Allerdings sah der Erlass vor, die Frist im Weisungsfall verlängern bzw. verkürzen zu können.

Besonders allergisch reagierte die NSDAP auf sich gegen „alte Kämpfer" richtende Telefonüberwachungsmaßnahmen, obwohl die „Braunen Blätter" des Forschungsamtes zum Sturz des Gauleiters von Franken 1939 beigetragen haben dürften.[iii (Anhang)] Streicher und seine „Komplizen" wurden noch im Jahre 1940 überwacht, bis der Reichsführer SS Himmler am 27.04.1940 die Abschaltung der TÜ „Gauleiter Franken" verfügte.[73] Das erregte den Zorn des Polizeipräsidenten der Städte Nürnberg und Fürth i. B., SS - Oberführer Martin. Er wandte sich am 28.04.1940 in dieser Sache an den Chef des persönlichen Stabes des RFSS, SS - Gruppenführer Wolff, per Einschreiben und Eilboten. Unter Punkt 2. führte er aus, dass sich „die Abschaltung im gegenwärtigen Augenblick ... verheerend auswirken (wird)."

Um wenigstens die Streicher'schen Begleitpersonen weiter überwachen zu dürfen, die aus seiner staatpolizeilichen Sicht die Belange des nationalsozialistischen Staates in der Öffentlichkeit erheblich schädigten, bittet er den „sehr geehrten Gruppenführer, beim Reichsführer zu erwirken, dass wenigstens ... 5 Schaltungen aufrechterhalten bleiben dürfen."

Wie der Gruppenführer Martin richtig vermutete, ging der Befehl von „allerhöchster Stelle" aus. Adolf Hitler hatte eine seltene Zuneigung zu seinen „alten Kämpfern" und sah ihnen beinahe jeden Fehler nach. Insoweit dürfte dem Gruppenführer Martin kein Erfolg beschieden worden sein, denn am 01.05.1940 verweist Martin in einem geheimen Fernschreiben nochmals auf seinen Eilbericht.

Inwieweit Streicher auch in kriminelle Machenschaften verwickelt gewesen ist, konnte jedenfalls nicht durch die operative Maßnahme einer TÜ sicher festgestellt werden. Seine bekannt gewordenen Schiebereien ließ Göring von einer Kommission untersuchen.[74]

---

72 Aus Unterlagen des Zentralarchivs Berlin. Geheimes Staatspolizeiamt. II A 2 /38 g

73 Aus Unterlagen des Zentralarchivs Berlin.

74 Vergleiche aus Gellerman, Günther W. ... und lauschten für Hitler, Seiten 98-99.

***

Mit Runderlass vom 19.03.1943 änderte der RFSSuChdDtPol. i. RmdI. den Runderlass vom 30.06.1938 und befahl:

„Das Reichskriminalpolizeiamt und die Kriminalpolizei(leit)stellen sind in demselben Umfang wie das Geh. Staatpolizeiamt und die Staatspolizei(leit)stellen zu Eingriffen in das Brief-, Post-, Telegraphen- und Fernsprechgeheimnis berechtigt. Die insoweit erforderlichen Anordnungen sind von den Leitern der Kriminalpolizei(leit)stellen oder ihren ständigen Vertretern persönlich zu treffen.“ [75]

Besonders gegen die Durchbrechung des Postgeheimnisses regte sich seitens des Postministeriums heftiger Widerstand. Man argumentierte von dort, dass der zu befürchtende Schaden größer sein werde als der von der Maßnahme zu erwartende Nutzen. „Wenn einmal ein Paket komme, so sei dies eine der wenigen Freuden, die die Bevölkerung heute habe. Man solle ihr diese Freude nicht nehmen und auch nicht durch Eingriffe in das Paketgeheimnis verkümmern. ... .Aber auch Herr Staatssekretär Stuckart und Herr Staatssekretär Gutterer (Propaganda - Ministerium) setzten sich für das Postgeheimnis ein.

Gegen die „steife Haltung“ der Reichspost richtete sich eine Beschwerde der Oberstaatsanwaltschaft in Königsberg. Sie berichtete, dass „seit einiger Zeit Lebensmittel und sonstige Waren von polnischen Arbeitern gestohlen und in Postpaketen nach Polen (Generalgouvernement) gesandt (werden). Die Post macht bei der Durchsuchung und Sicherstellung von Paketen, in denen solche gestohlenen Gegenstände vermutet werden, Schwierigkeiten und erklärt, es müsse die Beschlagnahme entweder nach § 99 RStPO oder durch die GESTAPO veranlasst werden.“[76]

Mit diesen Forderungen der Post sah sich die Staatsanwaltschaft düpiert, weil man den eigentlichen Herren eines Ermittlungsverfahrens ureigenste Rechte streitig machte. Jedenfalls schränkte man die Rechte der Kriminalpolizei zu Gunsten der alten Regelung wieder ein. Mit Runderlass vom 29.09.1943 befiehlt das RSHA:

„Dem Reichskriminalpolizeiamt und den Kriminalpolizei(leit)stellen steht ein Eingriffsrecht in das Post- und Fernmeldegeheimnis zu. Es beschränkt sich:

im Bereich des Postgeheimnis auf die Beschlagnahme einer bestimmten Sendung z. B. eines Briefes, eines Telegramms, eines Paketes. Die Kriminalpolizei macht grundsätzlich von dieser Befugnis nur in den Fällen Gebrauch, in denen die betreffende Sendung nach Kontrolle nicht im Postverkehr weiterlaufen soll. Das RSHA kann jedoch bestimmte Kriminalpolizei(leit)stellen ermächtigen, bestimmte Sendungen auch dann zu beschlagnahmen, wenn sie im Postverkehr weiterlaufen sollen. Es verständigt hiervon des Reichspostministerium. In allen übrigen Fällen ist wie bisher die Vermittlung der örtlich zuständigen Stapo(leit)stelle in Anspruch zu nehmen.

---

[75] RdErl. Des RFSSuChdDtPol. i. RmdI. vom 19.03.1943, - S II A 2 Nr. 57/43 – 176 -

[76] Aus Unterlagen des Zentralarchivs Berlin (R22/1468).

Im Bereich des Fernmeldegeheimnisses darauf, Auskünfte zu verlangen und zu erhalten, die an Hand der Dienstunterlagen gegeben werden können, z. B. ob eine bestimmte Fernsprechverbindung angemeldet oder hergestellt worden ist."[77]
Die Einschränkung hinsichtlich der Überwachung von Telefongesprächen ist gravierend, denn sie ähnelt in ihren Auswirkungen dem einschränkenden Recht auf Erhalt von Einzelverbindungsnachweisen im Sinne von § 12 des heutigen Fernmeldeanlagengesetzes (FAG). Der Kripo im Dritten Reich waren daher operative Mittel verwehrt, die für die Verbrechensbekämpfung hervorragend geeignet sind. Wie schon an anderer Stelle gesagt: überwiegend dienten Eingriffe in das Post- und Fernmeldegeheimnis der Sicherheit des Staates.
Es besteht eigentlich nur Raum für Vermutungen um die vorübergehende Ausweitung der verwaltungsmäßigen Einschränkung hinsichtlich des Postgeheimnisses zu Gunsten der Reichskriminalpolizei. Möglich, dass sich die Staatsanwaltschaft bei den ordentlichen Gerichten durch die weitreichenden Rechte der GESTAPO ausgehebelt sah. Tatsache ist, dass der bekannte Strafrechtstheoretiker Theodor Maunz die eingeschränkte Rolle der Staatsanwaltschaft versteckt beklagte.[iv Anhang] Unter dem Mantel der Anerkennung im nationalsozialistischen Reich gewachsener überragender Bedeutung der Exekutive gegenüber der Staatsanwaltschaft bekrittelt Maunz vorsichtig die Aushöhlung ordentlichen Rechts. Spätestens im September 1943 müssen die Verantwortlichen im RSHA erkannt haben, dass sie hintergründigen Bemühungen der Staatsanwaltschaft aufgesessen waren und kürzten die Ausweitung der Befugnisse zu Gunsten von Staatsanwaltschaft und Kripo wieder.
Das sollte ihnen um so leichter gefallen sein, als die Aufgaben der GESTAPO recht weitreichend gefächert waren und eigentlich alle Bereiche der von der KRIPO beanspruchten Verbrechensbekämpfungsbereiche einschloss. Die Aufgabe der GESTAPO umfasste die vorbeugende und strafverfolgende Tätigkeit auf Erkennen und Bekämpfen von Staatsfeinden. Die allumfassende Macht der GESTAPO begründete sich auf der Definition des Begriffes Staatsfeind. Dazu heißt es:
„Früher verstand man unter Staatsfeinden die Gegner des jeweils am Ruder befindlichen Systems. Heute ist Staatsfeind = Volksfeind. Im einzelnen verstehen wir darunter Kommunismus, Marxismus, Judentum, politisierende Kirchen, Freimaurerei, politisch Unzufriedene (Meckerer), nationale Opposition, Reaktion, Schwarze Front (Strasser, Prag), Wirtschaftssaboteure, Gewohnheitsverbrecher ... Hoch- und Landesverräter."[78]
Die „Volksfeinddefinition" führte zu Überschneidungen etlicher Wirkungsbereiche von GESTAPO und KRIPO. Weil die Eingriffe in das Postgeheimnis ohnehin in den Entscheidungsbereich der GESTAPO fielen, war die mit eigenen Abhörmitteln und aufgrund der guten Beziehungen zwischen Reichspostminister Ohnesorg und dem Reichsführer SS Heinrich Himmler [v(Anhang)] durchaus in der Lage, Telefonate von sogenannten

[77] RdErl. des RSHA vom 29.09.1943 – III A 5 b Nr. 319/43 – 176 – 7.

[78] Wendzio, Krim.Komm. Skript aus „Politische Polizei". Unterlagen des Zentralarchivs Berlin, R 58/781

„Gewohnheitsverbrechern“ zu erfassen, auszuwerten und damit dem engen, vom Selbstverständnis seines Chefs und dessen Mitarbeiter geprägten Rahmen des Forschungsamtes beim Reichsluftfahrtministerium zu entsteigen.
Völlig ungerührt von den Bestrebungen des RFSS gingen die Spezialisten des Erfassens und Auswertens von Telefonüberwachungen im Forschungsamt ihrer Tätigkeit nach. Wenn sich kriminalpolizeiliche Dienstellen im Dritten Reich eigener Bordmittel bedient haben sollten, werden die Ergebnisse ähnlich dilettantisch ausgesehen haben, wie sie es in der heute praktizierten Wirklichkeit der Kriminalpolizei oder der Zollfahndungsämter sind.

***

Auch in der ehemaligen DDR war es auf legaler Basis arbeitenden Ermittlungsbehörden (Kriminalpolizei, Zoll- und Steuerfahndung) versagt, Eingriffe in das Postgeheimnis vorzunehmen. Die blieben der Abteilung 26 beim Ministerium für Staatssicherheit (MfS) vorbehalten. Grundlage für Eingriffe bildete die Dienstanweisung Nr. 10/62 des Genossen Ministers für Staatssicherheit. Sie wurde 1984 durch die Dienstanweisung 1/84[vi(Anhang)] ersetzt. Zu dieser Dienstanweisung existieren ausführliche Erläuterungen[vii(Anhang)] zu den von der Dienstanweisung umfassten Aufgaben, Arbeitsweisen und operativ - technischen Mittel und Methoden des MfS. Wenn das MfS sicher war, dass die Regeln der Konspiration gewahrt waren und sie somit ein öffentliches Verfahren für opportun hielt, stellte es seine „Unterlagen“ und seine „Möglichkeiten“ der Generalstaatsanwaltschaft der DDR zur Verfügung.
Der Generalstaatsanwalt der DDR beantragte Maßnahmen des Eingriffs in das Postgeheimnis auf der Basis des § 115 der DDR - StPO.[79] Das MfS mauserte sich während der 40 Jahre des Bestehens der DDR zu einer monströsen Behörde, weil relevante politisch - operative Maßnahmen im Sinne staatlicher Sicherheit immer weiter gefasst wurden, weil man sogenannten Staatsfeinden jede kriminelle Energie auf allen Ebenen von Vergehen und Verbrechen unterstellte. Die Dienstanweisung 2/67 des Ministers des MfS besagt dazu unter III. „Bearbeitung operativer Vorgänge und besonderer Vorkommnisse“, lfd. Nr. 2, Absatz 2: „Da sich oft zwischen kriminellen und staatsfeindlichen Delikten ein enger Zusammenhang herausbildet, ist im engen Zusammenwirken mit den Dienstzweigen der Deutschen Volkspolizei und den Überwachungs- und Sicherheitsbeauftragten der Deutschen Post zu sichern, dass Vorkommnisse krimineller Handlungen sofort bearbeitet und geklärt werden.“[80] Die Fachleute der Staatssicherheit übernahmen grundsätzlich alle Ermittlungsverfahren der Kripo und der Zollfahndung auf der Basis von Zuständigkeitsvereinbarungen zwischen den kompetenten Hauptab-

---

[79] Der § 115 StPO der DDR regelte ähnlich dem § 99 der StPO der BRD die Beschlagnahme von an den Beschuldigten gerichteten Briefe, Telegramme und sonstigen Sendungen auf der Post.In der Fassung des dritten Strafrechtänderungsgesetzes vom 28. Juni 1979 umfasste der § 115 auch die Überwachung und Aufnahme des Fernmeldeverkehrs.
[80] Aus Archiv BstU MfS – BdL/Dok. Nr. 001248

teilungen des MfS und der Ermittlungsdiensteinheit. Als Beispiel sei eine „Vereinbarung über das Zusammenwirken zwischen der Hauptabteilung VII des Ministeriums für Staatssicherheit und dem Bereich Fahndungswesen der Hauptverwaltung der Zollverwaltung der DDR bei der Bekämpfung von Schmuggel und Spekulation“[viii(Anhang)] aus dem Jahre 1989 angeführt. Ähnliche Vereinbarungen aus weiter zurückliegenden Jahren gibt es zwischen allen Behörden, die in der Lage waren, die Arbeit des MfS zu unterstützen.

Das MfS verstand sich im Inneren des Staates als politische Polizei, ohne geheimdienstliche Grundsätze aufzugeben. Es arbeitete folgerichtig auf allen Ebenen völlig konspirativ. Quellenschutz rangierte hundertprozentig über dem Verlangen nach Legalität. Deshalb waren die Angehörigen des MfS verpflichtet, Beweise für ein ordentliches Verfahren ohne Preisgabe ihrer Herkunft zu beschaffen. Das führte zweifelsfrei zu hoher Effektivität bei der Verbrechensbekämpfung.

Inwieweit der Einsatz geheimdienstlicher Mittel, wie zum Beispiel der von IM im gesamtgesellschaftlichen Bereich der DDR Folgen zeitigte, kann hier und heute noch nicht belegt werden. Die Träger der „Revolution“ in der DDR gehen indes davon aus, dass eine totale Überwachung der politischen Zuverlässigkeit der Bevölkerung durch das MfS, die die Überwachung der Angehörigen aller Behörden einschließlich der Angehörigen des MfS einbezog, den „Kessel DDR“ zum platzen brachte. Nicht einmal die MfS - Angehörigen hätten sich deshalb gegen die Explosion aufgelehnt.

Das dürfte nicht ganz den Tatsachen entsprechen. Allenfalls ist den Angehörigen des MfS stille Resignation zuzubilligen. Am 25. Juni 1985 gab die Hauptabteilung VII, Abteilung 13 des MfS Arbeitsmaterial heraus. Darin heißt es u. a.: „Informationsbedarf zur Einschätzung politisch - ideologischer und operativ bedeutsamer Stimmungen/Reaktionen der Bevölkerung sowie feindbegünstigender Bedingungen/Umstände. In diesem Zusammenhang sind bedeutsam: Reaktionen auf: ...

Maßnahmen zur Durchsetzung der Wirtschaftspolitik der Partei und daraus resultierende Auswirkungen auf gesellschaftliche Prozesse, die Arbeits- und Lebensbedingungen der Bevölkerung;

spezifische Probleme der Lohn- und Preispolitik, des Handels und der Versorgung der Bevölkerung, einschließlich der Dienstleistungen, der medizinischen und sozialen Betreuung und weiterer Probleme der Arbeits- und Lebensbedingungen;

aufgetretene Mängel und Schwächen bei der Leitung und Organisation gesellschaftlicher Prozesse in den Territorien und gesellschaftlichen Bereichen.“

Dann folgte der Auftrag an die Inoffiziellen Mitarbeiter des MfS:

„Herauszuarbeiten sind (unter Beachtung von Umfang, Ausmaß der betroffenen Personen/ -kreises und der nachgewiesenen bzw. möglichen Auswirkungen) insbesondere Gerüchte, Spekulationen, Zweifel, Skepsis;

Erscheinungen der Unzufriedenheit, der Missstimmungen, des Unverständnisses; daraus resultierende Verhaltensweisen (Resignation, Passivität, Auswirkungen auf die Arbeitsmoral u. ä.) ... .“

Aber auch Mitarbeiter des MfS waren durchaus der Überzeugung, für die Wahrheit zu arbeiten. So erzählt ein MfS - Angehöriger:

„Ich habe nie ein Geheimnis gemacht, dass ich Mitarbeiter des Ministeriums für Staatsicherheit war. Ich habe natürlich keinem erzählt, was ich konkret mache, dass ich Wanzen und Telefone abhöre. Aber wo ich arbeite, wissen hier ringsherum alle. Und nicht erst seit gestern, schon vorher.

Ich bin aus tiefster Überzeugung in diese Behörde gegangen, etwas Notwendiges zu tun - niemals gern allerdings. Ich habe immer gesagt, das schönste wäre, wenn wir mal nicht mehr gebraucht würden. Das habe ich natürlich anders gemeint, als es jetzt gekommen ist. Aber wer macht so etwas schon gern, der muss ja krank sein. Außerdem wurde ich nicht als Jugendlicher geworben, ich war richtig berufstätig und hatte keine Ambitionen. Den Schritt, Geheimdienstler zu werden, habe ich nach dem Motto vollzogen: Du musst in den sauren Apfel beißen. Er gibt nun mal die Notwendigkeit, den Sozialismus vor seinen Feinden zu schützen, das muss halt sein.

Ich hoffte, dass das, was ich machte, ein Bestandteil der progressiven Seite sei. Ich dachte, es wird ja überall geschwindelt, von uns erfahren sie die Wahrheit.[81] Ich wollte was gestalten, ich wollte nicht bloß mein Geld verdienen, sondern ich wollte am Schluss sagen: Dazu hast du mit beigetragen, und ich wollte eigentlich mal stolz sein darauf.“[82]

***

Nach gründlichen Beratungen im Parlament während der 4. und 5. Wahlperiode löste die Notstandsgesetzgebung die in Artikel 5 Abs. 2 des Deutschlandvertrages festgeschriebenen Vorbehaltsrechte der Alliierten ab. Am 29. Mai 1968 konnte mit der Zweidrittelmehrheit der großen Koalition aus CDU/CSU und SPD die notwendige Verfassungsänderung ermöglicht werden. Eingriffe in das Brief-, Post- und Fernmeldegeheimnis waren von nun an in der Bundesrepublik mit Ausnahme Westberlins aufgrund des § 100 a/b legal möglich.

Damit stand den Strafverfolgungsbehörden in Deutschland erstmals ein operatives Werkzeug legal zur Verfügung, welches bis zu diesem Zeitpunkt lediglich den Diensten des Staates als Mittel zum Zweck der Sicherung staatlicher Macht diente. Die Nutznießer dieser neuen Waffe im Kampf gegen das Verbrechen nutzten das neue operative Mittel, ohne jemals über seine Möglichkeiten von Fachleuten unterrichtet zu werden. Entsprechend niedrig wurde der Beweiswert von Telefonüberwachungsprotokollen bei den Gerichten gewertet.[83]

---

[81] Der Verfasser hatte häufig Gelegenheit mit ehemaligen IM des DDR Zollfahndungsdienstes zu sprechen. Sie alle vertraten überwiegend die Ansicht, dass sie den führenden Parteilern die Augen über die Wirklichkeit wahrlich geöffnet hatten. Aber es geschah einfach nichts.

[82] Wawrzyn,, Lienhard. Der Blaue. Seite 134.

[83] Meines Erachtens erstmals anders das LG Berlin am 22. November 1999, Az.: (508) 69 Js 230/99 Kls (16/99)

Wenn es bei Telefonüberwachungen „nur“ um Probleme der Erfassung und Auswertung von Gesprächen ging und geht, kommt bei der seit dem 26. März 1998 möglichen Raumüberwachung im Wohnungsbereich auch noch die operative Technik ins Spiel. Denn gem. § 100 c Abs. 1 Nr. 3 StPO darf ohne Wissen des Betroffenen das in einer Wohnung nichtöffentlich gesprochene Wort des Beschuldigten mit technischen Mitteln abgehört und aufgezeichnet werden, wenn bestimmte Tatsachen den Verdacht begründen ... .
„In der Regel ist es erforderlich, die Wohnung der betroffenen Personen zu betreten, um entsprechende technische Mittel zu installieren. Auch die Neuregelung enthält kein ausdrückliches Betretungsrecht. Dieses Recht ergibt sich aber aus einer **konkludenten Genehmigung** des Gesetzgebers. § 100 c Abs. 2 ist u. a. zu entnehmen, dass „Maßnahmen nur in Wohnungen des Beschuldigten“ zulässig sind. **Daraus folgt, dass der Gesetzgeber sich durchaus bewusst war, dass zur Durchführung der Maßnahme die Wohnung betreten werden muss.**
Grundsätzlich ist auch davon auszugehen, dass eine Norm, hier § 100c I Nr. 3, konkludent eine Ermächtigung für solche Vorbereitungs- und Begleitmaßnahmen enthält, die in unerlässlich typischer Weise damit verbunden sind.“[84]
Um also eine genehmigte Raumüberwachung durchsetzen zu können, bedarf es neben der Technik und der die Technik installierenden Fachkräfte auch noch der Legenden, die ein konspiratives Betreten von infrage kommenden Objekten erlauben. In den Strafverfolgungsbehörden des Bundes findet sich weder das eine noch das andere. Es wird gestümpert, dass es den Fachmann graust, denn die Fachleute aus dem Pool der ehemaligen Staatssicherheit der DDR hat man entlassen.
Zudem sind beileibe nicht alle Richter und Staatsanwälte der Meinung Brodags von der konkludenten Genehmigung. Dilettantentum auf allen operativen Ebenen einerseits und von deutschen Richtern erkannter Regelungsbedarf andererseits neutralisieren eine an und für sich segensreiche Gesetzgebung im Kampf gegen das Verbrechen.[85]
Vielleicht birgt der vom Bundesrat am 26. Januar 2001 eingebrachte „Entwurf eines

[84] Brodag, Wolf-Dietrich. „Die akustische Wohnraumüberwachung.“ Aus Kriminalistik 11/99, 53. Jahrgang.
[85] Bezüglich des § 100 c Abs. 1 Nr. 1 Buchstabe b StPO ist der BGH mit Urteil vom 24. Januar 2001 – 3 StR 324/00 u. a. zu folgender Entscheidung gekommen: Die Beweisgewinnung unter Verwendung des satellitengestützten Navigationssystems „GPS“ ist von § 100 c Abs. 1 Nr. 1 Buchstabe b StPO gedeckt. Die bei dem Einbau des Empfängers und der Gewinnung der Daten durchgeführten Maßnahmen, wie das heimliche Öffnen des Pkw, die Benutzung der Fahrzeugbatterie sowie die Erhebung, Speicherung, Übermittlung und die kartographische Umsetzung der „GPS“ – Positionsdaten gehören zur Verwendung der „GPS“ – Technik und sind daher ebenfalls gem. § 100 c I Nr. 1 Buchstabe b StPO rechtmäßig. Die Vorschrift gestattet den Strafverfolgungsbehörden im Wege der Annexkompetenz unter Beachtung des Verhältnismäßigkeitsgrundsatzes auch die Vornahme der für den Einsatz des technischen Mittels notwendigen Begleitmaßnahmen. Hierzu kann auch, sofern im konkreten Fall kein milderes Mittel in Betracht käme, trotz des damit verbundenen Eingriffs in den Schutzbereich des Art. 14 GG die kurzzeitige Verbringung des Fahrzeugs in eine Werkstatt gehören.

Gesetzes zur Neuregelung von Beschränkungen des Brief-, Post- und Fernmeldegeheimnisses“ (G 10 E) die Lösung, weil den Ermittlungsbehörden Ressourcen der bundesrepublikanischen Dienste im weitesten Sinne zur Verfügung stünden.[86]
Wenn es aber auf dem Gebiet der Verbrechensbekämpfung eine sinnvolle Anwendung der gesetzlich normierten operativen Möglichkeiten für die Strafverfolgungsbehörden geben soll, wird man um die Ausbildung von Spezialisten nicht herumkommen.
Selbstverständlich bestehen Ausbildungsdefizite in allen Bereichen der Verbrechensbekämpfung bei der beispielhaft erwähnten Kriminalpolizei oder bei der Zollfahndung, und das nicht erst seit 1968 oder 1998.
Man möchte System in der Verdummung der Exekutive erkennen, auch wenn der von den abgeordneten Machtträgern im Bundestag nie gekannte operative Möglichkeiten eingeräumt wurden. Offensichtlich sahen die Damen und Herren nicht voraus, dass sie selbst grundsätzlich kontrollierbarer geworden sind. Plötzlich besteht die Gefahr der Enttarnung der politisch und wirtschaftlich in hervorragenden Positionen stehenden Abzocker dieser Gesellschaft. Wenn man medial registriert, dass im Jahre des Herrn 2001 gerade 5% der Bevölkerung sich 50% des gesamten Volksvermögens erfreuen, während sich 50% der Werteschaffenden mit 5% zufrieden geben dürfen, ist die Angst vor einer nicht nur legal, sondern auch operativ wirksamen Exekutive geradezu verständlich. Die Feinde dieser Gesellschaft sitzen oben. In dieser Bundesrepublik gibt es nicht nur 1,5 Millionen Millionäre, sondern unter diesen auch Milliardäre, die ihren Reichtum am Vermögen der USA - Milliardäre zu messen pflegen. 1,5 Millionen Millionären stehen in der BRD 3 Millionen Sozialhilfeempfänger gegenüber.
Da könnte man als normal denkender Mensch doch auf die Idee verfallen, dass Diskussionen um einige tausend Faulenzer[87] in dieser Republik an den Haaren herbeigezogen sind. Es dürfte ein von interessierten Kreisen weit verbreiteter Irrtum sein, reiche Leute hätten in der Gesellschaft eine funktionelle Bedeutung und wären als Steuerzahler nützliche Glieder. Darum „gelten abfällige Bemerkungen über den Reichtum der Reichen und schon gar jeder Vorschlag, ihn zu reduzieren, als geschmacklos.“[88]
Deshalb könnte man im Nachhinein der Vorstellung anhängen, dass die §§ 100 a/b/c StPO ein Versehen der Legislative gewesen sind. Es gibt ernst zu nehmende Personen in dieser Bundesrepublik Deutschland, die an einem vom Volk beherrschten Staat zweifeln.

---

[86] Vergleiche Hetzer. Neuregelung der Telekommunikationsüberwachung. In „Kriminalistik“ 5/01, Seiten 347 – 354.
[87] Bisher hat noch niemand die reichen und die armen Faulenzer ausgezählt. Wäre schon interessant zu wissen, ob die Zahl der reichen oder die Zahl der armen Faulenzer größer ist. Der Reichtum in Deutschland hält sich allerdings traditionell bedeckt.
[88] John K. Galbraith, Gesellschaft im Überfluss. München 1959, S.11 f.

Telefon- und Raumüberwachung, die eigentlich immer Maßnahmen der Herrschaftssicherung gewesen sind, könnten sich nunmehr gegen elitäre, aber hoch deviante Herrschaftsstrukturen wenden. Man hat das offensichtlich erkannt. Die Verdummung der Exekutive ist sichtbar Programm geworden.

Kapitel 03

Die Rechtsgrundlagen von Telefonüberwachungen.

Die Gesetzgebung ist einem fortwährend komplexer Werden menschlicher Beziehungen und einer sich ständig wandelnden Gesellschaft unterworfen. Man kann davon ausgehen, dass sich die Strafrechtsbestimmungen etwa alle 30 bis 40 Jahre grundlegend ändern. Es dürfte also vergeblich sein, ein logisch widerspruchsfreies Rechtssystem anzustreben, weil sich mit der gesellschaftlichen Entwicklung stetig Widersprüche ergeben werden. Darum wird das Recht immer ein offenes System sein.
Das Recht hat darüber hinaus die Aufgabe, soziale Prozesse zu steuern, weil die Selbstregulierungskräfte einer Gesellschaft allein nicht ausreichen. Appelle an die Moral reichen nicht, wie sich im Arbeitsrecht, Umweltrecht oder im Sozialrecht dokumentieren lässt.[89]
Die 60iger Jahre des vorigen Jahrhunderts haben wesentlich zur Veränderung der bundesrepublikanischen Gesellschaft beigetragen. Aus solchen resultierten die Notstandsgesetze mit der Einführung der Telefonüberwachung, ihrer Durchführung durch deutsche Dienste und Ermittlungsbehörden und letztlich auch der Verzicht der Alliierten auf ihre diesbezüglichen Vorbehalte.
Die gesetzliche Einschränkung des Schutzraums von Artikel 10 des Grundgesetzes (GG) auch für auf Basis des Legalitätsprinzip operierende Ermittlungseinheiten wird am 13. August 2002 34 Jahre alt. Sie hat in diesen Jahren erhebliche Änderungen erfahren. Der den strafprozessualen Änderungen zugrunde liegende Artikel 2 des G 10 Gesetzes vom 13. August 1968 lautete: Die Strafprozessordnung wird wie folgt geändert:

1.Die Überschrift des Ersten Abschnitts des Ersten Buches erhält folgende Fassung:
„Achter Abschnitt“
Beschlagnahme, Überwachung des Fernmeldeverkehrs und Durchsuchung.“
2.Nach § 100 werden die folgenden §§ 100a und 100b eingefügt:
„§ 100a ...
§ 100b ...“.
§ 101 Abs. 1 erhält folgende Fassung:
„(1) Von den getroffenen Maßregeln (§§ 99, 100, 100a, 100b) sind die Beteiligten zu benachrichtigen, sobald dies ohne Gefährdung des Untersuchungszwecks geschehen kann.“
Die Rechtsgrundlagen von TÜ sind abschließend rechtlich geregelt. Diese Tatsache sollte nicht in Richtung eines unveränderlichen Rechtskomplexes missverstanden werden.

[89] Der Staat appellierte anlässlich der Euroumstellung in der Bundesrepublik an die Wirtschaft, sich hinsichtlich heimlicher Preiserhöhungen selbst zu beschränken. Das Ergebnis ist bekannt.

Politisch motivierter Terror und das Anwachsen der organisierten Kriminalität haben in den vergangenen Jahren einen Denkumschwung hin zur Priorität des staatlichen Strafverfolgungsanspruches und weg von der absoluten Dominanz der Persönlichkeitsrechte hervorgerufen.

Bedingung: Katalogstraftaten

So sind Einschränkungen des Schutzraums im Sinne des Artikel 10 nur aufgrund bestimmter Straftaten möglich, wie sie in Abschnitt 2. „Beschränkung in Einzelfällen", § 3 Abs.1 Nr. 1 - 7 des G 10 - Gesetzes verzeichnet sind. Dieser Straftatenkatalog wurde in den § 100a Nr. 1 - 4 des Ersten Buches, achter Abschnitt der StPO[90] übernommen. Zwischenzeitlich hat der Gesetzgeber den Katalog um die Nummer 5 erweitert[91]. Die TÜ war nach Lichtbildern und Fingerabdrücken im Sinne von § 81b StPO das zweite technische Mittel zur Beweis- und Informationserlangung. Mit Steigen der Rauschgift- und organisierten Kriminalität kamen die Überwachung des gesprochenen Wortes mit technischen Mitteln und später die Überwachung des gesprochenen Wortes in der Wohnung mit technischen Mitteln hinzu[92]. Diese Arbeit geht auf die Probleme um den sogenannten kleinen und großen Lauschangriff nicht ein. Der Prototyp der technischen Überwachung im Sinne der §§ 100 ff StPO ist die TÜ.
Mit Aufhebung des Postmonopols in der Bundesrepublik Deutschland übernahmen ab 01.01.1995 drei formell selbständige, privatwirtschaftlich organisierte Postaktiengesellschaften die Aufgaben der Deutschen Bundespost. Es sind das die Deutsche Telekom AG, die deutsche Post AG und die deutsche Postbank AG. „Über den drei Postbank Aktiengesellschaften thront eine öffentlich-rechtliche Holding, die Bundesanstalt Deutsche Bundespost. Sie koordiniert die Unternehmen „durch Beratung". Eingriffe in unternehmerische Tätigkeit sind ihr verboten. Der Regulierungsrat, der als selbständige Einrichtung beim Postminister[93] angesiedelt ist, hat darauf zu achten, dass der im Grundgesetz verankerte Infrastrukturauftrag von den Postunternehmen erfüllt wird."[94] Der Gesetzgeber war u.a. aufgerufen, privatwirtschaftliche Betreiber von Telekommunikationsanlagen anzuhalten, die Belange der öffentlichen Sicherheit zu wahren. Mit dem Telekommunikationsgesetz (TKG) stellte der Gesetzgeber von einem Staatsmonopol auf profitorientierte Unternehmen ab. § 1 des TKG besagt schlüssig
Zweck dieses Gesetzes ist es, durch Regulierung im Bereich der Telekommunikation

---

[90] Die Beck'sche Textausgabe vom September 2000 weist die Katalogtaten von Nr. 1 – 5 aus.
[91] 5. eine Straftat nach § 92a Abs. 2 oder § 92b des Ausländergesetzes oder nach § 84 Abs. 3 oder § 84a des Asylverfahrensgesetzes
[92] §§ 100c StPO ff.
[93] An der Spitze der Posthierarchie steht nach wie vor das Postministerium.
[94] Pfeiffer, Gerd. Kommentar zur Strafprozessordnung, Seite 208.

den Wettbewerb zu fördern und flächendeckend angemessene und ausreichende Dienstleistungen zu gewährleisten sowie eine Frequenzordnung festzulegen
Wie sich der Gesetzgeber die Regulierung im Bereich der Telekommunikation vorstellte, dokumentiert § 2 Regulierung
(1) Die Regulierung der Telekommunikation und der Frequenzordnung ist eine hoheitliche Aufgabe des Bundes.
(2) Ziele der Regulierung sind:
1. die Wahrung der Interessen der Nutzer auf dem Gebiet der Telekommunikation und des Funkwesens sowie die Wahrung des Fernmeldegeheimnisses,
6. die Wahrung der Interessen der öffentlichen Sicherheit.
Die Überwachung des Fernmeldeverkehrs umfasste vor Abschaffung des Postmonopols als Oberbegriff den Fernsprech, - Fernschreib- und Richtfunkverkehr.[95] Das Telekommunikationsgesetz kennt den Begriff Fernmeldeverkehr nicht mehr. Es definiert alle Begriffe der Telekommunikation unter Nummern 1 bis 24, § 3 TKG. Weil der § 100a StPO in das durch Artikel 10 GG geschützte Fernmeldegeheimnis eingreift, kann man die vom Fernmeldegeheimnis umfassten Begriffe als Oberbegriffe zugrunde legen. „Dazu zählt der ... Telefon- und der Fernschreibverkehr, aber auch die Übertragung von Daten über Standleitungen zwischen Computern uä. , wie Teletext, Telefax und Bildschirmtext (Jarass/Pieroth, GG, Art. 10 Rn. 5). § 1 des FAG definierte als Fernmeldeverkehr die Übermittlung oder den Empfang von Nachrichten, Zeichen, Bildern oder Tönen auf Fernsprech-, Telegrafen- und Funkanlagen. Sachlich erfasst das Fernmeldegeheimnis den Inhalt der Kummunikation und auch das ob und das wie (BverfGE 67, 172).“[96]
Die geschäftsmäßigen Erbringer von Telekommunikationsdiensten oder daran Mitwirkende sind zur Geheimhaltung verpflichtet. Die Weitergabe an andere, ist nur zulässig, soweit dieses Gesetz oder eine andere gesetzliche Vorschrift dies vorsieht und sich dabei ausdrücklich auf Telekommunikationsvorgänge bezieht[97].
§ 88 TKG regelt die Technische Umsetzung von Überwachungsmaßnahmen.

Bedingung: Grundsatz der Verhältnismäßigkeit und Subsidiaritätsgrundsatz.

Bestimmte Tatsachen, nicht nur Vermutungen müssen einen Verdacht erheblicher Stärke begründen, dass jemand als Täter oder Teilnehmer eine der in § 100 a Ziffer 1 - 5 aufgeführten Katalogstraftaten begangen, versucht oder vorbereitet hat. Gerüchte oder Gerede reichen nicht. „Es müssen ... Umstände vorliegen, die nach der Lebenserfahrung, auch der kriminalistischen Erfahrung, in erheblichem Maß darauf hindeu-

[95] Richtfunk: Funkverkehr mit Hilfe von Richtantennen (meist über relativ geringe Entfernungen); insbesondere zur Übertragung von Ton- u. Fernsehprogrammen zw. 2 Stationen (Richtstrecke).
[96] Pfeiffer, Gerd. Kommentar zur StPO, Seite 208.
[97] § 85 Abs. 2 und 3 TKG

ten, dass jemand als Täter oder Teilnehmer eine Katalogtat begangen hat.“[98]
Dem Grundsatz der Verhältnismäßigkeit der Mittel hat der Gesetzgeber einerseits durch die Katalogtatenauswahl Rechnung getragen. Andererseits soll der Gesetzesanwender gezwungen werden, alle ihm zur Verfügung stehenden operativen Mittel aus der StPO und den kriminalistischen Wissenschaften auszuschöpfen. Die Überwachung wird erst angeordnet, wenn die Erforschung des Sachverhalts oder die Ermittlung des Aufenthaltsortes des Beschuldigten auf andere Weise aussichtslos oder wesentlich erschwert wäre (Subsidiaritätsgrundsatz).

Überwachung und Aufzeichnung

Sowohl die Überwachung als auch die Aufzeichnung müssen angeordnet werden.
Für das Strafverfahren relevante Gespräche werden vom Tonträger in TÜ - Protokolle übertragen. Die wortidentische Übertragung[99] gilt als Urkunde und kann als Urkundsbeweis in die Gerichtsverhandlung eingeführt werden. Aussagekräftiger als der niedergeschriebene Gesprächsinhalt sollte das in der Verhandlung abgespielte Tonband sein. Es hat dann den Charakter des Augenscheinbeweises.

Anordnungsbefugnis

Die Anordnungskompetenz liegt gemäß § 100 b StPO beim Richter, bei Gefahr im Verzuge bei der Staatsanwaltschaft. Die StA - Anordnung ist binnen 3 Tagen richterlich zu bestätigen. Die angeordnete Maßnahme ist auf 3 Monate beschränkt und kann bei Fortgeltung der Voraussetzungen um jeweils, d. h. mehrmals, 3 Monate verlängert werden.
Bei Vorliegen der richterlichen oder staatsanwaltschaftlichen Anordnung des TÜ - Beschlusses und eines entsprechenden Ersuchens der StA haben die Telekommunikationsdienste[100] die erforderlichen Schaltungen vorzunehmen.

Technik/Schreibkräfte/Dolmetscher

Die Abhörstelle ist in jedem Fall bei der Ermittlungsbehörde einzurichten. Zugang haben nur Richter, Staatsanwalt (StA), Polizeibeamte und Zollbeamte, die Hilfsbeamte der StA sind. Techniker der Telekommunikationsanlagen haben nur Zugang, um techni-

---

[98] Pfeiffer, Gerd. Kommentar zur StPO, Seite 210.
[99] Der Ausdruck „wortidentische Übertragung“ irritiert, weil die Laiendolmetscher, unfähige Staatsanwälte und noch unfähigere Sachbearbeiter aus Unkenntnis über die Wissenschaft von Übersetzertätigkeit das Wort „wortidentisch“ wörtlich nehmen.
[100] Die TelekomAG ist eine der Nachfolgerinnen der Deutschen Bundespost. Grundlage für die Verpflichtung der Anbieter von Post- und Telekommunikationsdiensten ist der § 2 G 10 Gesetz.

sche Verrichtungen vorzunehmen, Schreibkräfte nur, um nach Anweisung relevante Gesprächsteile zu protokollieren, ohne eigenes Erkennen der inhaltlichen Zusammenhänge[101] Solch Erkennen wird nicht zu vermeiden sein. Bei der Rauschgiftkriminalitätsbekämpfung sind im Normalfall die Schreibkräfte bei den Gemeinsamen Ermittlungsgruppen Rauschgift Polizei/Zoll (GER) fest angebunden und zur Geheimhaltung verpflichtet. Überdies erfolgt die Auswertung von TÜ Gesprächen bei der Rauschgiftskriminalitätsbekämpfung weniger in den Räumlichkeiten der Abhörstelle. Dort kann durch den verantwortlichen Sachbearbeiter (SB) parallel (life) gehört werden, wenn es taktisch - operativ notwendig wird. Wenn durch das Lifehören operative Maßnahmen nicht ad hoc umzusetzen sind, erfolgt die Auswertung zeitversetzt in den Räumen der Dienststelle. Weil die Schreibkräfte oftmals ganze Telefonüberwachungen eingeben müssen, lässt sich das Erkennen inhaltlicher Zusammenhänge ebenso wenig vermeiden, wie das Erkennen von Zusammenhängen durch die Dolmetscher. Das ist in der Regel auch erwünscht, weil ein Dolmetscher/Übersetzer ohne Kenntnis des Sachzusammenhangs unter Umständen Unsinn produziert.[102]

„Ihre Tätigkeit unterliegt sachnotwendig den Grundsätzen der Verhältnismäßigkeit. Ihre Tätigkeit wird stillschweigend geduldet. Sie sind zur Verschwiegenheit verpflichtet."[103]

Im Einzelfall besteht die Möglichkeit, einen Dolmetscher gem. § 1 Abs. 1 Nr. 1 und 3 des Gesetzes über die förmliche Verpflichtung nicht beamteter Personen (Verpflichtungsgesetz) auf die gewissenhafte Erfüllung ihrer Obliegenheiten zu verpflichten. Solche Einzelfälle ergeben sich bei der Übersetzung von seltener anfallenden Sprachen. Auf die strafrechtlichen Folgen einer Pflichtverletzung muss hingewiesen werden. Diese Aufgabe sollte vom zuständigen Vorsteher oder Personalchef eines Zollfahndungsamtes, auch auf den zollseitigen Leiter einer GER oder den Sachbearbeiter eines OK - Vorganges im Zollfahndungsamt delegiert werden.

Die Betroffenen

Gem. § 100 a Satz 2 richten sich Überwachungsmaßnahmen gegen

- die oder den Beschuldigten der Katalogtat,
- gegen den Nachrichtenmittler. Das sind Personen, die für den Beschuldigten für ihn bestimmte Nachrichten entgegennehmen oder von ihm herrührende Nachrichten weitergeben
- Gegen Anschlussüberlasser.

Vorstehende Kriterien sind im G 10 Gesetz wiederzufinden[104], die die Grundlage für alle

---

[101] Vergleiche Krupski, Manfred. Ebenda

[102] Es ist ein beliebtes Spiel der Verteidigung, vor Gericht einzelne Gespräche von sachfremden Dolmetschern übersetzen zu lassen, die naturgemäß zu anderen Ergebnissen kommen, als die sachkundigen Kollegen. Im Anschluss stellen sie die gesamte TÜ infrage.

[103] Krupski, Manfred. „Vgl.Telefonüberwachung". Lehr- und Studienbriefe Kriminalistik, Heft 7, Seiten 24-26.

Abhörmöglichkeiten der auf legaler Basis wirkenden Ermittlungseinheiten von Polizei und Zoll bilden.
Es ist übrigens völlig gleichgültig, ob Nachrichtenmittler oder Anschlussüberlasser gut- oder bösgläubig sind oder ob sie überhaupt ahnen, dass ihr Anschluss überwacht werden könnte.[105]
Nicht überwacht werden dürfen Gespräche zwischen dem unverdächtigen Verteidiger des Beschuldigten und dem Beschuldigten. Selbst wenn der Verteidiger einer Strafvereitelung zu Gunsten seines Mandanten verdächtig ist, rechtfertigt das keine Überwachung seines Anschlusses. Das gilt natürlich nicht, wenn der Beschuldigte mit Rechtsanwälten spricht, die ihn nicht verteidigen.
Die Überwachung ist auch gegen zeugnisverweigerungsberechtigte Personen im Sinne der §§ 52 ff möglich.
100a - Maßnahmen gegen Abgeordnete sind nur möglich, wenn sie Beschuldigte sind. Dabei sind allerdings die Artikel 40 Abs. 2 und Artikel 46 GG, sowie landesrechtliche Vorschriften zu beachten.

Die Verwertungsproblematik

Vor Gericht

„Verwertet werden können die Überwachungsergebnisse in dem Verfahren gegen den Beschuldigten und alle Tatbeteiligten. Die Art der Verwertung regelt das Gesetz nicht. Es ist dem an der Aufklärungspflicht des § 244 Abs.2 StPO ausgerichteten Ermessen des Tatrichters überlassen.“[106]
„Probleme (im Ermittlerverständnis) entstehen in erster Linie dann, wenn die durch Zufall im Rahmen einer TÜ aufgelaufenen Erkenntnisse das einzige Beweismittel darstellen.“[107]
Denn: Deutsche Tatrichter halten sich hinsichtlich der Verwertung von TÜ - Ergebnissen merklich zurück.
Beispiel: Der deutsche Überwachte, Willibald, vereinbarte mit seinem ausländischen Bekannten, Ismail, eine Heroinübernahme im Kilobereich. Der Zugriff konnte aus zunächst unbekannten Gründen nicht erfolgen, weil ihn die Täter nicht wie vereinbart wahrgenommen hatten. Im weiteren Verlauf der operativen Maßnahmen erweist sich, dass die Übergabe einen Tag später stattgefunden hat, weil die Täter jede Datenangabe

[104] § 3 Absätze 1 und 2 G 10 Gesetz.
[105] Solche Anschlussüberlasser sind oft Kneipenwirte oder andere Betriebe des gastronomischen Gewerbes. Das Abhören solcher Anschlüsse ist zeit- und personalaufwendig, weil natürlich viele unbeteiligte Personen solche Anschlüsse nutzen. Der redliche Kriminalist nimmt jedes Gespräch wegen der sogenannten Zufallsfunde ernst.
[106] Pfeiffer, Gerd. Kommentar zur StPO. Seite 211
[107] Krupski, Manfred. Ebenda.

gedanklich mit „plus 1“ versehen hatten.
Gegen Ismail muss nach Lage ein Ermittlungsverfahren wegen des Verdachts des illegalen Rauschgifthandels[108] eröffnet werden. Wenn die Katalogstraftatenerkenntnisse aus der TÜ voll verwertbar wären, sollten die fallbezogenen Gespräche als Augenscheinsbeweise in der Hauptverhandlung gegen Ismail Eingang finden und zu einer entsprechend hohen Freiheitsstrafe führen. Das ist allerdings bei deutschen Gerichten die absolute Ausnahme.[109] Krupski vermutet die Zurückhaltung deutscher Gerichte hinsichtlich der Verwendung von TÜ - Augenscheinsbeweisen, weil die Täterseite nicht interpretierbare Codeworte verwendete. „Aus den Gesprächsinhalten selbst werden daher nur in Ausnahmefällen beweiskräftige Ergebnisse zu ziehen sein.“[110]
Als Praktiker hat man eher den Eindruck, dass die Gerichte die Intensivierung der Geheimschutzverletzung im Sinne des Artikel 10 GG in den Hauptverhandlungen scheuen, insbesondere dann, wenn eben keine Sachbeweise in Form von bestimmten Mengen Rauschgift auf dem Richtertisch liegen, sondern nur das gesprochene Wort als Indiz für eine Täterschaft in die Waagschale geworfen werden kann. [ix(Anhang)]

Verwertungsverbote

Es gibt in der StPO keine ausdrücklichen Regelungen zum Verbot von unter Verstoß gegen die §§ 100 ff StPO erlangten Beweise. „Dem Strafverfahrensrecht ist ein allgemein geltender Grundsatz, dass jeder Verstoß gegen Beweiserhebungsvorschriften ein strafprozessuales Verwertungsverbot nach sich zieht, fremd. .... Dabei muss beachtet werden, dass die Annahme eines Verwertungsverbots, auch wenn die StPO nicht auf Wahrheitsforschung um jeden Preis gerichtet ist, eines der wesentlichen Prinzipien des Strafverfahrensrechts einschränkt, nämlich des Grundsatzes, dass das Gericht die Wahrheit zu erforschen und dazu die Beweisaufnahme von Amts wegen auf alle Tatsachen und Beweismittel zu erstrecken hat, die von Bedeutung sind. Daran gemessen bedeutet ein Beweisverwertungsverbot ein Ausnahme, die nur nach ausdrücklicher gesetzlicher Vorschrift oder aus übergeordneten wichtigen Gründen im Einzelfall anzuerkennen ist[111]. Maßgeblich mitbeeinflusst wird das Ergebnis der demnach vorzunehmenden Abwägung vom Gewicht des infrage stehenden Verfahrensverstoßes. Dieses wird seinerseits wesentlich von der Bedeutung der im Einzelfall betroffenen Rechtsgüter bestimmt. Im Falle von Abhörmaßnahmen ist das im Schutz der Privatsphäre und im Recht am eigenen Wort konkretisierte Persönlichkeitsrecht des einzel-

[108] Verbrechen (Katalogtat) im Sinne von § 29a Abs. 1 Nr. 2. BtmG
[109] Meines Erachtens erstmals anders das LG Berlin am 22. November 1999, Az.: (508) 69 Js 230/99 Kls (16/99)
[110] Krupski, Manfred. „Telefonüberwachung“. Lehr- und Studienbriefe Kriminalistik, Heft 7, Seiten 24-26.
[111] Das klassische Beispiel für einen Wandel juristischen Denkens findet sich hinsichtlich der rechtlichen Würdigung des am Zweithörer lauschenden Polizisten, ohne dass eine Anordnung nach §§ 100a/b StPO vorliegt. Siehe unten.

nen und damit ein verfassungsrechtlich geschützter Bereich betroffen (Artikel 2 Abs. 1 iVm Artikel 1 S. 1 GG) So gesehen kommt Verfahrensverstößen bei Abhörmaßnahmen nach §§ 100 a und 100c StPO besonderes Gewicht zu, dass es nahe legt, eine Beweisverwertungsverbot anzunehmen, wenn die Abhörmaßnahme ohne richterliche Anordnung durchgeführt wird (BGH 35, ,4 = NJW 1988, 1223; 31, 3,6 = NJW 1983, 1570).".[112]

Unverwertbar sind demnach:

- Erkenntnisse, die unter Umgehung des § 100 erlangt wurden, z.B. eine durch die Polizei angeordnete TÜ (BGH 31, 304).
- Ist die Schaltung einer Zählervergleichseinrichtung ohne richterliche Anordnung (BGH 35, 32),
- Erkenntnisse aus einer Überwachung, bei der der Verdacht einer Katalogtat von vornherein nicht bestanden hat (BGH 32, 70)[113]

Eine Fernwirkung von Beweisverwertungsverboten sieht das Strafverfahrensrecht grundsätzlich nicht vor (BGH 27/ 355, 358, 32/ 68, 71 34/ 362, 364). Sie dient vor allem in Amerika der Disziplinierung der Ermittlungsbehörden. Dort gilt die Theorie von den Früchten des vergifteten Baumes (fruit of the poisonous tree). Danach können alle Ergebnisse, die als Folge eines unzulässig gewonnenen Beweises erzielt werden, nicht verwertet werden. Als Beispiel sei der zu einem Geständnis geprügelte Mörder angeführt. Sein Geständnis führt zum Auffinden der Leiche, die verwertbare Fingerabdrücke und DNA-Spuren aufweist. In den USA sind alle mit dem unrechtmäßig erlangten Geständnis verbundenen Spuren, einschließlich der vorgefunden Leiche, nicht vorhanden. Der BGH schließt ein solches Verhalten nach der hypothetical clean-path Doktrin aus. Danach darf gefragt werden, ob die anderen Beweise auch ohne den unverwertbaren Beweis (den freien Willen des Täters einschränkende Prügel als verbotene Vernehmungsmethode) hätten erlangt werden können. Der BGH hat bisher nur eine Fernwirkung anerkannt. Dabei ging es um das Verwertungsverbot des § 7 Abs. 3 des G 10 Gesetzes (BGH 29/244, 247).

Verwertung von Katalogtaten

Wenn sich im Verlaufe der operativen Maßnahme nach § 100a StPO andere Straftaten aus dem Katalog des § 100a StPO ergeben, sind sie unmittelbar gegen jeden Teilnehmer an seiner Tat oder gegen weitere Betroffene nach Einleitung eines Ermittlungsverfahrens verwertbar.

Zeuge und Katalogtat

[112] Pfeiffer, Gerd. Kommentar Strafprozessrecht. S. 212.

[113] Vgl. Pfeiffer, Gerd. Kommentar Strafprozessrecht. S. 213.

Es ist möglich, einem Zeugen Gespräche aus einem Katalogstrafverfahren vorzuhalten. Wenn der Zeuge trotz des Vorhaltes falsche Angaben macht, können die Erkenntnisse aus der Telefonüberwachung, in einem gegen den Zeugen wegen des Aussagedelikts geführten Verfahren, gegen ihn verwertet werden.

Katalogtat Bildung krimineller Vereinigungen (§ 129 StGB)

Organisierte Kriminalität spielt sich in einem großen Maße in dem Bereich Diebstahl, Hehlerei und insbesondere auch auf dem Gebiet des illegalen Zigarettenhandels und -schmuggels ab. Aufgrund dieser Straftaten ist die Anordnung einer Telefonüberwachung aber nicht zulässig. Schlüssel zum Erfolg kann hier der durch entsprechende Ermittlungen untermauerte Verdacht einer kriminellen Vereinigung nach § 129 StGB sein. In diesem Fall besteht die Möglichkeit, dass eine Telefonüberwachung von der Staatsanwaltschaft beantragt wird. Bis 1992 haben die Verantwortlichen beim damaligen ZKI nur vereinzelt Anzeichen von Erscheinungsformen Organisierter Kriminalität (OK), z.B. bei der Bekämpfung des Subventionsbetruges, gesehen. „Bei einer Tagung Ende 1992 in der Europäischen Rechtsakademie Trier war eines der Hauptthemen 'die Bekämpfung des Subventionsbetruges im EG-Bereich'. Ein Referent des Zollkriminalinstituts Köln ging dabei auch kurz auf den Zusammenhang dieses Bereichs mit der Organisierten Kriminalität ein. Nach seiner Aussage konnten bis zum damaligen Zeitpunkt nur vereinzelte Fälle Organisierter Kriminalität im Rahmen der Definition festgestellt werden.“[114] In den meisten Fällen habe es sich um Täter gehandelt, die neben ihren legalen Geschäften auch kriminelle Machenschaften anwandten, um größtmögliche Gewinne zu erzielen. Noch 1996 wurde der Begriff des illegalen Zigarettenschmuggels und -handels auch in der damals neuesten Literatur über die Deliktsbereiche „Organisierter Kriminalität“ nicht erwähnt. Bei Flormann war lediglich der verschämte Hinweis auf „Subventionsbetrug und Eingangsabgabenhinterziehung“[115] unter dem Oberbegriff „Wirtschaftskriminalität“ zu finden. Nicht nur, dass Zigaretten- und Rauschgiftschmuggel (letzterer wird der OK schon lange zugerechnet) neuesten Erkenntnissen zufolge immer mehr zusammenfinden, trifft auf den Zigarettenschmuggel auch so die Definition der Organisierten Kriminalität zu.

Sowohl die generellen als auch die speziellen Merkmale der OK dürften dem „Organisierten Zigarettenschmuggel“ zuzurechnen sein.

Vorstehende Ausführungen machen unter dem Aspekt Sinn, dass erst seit 1997 beim

---

[114] Flormann, Willi. Heimliche Unterwanderung. Seite 132.

[115] Flormann, Willi. Ebenda, Seite 79.

Zollfahndungsamt Berlin Telefonüberwachung gegen Banditen aus dem illegalen Zigarettenschmuggelbereich beantragt wurden.[116]
Etliche Kenner der Materie führten dieses Manko auf nachfolgend aufgeführte Thesen zurück:
Den Verantwortlichen bis hin zur Zollsachen bearbeitenden Staatsanwaltschaft ist die Definition der kriminellen Vereinigung nicht hinreichend bekannt gewesen.
Die Verantwortlichen und Sachbearbeiter der Zollfahndung Berlin kannten neben der Definition der OK auch die rechtlichen Möglichkeiten nicht.
Die Zollsachen bearbeitende Staatsanwaltschaft weigerte sich aus Prestigegründen, Vorgänge an die OK bearbeitende Staatsanwaltschaft weiterzuleiten.
Der § 129 StGB (Bildung krimineller Vereinigungen) bietet den Ermittlern Möglichkeiten, auch dann Telefone zu überwachen, wenn zum Beispiel die Mitglieder einer von ihnen verfolgten Bande serienmäßig Nichtkatalogstraftaten wie Autodiebstähle und deren Schmuggel ins Ausland oder Zigarettenschmuggel begehen. Es ist später gleichgültig, welche Straftaten von den Mitgliedern der kriminellen Vereinigung begangen werden. Es müssen lediglich Straftaten sein, derentwegen sich die Mitglieder der kriminellen Vereinigung zusammengeschlossen haben. Es ist auch nicht notwendig, dass nach Abschluss der Maßnahmen wegen der Bildung einer kriminellen Vereinigung angeklagt wird. Unter der Klammer der Katalogtat im Sinne von § 129 StGB können alle Erkenntnisse aus dem Nichtkatalogtatenbereich verwertet werden. Ausnahmen bilden Einzeltaten von Mitgliedern der Vereinigung. Wenn über die TÜ bekannt wird, dass ein Mitglied eine Vergewaltigung begangen hat, ist dieses Ergebnis unmittelbar nicht verwertbar.

Verwertung nach Änderung der rechtlichen Beurteilung

Bei rechtmäßiger Anordnung einer TÜ können die Ergebnisse auch verwertet werden, wenn eine andere Begehungsform dieser Tat vorliegt oder nach weiteren Ermittlungen nur noch von einer Nichtkatalogtat auszugehen ist.
Mittelbar lassen sich aus Zufallsfunden neue Ermittlungsansätze finden, auch wenn die aufgezeichneten Gespräche als Beweismittel selbst nicht verwertbar sind. Den Ermittlungsbehörden ist es nicht verwehrt, den sich aus den Tonbandaufzeichnungen ergebenden Spuren nachzugehen und auf diese Art und Weise andere Beweismittel zu erlangen.[117] Zur Verdeutlichung dieser Rechtsprechung soll folgendes Beispiel ... dienen:
Bei einer Telefonüberwachung wurde durch das Mithören eines Gesprächs in Erfah-

[116] Der Artikel wurde 1997 geschrieben. Wir zählen jetzt das Jahr 2002 und auch das Zollfahndungsamt Berlin hat zwischenzeitlich TÜ auf Basis des § 129 StGB geschaltet. Die verspäteten Aktivitäten sprechen eine deutliche Sprache über das Leistungsvermögen der damals verantwortlichen Angehörigen der angesprochenen Verwaltung.
[117] BGH St 27, 355, 358.

rung gebracht, dass ein als gewalttätig bekannter Zuhälter vor einigen Monaten einen Berufskollegen mit einem Billardstock zusammengeschlagen und nicht unerheblich verletzt hatte. Eine Anzeige lag nicht vor. Aus in den Einzelheiten hier nicht näher interessierenden Gründen bestand ein erhebliches Interesse an der Aufklärung der Tat. Die TÜ - Erkenntnisse konnten als Beweismittel weder verwertet noch dem Beschuldigten oder Geschädigten vorgehalten werden, weil keine Katalogtat oder ein Zusammenhang zu einer solchen vorlag. Das hindert aber nicht daran, den Geschädigten oder sonstige Zeugen, die durch die Telefonüberwachung namhaft geworden sind, oder den behandelnden Arzt zu vernehmen. Wichtig ist dabei nur, dass man die so gewonnenen Beweismittel nicht durch unzulässige TÜ - Vorhalte „infiziert" und damit im Ergebnis ebenfalls unverwertbar macht. Im geschilderten Beispielsfall ist entsprechend vorgegangen und der Vorfall im Ergebnis vollends aufgeklärt worden. Die Zeugen hatten unbeeinflusst von den Telefonüberwachung - Erkenntnissen ausgesagt; nach Vorhalt dieser Aussagen räumte der Beschuldigte die Tat ein. Prozessual sind hier alle Angaben uneingeschränkt verwertbar.

Zur Verwertbarkeit von und mitgehörten und aufgezeichneten Telefongesprächen ohne richterliche Anordnung (Hörfalle)

Fraglich ist, ob durch private Aktionen erlangte Gesprächsmitschnitte verwertet werden dürfen. Hier steht eine Verletzung von § 201 StGB[118] im Raum. Heimlich hergestellte Tonbandaufnahmen können auf jeden Fall dann in den Prozess eingeführt werden, wenn der Angeklagte der Verwertung zustimmt. Dieser Fall dürfte allerdings praktisch kaum relevant sein. Im übrigen unterliegen nach Ansicht des BGH die von Privatleuten heimlich hergestellten Tonbandaufnahmen - selbst wenn dadurch der Tatbestand des § 201 StGB verwirklicht worden ist - nicht von vornherein einem Beweisverwertungsverbot im Strafverfahren. Es ist vielmehr im Einzelfall abzuwägen, ob solche Erkenntnisse prozessual verwertet werden dürfen. Bei der Abwägung ist insbesondere von Bedeutung, ob durch die Beweisaufnahme der schlechthin unantastbare Bereich privater Lebensgestaltung berührt wird und welches kriminelle Delikt zur Aufklärung ansteht."[119]
1. Die Verwendung einer Tonbandaufnahme könnte einem Beweisverwertungsverbot unterliegen, wenn die Aufnahme heimlich und unter Verstoß gegen § 201 StGB sowie unter Verletzung des allgemeinen Persönlichkeitsrechts aus Art. 2 Abs. 1 i. V. m Art. 1 Abs. 1 GG[120] hergestellt worden ist.[121] Es steht zur Disposition des Verletzten, ob eine unbefugt hergestellte Tonbandaufnahme abgespielt werden darf, so dass grundsätz-

---

[118] Verletzung der Vertraulichkeit des Wortes
[119] Füllkrug, Michael. Telefonüberwachung als kriminalistische Erkenntnisquelle, eine Analyse rechtlicher Probleme. Seiten 349-354.
[120] Schutz der Menschenwürde: Die Würde des Menschen ist unantastbar. Sie zu achten und zu schützen ist Verpflichtung aller staatlichen Gewalt.

lich kein Verwertungsverbot bei einem Einverständnis[122] des Beschuldigten mit dem Gebrauch des Mitschnitts besteht.[123]

Sofern keine Zustimmung zur Verwendung vorliegt, folgt daraus nicht zwingend die Unverwertbarkeit der Aufnahme. Es ist zu unterscheiden, ob es sich um einen von einem Dritten unter Verstoß gegen die Vorschriften des StGB hergestellten Mitschnitt handelt, der der Polizei übergeben wurde oder ob es sich um eine von der Polizei rechtswidrig angefertigte Aufnahme handelt.[124]

Im hier gegebenen letzteren Fall sind die vom Bundesverfassungsgericht aufgestellten Grundsätze anzuwenden.[125]

a) Unzulässig ist die Verwertung einer Tonbandaufnahme im Strafverfahren, wenn das darin aufgezeichnete Gespräch den schlechthin unantastbaren Kernbereich privater Lebensführung betrifft. Dieser Bereich menschlicher Intimität und Würde ist grundsätzlich jedem staatlichen Eingriff entzogen.[126]

b) Im Falle eines verbotenen Mitschnitts durch eine Privatperson, bleibt es zunächst bei der Unverwertbarkeit der Aufnahme, weil das Abspielen des Tonbandes einen Verstoß gegen das allgemeine Persönlichkeitsrecht darstellt.[127] Ausnahmsweise ist die Verwertung von heimlich hergestellten Tonbandaufnahmen zulässig, sofern sie durch ein überwiegendes Interesse der Allgemeinheit und unter strikter Wahrung des Verhältnismäßigkeitsgrundsatzes gerechtfertigt ist.[128] Das ist v.a. denkbar in Fällen schwerer Kriminalität - bspw. gegen Leib und Leben, die existentiellen Grundlagen der freiheitlich demokratischen Grundordnung oder Rechtsgüter vergleichbaren Ranges - zur Feststellung der Identität von Straftätern wie zur Entlastung zu Unrecht Beschuldigter. Zudem ist zu berücksichtigen, ob der Mitschnitt nach Ausschöpfung aller anderen zulässigen Beweismittel die einzige Möglichkeit ist, den Beschuldigten zu überführen oder zu entlasten.[129]

Zu einer anderen Entscheidung in einem ähnlich gelagerten Fall kam der BGH[130] bereits im Jahre 1983.

Der als V-Mann arbeitende Zeuge rief vom Polizeipräsidium in Gegenwart des Leiters des Rauschgiftdezernats den Angeklagten an und erkundigte sich nach dem Stand einer Rauschgiftlieferung. Dieses in türkischer Sprache geführte Gespräch wurde über eine im

---

[122] Ein solches Einverständnis dürfte in den seltensten Fällen zu erreichen sein.

[123] BGH 14, 358, 360; 36, 167, 172; Leipziger Kommentar, StGB 5 201 Rdnr. 24

[124] BGH 36, 167, 173

[125] BVerfGE 34, 238, 245

[126] BVerfGE a.a.O.; BGH a.a.O.; BayObLG StV 95, 65, 66

[127] vgl. Preuß, Anm. zu BayObLG StV 95, 65, 67 in Hinblick auf das Abspielen des Bandes durch Ermittlungsbeamte

[128] vgl. auch BayObLG in OLGSt, § 261 StPO Nr. 9; Gesprächsmitschnitt ist auch zur Entlastung des Angeklagten unzulässig, wenn dadurch das allg. Persönlichkeitsrecht eines Zeugen verletzt wird

[129] BVerfGE 34, 238, 249

[130] BGHSt 31, 304 ff.

Polizeipräsidium vorhandene Mithöreinrichtung auf Tonband aufgezeichnet.
„Der BGH hat in diesem Fall entschieden, dass die Aufzeichnung des Gesprächs unter Verstoß gegen § 201 StGB erlangt worden sei und eine Rechtfertigung nach §§ 100 a, 100 b StPO schon deshalb nicht in Betracht komme, weil es bereits an der erforderlichen richterlichen oder staatsanwaltschaftlichen Anordnung fehle. Zu den Konsequenzen hat der BGH ausgeführt:“[131]
„Der hier vorliegende Verfahrensverstoß hat ... ein Beweisverwertungsverbot zur Folge. Denn es ist mit den Grundsätzen eines rechtsstaatlichen Strafverfahrens unvereinbar, dass der Verdächtige unter Umgehung der richterlichen Anordnungsbefugnis von einem V-Mann der Polizei mit deren Billigung und unter deren Mitwirkung gezielt angerufen und unter Ausnutzung des bestehenden Vertrauensverhältnisses in ein Gespräch über eine Straftat verwickelt wird, damit dieses auf Tonband aufgenommen und später gegen ihn verwendet werden kann.“
Man sollte sich zu den vom BGH ausgeführten Konsequenzen vor Augen halten, dass die Überwachung und die Aufzeichnung im Sinne von §§ 100a StPO je für sich angeordnet werden müssen. Wenn das bloße Mithören noch der inneren Gestaltung der Gesprächspartner unterliegt und auch aus technischen Gründen nicht als Überwachen gilt, kann die Aufzeichnung nur vorgenommen werden, wenn sie vom Richter ausdrücklich genehmigt wurde. Die Aufzeichnung von Gesprächen durch die Polizei auf Tonträger ohne richterlichen Beschluss und deren Verwertung als Beweis unterliegt einem Beweisverwertungsverbot.

Zur Problematik der mitgehörten Gespräche

Der Große Senat beim BGH hat am 13. Mai 1996 die gegenlaufenden Entscheidungen des 2. und des 5. Senats vom 8. Oktober 1993 und vom 22. März 1995 hinsichtlich mitgehörter Gespräche ohne richterliche Anordnung nach § 100a StPO mit seiner Entscheidung geklärt.
„Hat eine Privatperson auf Veranlassung der Ermittlungsbehörden mit dem Tatverdächtigen ohne Aufdeckung der Ermittlungsabsicht ein auf die Erlangung von Angaben zum Untersuchungsgegenstand gerichtetes Gespräch geführt, so darf der Inhalt des Gesprächs im Zeugenbeweis jedenfalls dann verwertet werden, wenn es um die Aufklärung einer Straftat von erheblicher Bedeutung geht und die Erforschung des Sachverhalts unter Einsatz anderer Ermittlungsmethoden erheblich weniger erfolgversprechend oder wesentlich erschwert gewesen wäre.“[132] Im Zusammenhang mit Telefonüberwachungen stellt sich beim bloßen Mithören eines arrangierten Gesprächs häufig die Frage, ob es einer richterlichen Anordnung nach den §§ 100a/b StPO bedarf, wenn das erklärte Einverständnis eines Anschlussinhabers zu Abhör-

[131] Füllkrug, Michael. Ebenda.
[132] BGHSt 42, 139

maßnahmen vorliegt.
1988 hat das Oberlandesgericht (OLG) Hamm[133] eine Entscheidung getroffen, die zwei unterschiedlichen Auffassungen gerecht zu werden sucht. Eine Auffassung vertritt das durch Art. 10 GG garantierte Fernmeldegeheimnis jedes einzelnen der Teilnehmer, die andere vertritt die Meinung, dass bereits der einseitige Verzicht eines Gesprächsteilnehmers genüge. Die Begründung für letzteren Standpunkt ist nicht von der Hand zu weisen. Schließlich ist keiner der Gesprächsteilnehmer davor gefeit, dass der Andere über die Unterhaltung Dritten berichtet.
Der Entscheidung des OLG Hamm lag folgender Sachverhalt zugrunde:
Bei seiner Vernehmung bot der Beschuldigte an, in Gegenwart eines Kriminalbeamten einen Rauschgiftlieferanten anzurufen und diesem Interesse an der Lieferung einer größeren Menge Haschisch vorzuspiegeln, um der Polizei einen Zugriff zu ermöglichen. Das Telefongespräch hörte ein Beamter über eine zweite Hörmuschel des Telefons mit, ohne dass dafür eine richterliche oder staatsanwaltschaftliche Anordnung vorlag.
„Das OLG Hamm hat die §§ 100 a, 100 b StPO in diesem Fall nicht als verletzt angesehen und namentlich eine richterliche oder staatsanwaltschaftliche Anordnung zum Mithören des Telefongesprächs nicht für erforderlich erachtet. Zur Begründung hat das OLG Hamm im wesentlichen angeführt, dass Zweck des Art. 10 GG sei, eine von beiden Gesprächsteilnehmern gewollte Geheimnissphäre von staatlichen Eingriffen freizuhalten. Wolle einer der Beteiligten die Vertraulichkeit nicht, so könne er, solange er sich nicht unbefugt der in § 201 StGB genannten Methoden bedient - jedem Dritten den Inhalt des Gesprächs bekannt machen. Diese Mitteilungsbefugnis bestehe auch gegenüber dem Staat. Wenn er aber mitteilen könne - so folgert das OLG Hamm -, dann könne der Betroffene auch mithören lassen, zumal im entschiedenen Fall ein Verstoß gegen § 201 StGB nicht gegeben sei, weil eine zweite, von der Post mitgelieferte und zugelassene Hörmuschel am Telefon kein Abhörgerät darstelle.“[134]
Beide Urteile unterscheiden sich auf der Basis der verwendeten Mittel lediglich im Hinblick auf eine Strafbarkeit im Sinne von § 201 StGB. Das hat alle möglichen Juristen zu allen möglichen Gedanken angeregt. Füllkrug, der in dieser Arbeit häufig zitiert wird, vertrat zum Beispiel die Überzeugung, dass nicht das entscheidende Kriterium sein kann, „dass bei der Erlangung des Beweismittels in einem Fall eine Strafbarkeit aus § 201 StGB bestand und in dem anderen Fall nicht.“[135] Wesentlich sei, dass in beiden Fällen ein Verstoß gegen die §§ 100 a/b StPO vorgelegen habe, denn das Mithören sei auch eine Form der Fernmeldeüberwachung. Weder in dem einen noch in dem anderen Fall habe eine richterliche oder staatsanwaltschaftliche Anordnung bestanden. Zwangsläufig unterlägen auch die zeugenschaftlichen Äuße-

[133] OLG Hamm StafV 1988, 374.
[134] Füllkrug, Michael. Ebenda.
[135] Füllkrug, Michael. Telefonüberwachung als kriminalistische Erkenntnisquelle, eine Analyse rechtlicher Probleme. Seiten 349-354.

rungen zum mit der Hörmuschel Gehörten dem Beweisverwertungsverbot. Füllkrug begründet weiter, dass es einen Unterschied mache, ob ein Bürger von sich aus zur Polizei ginge und dort von dem in Rede stehenden Gespräch berichtete. In beiden Fällen seien die Gespräche aber erst durch die Initiative der Ermittlungsbehörde zustande gekommen. Er sei sich jedoch mit anderen Zunftgenossen einig, dass List nun einmal zur Bekämpfung der Schwerstkriminalität gehört und regt bis zu der in Bälde zu erwartenden Klärung durch den BGH an, in solchen Fällen zumindest eine Eilanordnung der Staatsanwaltschaft nach § 100 b Abs. 1 Satz 2 StPO herbeizuführen.[136]
Die nachfolgend aufgeführten Beispielfälle sollen dem SB Hilfe hinsichtlich der Rechtlichkeit seines Handelns geben. Oftmals wissen insbesondere die mangelhaft ausgebildeten sogenannten „Kriminalpolizisten des Zolls" nicht was sie tun, wenn sie zum Beispiel eine V-Person zu einem Gespräch mit dem Täter veranlassen oder Tonbänder mit „Beweisen" entgegen nehmen.

Das mitgehörte Gespräch

Rechtliche Wertung.

Polizeibeamte veranlassen den A, ein Telefongespräch mit B zu führen. Mit Einwilligung des A verfolgt der Beamte das Gespräch über einen Lautsprecher oder über eine Hörmuschel. Der B macht Äußerungen über von ihm begangene Straftaten.
Frage: Ist das Mithören eines privaten Telefongesprächs durch Polizeibeamte eine Überwachung des Telekommunikationsverkehrs?
Antwort: In weiter Auslegung muss die Frage bejaht werden. Artikel 10 des GG wahrt die Unverletzlichkeit des Fernmeldegeheimnisses gegen Eingriffe der öffentlichen Gewalt. Insofern bedürfte der Beamte einer besonderen Eingriffsermächtigung[137].
Bei enger Auslegung tastet dagegen ein vom Anschlussbenutzer gestattetes Mithören den Schutzbereich des in Art. 10 gewährleisteten Fernmeldegeheimnisses nicht an. Denn dieses schirmt nur die durch übereinstimmende Geheimhaltungsmaßnahmen geschaffene Privatsphäre der Gesprächsteilnehmer nach außen ab. Der Verantwortungs- und Herrschaftsbereich der Telekom endet mit dem Eintreffen der Nachricht beim Empfänger. Das Fernmeldegeheimnis wird durch das Mithören dritter also nicht tangiert. Es bedarf keiner Anordnung nach § 100b StPO.[138]
Frage: Ist das heimliche Mithören unter Umständen eine Täuschung, also eine verbotene Vernehmungsmethode im Sinne von § 136a Abs. 1 Satz 1 StPO?

---

[136] Vgl. Füllkrug, Michael.
[137] Löwe, Rosenberg, StPO, S. 100a Rdnr. 9a; Roxin StrafvfR, S. 219, Rdnr. 33
[138] BGH 39, 335, 339, OLG Hamm StV 88, 374, 375; Sternberg-Lieben. Die „Hörfalle". Eine Falle für die rechtsstaatliche Stafverfolgung? In Jura 1995, 299, 301; Welp, Anmerkungen zu BGH NStZ 94, 292, 295

Jede verbotene Vernehmungsmethode führt selbstverständlich zur Unverwertbarkeit einer Aussage.[139] Beim heimlichen Mithören liegt eine Vernehmungssituation aber nicht vor, weil eine Vernehmung alle Äußerungen des Beschuldigten erfassen soll, die ein Strafverfolger durch direkte oder indirekte Befragung herbeiführen kann.
Roxin hat seinerzeit geäußert, dass eine Täuschung vorliege, weil bei dem Beschuldigten der Eindruck erweckt werde, er führe ein vertrauliches Privatgespräch. Dieser Irrtum sei erst durch den von der Polizei veranlassten Anruf hervorgerufen worden[140].
Der 2. Strafsenat beim BGH sah am 8. Oktober 1983 in dem Anruf lediglich die erlaubte listige Ausnutzung eines bereits bestehenden Irrtums des Beschuldigten.[141] Eine Täuschung liege nicht vor, wenn der Betroffene über einen Umstand im Unklaren gelassen werde. Zudem bestehe keine Pflicht, der Fehlvorstellung des Betroffenen entgegenzutreten.
Die Streitfragen können unentschieden gewertet werden, weil Einigkeit darüber besteht, dass es am Tatbestandsmerkmal der Beeinträchtigung der Willensfreiheit fehlt. Der Beschuldigte wurde durch die heimlichen Maßnahmen keinesfalls einem Mitteilungs- oder Geständnisdruck ausgesetzt. Es stand ihm frei, sich im Rahmen des Gespräch zur Tat zu äußern oder das Gespräch einfach zu beenden.
Frage: Könnte eine Verletzung der aus §§ 136 Abs. 1 Satz 2, 163a Abs. 4 Satz 2 StPO[142] resultierenden Belehrungspflicht vorliegen, die zu einem Verwertungsverbot der Äußerungen des B führen würde?[143]
Antwort: Nach Ansicht des 5. Strafsenats (Entscheidung vom 22. März 1995)[x (Anhang)] darf dem Beschuldigten die in § 136 Abs. 1 Satz 1 StPO vorgeschriebene Belehrung über sein Schweigerecht nicht durch die Umgehung der förmlichen Vernehmung wie hier durch ein von der Polizei zur Aushorchung veranlasstes Telefongespräch vorenthalten werden. Das widerspräche dem nemo - tenetur - Grundsatz[144] als Ausprägung des allgemeinen Prinzips, dass der Beschuldigte nicht zur Mitwirkung an seiner Überführung verpflichtet ist.[145] Der Senat weist jedoch darauf hin, dass dies nicht zur völligen Wertlosigkeit der durch die unzulässige Befragung gewonnenen Ergebnisse führen muss. Vielmehr können sie Anhaltspunkte zu weiteren Ermittlungen bieten, um zulässige Beweismittel zu beschaffen. Der Senat schließt folglich eine Fernwirkung aus[146].
Roxin stimmte der Auffassung des 5. Senats zu und stellte unter Darstellung der Rechtsprechungsentwicklung klar, dass bei einem Verstoß gegen die aus § 136 StPO fol-

---

[139] Zur Fernwirkung verbotener Vernehmungsmethoden siehe auch a.o..
[140] Roxin. Nemo tenetur. Rechtsprechung am Scheideweg in NStZ 95, 465.
[141] BGH 39, 335.
[142] Vernehmung des Beschuldigten
[143] erstmals BGH 38, 214, 220
[144] niemand ist gehalten, niemand wird gezwungen (sich selbst zu belasten).
[145] seit BVerfGE 56, 37,49 Grundsatz mit Verfassungsrang
[146] Zur Fernwirkung siehe auch a.o..

gende Belehrungspflicht erst seit der Entscheidung BGH 38, 214 (27. Februar 1992) ein Verwertungsverbot für die Aussage besteht. Zudem sei zu befürchten dass die Strafverfolgungsbehörden in Zukunft nicht mehr mit den für sie umständlichen und weniger effektiven offenen Vernehmungen und Ermittlungsmethoden arbeiten, sondern die Möglichkeiten verdeckter Befragungen und Aushorchungen von Beschuldigten durch Freunde und Bekannte perfektionieren werden.[147] Das Schweigerecht des § 136 StPO werde auf diese Weise ausgehebelt.[148]

Demnach läge ein Verwertungsverbot wegen eines Verstoßes gegen die Belehrungspflicht nach § 136 Abs. I Satz I StPO vor.

In vorliegenden Falle liegt eine Vernehmungssituation jedoch nicht vor. Nach Sinn und Zweck der Vorschrift soll der Beschuldigte vor dem Irrtum geschützt werden, er sei zur Aussage vor den Strafverfolgungsbehörden und damit an der Mitwirkung seiner Überführung verpflichtet. Seine Aussagefreiheit soll so geschützt werden.[149] Die gegenteilige Ansicht des 5. Senats müsste dazu führen, dass die zur Strafverfolgung eingesetzten Privatpersonen zur Vermeidung eines Verwertungsverbots in Zukunft den Tatverdächtigen vor einem Gespräch gem. §§ 136 Abs. 1 Satz 2, 163a Abs. 4 Satz 2 StPO belehren müssten. Ein solches Vorgehen macht den Nutzen von gezielt eingesetzten Privatpersonen jedoch sehr fraglich.[150] Der Täter handelt daher auf eigenes Risiko, wenn er selbstbelastende Informationen gegenüber einem Dritten in eine für ihn unbeherrschbare Außenwelt entlässt.[151]

Der Große Senat für Strafsachen beim BGH hat schließlich am 13. Mai 1996 im Sinne des 2. Senats entschieden.

Der B hätte sich nicht verpflichtet fühlen müssen, sich zu seinen Taten zu äußern. Es stand ihm frei, sich seinem Gesprächsteilnehmer A zu offenbaren.

Ergebnis: Somit ist die Aussage des Ermittlungsbeamten im Strafverfahren gegen den B in vollem Umfang verwendbar.

Der heimliche Tonträgermitschnitt durch Privatmann

Rechtliche Wertung

Fall 1: Der Privatmann B stellte der Ermittlungsbehörde aus freien Stücken ein Tonband zur Verfügung.

Fall 2: A hat ein mit B geführtes Telefongespräch auf seinem Anrufbeantworter aufge-

---

[147] Roxin, Nemo tenetur, NStZ 95, 465, 467-468

[148] ähnlich Dencker in StV 94, 667. 675, der sogar für ein totales Verbot heimlicher Ermittlungsmaßnahmen eintritt

[149] So BGH 39, 335. 2. Strafsenat beim BGH am 08. Oktober 1993.

[150] Anm. Seitz zu BGH NStZ 93, 410 in NStZ 35, 519

[151] Sternberg-Lieben, a.a.O.

zeichnet. Anschließend überbringt A das Tonband der Polizei und erklärt, dass sich der B selbst belastet habe. Er stellt der Polizei das Band zur Verfügung und ist mit seiner Verwendung einverstanden. Die Beamten hören die Aufzeichnung ab und fertigen ein Protokoll an.

Frage: Hat sich der A einer Straftat nach § 201 (Verletzung der Vertraulichkeit des Wortes) schuldig gemacht?

1. Angriffsgegenstand aller Tatmodalitäten des § 201 StGB ist das nichtöffentlich gesprochene Wort eines anderen. Eine Äußerung ist nichtöffentlich, wenn sie nach dem Willen des Sprechenden nicht für einen größeren, nach Zahl und Individualität unbestimmten oder nicht durch persönliche oder sachliche Beziehungen miteinander verbunden Personenkreis bestimmt ist.[152]

Das war hier der Fall, da sich B lediglich mit dem A unterhalten wollte.

2. A hat eine Tathandlung nach § 201 Abs. 1 Nr. 1 StGB begangen als er das Gespräch mit dem Anrufbeantworter auf einen Tonträger aufnahm.

3. Erforderlich ist, dass der Täter die Tonbandaufnahmen unbefugt gefertigt hat. Der A handelte weder mit einer gesetzlichen Erlaubnis noch mit der Einwilligung des Gesprächsteilnehmers B und daher unbefugt.[153]

4. Der Täter müsste vorsätzlich gehandelt haben. Insoweit ist ausreichend, dass A wusste, dass die Aufnahme des Gesprächs ohne Wissen des Betroffenen entstanden ist. Es musste ihm nicht im einzelnen klar sein, dass es sich insofern um eine „unbefugte“ und rechtswidrige“ Aufnahme handelte.[154]

Da A das Gespräch heimlich und ohne Wissen des B aufnahm, handelte er vorsätzlich.

5. Rechtfertigungsgründe greifen im vorliegenden Fall nicht. An der Schuld des Täters bestehen keine Zweifel.

Ergebnis: A hat sich durch die Aufnahme des Telefongesprächs einer Verletzung der Vertraulichkeit des Wortes gem. § 201 Abs. 1 Nr. 1 StGB schuldig gemacht.

Frage: Haben sich die Beamten nach § 201 Abs. 1, 2 und 3 StGB strafbar gemacht?

Sie könnten sich durch das Abhören und Protokollieren des mitgeschnittenen Telefongesprächs zwischen A und B wegen Verletzung der Vertraulichkeit des Wortes gem. § 201 Abs. 1, 2 und 3 StGB strafbar gemacht haben.

1. Angriffsgegenstand war hier das nichtöffentlich gesprochene Wort des B. Das von den Beamten protokollierte Gespräch erfüllt diese Voraussetzungen, da sich der B lediglich mit dem A unterhalten wollte.

2. Es kommen mehrere Tathandlungen des § 201 Abs. 1 und 2 StGB in Betracht:

a) Die Beamten haben das Tonband von A erhalten. Man kann ihnen also die Aufnahme des nichtöffentlich gesprochenen Wortes eines anderen auf einen Tonträger nach Abs. 1

[152] Dreher/Tröndle; StGB, § 201 Rdnr. 2.

[153] vgl. Lackner, StGB § 201Rdnr. 10 ff.

[154] Schönke/Schröder, StGB § 201 Rdnr. 35

Nr. 1 nicht anlasten.

b) Die Beamten könnten jedoch im Sinne von Abs. 1. Nr. 2 eine so hergestellte Aufnahme gebraucht oder einem Dritten zugänglich gemacht haben. Die Tathandlung des Gebrauchens ist erfüllt, wenn der Täter die Aufnahme vor sich selbst oder einem Dritten abspielt. Für das Zugänglichmachen genügt es, wenn der Täter einem beliebigen Dritten den Zugriff auf die Aufnahme ermöglicht.[155]

Das war hier der Fall, weil die Beamten das Tonband abspielten, um ein Protokoll zu fertigen. Zudem ermöglichten sie jedem Leser der Ermittlungsakte das Abhören des Bandes, weil sich die Kassetten in einem Umschlag in der Akte befand. Jeder Aktenleser hätte sich über den Wortlaut des Gesprächs informieren können.

c) Außerdem könnten die Beamten gem. Abs. 2 Nr. 2 das nach Abs. 1 Nr. 1 aufgenommene nichtöffentlich gesprochene Wort eines anderen im Wortlaut öffentlich mitgeteilt haben. Dieser Indiskretionstatbestand soll die Verbreitung illegal erlangter Kenntnisse über einen Gesprächsinhalt in den Massenmedien verhindern. Die Mitteilung ist öffentlich, wenn die Inhaltsangabe von einem größeren nach Zahl und Individualität unbestimmten oder durch nähere Beziehungen nicht verbundenen Personenkreis unmittelbar zur Kenntnis genommen werden kann.[156]

Im vorliegenden Fall sollten sich nur die autorisierten Leser der Akte bei der ermittelnden Polizeidienststelle und bei der Staatsanwaltschaft über den Inhalt des Telefongesprächs informieren. Eine öffentliche Mitteilung durch die Beamten lag demnach nicht vor.

3. Die Täter müssten die Tonbandaufnahme unbefugt gebraucht und zugänglich gemacht haben. Teilweise wird verlangt, dass auch die Aufnahme des Gesprächs, auf die sich § 201 Abs. 1 Nr. 2 StGB bezieht, unbefugt entstanden ist.[157] Es ist unbefugt entstanden, weil der aufnehmende A nicht die Einwilligung des B für den Mitschnitt besaß.

Im Hinblick auf das Gebrauchen und Zugänglichmachen lag den Beamten lediglich eine Einwilligung des A zur Verwertung der Aufnahmen vor. Der Gesprächsteilnehmer B wusste nichts von dem Mitschnitt und der anschließenden Protokollierung des Telefongesprächs. Also handelten die Polizeibeamten unbefugt.

4. Die Polizeibeamten haben zudem den Qualifikationstatbestand des § 201 Abs. 3 StGB verwirklicht, da sie in ihrer Eigenschaft als Amtsträger im Sinne von § 11 Abs. 1 Nr. 2 a) StGB gehandelt haben.

5. Die Beamten haben vorsätzlich gehandelt, weil nur A die Einwilligung zur Verwendung des Bandes gegeben hatte.

6. Frage: Gibt es Rechtfertigungsgründe?

Eine Anordnung nach §§ 100 a, 100 b StPO lag den Beamten nicht vor. Außerdem

[155] Schönke/Schröder, StGB § 201 Rdnr. 17; Lackner, StGB § 201 Rdnr. 4

[156] Schönke/Schröder, StGB § 201 Rdnr. 24 ff.

[157] Leipziger Kommentar, StGB § 201 Rdnr. 13

schließt diese Eingriffsvollmacht nicht die Fälle des Abhörens eines von Dritten auf Tonträger aufgenommenen Telefongesprächs ein.
Jedoch ist eine entsprechende Anwendung der §§ 100 a, 100 b StPO denkbar. Denn durch das nachträgliche Abspielen eines mit Einwilligung lediglich eines Gesprächsteilnehmers auf Tonband aufgenommenen Telefongesprächs durch Beamte, wird ein ähnlicher Eingriff vorgenommen, wie bei der Überwachung des Fernmeldeverkehrs ohne Kenntnis beider Gesprächsteilnehmer. Der Sinn und Zweck der §§ 100a, 100b StPO ist aber, die Teilnehmer eines Telefongesprächs vor unberechtigten Eingriffen in das Fernmeldegeheimnis zu schützen. Der Betreiber des Fernmeldenetzes ist Adressat einer Anordnung nach §§ 100 a, 100 b StPO, der den betreffenden Anschluss den Strafverfolgungsbehörden zuschaltet. Der A ist aber nicht Betreiber und die Eingriffsmodalitäten im Vergleich zu einem nachträglich abgehörten Tonband daher unvergleichbar, so dass eine entsprechende Anwendung ausscheidet.[158]
Die Regelungen über die Überwachung und Aufzeichnung des Fernmeldeverkehrs sind grundsätzlich abschließend, so dass auf andere Rechtfertigungsgründe nicht zurückgegriffen werden kann.[159]
b) In außergewöhnlichen Fällen kann auch bei gegen § 201 StGB verstoßende behördliche Maßnahmen die Rechtswidrigkeit nach § 34 StGB[160] ausgeschlossen sein. Insoweit kommen Fälle von schwerer Kriminalität in Betracht, in denen der Täter nur durch die heimliche Aufzeichnung von Gesprächen überführt oder identifiziert werden kann oder in Fällen zur Abwehr unmittelbar drohender Gefahr bzw. unmittelbar bevorstehender schwerer Straftaten.[161]

Das aus heimlichem Mitschnitt resultierende Protokoll

Rechtliche Wertung

Frage: Unterliegt die Verwendung des Tonbandprotokolls einem Beweisverwertungsverbot?
Die Rechtsprechung hat zu dieser Problematik bisher nicht Stellung genommen, obwohl in den Gerichtsakten regelmäßig unter Verstoß gegen § 201 StGB erstellte Protokolle vorhanden sind.[162]
In dieser Hinsicht ist zu berücksichtigen, dass § 201 StGB nicht nur durch die Aufnahme

---

[158] Kleinknecht-Meyer, StPO § 100 a Rdnr. 1
[159] Dreher/Tröndle, StGB § 201 Rdnr. 8; Schönke/Schröder, StGB § 201 Rdnr. 34
[160] Rechtfertigender Notstand: Die Rechtswidrigkeit des Handelns wird ausgeschlossen, weil das geschützte Interesse das beeinträchtigte wesentlich überwiegt.
[161] Dreher/Tröndle, a.a.O.; Schönke/Schröder, a.a.O.
[162] so Preuß, Anm. zu BayObLG StV 95, 65, 67

des Gesprächs verletzt wurde, sondern dass auch die Beamten durch das Abhören der Tonbänder gegen die Vertraulichkeit des Wortes verstoßen haben können. Wenn somit durch den Gebrauch der Mitschnitte ein Verstoß gegen das allgemeine Persönlichkeitsrecht vorliegt, muss im Wege des *„Erst - recht - Schlusses“ auch von der Unverwertbarkeit des Protokolls ausgegangen werden.*

Abhören, Aufzeichnen und Protokollieren des von der Ermittlungsbehörde initiierten Gesprächs.

Rechtliche Würdigung

A führt auf Veranlassung der Strafverfolgungsbehörden ein Telefongespräch mit B. Das Gespräch mit selbstbelastenden Äußerungen des B wird von Ermittlungsbeamten auf Tonband aufgezeichnet. Anschließend fertigen sie ein Protokoll an.

Wenn die Beamten das Gespräch nicht auf Tonband aufgezeichnet, sondern lediglich mitgehört hätten, wäre ihr Protokoll beweisverwertbar, wie aus der Urteilsbegründung des OLG Hamm, des 2. Senats beim BGH und zuletzt des Großen Senats beim BGH in ähnlich gelagerten Fällen deutlich wird.

Man sollte sich, bezogen auf das bisher Gesagte, immer wieder vor Augen führen, dass eine Anordnung nach §§ 100 a/b StPO nicht vorlag. Der Mitschnitt des Gesprächs auf Tonträger ohne staatsanwaltliche oder richterliche Anordnung ist nur beweisverwertbar, wenn unter strengster Beachtung der Verhältnismäßigkeit die Interessen der Allgemeinheit überwiegen, wie das in Fällen der Schwerstkriminalität (beispielshalber die Katalogstraftaten des § 100a StPO) zutrifft.

Die Beamten machten sich der Verletzung der Vertraulichkeit des Wortes gem. § 201 Abs. 1 Nr. 1 i. V. mit Abs. 3 StGB schuldig, wenn vorgenannte Voraussetzungen nicht vorliegen. Dann wären Tonband und Gesprächsprotokoll nicht verwertbar.

Aus alledem ließe sich schlussfolgern, dass Mitschnitte und Protokollierung von Gesprächen zwischen einer V-Person und einem beispielshalber in Marokko ansässigen Haschischgroßhändler auch ohne Anordnungen nach §§100a/b StPO zulässig sind.

Sollten Zweifel bestehen, wäre eine auf dem Eilweg erlangte Anordnung nach §§ 100 a/b bei der zuständigen Staatsanwaltschaft anzuraten.

Vorbereitungstaten

Die Überwachung des Fernmeldeverkehrs ist auch bei sogenannten Vorbereitungstaten, die Nichtkatalogtaten sind, möglich. Dazu zählt die Verabredung eines Raubes im Sinne des § 30 StGB. Zuhälterei und Körperverletzungsdelikte können über die Katalogtat Menschenhandel dem Straftatenkatalog unterfallen und deshalb überwacht werden.

Der Erwerb einer Pistole zur Vorbereitung eines Mordes oder die Absprache zur Durchführung eines Mordes sind ebenfalls überwachbar.

Zusammenhangstaten/Zufallserkenntnisse/Zufallsfunde

Die Erkenntnisse beziehen sich auf in überwachten Gesprächen erwähnte Straftaten, die keine Katalogstraftaten sind. Es besteht auch kein Tatzusammenhang. Die Verwertung ist schon deshalb problematisch, weil der Analogieschluss auf § 108 StPO (Beschlagnahme anderer Gegenstände bei Gelegenheit einer Durchsuchung) unzulässig ist. Die Durchsuchung im Sinne von § 102 StPO (Durchsuchung beim Verdächtigen) umfasst alle Straftaten, § 100a StPO jedoch nur Katalogtaten.

§ 100b Abs. 5 StPO soll der missbräuchlichen Verwendung von genehmigtem Abhören und Aufzeichnen einen Riegel vorschieben. Die Anordnung soll bewirken, dass gezielt zur Überwachung von Nichtkatalogtaten genutzte Überwachungsmaßnahmen unverwertbar bleiben oder eine Anordnung vom Richter unter Vorspiegelung falscher Tatsachen erschlichen werden kann. Das ändert allerdings nichts an der Tatsache, dass bei rechtmäßig erlangter Anordnung Nichtkatalogtatenerkenntnisse mittelbar, wie oben beschrieben, verwertet werden dürfen[163].

Nichtkatalogtaten

Zu den Zusammenhangstaten (in den Kommentaren zur Strafprozessordnung Zufallserkenntnisse) zählen die bereits oben erwähnten Katalogtaten. Häufig fallen im Verlauf von TÜ ein Sammelsurium von Delikten an, die im Zusammenhang mit § 100a-Maßnahmen als Nichtkatalogtaten bezeichnet werden. Wenn ein wegen einer Katalogtat nach § 100a StPO Überwachter in einem Gespräch von einem Kumpel erfährt, dass der Waren aus einem nächtlichen Raubzug in seinem Wohnzimmer untergebracht hat, so wird der SB gegen den „Kumpel“ seines Überwachten ein Verfahren wegen Verdacht des Diebstahls einleiten und die erforderlichen Maßnahmen von der zuständigen Dienststelle in die Wege leiten lassen. Somit dient das Gespräch über die gestohlene Ware der Strafverfolgung mittelbar. Keinesfalls darf dem Täter später bei einer Vernehmung das Gespräch vorgehalten werden. Selbst wenn der Täter aufgrund eines solchen vorgehaltenen Gespräches ein umfassendes Geständnis über sein kriminelles Tun oder Unterlassen ablegte, wäre es nicht verwertbar, weil Diebstahl eben keine Katalogstraftat ist.

---

[163] BGHSt 27, 355, 358

Telekommunikationsverbindungsdaten im Sinne von §§ 100g und 100h StPO.

Nicht in jedem Falle ist es nötig, die Gesprächsinhalte einer Telefonüberwachung auszuwerten. Es reicht, wenn Verbindungsdaten ermittelt werde können, wenn also festgestellt werden soll, mit wem, wer, wann wo telekommunizierte. Man bezeichnete diese mit weniger Aufwand verbundene Art der Telefonüberwachung bis Ablauf des 31. Dezember 2001 als Schaltung eines Einzelverbindungsnachweises gem. § 12 FAG.[164] Das FAG wurde ab 1.1.2002 durch die §§ 100g und 100h StPO ersetzt (Gesetz zur Änderung der Strafprozessordnung vom 20. Dezember 2001, BGBl. I 3879). Diese sind nach Artikel 4 des Gesetzes bis zum 31.12.2004 befristet.[xi(Anhang)]
Die Schaltung von Einzelverbindungsnachweisen gem. § 12 FAG waren Maßnahmen nach 100 a/b StPO, denn der Bundesgerichtshof (BGH) hat 1987 dazu ausgeführt:
„Der Begriff ‚Fernmeldeverkehr' in §§ 100 a, 100 b StPO erfasst nicht nur den Inhalt der geführten Ferngespräche, sondern auch die unmittelbar mit dem Telefonieren notwendigerweise verbundenen Vorgänge, wie z.B. das Anwählen des Gesprächspartners (BGHSt 31, 296, 297). Das folgt aus der Definition des Fernsprechgeheimnisses in § 10 Abs. 1 Nr. 3 FernmG, der den Schutz ausdrücklich darauf erstreckt, ‘ob und zwischen welchen Personen ein Fernmeldeverkehr stattgefunden hat'." Der § 100g StPO geht mit Satz 3 über den § 12 FAG hinaus. Der ermöglicht es den Strafverfolgungsbehörden, Auskunft über solche Telekommunikationsverbindungsdaten zu verlangen, die erst zukünftig aufgezeichnet und gespeichert werden.
Der geringere Aufwand bezog und bezieht sich auf ein Weniger an Technik und operativer Maßnahmen.
Dass sich die Schaltung von Einzelverbindungsnachweisen auch im nachhinein lohnen kann, zeigte sich Eingangs der 90iger Jahre im Falle T sehr deutlich. Die inhaltlich seinerzeit noch nicht abhörbaren D1 und D2 Netze veranlassten T, seine Komplizen mit Handys auszurüsten. Er unternahm den Versuch, möglichst viele Gespräche über das Funknetz abzuwickeln. Selbst dieser Versuch war zum Scheitern verurteilt, denn er hätte alle Personen, auch die Unbeteiligten, mit solchen Geräten ausstatten müssen. So erreichte er seinen besten Freund und zeitweiligen Mittäter, sowie seine ehemalige Geliebte nur über deren Normalanschlüsse, die wir deshalb schalten ließen, die Ergebnisse erfassten, auswerteten und erfolgreich taktisch umsetzten. Letztlich scheiterte T an seiner Inkonsequenz. Wie er als normaler homo sapiens aber hätte konsequent bleiben können, wird ewig fraglich bleiben.
Diese Grundwahrheit begründet die immer wieder durchschlagenden Erfolge von TÜ - Maßnahmen. Aber auch die über Beschlüsse erlangten Verbindungsdaten erwiesen sich für die Ermittlungen als äußerst wertvoll, weil sie bereits erlangte Beweise stützten.

Fangschaltung[xii(Anhang)]

---

[164] Früher Zählervergleichseinrichtung.

Eine Privatperson unterliegt nicht den Bindungen der Strafprozessordnung. Ihr bleibt es unbenommen, bei der Telekom einen Antrag auf Schaltung einer Fangschaltung für die Zukunft zu stellen. Voraussetzung ist ein schriftlich begründetes Verlangen des Teilnehmers, in dem er darlegen muss, dass er bedrohenden oder belästigenden Anrufen ausgesetzt ist. Von Bedeutung werden Fangschaltungen bei anonymen Anrufen mit beleidigendem oder sexuellem Charakter oder in Fällen von „Telefonterror“. Ständige nächtliche Anrufe, die den Betroffenen um den Schlaf bringen und psychisch unter Druck setzen, können als Körperverletzung verfolgt werden. „Die Identifizierung solcher Täter ist für die Privatperson nur über eine Fangschaltung möglich. Die Telekom erhebt allerdings für ihre Dienste Gebühren. Auf diesen Umstand sollte man hinweisen, wenn es beispielsweise um die Identitätsfeststellung bei obszönen Anrufen geht. Das Opfer hat zwar wegen der an die Postnachfolgerin verauslagten Gebühren einen zivilrechtlichen Anspruch gegen den Täter, muss diesen aber notfalls selbst klageweise geltend machen. Die Erkenntnisse, die das Tatopfer durch die Schaltung einer Fangschaltung erlangt hat, können den Strafverfolgungsbehörden selbstverständlich unterbreitet werden und sind dann auch prozessual beispielsweise über den Zeugenbeweis - verwertbar.[165]

Das unbefriedigend gelöste Problem der Hörfalle Raumüberwachung

Mitte der 90iger Jahre jagten die Politiker nach Wählerstimmen, indem sie den großen Lauschangriff entweder für unbedingt notwendig erachteten oder verdammten. Die gem. § 100c StPO gebotenen Möglichkeiten umfassten zunächst die privaten Räumlichkeiten nicht. Maßgebliche FDP Politiker wollten der Öffentlichkeit und den Ermittlern weismachen, dass Straftaten in privaten Räumlichkeiten nicht abgesprochen würden. Sie wussten es besser als die in der Branche auf der Seite des Rechts Tätigen. Es sind die gleichen Politiker, die auch aus dem Geldwäschegesetz ein stumpfes Schwert machten, indem sie die Eigentumsgarantie über die Umkehr der Beweislast stellten. So gesehen könnte man argwöhnisch schlussfolgern, dass die organisierte Kriminalität die höchsten Spitzen des Staates bereits infiziert hat.

Die Entscheidung fiel schließlich zugunsten des Strafverfolgungsanspruches des Staates über den grundgesetzlich garantierten Schutzbereich der privaten Freiheitsrechte des Bürgers aus.

Damit sollte eigentlich auch die Frage geklärt sein, ob ein Gespräch zwischen dem abgehörten Teilnehmer und einem Dritten über schwerkriminelles Handeln bzw. Unterlassen beim unabsichtlich liegengelassenen, nicht ordnungsgemäß aufgelegten Hörer verwertbar ist oder nicht (Hörfalle Raumüberwachung). Bei konsequenter juristischer

---

[165] § 89 Abs. 2 Nr. 3b TKG; § 10 TDSV

Denkweise wäre die Antwort nach „Erst - Recht - Schluss" - ja -, denn bei der in der Regel auf die Wohnung und damit auch auf den Intimsphärenbereich zielenden Telefonüberwachung müsste „erst recht" der Strafverfolgungsanspruch des Staates Vorrang haben, weil das über den nicht ordnungsgemäß abgelegten Hörer Gehörte den Intimbereich von der Wirkungsweise der angewandten Telefonübertragungstechnik her weit weniger tangiert als die verwanzte Wohnung[166]. Gespräche, die der Überwachte mit einem Dritten im Hintergrund während der durch Anordnung gerechtfertigten Telefonüberwachung führt, sind im Rang von Katalogstraftaten aufgrund des Beschlusses[167] des 2. Strafsenats des OLG Frankfurt am Main vom 6. Juni 1994 und 11. Oktober 1994 eh verwertbar. Es begründet in seinem zur Entscheidung anstehenden Fall, dass „die Aufzeichnung in beiden Fällen nicht unbefugt im Sinne des § 201 Abs. 1 StGB (erfolgte), sondern durch die gem. § 100a StPO angeordnete Telefonüberwachung gerechtfertigt war. Die Überwachung des Fernmeldeverkehrs umfasst außer dem Telefongespräch selbst auch die unmittelbar mit dem Telefonieren notwendigerweise verbundenen Vorgänge, wie das Anwählen des Gesprächspartners (BGH, Urteil vom 16.3.1983, BGHSt 31, 296 M (297)). Die von dem Antragsteller beanstandeten Gesprächsaufzeichnungen wurden in der Zeit zwischen dem Wählen des Anschlusses und dem Zustandekommen der Gespräche geführt. Da die Aufzeichnung der ... Raumgespräche nicht unbefugt erfolgt ist, verstößt auch ihr Gebrauch nicht gegen § 201 Abs. 1 Ziff. 2 StGB. Hinsichtlich der bei versehentlich nicht ordnungsgemäß aufgelegtem Hörer geführten Hintergrundgespräche entscheidet das OLG indirekt, dass der oben genannten Entscheidung des BGH vom 16.3.1983, auf die sich der Antragsteller berief, eine andere Sachverhaltsgestaltung zugrunde lag. Die Aufzeichnung der Raumgespräche sei dort (unrechtmäßig, der Verf.) erfolgt, nachdem das jeweilige Telefongespräch beendet, der Hörer jedoch versehentlich nicht ordnungsgemäß aufgelegt worden war.

---

[166] Auch wenn die Anordnungslatte höher gelegt ist, als bei einer TÜ.

[167] Az.: 2 WS 119/94; 2 Ars 120/94; 6 Js 1767.2/93 StA Wiesbaden.

Kapitel 04

Über die nichttechnische kriminalistische Auswertung audiophonetisch erlangter Informationen im Rahmen von Telefonüberwachungen

Die Möglichkeit deutscher Ermittlungsbehörden, Telefonüberwachung als operatives Mittel einzusetzen, verdanken sie der Notstandsgesetzgebung der 60iger Jahre und in West - Berlin der Neugründung der Bundesrepublik Deutschland am 03. Oktober 1990. Bis dahin war dieses Werkzeug Domäne der Dienste[168] des Staates Bundesrepublik unter Vorbehalt der Alliierten und diente überwiegend der Durchsetzung seines Sicherheitsanspruches. Erste Ansätze zur Ausweitung auf den Bereich der Kriminalitätsbekämpfung in Deutschland ergaben sich im März 1943[169] ausgerechnet im Dritten Reich.

Seit es in der Bundesrepublik Deutschland möglich ist, katalogisierte Straftaten mit Hilfe von Telefonüberwachung repressiv zu bekämpfen, wird dieses Tool leichtfertiger gehändelt als andere operative Möglichkeiten der Ermittler. Jeder Ermittler darf sich an der Auswertung von Telefonüberwachung versuchen, denn die allgemein vorherrschende Ansicht geht vom offen Absprachen treffenden, sich verhältnismäßig sicher fühlenden Täter aus. Man setzt zwar zu Recht auf Fehler der Gegenseite, nimmt aber dafür unter Umständen lange, horrende Kosten verursachende Wartezeiten in Kauf.

Als Nachrichtenzentrale des Dritten Reiches war das „Forschungsamt" beim Reichluftfahrministerium mit der Auswertung von Telefon-, Funk- und Postüberwachung beauftragt.[170] Hinsichtlich der Ausbildung der Auswerter dieses Nachrichtendienstes äußerte sich der ehemalige Referent des Göring`schen Forschungsamtes[171] (FA) wie folgt: „Durch (6 Entzifferungsfachleute)... war in Spezialkursen von mehreren Monaten und durch gleichzeitig praktische Arbeit das Personal ausgebildet worden, das auf Grund einwandfreier Sprachkenntnisse sowie geistiger Qualifikation für das schwierige Gebiet des Dechiffrierens geeignet erschien. Es genügte hier also nicht, dass der Sachbearbeiter ein guter Sprachler war, sondern er musste gleichzeitig ein ebenso guter Analytiker sein."[172] Das in der Erfassung beschäftigte Personal musste selbstverständlich sprachlich einwandfreie, ja überdurchschnittliche Kenntnisse aufweisen und wurde jeweils in den Forschungsstellen selbst geprüft und später geschult.

---

[168] Die Chiffrier- und Horchleitstelle der Weimarer Republik. Das Geheime Staatspolizeiamt im Dritten Reich. Der Bundesnachrichtendienst der Bundesrepublik Deutschland.

[169] RdErl. des RFSSuChdDtPol. i. RmdI. vom 19.3.1943 – S II A 2 Nr. 57/43 – 176 -

[170] Vgl. Irving, David. Das Reich hört mit. Seite 9

[171] Das Forschungsamt war das zentrale nachrichtendienstliche Amt der NS-Regierung; sein besonderes Aufgabengebiet war die Auswertung von Telefon-, Funk- und Postüberwachung. Vgl. Irving, David. Das Reich hört mit. Seite 9.

[172] Kittel, Ulrich. Reichsluftfahrtministerium. Forschungsamt. Geschichte und Arbeitsweise eines Nachrichtendienstes. BA Zugangsbuch Nr. 0207.

Kittel spricht das schwierige Gebiet der „Entzifferung“ an. Professionell verschlüsselte Nachrichten haben im kriminalistischen Alltag der Verfolgung von Katalogstraftaten nach § 100a/b StPO noch Seltenheitswert[173]. Das kann sich mit fortschreitender Verbesserung von Computer- und Kommunikationssicherungstechnik und deren Zusammenwachsen rasend schnell ändern.

Jeder für die Sicherheit des Staates verantwortliche „Dienst“ ist an der effektiven und effizienten Arbeit seiner Auswerter interessiert. Entsprechend werden die dazu nötigen Fachleute ausgewählt und ausgebildet.[174]

Um so eigenartiger mutet die Laxheit[175] an, mit der die Katalogstraftaten bekämpfenden Einheiten mit diesem operativen Instrument umgehen. Deshalb sind theoretische Grundlagen für die Durchführung von Telefonüberwachung in diesem Kriminalitätsbereich dringlicher denn je.

Vielleicht wäre es einfacher, sich der Hilfe der „Dienste“ zu bedienen, die sicherlich Ausbildungsmöglichkeiten zu Verfügung stellen könnten. Weil sie das gewichtige Wort „geheim“ vor der amtlichen Bezeichnung tragen, werden sie auch in Zukunft tun, was ihres Amtes ist und die auf legaler Basis Kriminalität bekämpfenden Behörden das, was ihres Amtes ist.

Deshalb sollten eigene Ausbildungsmöglichkeiten für die Erfasser und Auswerter von Telefonüberwachung geschaffen werden, statt die zentrale Bearbeitung[176] von

---

[173] Natürlich bemüht sich die Täterseite um verschlüsseltes Sprechen. Im Rauschgiftbereich sind die Synonyme weitgehend bekannt. In Zukunft muss damit gerechnet werden, dass auch im verbalen Bereich zu Verschlüsselungsmethoden gegriffen wird, die qualifiziertes Personal unabdingbar macht. Die Möglichkeiten der Verschlüsselung mit Hilfe des PC wird von devianten Personen aller Schattierungen schon heute genutzt.

[174] Irving, Gellerman und Kittel befassten sich mit dem Personalproblem des sogenannten Göringschen „Forschungsamtes“, welches David Irving als den geheimsten Nachrichtendienst des Dritten Reiches bezeichnete. Sie stellten übereinstimmend fest, dass für das Erfassen und Auswerten von Telefonüberwachungen universitär gebildete Spezialisten ausgesucht wurden. Kittel erwähnt in seiner „Geschichte und Arbeitsweise eines Nachrichtenamtes“, dass die Hauptabeilung V des „Forschungsamtes“ den Beginn mit der Ausbildung von Auswertern in einer Auswerterschule machte.

[175] An einem Januartag des Jahres 2000 suchte der Sachbearbeiter beim ZFA Berlin, E, eine Schreibkraft. Er fand Frau X mit Kopfhörern auf den Ohren und fragte sie erstaunt, was sie denn täte? Sie erklärte ihm, mit dem Aufschreiben von TÜ – Gesprächen aus dem März 1999 beauftragt worden zu sein. Es soll an dieser Stelle nicht auf die rechtlichen Grundlagen einer Telefonüberwachung eingegangen werden. Es sollte aber bekannt sein, dass eine Telefonüberwachung einen schwerwiegenden Eingriff in die Rechte der Bürger darstellt. Wenn also eine Telefonüberwachung bereits seit 10 Monaten vom eigentlichen SB nicht mehr bearbeitet wird, ist die Verhältnismäßigkeit gestört. Hier werden Daten aufgezeichnet, die schon lange für den eigentlichen Sachverhalt keine Bedeutung mehr zu haben scheinen. Sollte aber die Notwendigkeit der Bearbeitung weiterhin konstatiert worden sein, dann wirft die Aufnahme- und Auswertepraxis ein bezeichnendes Bild auf den Ausbildungsstand und der darauf basierenden Verantwortungslosigkeit der Entscheidungsträger dieser Dienststelle.

[176] Eine solche zentrale Telefonüberwachung gibt es zum Beispiel beim Zollfahndungsamt Berlin. Was beim Ausbildungsstand der erfassenden und auswertenden Kollegen mit der Zentralisierung erreicht werden soll, erscheint dem Fachmann wunderlich.

Telefonüberwachung durch nicht ausgebildete Kräfte zu forcieren, die weder willens noch in der Lage sind, ihre „Klinken" rund um die Uhr zu betreuen noch den verantwortlichen Sachbearbeiter bei ad hoc Operationen zu führen.

Entwicklung, Vorbereitung und Planung einer Telefonüberwachung.

Eine Telefonüberwachung wird vom Richter für einen Zeitraum von zunächst drei Monaten angeordnet.[177] Bevor der Richter anordnet, sollte der SB den Sachverhalt unter rechtlichen und kriminalistischen Aspekten geprüft und mit dem zuständigen Staatsanwalt insbesondere auf verfahrensrechtliche Fallen abgeklopft haben. Aus jeder Ausgangstelefonüberwachung können weitere erwachsen. Das führt zwangsläufig zu richterlichen Kettenbeschlüssen, die spätestens bei der Hauptverhandlung (HV) Gegenstand größten Interesses der Verteidigung sind. Die legt Wert auf die Prüfung der Voraussetzungen jeder einzelnen, insbesondere der Ausgangs - Telefonüberwachung, wie da sind:

- Ist der Verdacht einer Katalogtat begründet?
- Wer ist Adressat der Beschlussfassung?
- Bei wem liegt die Anordnungskompetenz einschließlich der vorläufigen durch StA?
- Sind die Fristen eingehalten worden?
- Sind Zufallsergebnisse zu Recht verwertet worden etc?

Sind Anordnungen trotz Fehlens der Voraussetzungen getroffen worden, weil der Richter sich auf die Angaben des Staatsanwaltes verlassen hat und der sich auf die Unterlagen des Ermittlers, wird die Arbeit für den Ausgang des Verfahrens wertlos. Jeder in der Reihe hat für seinen Teil verantwortlich zu prüfen und zu entscheiden.

Die Verteidigung sucht nach rechtsrelevanten Fehlern beim SB über die StA bis zum Richter, weil die ihnen eine Fülle Telefonüberwachungen ad absurdum führender Möglichkeiten bieten, und so schlussfolgert der Bremer Rechtsanwalt (RA) Wesemann:

„Wenn die Erkenntnisse über eine bestimmte Verdachtslage in einem vorhergehenden Verfahren unzulässig erlangt wurden, besteht jedenfalls insoweit eine Fernwirkung, als ein auf dieser unzulässigen Beweislage ergangener weiterer Beschluss unzulässig wird."[178]

Auf der Basis von Fehlern untersuchen Rechtsanwälte Anordnungsbegründungen und sehen sie durchaus als gewagt an. Wesemann fasst sie mit nachfolgenden Worten kritisch zusammen:

„Unter teilweise abenteuerlichen Begründungen beantragen Staatsanwaltschaften eine Telefonüberwachung und beziehen sich auf die Einleitungsvermerke der Kripo. Dort wird häufig z. B. lediglich mitgeteilt:

---

177 § 100 b (2) StPO.

178 Wesemann,Horst, Rechtsanwalt. Heimliche Ermittlungsmethoden und Interventionsmöglichkeiten der Verteidigung. Aus StV 11/97 AUFSÄTZE

„Andere polizeiliche Maßnahmen scheinen zunächst untauglich bzw. lassen sich nicht realisieren, so dass die Telefonüberwachung als einziges erfolgversprechendes Mittel in Betracht kommt.
Bei einer Fortsetzung der Telefonüberwachung ist zu erwarten, dass noch weitere Beweise gesichert werden können. Es ist auch weiter davon auszugehen, dass die Ermittlung des vollen Sachverhalts ohne die weitere Überwachung und Aufnahme des Fernmeldeverkehrs auf Tonträger nicht möglich ist oder doch zumindest wesentlich erschwert wäre.
Es ist bisher nicht gelungen, den vollen Umfang der Geschäfte als auch den Personenkreis zu ermitteln ... .
Die angeordnete Maßnahme hat bisher noch nicht zu einem vollen Erfolg geführt. Es ist aber zu erwarten, dass bei Fortsetzung der Maßnahme weitere Erkenntnisse gewonnen werden können, die zur Aufklärung des Sachverhalts beitragen. Ohne die Verlängerung wäre die Aufklärung unmöglich, zumindest aber erheblich erschwert.
Ein Überführung der Täter war bisher nicht möglich, da diese äußerst konspirativ und vorsichtig vorgehen und die Ermittlungen sich dadurch sehr umfangreich und aufwendig gestalten.
Die angeordnete Maßnahme erscheint allein erfolgversprechend.
Die Anordnung ist erforderlich, da eine anderweitige Erforschung des Sachverhalts bei dieser Straftat zumindest wesentlich erschwert ist. Bei der Schwere der Tat ist der Eingriff in das Grundrecht des Art. 10 GG nicht unverhältnismäßig, da die Beschuldigten der Allgemeinheit durch ihre Taten einen schweren Schaden zugefügt haben können.
Die Überwachung des Telefonverkehrs dient der weiteren Erforschung des Sachverhalts. Andere Ermittlungsmethoden haben bisher zu keinem Ergebnis geführt, so dass nur noch die Möglichkeit einer Telefonüberwachung erfolgreich sein kann. Angesichts der Schwere der Tat und der Stärke des Tatverdachts ist die Anordnung der Telefonüberwachung auch verhältnismäßig."
Nach der Aufzählung kommt er schließlich zum Ergebnis:
„Zu prüfen ist, ob die Ermittlungslage zu Recht so beurteilt worden ist. Gerade der letztgenannte Beschluss suggeriert ja, dass tatsächlich zunächst andere Ermittlungsmethoden gescheitert sind. Allerdings gaben die Akten darüber keine Auskünfte. ... . Im Ergebnis bedeutet dies, dass stets die Erfolgsaussichten der Telefonüberwachung mit denen anderer Aufklärungsmittel zu vergleichen sind und eine Telefonüberwachung nur dann zulässig ist, wenn allein sie Erfolg verspricht oder wenn die Erfolgsaussichten der anderen Aufklärungsmittel äußerst gering, diejenigen einer Telefonüberwachung im Vergleich dazu jedoch entscheidend höher zu veranschlagen sind. Die Strafverfolgungsorgane dürfen daher grundsätzlich erst dann zu dem Mittel der Telefonüberwachung greifen, wenn sie zuvor alle Möglichkeiten der Aufklärung vergeblich ausgeschöpft haben."[179]

Hier ist der Wunsch der Verteidigung der Vater des Gedanken. Die Wirklichkeit lässt derartige Experimente oft nicht zu. Wenn Ermittler in Berlin seit Jahren mit der Erfahrung leben, dass ethnische Minderheiten in ihren ghettoähnlichen Wohnbezirken nicht observierbar sind, dann kann sich dieser Erfahrung ein RA kaum verschließen. Im Grundsatz jedoch wird der SB vor Gericht begründen müssen, warum er einen des Handels oder Schmuggels von Rauschgiften Verdächtigen abhören ließ, ohne ihn vorher zu observieren oder zu anderen operativen Maßnahmen gegriffen zu haben. Es ist in der Tat nicht selten, dass eine solche Begründung in den Akten fehlt.
Die TÜ steht grundsätzlich für ein personal- und zeitaufwendiges operatives Mittel der Verbrechensbekämpfung. Mit fortschreitender Zeit werden weitere Beschlüsse erforderlich und der Personalaufwand steigt. Besonders aufwendig ist die Überwachung von Telefonzellen und von Kneipenanschlüssen. Wegen der Zufallsfunde muss jeder redliche Kriminalist auch jedes Gespräch hören. Erfahrene Täter wechseln häufig die genutzten Telefonzellen. Es hat sich in solchen Fällen oft als hilfreich erwiesen, wenn man vorübergehend alle Telefonzellen bis auf eine eines umrissenen Bereichs von der Telekom sperren lässt. Es soll auch schon vorgekommen sein, dass sich Täter von einem selbstgefertigten Schild mit der Aufschrift „Außer Betrieb" haben täuschen lassen.
Jeder mit einer Telefonüberwachung befasste, kriminalistisch redlich handelnde SB kann während der laufenden Telefonüberwachung keine privaten Termine ins Auge fassen. Urlaub ist nicht möglich. Um aber nicht rund um die Uhr an seine Telefonüberwachung/en gebunden zu sein, wird der Hauptsachbearbeiter mit einem oder mehreren Kollegen zusammenarbeiten müssen. Über einen meist nicht absehbaren Zeitraum sind Absprachen über die Einsatzbereitschaft eines jeden Beteiligten zu treffen. Wegen der vielfach großen Zahl von Mitarbeitern wird der regelmäßige Austausch von Informationen über den aufgelaufenen Sachstand, über das Verhalten der Täter im Gesprächsgeschehen, über andere Merkmale der Überwachung und gegebenenfalls über aufgrund von Hypothesen unerlässlich werdende Sofortmaßnahmen notwendig. Trotz aller Teamerfordernisse muss der Hauptsachbearbeiter die Fäden in der Hand behalten und notwendige Entscheidungen verantwortlich treffen.[180] Bei fremdsprachlichen Telefonüberwachungen sind die Dolmetscher organisatorisch ins Auswertungsgeschehen einzuplanen.

Die Bedeutung von verbaler und nonverbaler Transaktion[181]

In der Sozialwissenschaft und in der Psychologie ist der lateinische Ausdruck Kommunikation Bezeichnung für den Informationsaustausch als grundlegende Notwen-

[179] Wesemann, Horst. Ebenda.
[180] Es kann beispielshalber nicht angehen, dass ein Mitarbeiter mit anderen Vorstellungen über den vermeintlichen Ablauf des Geschehens sich gegen den SB Rückendeckung beim Kommissariatsleiter oder anderen höheren Chargen holt und damit dem SB in den Rücken fällt.
[181] Eine Transaktion ist eine Mitteilung mit Worten, Mimik und Gestik.

digkeit menschlichen Lebens. Jahrelange Einzelhaft führt im Regelfalle zu schwersten psychischen Störungen, wenn der Person die kommunikative Ebene entzogen wird. Anselm Feuerbach hat 1832 das Schicksal des Kaspar Hauser als Beispiel eines Verbrechens am Seelenleben des Menschen beschrieben. Hauser wurde bis zu seinem Auftauchen in Nürnberg vermutlich 16 oder 17 Jahre wie ein Tier ohne menschliche Zuwendung mit Ausnahme der Fütterung im Käfig gehalten. Die Auswirkungen beschreibt Feuerbach so: „Was man unterdessen mit ihm noch versuchte, um über seine Person und sein Hierherkommen etwas zu erfahren, war vergebliche Mühe. Er schien zu hören, ohne zu verstehen, zu sehen, ohne etwas zu bemerken, sich mit den Füßen zu bewegen, ohne sie zum Gehen gebrauchen zu können. Seine Sprache waren meistens Tränen, Schmerzenslaute, unverständliche Töne oder die häufig wiederkehrenden Worte, 'Reutä wähn, wie mei Vottä wähn is'."[182]

Die relevante Kommunikationsform von Telefonüberwachungen ist die interpersonale Kommunikation als Austausch zwischen mindesten 2 Individuen als Gesprächspartner. Die Verständigungsmöglichkeiten im Rahmen eines Telefongesprächs sind eingeschränkt. Selbst das auf verbaler und nonverbaler Kommunikation beruhende Austauschen zwischen Menschen bewirkt häufig Missverständnisse. Person A wird selten in der Lage sein, den von ihr ganz eigen begriffenen Sachinhalt der Botschaft seinem Gesprächspartner B wie gewollt zu vermitteln, weil A und B von sich völlig eigene Vorstellungen haben. Diese Vorstellungen stehen wie eine zweite Person A‘ und B‘ neben den eigentlichen Gesprächspartnern. Nicht A sondern A‘ vermittelt den Sachinhalt nicht etwa an B, sondern an B‘. B übernimmt die von seiner eigenen Vorstellung B‘ gefilterte Aussage des A. Also kommunizieren nicht die Personen A und B direkt miteinander, sondern die „entmaterialisierten“ Vorstellungen der Kommunikationspartner A‘ und B‘. Der daraus resultierende Missverständniseffekt wird noch durch Abhängigkeiten der Gesprächspartner, z. B. von deren Stellung oder Rolle im privaten oder im beruflichen Leben verstärkt. A appelliert oder umgekehrt B appelliert an seinen Gesprächspartner und erwartet Reaktionen, die vom Sachverständnis des Appellanden, der persönlichen Verfassung, der persönlichen Betroffenheit und dem gespürten Appelldruck abhängig sind. Die Tatsache, dass der Mensch ein emotionales „Schichtenwesen“ ist, senkt die Missverstehensschwelle auch noch. Er wird immer die Gefühlsqualität zum Ausdruck bringen, die „zuoberst“ liegt. Wenn er also zornig ist, wird er sich entsprechend artikulieren. Solche „zuoberst“ liegenden Schichten können Zorn, Angst oder Trauer sein..

Als Beispiel einer interpersonalen Unterhaltung sei ein Dialog vom Polizisten zum Verkehrsteilnehmer angeführt. Der Polizeibeamte sagt: Sie sind zu schnell gefahren! Damit macht er dem Verkehrsteilnehmer auf der Sachebene deutlich, dass der Verkehrsteilnehmer zu schnell gefahren ist. Auf der Selbstoffenbarungsebene übermittelt

[182] Feuerbach, Anselm. Kaspar Hauser. Seiten 4-5.

er dem Verkehrsteilnehmer: Ich als Polizeibeamter habe es in Ausübung meines Dienstes gemerkt. Folgt die Appellebene: Passen Sie auf, zahlen Sie! Auf der Beziehungsebene sollte der Verkehrsteilnehmer hinnehmen, dass ihm der Polizeibeamte sagt: Ich habe Sie erwischt. Ihr Fehler ist mir bekannt. Sie haben einen Fehler gemacht. Ich maßregele Sie. Ich vertrete das Gesetz. Das läuft nicht immer so geregelt ab. Ein wütender Verkehrsteilnehmer kann zur Eskalation der Situation beitragen.

Als externer Beobachter stellt man häufig fest, dass sich die Kommunizierenden keinesfalls sachlich auseinandersetzen. Das ohnehin begrenzte Kontingent an übereinstimmenden Zeichen zwischen Expedienten und Perzipienten geht gegen Null. Man redet aneinander vorbei und wirft sich womöglich Dinge an den Kopf, die mit der Sache nichts mehr zu tun haben.

In der Rolle des externen Beobachters befindet sich der Auswerter von Telefongesprächen immer. Obwohl die ausgetauschten Nachrichten nicht für ihn bestimmt sind, obwohl die Kommunikation der Gesprächspartner untereinander schon schwierig genug ist, soll er die Botschaft entschlüsseln und das auf der Ebene lediglich verbaler Kommunikation. Ohne das zwischengeschaltete Telefon kämen Mimik und Gestik aus der nonverbalen Ebene hinzu. Während uns Mimik und Gestik 55 Prozent der Wahrnehmung des Vermittelten sichern, sind Worte, Wortwahl und Stimme aus dem verbalen Bereich lediglich mit 45 Prozent beteiligt. Davon liefern Worte und Wortwahl nur 7 Prozent, Stimme und Tonfall dahingegen schon wieder 38 Prozent. Diese Beobachtungen sind für die Erfassung und Auswertung von Telefonüberwachung von überragender Bedeutung, denn die Aktivitäten beider entfalten sich im verbalen 45 - Prozentbereich. Weitere Schwierigkeiten erwachsen ihm aus dem Mangel an für die Aussage benötigtem Zeichenvorrat des Kommunikators mit demjenigen des Rezipienten[183] aus fremdsprachlichen Telefonüberwachungen, die Dolmetscher notwendig machen und aus dem Wechsel eines Ausländers von der gewohnten Muttersprache in die ihm fremde deutsche Sprache. Die dabei stattfindende Veränderung von Dynamik, Sprechtempo, Sprechrhythmus und Akzentuierung[184] lassen Erfasser und Auswerter nicht selten eine völlig fremde Person vermuten, womit sie wegen des Identifizierungsproblems die vielleicht entschlüsselte Botschaft auch nicht einzuordnen vermögen.

Erfasser und Auswerter sind auf bestimmte Fertigkeiten im Umgang mit verbaler aber auch nonverbaler Ausdrucksweise angewiesen. Wenn sie sich in der Lage sehen, 45 Prozent ihrer Möglichkeiten über verbale Kommunikation auszuschöpfen, bieten sich ihnen auch nonverbale Möglichkeiten wie beispielshalber ein Räuspern, längeres Schweigen, veränderter Sprechfluss oder veränderte Betonung, Dehnungen und Raffungen beim musikalischen Tempo der Sprache.

---

[183] In Praxi telefoniert ein Türke mit einem Deutschen, wobei der Deutsche schlecht türkisch und der Türke schlecht deutsch spricht.

[184] Sogenannte prosodische Faktoren.

Erfassen und Auswerten

Erfassen und Auswerten von Unterhaltungen im Rahmen von TÜ setzt Fachwissen sowohl des Erfassers als auch des Auswerters voraus. Der Erfasser sollte ihm vorgegebene deliktisch bestimmte Rahmenvorgaben zur Grundlage seines Handelns machen. Er entscheidet von Gespräch zu Gespräch über dessen Erfassung als wortgenaue Gesprächwiedergabe, also in direkter Rede oder er fasst das Gespräch im Rahmen seiner Vorgaben in indirekter Rede zusammen. Dazu muss er das Wesentliche vom Unwesentlichen zu trennen wissen. Er muss besonders wichtige Gesprächsergebnisse dem Auswerter fernmündlich sofort übermitteln.

Die Angehörigen des Forschungsamtes als geheimster Nachrichtendienst des Dritten Reiches waren sich der Bedeutung der operativen Maßnahme ebenso bewusst wie später die Staatssicherheit der ehemaligen DDR. Folglich beschäftigten sich mit derartigen Maßnahmen ausgesuchte Spezialisten. Dem spricht die bundesrepublikanische Wirklichkeit im Rahmen der Verbrechensbekämpfung Hohn. Jeder auf legaler Basis arbeitende Ermittler darf sich an der Erfassung und/oder Auswertung von TÜ versuchen. Die zentrale Erfassung von TÜ beim Zollfahndungsdienst erfolgt in Berlin durch Dilettanten.[185] Die weder von einem Auftragsrahmen noch von Sachverhaltskenntnis geprägten Ergebnisse werden anschließend von sachbearbeitenden Dilettanten ausgewertet. Oftmals geschieht nicht einmal das, weil der Erfasser von sich aus entscheidet, dass nichts Auswertungswertes gesprochen worden ist oder weil er aus welchen Gründen auch immer seiner Arbeit nicht nachgehen kann oder will.[186] Weil den Erfassern weder der Auftragsrahmen noch der Sachverhalt vorgegeben wird, treffen sie letztendlich einsame, oftmals falsche Entscheidungen. Monate nach Abschluss der TÜ werden die Bänder von Schreibdamen aufgezeichnet. Deshalb werden weitere Katalog- oder andere Straftaten als solche gar nicht erkannt. Der gerichtliche Abschluss von Telefon-

[185] Selbst völlig unbedarfte Schreibkräfte werden zum Erfassen von Gesprächen ohne Assistenz des Sachbearbeiters aufgeboten.

[186] In der vom Verfasser erlebten Wirklichkeit einer GER war der redliche SB Erfasser und Auswerter in einer Person. Er kannte seinen Fall und wusste die Gespräche entsprechend zu würdigen. Die Trennung von Erfassung und Auswertung beispielshalber beim Berliner Zollfahndungsdienst im Jahre 2000 geschah auf Anregung des Zollkriminalamtes (ZKA). Damit war im Prinzip jeder ernsthaften Erfassung von Gesprächen die Grundlage genommen. Die Erfasser sind als Zollfahnder auch nur Angehörige der allgemeinen Zollverwaltung und wie die manchmal eingesetzten Angestellten dieses Dienstes von der Kriminalistik weiter entfernt, als die Erde vom Mond. Das pünktliche Abbummeln von Überstunden oder der Jahresurlaub sind bedeutend wichtiger, als die redliche Erfassung einer TÜ. Unterbrechungen der Überwachung und Aufzeichnung wegen Materialausfalls wird überhaupt nicht bedauert. Also bleibt die Arbeit in beiden Fällen (Personalmangel/ Materialschäden) einfach liegen, wenn es keine Ersatzdilettanten oder Ersatzaufnahmegeräte gibt. Aber dieser Vorwurf trifft auch auf große Teile der mit TÜ befassten Kollegen von der KRIPO zu. Darum wird der Beweiswert einer TÜ auch noch nach dem bereits in einer vorstehenden Fußnote erwähnten Urteil des LG Berlin niedrig eingeschätzt. Der vermeintlich schlechte Beweiswert führt zur Gleichgültigkeit gegenüber einer wertvollen operativen Maßnahme. Und weil jeder Dilettant die gleiche Einschätzung in der Sache hat, wird man in naher Zukunft den Teufelskreis kaum durchbrechen.

überwachungen erfolgt unter Zuhilfenahme fadenscheinigster Begründungen, weil weder erfasst noch ausgewertet wurde. Man sollte sich vor Augen führen, welchen Eindruck solche Ergebnisse auf den antragstellenden Staatsanwalt und den genehmigenden Richter machen müssen.
Die Gespräche werden je nach Gusto mit Windows Word oder ähnlichen Schreibprogrammen erfasst. Die Verwendung von kriminalwissenschaftlichen EDV - Programmen wie MERLIN ist die Ausnahme auch noch bei der Kripo. Personen-, Lagen-, Spuren- und sonstige relevante Daten gehen so regelmäßig verloren, weil sie im Zusammenhang mit der operativ bearbeiteten Straftat nicht recherchierbar sind. Wenn man allerdings ein kriminalwissenschaftliches EDV - Programm verwendet, werden aus Bequemlichkeit des Erfassenden oder durch die Verwaltung verschuldete Nichtkenntnis über die Möglichkeiten des Programms bei der Verbrechensbekämpfung Daten nicht oder falsch erfasst. Nicht jedes dieser Programme ist brauchbar. Oftmals von kriminalistisch unbeleckten Informatikern konzipiert, wird immer wieder der Versuch erkennbar, eine „eierlegende Wollmilchsau" zu schaffen. Das geschieht zum Teil wegen albernen Konkurrenzdenkens unter den Landes- und Bundesbehörden. Das hilft in der Sache nicht weiter. Es beweist aber wie schwer das Erkennen von Qualität durch selbstherrliche Verwalter der Kriminalität gemacht werden kann, weil sie ihre vermeintlichen Spezialisten beauftragen, was besseres zu schaffen, ohne fachlich in der Lage zu sein, das „Schlechtere" bewerten zu können. Das genial entworfene MERLIN wurde von einem Frankfurter Kriminalisten programmiert, der nicht den Anspruch erhebt, das Rad neu erfinden zu müssen. Um Bewegungsbilder von Tätern in Deutschland und Randstaaten optisch deutlich werden zu lassen, hat er z. B. das Programm Digigeo der Firma Digitask mit MERLIN zu GEOMERLIN verbunden[187].
Das Erfassen des Gesprochenen im Rahmen einer TÜ ist von der sich laufend weiter entwickelnden Aufnahmetechnik abhängig. Immer aber sitzt am Ende dieses Technikstranges der Erfasser, der das gesprochene Wort aufzeichnet. Das kann unmittelbar während des laufenden Gesprächs erfolgen oder zeitversetzt. Die Entscheidung sollte vom auswertenden Sachbearbeiter getroffen werden. Sähe der die Notwendigkeit von Sofortmaßnahmen voraus, wird er sich für das sogenannte „Lifehören"[188] entscheiden müssen. Solange die TÜ noch zur Aufhellung des kriminellen Umfeldes des Täters oder der Täter dient, wird die Erfassung während der Dienststunden zu verantworten sein. Das Erfassen der Gespräche muss der erschöpfenden Sammlung von Vorfeldinformationen dienen. Der Erfasser hat deshalb mit den von der kriminalistischen Akustik gebotenen Mitteln vertraut zu sein, weil er seine Leistung an den die Ergebnisse erforderlichenfalls taktisch erfolgreich umsetzenden Auswerter weitergeben muss. Dem Erfasser[189] obliegt nicht die

---

[187] Es würde den Ramhen dieser Arbeit sprengen, die Möglichkeiten des kriminalwissenschaftlichen EDV – Programms GEOMERLIN vorzustellen.
[188] Ergreifungs- - TÜ erfordern in der Regel „Lifehören".
[189] Das gilt natürlich nur dann, wenn der Erfasser nicht gleichzeitig Auswerter ist.

Entscheidung über die Relevanz eines Gesprächs. Deshalb muss der Erfasser ein gehöriges Maß an kriminalistischer Redlichkeit mitbringen und unter Umständen ihm unwichtig erscheinende Daten akribisch aufzeichnen. Liebend gern überlassen Erfasser das Abhören der Datenträger den Dolmetschern, wenn sie der Fremdsprache nicht mächtig sind, was die Regel ist. Wenn er solche fremdsprachig geführten Gespräche nicht selbst anhört, erkennt er die Stimmung der Sprechenden nicht und er wird auch nie das Verhältnis der Sprechenden untereinander auszuloten in der Lage sein. Er wird nicht die immer wiederholten unterschiedlichen Begrüßungsrituale der Sprechenden erkennen. Wenn er sich aufgrund eingeschränkter Redlichkeit oder eingeschränkten Wissens über seine Möglichkeiten lediglich auf die Auswertung gehörter Worte und die der Wortwahl beschränkt oder sich gänzlich auf die Wahrnehmungen seiner Dolmetscher verlässt, können seine Wahrnehmungen auf weniger als 7% des Vermittelten eingeschränkt sein. Er verschenkt mit Nichtwertung von Stimme und Tonfall die restlichen 38% seiner ohnehin eingeschränkten Möglichkeiten.

Erfasser und Auswerter von TÜ in OK- und Rauschgiftfällen sollten Erkenntnisse der kriminalistischen Akustik nutzen, um ein umfassendes Mosaik der Persönlichkeit und der Tatbeiträge ihrer ihnen bereits bekannten Täter Steinchen für Steinchen zusammen zu puzzeln. Im Laufe der Zeit sollte er sie wie nahe Anverwandte oder gute Freunde kennen lernen. Zwischen Erfasser, Auswerter und ihren Betroffenen müsste sich ein geradezu inniges Verhältnis entwickeln, je länger die Maßnahmen andauern. Das macht Sinn, weil sie gewohntes Verhalten ihrer „Gegner“ in allen Bereichen deren Lebens erkennen und ist für beide[190] erstrebenswert, um größtmögliche Erfolge bei der taktischen Umsetzung ihres Wissens zu erzielen.

Wawrzyn[191] lässt einen Spezialisten des MfS wie folgt zu Worte kommen:

Bei Bürgern, die ich häufig lange und intensiv belauscht und nie gesehen habe, hatte ich den Drang, mir vorzustellen: Wie sieht die Person wohl aus, die ich so gut kenne? Ich habe jahrelang Frau Blumenthal abgehört und mir von ihr ein Bild aufgebaut: Eine ältere hysterische Dame, fordernd, reizbar, empfindlich, mit labilem Selbstwertgefühl und einem starken Bedürfnis nach Bestätigung, gepflegt, aufrechter Gang, lebhafte Gestik, Haare straff nach hinten. Ich wusste, wo sie wohnt. In dieser Wohngegend bin ich mal langgelaufen, als es dort gerade Bananen gab, sah eine Frau auf der Straße und dachte: „Die Dame sieht aus wie Frau Blumenthal.“ Sie ging in den Gemüseladen, ich hinterher. Ich wusste, Frau Blumenthal wohnte dort schon lange und war bekannt. Plötzlich sagte die Frau hinter dem Verkaufstisch: „Ach, Frau Blumenthal, was kann ich für Sie tun?“ Das Bild, das ich mir beim Abhören gemacht hatte, und die reale Person passten genau zusammen.

---

190 Erfasser und Auswerter können eigentlich nur getrennt von einander effizient und effektiv arbeiten, wenn beide entsprechend ausgebildet sind. Wie an anderer Stelle angeführt, ist das aber beim Zollfahndungsdienst nicht und bei der Kripo selten der Fall.

191 Wawrzyn, Lienhard. Der Blaue. Das Spitzelsystem der DDR. Seite 141.

Erfasser und Auswerter beginnen ihre Arbeit mit der internen[192] Speicherung der Merkmale der Sprache und der Merkmale der Stimme ihrer abgehörten Personen. Die interne Speicherung von Merkmalen im Gehirn befähigt den Erfasser/Auswerter[193], sich der Stimmen seiner Sprecher zu erinnern, ohne diese je gesehen zu haben. Die Fähigkeit des Menschen, auditiv wahrzunehmen, ist bewiesenermaßen gut ausgeprägt, so dass der Erfasser/Auswerter schon kurz nach Anlaufen einer TÜ nach Wahrnehmung einer einzigen Äußerung des abgehörten Sprechers sagen kann, „ja, das ist B." Im weiteren Verlauf der operativen Maßnahmen wird er sich um die Trennung von Spreu und Weizen bemühen, wobei ihm die Registrierung persönlicher Daten, Lebensumstände oder etwaigen devianten Verhaltens auch zunächst unwichtig erscheinender Personen nicht erspart bleiben wird.

Die Ermittlungen im Rahmen von TÜ beschränken sich nicht auf die fortwährende Identifizierung von Kommunizierenden, sondern sie heben auf das illegale Handeln bzw. Unterlassen der sprechenden Personen ab. Nicht die Identifizierung des Täters oder der Täter ist das erklärte Ziel einer TÜ, sondern im weitesten Sinne die Identifizierung der von vielen Tätern aus der organisierten und/oder Rauschgiftkriminalität geplanten Verbrechen oder Vergehen. Von dieser kriminalistischen Aufgabenstellung ist alles Agieren der mit TÜ befassten Sachbearbeiter bestimmt. Das scheint mit kriminalistischer Akustik nichts mehr zu tun zu haben, denn was man heute, aber in wesentlichen Bereichen auch schon in den siebziger Jahren, unter kriminalistischer Akustik versteht bzw. verstanden hat, sagt das Autorenkollektiv um Prof. Dr. Rolf Ackermann in der Fachzeitschrift „Kriminalistik":[194]

„Unter Kriminalistischer Akustik können die Verfahren und Methoden der Untersuchung akustischer Untersuchungsmaterialien zusammengefasst werden, die heute mit im wesentlichen vier Aufgabenstellungen zusammenstehen:

Die Sprecheridentifizierung an Hand von sachlichen Aufzeichnungen und auditiven Wahrnehmungen von Zeugen (Sprecheridentifizierung).

Die sprechdiagnostische Auswertung von anonymen und pseudonymen Sprachaufzeichnungen für Fahndungsaufgaben (Sprechdiagnostik).

Die Untersuchung von Schallträgern mit dem Ziel des Authentitätsnachweises oder von Verfälschungen, der Identifizierung von Aufzeichnungsgeräten und der Identifizierung von gestörter oder verschlüsselter Semantik (Schallträgeruntersuchung).

Der Identifizierung und Untersuchung von Geräuschquellen, die insbesondere als

---

[192] Zur internen und externen Speicherung siehe anhängende Tabelle der schematischen Darstellung der Teilgebiete kriminalistischer Akustik.

[193] Erfasser und Auswerter werden von jetzt an in einer Person aufgeführt, weil die Trennung beider Personen nur unter bestimmten Voraussetzungen möglich sein dürfte.

[194] Ackermann, Prof. Dr. Rolf et. al.. Zum Stellenwert der Kriminalistik, -Teil 3- in Zeitschrift „Kriminalistik" 11/00, Seiten 731 ff

Hintergrundgeräusche oder als Störsignale etc. bei kriminalistisch relevanten Aufzeichnungen von Bedeutung sind (Geräuschuntersuchung).“
Das Autorenkollektiv betont aber auch, dass die KA keine Wissenschaft an und für sich ist, denn es kommt zum Ergebnis:
„… . Zweitens können unter dem Begriff Sprechererkennung nicht die weit über die Sprecheridentifizierung hinausgehenden Aufgabenstellungen eingeordnet werden, die das Gebiet der Kriminalistischen Akustik (KA) für die Praxis der Kriminalitätsbekämpfung noch zu bieten im Stande ist.“[195]
Erfasser und Auswerter von TÜ können die physiologische, psychische, private und gesellschaftliche Verfassung der kommunizierenden Personen feststellen. Während die KA im Rahmen der klassischen Stimm- und Sprecheridentifizierung Vorstufe einer möglich werdenden Sprecheridentifizierung sein kann, sind die nach §§ 100a/b StPO operativ zu bearbeitenden Sprecher im Normalfall schon vor Beginn der Maßnahmen ausermittelt.
Das Wissen um die Ausprägung von Stimm- und Sprechermerkmalen, wie sie im Rahmen einer TÜ bei der Rauschgiftkriminalitätsbekämpfung anfallen, ist durchaus bedeutsam für späteres taktisches Vorgehen im speziellen Ermittlungsfall.
Der Auswerter einer TÜ sollte sich der Tatsache bewusst sein, dass Alter, Geschlecht und Konstitution Stimme und Sprechweise elementar beeinflussende Parameter sind.
Die Physiologie des Sprechapparates und die an ihn gebundene Stimme lässt neben durch Alter, Geschlecht und Konstitution hervorgerufene Veränderungen der Stimme und Sprechweise brauchbare Rückschlüsse auf die körperliche Verfassung der Sprechenden zu. Die durch fortschreitendes Lebensalter veränderte Stimme weist zumindest in den einzelnen Lebensaltersphasen eine auswertbare, verlässliche Konstanz auf, die Altersbestimmungen[196] der Personen zulassen.
Ältere und an den Atmungsorganen erkrankte Menschen fallen durch Luftmangel beim Sprechen auf. Ihre Sätze werden durch schnelle, auch gequält pfeifende Atemvorgänge unterbrochen. Raucher husten häufig beim Reden. Auch die Klangfarbe leidet und wird kratzig. Die Grundtonhöhe kann sich zur tieferen Stimme hin verändern. Das ereignet sich grundsätzlich auch im Greisenalter.
Sportler haben im wahrsten Sinne des Wortes einen langen Atem, aber auch Lehrer, Sänger und andere Berufsgruppenangehörige, die viel mit Sprechen bzw. Singen zu tun haben. Sie können in einen Atemzug wesentlich mehr Semantik packen, als Nichtsportler und Ungeübte.

---

195 Ackermann, Prof. Dr. Rolf et. al.. Zum Stellenwert der Kriminalistik, -Teil 3- in Zeitschrift „Kriminalistik“ 11/00, Seiten 731 ff

196 Die Kleinkindphase reicht vom ersten Schrei über die Lallphase bis zu den Anfängen der ersten Lautmodulationen im 1. bis zum 3. Lebensjahr. Das 3. bis 6. Lebensjahr prägen die kindliche Stimme, das 6. bis 14. Lebensjahr die Schulkindstimme, das 14. bis 20. Lebensjahr die Jugendlichenstimme, das 20. bis 28. Lebensjahr die noch zum jugendlichen hin tendierende Erwachsenenstimme, das 30. bis 60. Lebensjahr die Erwachsenenstimme, das 60. bis 70. Lebensjahr die Altersstimme und die Jahre darüber die Greisenstimme.

Manche Frauen haben in Ausnahmefällen männerähnliche Stimmen, während Männer hin und wieder durch frauenähnliche Stimmen auffallen können.
Zeitweilige oder ständige pathologisch - organische Störungen des Stimmtrakts sind für den Erfasser/Auswerter leicht erkennbar. Artikulationsschwierigkeiten von nicht durch Drogen oder Alkohol beeinflusster Sprecher können auf Mongoloide oder Gesichtsgeschädigte hinweisen.
Stark verschnupfte Personen sind nicht weniger leicht zu erkennen.
Auch Gebissdefekte führen zu Sprechstörungen.
Stimmenverstellung und Stimmennachahmung können Hinweise auf Verschleierung des Tatgeschehens bieten.
Die ganzheitliche Nachahmung bedeutet, dass der Sprecher z.B. einen ausländischen Akzent verwendet, wobei sich die Frage nach der Nationalität des Sprechers stellt. Ein solches Problem wird in der Tat bei Rauschgifttelefonüberwachungen nicht selten sein. Die Klärung wird hier oft vom Können des Dolmetschers und von der Erfahrung des Erfassers/Auswerters abhängen.
Auch die emotionale Sprechsituation des Überwachten bietet ein weites Feld der Erkenntnisse im Tatgeschehen. Der Sachbearbeiter am Auswertegerät empfindet emotionale Belastungen des Verdächtigen mit, weil Stottern oder Stammeln, plötzliches Suchen nach Worten, zittriges Flackern der Stimme, deren schriller werdendender Klang oder unerwartet stark gehemmter Sprechfluss von Verdächtigen denen unangenehme Situationen verdeutlicht. Er „hört“, dass sich der Betroffene unter Druck befindet. Er bemerkt wegen des hastigen überstürzten Sprechtempos, wegen der hörbaren Hilflosigkeit bei früherer Sprechgewandheit, wegen der vom Gesagten her nicht zu begründenden Dehnung oder unnatürlich gehobenen oder auch gesenkten Grundstimme, dass sein Überwachter vermutlich lügt. Er durchschaut, wenn der Verdächtige ein Feigling, ein entschlossener, mit hoher krimineller Energie ausgestatteter Täter oder vielleicht auch ein falscher durchtriebener Egoist ist.
Stimme und Sprache können das Erkennen von psychisch Kranken oder Rauschgiftabhängigen zulassen. Kokainsüchtige fühlen sich oft verfolgt und verraten. Sie glauben im fortgeschrittenen Stadium ihrer Abhängigkeit an eine permanente Überwachung durch die Behörden. Gewaltbereitschaft dokumentieren sie beispielshalber ungeniert in der verbalen Forderung nach Waffen, die sie gegen missliebige Zeitgenossen einsetzen wollen.
Sie ziehen aus eigenen Erkenntnissen jedoch selten Schlussfolgerungen. Diese Tatsache kann dem Erfasser/Auswerter Hinweise auf den Grad des psychopathologischen Zustandes geben. Die Stimme verändert sich auch mit der Veränderung von Verhaltensmustern. So kann der Verdächtige ein Schmeichler, ein Aufschneider, ein unterwürfiger, ein herrischer oder nachgiebiger Typ sein. Je nach Befindlichkeit der Gesprächspartner ändern sich Benehmen und damit auch die Stimme. So wie der Wolf Demut durch Einklemmen der Rute zwischen die Hinterläufe dokumentiert, ändern sich beim Sprecher

die prosodischen Faktoren,[197] die über den Einzellaut hinausgehende Elemente der Ausdrucksgestaltung der sprachlichen Mitteilung umfassen.
In der Stimme manifestiert sich, ob die Sprecher, die auch Täter sein können, aggressiv, cholerisch, also leidenschaftlich, reizbar oder jähzornig, sanguinisch, also lebhaft und temperamentvoll sind.
Wie in der Vernehmungspsychologie lassen sich persönliche Eigenschaften oder Fähigkeiten über die Art und Weise des kommunikativen Auftretens erkennen. Danach kann man unterscheiden zwischen

- sicheren und unsicheren,
- geltungsbedürftigen und schüchternen,
- beschreibenden,
- erklärenden und
- weitschweifigen operativ Überwachten

oder man konstatiert nach Art der zwischenmenschlichen Beziehungen, der Beziehungen der Verdächtigen untereinander

- Abhängigkeiten,
- Freundschaften,
- Feindschaften,
- Gruppenbeziehungen und
- Beziehungen zu Übergeordneten innerhalb der kriminellen Organisation.

Alkoholeinfluss beeinträchtigt vor allem das Artikulationsvermögen und teilweise die Grundtonhöhe. Bestimmte Pharmaka können zu wesentlichen Verschiebungen der Grundtonhöhe, der Stimmeinsätze des Sprechtempos, des Sprechrhythmus oder der Akzentuierung führen. Beide können eine laute und prahlerische Stimme, wechselhaftes Gleichmaß, schwerfälligen oder ungezügelten Sprechfluss und verwaschene Artikulationsgüte bewirken. Für den Auswerter ist die durch Alkohol oder Pharmaka herabgesenkte Hemmschwelle ein Quell der Freude, weil vordem ängstliche Vorsicht beim Kommunizieren manisch oder depressiv begründeter Unbekümmertheit weicht.
Von erheblicher Bedeutung kann der Einfluss des Kontextes beim Sprechen sein. Die ins Ohr strömende plötzlich veränderte Tonhöhe oder sprechdynamische Veränderungen bei oft wiederholtem, gleichen Text sollten die Aufmerksamkeit schärfen. Wenn die Stimme betont gleichgültig klingt und absichtlich auf einer Tonhöhe gehalten wird, sollte man Wichtiges erwarten[198]. Der Sprecher hofft, dass ihn der Empfänger begreift. Wenn der das Geheimnisvolle aus der Stimme des Sprechers nicht erfassen kann, flippt

---

[197] Prosodisch Faktoren sind: Sprechdynamik, Sprechtempo, Sprechrhythmus, Akzentuierung und andere Parameter.
[198] Beispielshalber sagt der Angerufene zehnmal, „aber ich warte nur 30 Minuten auf Dich!“ Beim elften Male sagt er mit erhöhter Grundstimme, scharf artikuliert, „ aber ich warte nur 45 Minuten auf Dich!“ Er wiederholt das zur Sicherheit und sein Partner begreift und sagt, „OK“. Die Bedeutung könnte in der Änderung der bestellten Rauschgiftmenge liegen.

der Sprecher nicht selten aus und redet wütend Klartext. Selbst wenn der Auswerter in solchen Augenblicken noch nicht entschlüsseln kann, was gemeint wurde, wird das Gespräch vielleicht im weiteren Verlauf der TÜ Schlüssel zur Lösung vieler Rätsel.
Die Erwartungshaltung von Gesprächspartnern kann für diese gewisse Probleme mit sich bringen. Wenn einer beispielshalber den Anruf seiner Freundin erwartete und nach dem Aufnehmen des Hörers ohne Begrüßungsritual sofort los schwätzt, weil er nicht mit der eigenen Frau am anderen Ende der Leitung rechnete, verrät er dem Auswerter unter Umständen wertvolle Ermittlungsanhalte.
Das verbale Verhalten wird oft durch sogenannte Soziolektale (auch schichtenspezifische Merkmale genannt) bestimmt. Für Akademiker und ähnliche Berufsgruppen sind Sprache und Schrift hauptsächliche Handwerkzeuge. Sie sprechen je nach Sektion ihre Fachsprache oder ihren Jargon. Das gilt im übertragenen Sinne für alle Berufsgruppen. Der Erfasser/Auswerter muss die Angehörigen der unterschiedlichen sozialen Ebenen verstehen können, um zu operativ wertvollen Ergebnissen zu kommen.
Im Rauschgiftkriminalitätsbereich gibt es eine eigene Fachsprache. Schmuggler und Händler bedienen sich immer wieder neuer, zumeist aus dem Augenblick heraus entwickelter Redewendungen, die dem Auswerter die Hintergrundaufklärung erschweren sollen. Doch je mehr sie sich dabei verbiegen, um so leichter sollte dem redlichen und problembewussten Erfasser/Auswerter das Entschlüsseln fallen. In naher Zukunft muss damit gerechnet werden, dass am Telefon übermittelte Nachrichten kryptographiert werden.
Die Intelligenz eines Menschen kann man über die Stimme nicht feststellen. Auch ein Papagei ist in der Lage, zusammenhängende Sätze von sich zu geben.
Erwachsene Menschen mit eidetischen[199] Fähigkeiten können strohdumm oder psychisch schwer geschädigt sein, wenn oder weil ihr Gehirn mit der Fülle der Informationsverarbeitung nicht fertig wird. Eidetische Fähigkeiten können sich bei Kindern im Alter von 7 bis 9 Jahren besonders deutlich ausprägen. Sie sind imstande, ihre Beobachtungen wertungsfrei bildhaft zu schildern, weil ihnen noch die Fähigkeit fehlt, das Wesentliche vom Unwesentlichen zu trennen. Der gesunde, erwachsene Mensch kann das. Er erwähnt von ihm als solche erkannte und ausgefilterte Nebensächlichkeiten nicht. Für den Auswerter eines Telefongesprächs kann der kindliche oder relativ gesunde erwachsene Eidetiker zur Fundgrube werden, wenn sie als Beobachter verbrecherischen Geschehens den operativen Maßnahmen unterfallen.
Selbstverständlich ist das gesprochene Wort, die direkte Semantik, für den Erfasser/Auswerter von überragender Bedeutung. Allerdings sind die schwer zu durchschauenden indirekten Hinweise nicht weniger wichtig.
Wenn ein Sprecher im Rahmen einer Rauschgifttelefonüberwachung zum Gesprächspartner sagt, „ich komme rüber und bringe dir was,“ so kann das inhaltlich bedeuten,

[199] Eidetik: Theorie von der Fähigkeit früher Geschehenes und Vorgestelltes anschaulich mit allen Einzelheiten wiederzugeben. Man spricht auch vom fotografischen Gedächtnis.

dass er seinen Gesprächspartner mit Rauschgift versorgen wird. Indirekt sagt er etwas über die Lage des Standortes seines Telefons im Verhältnis zum Standort des Telefons seines Gesprächspartners. Es ist anzunehmen, dass sich seine Wohnung auf der gleichen Ebene befindet wie die des Angesprochenen. Läge seine Wohnung über der des Angesprochenen, hätte er erfahrungsgemäß gesagt, „ich komme runter." Die beiden Telefone dürften ebenfalls nicht soweit voneinander entfernt sein, weil anderenfalls vermutlich über Zeiträume bis zum Erscheinen des Lieferanten gesprochen worden wäre oder über die Benutzung eines Verkehrsmittels. Begriffe wie „andere Seite" oder „drüben" hatten oder haben in Berlin für Rauschgiftschmuggler häufig die Bedeutung von „Holland". Der Spandauer fährt nach „Berlin", wenn er die Spandauer Grenzen überschreitet und in die „Stadt", wenn er in Spandau bleibt.

Wenn ein Sprecher sagt, „ich habe die gleiche Meinung wie mein Bruder", nachdem er das Gespräch von einer dem Erfasser/Auswerter noch unbekannten männlichen Person übernommen hat, sagt er inhaltlich, dass er die gleiche Auffassung vertritt wie sein Vorredner. Von größerer Bedeutung ist jedoch, dass der Erfasser/Auswerter den unbekannten Vorredner als Bruder des Überwachten erkennt. Vorgenannte indirekte Äußerungen geschehen unbewusst.

Zuweilen ist es aus technischen Gründen (laufender Handywechsel etc.) nicht sofort möglich, bereits identifizierte, sprechende Personen zu erkennen. Der Auswerter weiß aber, wann, wo, wie oft, mit wem in welcher Eigenschaft und Stellung im Gesamtgeschehen der Verdächtige gesprochen hat. Wenn solche Personen eine Reihe immer wiederkehrender Redewendungen und Floskeln verwenden, kann ihn der Erfasser/Auswerter trotz Handywechsels anhand dieses individuellen Habitus identifizieren.[200]

Auch die Laut- und Wortgeographie geben dem Auswerter wertvolle Hinweise auf den möglichen Standort oder die Herkunft des Sprechers oder über die Spracherlernungsgegend. Für die Lautgeographie stehe als Beispiel das auch in Bayern gesprochene Zungen „R" und das mit den Zäpfchen gesprochene R nördlich der Mainlinie. Für die Wortgeographie möchte das in Rheinland-Pfalz für Kartoffeln verwendete Wort „Krummbeere" oder das für den Geschlechtsverkehr verwendete Wort „mausen" zeugen. „Mausen" hat in anderen Gegenden, z. B. Sachsen, die Bedeutung von „stehlen".

Die Aufklärung der Sprechsituation lässt Rückschlüsse auf die örtliche, räumliche und personelle Situation im Augenblick des Sprechens zu.

Jede Telefonüberwachung enthält zahlreiche sprachliche und/oder nichtsprachliche Hintergrundgeräusche, die auditiv mit dem geschulten Ohr des Auswerters wahrge-

---

[200] Solche Idiolekte und Stereotypien werden häufig an Stellen in der Rede verwendet, wo sie nicht angebracht sind. Dazu gehören beispielshalber Redewendungen wie „nicht wahr", „sozusagen", „eben halt" aber auch „exotische" Formen wie „nicht wahr, nicht", „jawoll, jawoll!" mit besonderer Intonationsstruktur; ferner Art und Häufigkeit von Versprechern, bestimmte Formen der Nasalität, Häufigkeit, Verteilung und phonetische Realisierung von Pausen und Verzögerungen, sog. Häsitationen; z.B. als „äh, ähm, hm,", die extreme emphatische Behauchung von Verschlusslauten wie z.B. durch den verstorbenen SPD-Politiker Brandt.

nommen werden können. Deshalb sollte die Identifikation von Geräuschquellen bei der Auswertung von überwachten Gesprächen nicht unterschätzt werden. Bei fast allen menschlichen Handlungen entstehen Geräusche. In der Mehrzahl der Fälle handelt es sich um Verkehrslärm, Maschinengeräusche, Hupen und Sirenenklänge, Türklingeln, Kirchenglocken, Toilettenspülung, Kinderlärm, Gespräche oder Geräusche produzierende Handlungen sich im Raum befindlicher Personen. Kriminelle sind häufig bewaffnet. Während eines Telefonats könnten typische Geräusche zu hören sein, wie sie beim Hantieren mit Handfeuerwaffen entstehen. Schritte, das Knistern von Papier, Schließgeräusche, das Öffnen und Schließen von Schubladen, Klatsch- und Fallgeräusche, Klingelzeichen, das Knallen von Türen etc.. Die Nachhalleigenschaften der zum Telefonieren benutzten Räumlichkeiten, wie auch vorgenannte Hintergrundgeräusche können die Frage klären helfen, wo sich der nichtüberwachte Sprecher befindet. Die Straftäter sind sich des Vorhandenseins von Hintergrundgeräuschen häufig nicht bewusst. Der Auswerter nutzt die ihm erwachsenden Erkenntnisse taktisch operativ bei später geplanten Einsätzen.

Als Zeugen sind die Erfasser und Auswerter[201] vor Gericht unter Umständen solchen verblüffenden Fragen der Verteidigung ausgesetzt wie: „Woher wissen Sie eigentlich, dass mein Mandant der Sprecher war?"

Es gibt aus der kriminalistischen Akustik viele Merkmale, die das Gericht überzeugen dürften, denn die Stimme wird durch psychische und physische Faktoren beeinflusst und ist abhängig von beiden. Bei sachgerechter Auswertung kennen die Zeugen Eigenschaften und Verhaltensweisen ihrer „Überwachten" über deren Stimme und Sprechen. Zusammen mit anderen Faktoren lassen sich Schlüsse auf andere rechts- oder operativrelevante Situationen ziehen und sie können voraussagen, dass die sich in dieser oder jener Weise verhalten werden, respektive verhalten haben. Unter Umständen sind derartige Bewegungen beobachtet oder auf andere Art und Weise festgestellt worden.

Umsetzen

Insbesondere die Erkenntnisse aus der Auswertung ermöglichen dem Sachbearbeiter gewisse Schlüsse auf das zu erwartende Verhalten bei Einsatzplanung. Mitunter erkennt er Polizeifreundlichkeit[202] eines Betroffenen und nutzt das taktisch. Unter Um-

[201] Nach Ansicht der Verfassers ist der Idealzustand bei der Verbrechensbekämpfung mit dem Zusammenfallen des Erfassens und Auswertens in einer Person zu erreichen.

[202] Während der TÜ gegen 'T' wurde deutlich, dass das illegale Handeln und Unterlassen eines Beschuldigten offensichtlich von falsch verstandener Kameraderie bestimmt wurde und ihn völlig überforderte. Sonst beim Sprechen gelöst, bei natürlich fließendem, lebhaften Sprechfluss, zeigte er sich bei gehobener Grundstimme verkrampft, wenn T ihn in seine kriminellen Machenschaften einzubeziehen suchte. Die gleichzeitige Entschlüsselung des Gesprochenen ließ den Entschluss reifen, ihn aufzusuchen und umzudrehen. Die überraschende Festnahme aller Täter kam der Ausführung zuvor. Der Beschuldigte war voll geständig. Er lud sich die Last von der Seele, die auch seine Stimme „belastet" hatte.

ständen lassen sich Personalstunden und Material sparen, weil unnötige Einsätze vermieden werden können.
Keinesfalls sollte der Sachbearbeiter das Erfassen und Auswerten seiner operativen Maßnahmen vom glücklichen Zufall abhängig machen, weil TÜ dann in der Regel zu zeit- und personalaufwendigen Monstern mutieren. Also bieten sich Methoden aus der kriminalistischen Akustik geradezu an, um
die kriminelle Energie der Sprechenden zu erkennen,
die Ebene des Geschehens zu verdeutlichen (Devianz in Politik, Wirtschaft, Medien oder im Rahmen statistisch erfassbarer Feld-, Wald- und Wiesenkriminalität),
die Stellung der Sprechenden im Gesamtgeschehen festzumachen,
Abhängigkeiten der Kriminellen untereinander darzutun,
Abhängigkeit von Rauschgiften oder vom Alkohol zu bewerten,
menschliche Schwächen (sogenannte Laster) zu registrieren,
physische, psychische Schädigungen zu vermerken
das soziale Umfeld der Täter zu ermitteln,
sich auf Gewaltbereitschaft der Täter einzustellen und Schlussfolgerungen aus vorgenannten Erkenntnissen taktisch - operativ umzusetzen.
Der Erfasser/Auswerter kann z. B. entscheiden, ob bei laufender TÜ ein auf Observation basierendes Bewegungsbild[203] von Verdächtigen erstellt wird oder ob das Risiko zusätzlicher Sensibilisierung der Gegenseite das nicht zulässt. Die fachgerecht ausgewertete TÜ analysiert die Struktur der Organisation, mit der man es von Fall zu Fall zu tun hat. Dazu gehören neben deutschen organisierten Gruppierungen türkische Familienclans, Balkangangs, italienische Mafiosi, die rote Mafia, chinesische Triaden, vietnamesische Tätergruppen und südamerikanische Verbrecher. Taktische Überlegungen über den Zeitpunkt, den Ort, die Art und Weise des Vorgehens, zu erwartende Folgen für eingesetzte Kräfte unter Berücksichtigung der Eigensicherung durch Unterstützung von Spezialeinheiten werden auf der Basis fachgerecht durchgeführter Maßnahmen nach § 100 a/b StPO kostengünstig plan- und durchführbar.

Zur Dolmetscher-/Übersetzerproblematik

Die Ergebnisse von operativen Maßnahmen nach §§ 100 a/b StPO, insbesondere im Ermittlungsbereich der Organisierten- und Rauschgiftkriminalität hatten vor Gericht für sich einen gegen Null gehenden Beweiswert[204]. Die Ursachen dafür waren und sind auch bei den Übersetzern/Dolmetschern[205] zu suchen, deren Be-

[203] Die Problematik „Bewegungsbild" auf Observationsbasis existiert schon seit MERLIN nicht mehr und ist durch GEOMERLIN völlig überflüssig geworden, wenn sich die Überwachten eines Handys bedienten.
[204] Nach Ansicht des Verfasser hat erstmals das LG Berlin am 22. November 1999, Az.: (508) 69 Js 230/99 Kls (16/99) anders entschieden.
[205] Der Übersetzer ist mediengebunden, der Dolmetscher befaßt sich mit sprachgebundener Kommunikation.

zahlung - meistens unbemerkt - im umgekehrten Verhältnis zur erbrachten Leistung steht.
Sie produzieren „notwendige Authentizität", indem sie seelenlos türkische Worte in deutsche Worte verwandeln. Es hätte keinen Sinn, ihnen Theoriefeindlichkeit und auf der anderen Seite Praxisgläubigkeit vorzuwerfen, weil sie als „beeidigte Laien" amateurhaft praktizieren, ohne zu wissen, dass sie sich auf einem Feld mühen, welches gemeinhin wissenschaftlich beackert wird. „ ... Die übersetzerische Kompetenz wird (von ihnen, der Verf.) immer noch als ein Abfallprodukt angesehen, das bei der Erweiterung der fremdsprachlichen Kompetenz mehr oder weniger automatisch anfällt. Wer türkisch, kurdisch oder arabisch kann - so glaubt man -, der kann auch aus diesen Sprachen ins Deutsche übersetzen."[206] Die Erfahrung lehrt jedoch, dass sich übersetzerische Kompetenz mitnichten automatisch einstellt.
Es ist ihnen noch nie bewusst geworden oder bewusst gemacht worden, dass „die einzelnen Zeichen eines Sprachsystems ihre Bedeutung nicht (nur) von den Objekten und Begriffen bekommen, auf die sie verweisen, sondern auch durch die Stellung definiert werden, die sie im System einer Sprache einnehmen".[207]
Übersetzen ist nicht das Austauschen einzelner sprachlicher Zeichen. Übersetzen ist die „textgebundene Kommunikation zwischen dem Übersetzer und einem identifizierbaren Kreis von Adressaten."[208]
Adressaten mediengebundenen Übersetzens im Rahmen von Telefonüberwachungen (TÜ) sind Ermittler und das Gericht. Sie erteilen den Übersetzern regelmäßig den Auftrag, die Intentionen des oder der Sender in der Ausgangssprache (AS) zu erfassen. Ihrer Kompetenz bleibt es überlassen, den Auftrag zu erfüllen. Allerdings ist diese Kompetenz von der überragenden Kenntnis ihrer Muttersprache und ihres sozio - kulturellen Umfeldes, wie auch der Kenntnis der Zielsprache (ZS), in unseren Fällen regelmäßig des Deutschen und dessen sozio - kulturellen Umfeldes abhängig.
Beeidete Amateurdolmetscher/-übersetzer sind überwiegend zweisprachig aufgewachsen. Der Volksmund würde sagen, sie sind „weder Fisch noch Fleisch". In der Türkei beispielshalber gelten sie oft als Deutsche und in Deutschland als Türken. Ihre weder von der Differenzierung zwischen ausgangssprachlichem Sender und zielsprachlichem Empfänger im Hinblick auf Soziokultur, situative Faktoren, soziale Relationen, Vertrautheitsgrad, Ort, Zeit, geographische Herkunft, soziale Schicht, Geschlecht, Kommunikationsformen und -bereiche[209] angekränkelten Übersetzungen werden als Opfer dem Götzen „Heiliges Original" geopfert. Dabei wird noch nicht einmal eine von über

[206] Hönig, Hans G. und Kußmaul, Paul. Strategie der Übersetzung. Seite 9.
[207] Hönig, Hans G. und Kußmaul, Paul. Ebenda, Seite 11.
[208] Hönig, Hans G. und Kußmaul, Paul. Ebenda, Seite 13.
[209] Kommunikationsformen und –bereiche sind geschriebene und gesprochene Medien, die Anzahl der Kommunikationsteilnehmer bei monologischer oder dialogischer Kommunikation und der Verwendungsbereich wie Medizin, Technik, Literatur etc. (siehe auch Hönig und Kußmaul, ebenda, Seite 66).

60 höchst umstrittenen, von Peter Lemark 1973 erdachten Regeln beachtet, wie „übersetze so wörtlich wie möglich und so frei wie nötig."
Ihre „Übersetzungsleistungen" werden auch noch von der Konkurrenz karikiert. Weil die unwissenden Adressaten vom Ermittler über die Staatsanwaltschaft[210] bis hin zu den Angehörigen des Gerichts den übersetzten Unfug akzeptieren, können von der Verteidigung herangezogene amtsbrüderliche, gleichermaßen „Inkompetente" vor Gericht aussagen, dass dieses und jenes Wort des Übersetzten auch noch anders übersetzt werden kann. Eine an und für sich unwiderlegbare Tatsache, weil es keine Übersetzung geben wird, die der anderen gleicht. Die Ignoranz der Adressaten und die Unfähigkeit der Übersetzer vereinen sich zu einer Phalanx von Simpeln, deren Überzeugungskraft der Verteidigung lediglich ein freundliches Grinsen abgewinnt. Der Gerichtsrest resigniert aus Unwissenheit und verzichtet fast immer auf das Aussageergebnis des Beweismittels Telefonüberwachung.
So werden unsere Amateure Opfer von Rechtsanwälten, die ihre argumentative Hilflosigkeit vor Gericht erkennen und sie mit noch weniger brauchbaren Gegenübersetzungen erfolgreich drangsalieren.
Dabei genießen die bei der Exekutive regelmäßig eingesetzten Übersetzer den Vorteil, die Ermittlungen von Anfang an zu begleiten, während der von der Verteidigung herangezogene ein aus dem Zusammenhang gerissenes Gespräch hört. Er wird wegen ebenfalls mangelnder Kompetenz und des fehlenden Wissens um den sich aus der Fülle der Gespräche ergebenden Gesamtzusammenhang (situative Faktoren, soziale Relationen etc.) bei einem ihm vorgelegten Gespräch lediglich substituieren können oder als wirklicher Fachmann „über- bzw. unterdifferenzieren". Allein das Wissen darum könnte und sollte unsere „Laien" im Verhör seelisch soweit stärken, der jeder wissenschaftlichen Übersetzungskultur Hohn sprechenden Argumentation der Verteidiger Herr zu werden und der sich auf diesem Niveau der Rechtsanwaltschaft anbiedernden Staatsanwaltschaft Paroli zu bieten.
Der ideale Dolmetscher/Übersetzer für unsere türkische und kurdische Klientel wäre ein Deutscher, der die zu den altaischen Sprachen gehörenden Turksprachen in Deutschland und in der Türkei, bzw. ein Deutscher, der das zum indogermanischen Sprachbereich gehörende Kurdisch in Deutschland und der Türkei/Iran/Irak etc. studiert hat.[211]
Wir können und müssen mit unseren Laien leben. Aber die sollten sich der Tatsache

[210] Der Verfasser fragte einen Angehörigen der Berliner StA im Zusammenhang mit den grauenvollen Übersetzerleistungen, ob er den englischen Satz „how do you do", „ wie geht es Dir?"oder „wie tust du tun?" übersetzt haben wolle. Der Angehörige forderte unter Hinweis auf prozessrechtliche Belange die Übersetzung „wie tust du tun", weil diese Wortübertragung von keinem Rechtsanwalt angefochten werden könne.

[211] Das trifft selbstverständlich auch auf ausländische Fachdolmetscher/-übersetzer zu. Ein solche Fachkraft hätte zudem neben dem unschätzbaren Vorteil, fehlerfrei zu schreiben, auch die Fähigkeit, wissenschaftlich fundiert zu übersetzen. Unter jetzigen Bedingungen muss jeder SB vom Übersetzer aufgeschriebene Gespräche auf ihren grammatikalischen, orthographischen und Sinngehalt prüfen. Das kostet Zeit und verursacht erhebliche Kosten, weil die Übersetzer bei den Reparaturarbeiten dabei sein müssen.

bewusst sein, dass nur sie für ihre fremdsprachliche Kompetenz verantwortlich und deshalb verpflichtet sind, tagtäglich Ausgangs- und Zielsprache sowie beider sozio - kulturelle Bereiche zu studieren.

Nach Ansicht der Berliner Dolmetscher/Übersetzer ist bis jetzt alles gut gegangen. Schließlich hat es Ermittlungserfolge aufgrund ihrer Tätigkeit gegeben. Bei dieser Argumentation übersehen sie, dass ihr „Deutsch" nach langer Zusammenarbeit zwar vom SB verstanden und in Operationen umgesetzt wird, die Telefonüberwachungsergebnisse selbst aber als härtere, abschreckendere Strafen begründende Beweismittel vor Gericht nach Absprache zwischen den Parteien in fast allen Fällen nicht berücksichtigt werden. Aus verständlichen Gründen werden sich die Kontrahenten kaum die Mühe machen, alle Bänder auf ihren Beweiswert hin gutachterlich übersetzen zu lassen. Das wird gerichtlich und partiell richtig mit der zum Teil konspirativen Sprache der Täterseite begründet. Dabei übersieht man die von unseren Amateuren gebotene Übersetzungsleistung, die von unbefangenen Dritten fälschlich als konspiratives Sprachverhalten der Täter gewertet wird. Es ist nicht selten nur mehr als weniger schlechtes „Ausländisch" in deutschem Gewand, welches zu dieser Fehleinschätzung verleitet. Wie soll sich das Verständnis der Angehörigen einer Strafkammer für den Beweiswert der Übersetzung einer Telefonüberwachung entwickeln, wenn sie solche Ausschnitte eines einzigen Gesprächs in der linken Spalte zu lesen gezwungen sind.

Übersetzerleistung	Eigener Kommentar zur Leistung
MF: Aber auch davon ein Teil muss gleich bezahlt werden soll, Mensch. MF: Mensch, OK, aber so eine Sache gibt es ja nicht! Das, beides, das heißt, das, was ich weiß, was ich seit eh und je weiß, ist, dass das, was dazu geht, geht auch zu dem anderen.	Hier bedarf es keiner Worte mehr. Das „heilige Original" hat seinen Tribut gefordert. Dem Sachbearbeiter ist der Sinn der „seelenlosen" Aneinanderreihung klar. Dem Übersetzer auch, denn beide kennen die Telefonüberwachung von Beginn an. Aber der Übersetzer besteht auf dieser „Leistung", denn „der hat das nun mal so gesagt!!! Intentionen des AS-Senders, die Stellung der Wörter im Geschehen und ihre Bedeutung ist undifferenziert geblieben. Wie man als Kriminalist mit einem solchen Unsinn vor Gericht bestehen soll, dürfte nicht mehr fraglich sein.

Übersetzerleistung I	Übersetzerleistung II nach Ansprache des Sachbearbeiters und eigene Anmerkungen
H: schimpft und lässt S fragen, warum er nicht gesagt hat, dass er den Suzuki angestoßen hat, den rechten Kotflügel.	H schimpft und lässt S fragen, warum er nicht gesagt hat, dass er mit dem Suzuki einen Unfall hatte. Die rechte Tür und die Stoßstange sind beschädigt. Anmerkung: Übersetzer I hat die rechte Tür und die Stoßstange einfach unterschlagen. Vom Kotflügel war nach Übersetzer II nicht die Rede. Der Mangel an fremdsprachlicher Kompetenz wird deutlich.
MF: Mensch der T, es ist E's lockeres Verhalten, er verhält sich flexibel.	MF: Mensch, also der T ..., es ist eben E's nachsichtiges Verhalten, er verhält sich lasch. Anmerkung: Übersetzer I verwendet für „lasch" das Wort „flexibel" und für „nachsichtig" das Wort „locker". Damit erhält der kurze Satz eine durchaus positive Bedeutung. Das wollte der Sprecher aber nicht zum Ausdruck bringen. Er wollte sich über die lasche Haltung des E gegenüber dem T beschweren. Die im Wort „flexibel" enthaltene semantische Bedeutung „Beweglichkeit" wird vom Übersetzer nicht ausreichend differenziert. Die Intentionen des Senders werden dadurch ins Gegenteil verkehrt. Für das Wort „lasch" wäre besser „ zu nachgiebig" verwendet worden.
H: Mensch, mein Bruder, nicht, dass wir uns Probleme einholen, wir drängen zwar den Mann, aber der Mann verhält sich locker (ihm, T) gegenüber. Wir drängen/ setzen ihn (T) unter Druck und er (E) lässt locker.	H: Mensch, mein Bruder, nicht, dass wir uns Probleme einholen, wir drängen zwar den Mann, aber der Mann verhält sich nachsichtig. Wir setzen ihn (T) unter Druck und er lockert.

	Anmerkung: Übersetzer II war nicht zu bewegen, dass Wort „lockert“ durch die Phrase „und er stellt sich uns entgegen“ oder Gleichwertiges zu ersetzen. Das zeigt die ganze Borniertheit und parallel einhergehende Inkompetenz des übersetzenden Laien. Hinzuweisen ist auch auf den Thesaurus „drängen/setzen“, der Ausdruck mangelnder Differenzierungsfähigkeit der semantischen Bedeutung des vom Sender verwendeten türkischen Wortes ist.
Setzt Euch auf ihn und geht hin, geht in seine Wohnung, er soll ja seine Wohnung nach dorthin verlegt haben. Setzt Euch auf (ihn), setzt Euch drauf, auf ihn	Ihr sollt ihn unter Druck setzen. Ihr sollt zu ihm in seine Wohnung gehen. Er soll ja seine Wohnung nach dorthin verlegt haben. Hängt Euch an ihn dran. Anmerkung: Der erlangte Kompromiss klingt immer noch hölzern, ist aber besser zu verinnerlichen, als das „setzt Euch auf ihn drauf“. Besser hätte es geheißen: „Sucht ihn zu Hause auf. Redet mit ihm und führt ihm Eure Bedenken vor Augen und lasst nicht locker.“ Damit wäre der Übersetzer den Intentionen des ausgangssprachlichen Senders eher gerecht geworden. Im Deutschen beinhaltet das Wort „draufsetzen“ einerseits das Sem[212] „bewegen“ und andererseits das Sem „festhalten“. Daraus ergeben sich die Sememe[213] „sich auf etwas setzen“ (Sitzmöbel) oder „sich an etwas festhalten“, beispielshalber an einer Akte. Die Bewegung des sich auf etwas Setzens ist mit der Bedeutung von „Druck“ gekoppelt. Genau das auszudrücken ist die Absicht des ausgangssprachlichen Senders. So

[212] Bedeutungsbaustein.
[213] Semantische Bedeutung.

	wie hier undifferenziert übersetzt, obliegt die Aufgabe der Differenzierung dem Adressaten, der so fremdsprachliche Inkompetenz des „Übersetzers" auszugleichen sucht..
MF: Was werdet Ihr machen, wenn er (vmtl. T) eines Tages schmilzt wie ein Schneeball?	MF: Was werdet Ihr machen, wenn er (vmtl. T) eines Tages weg ist. Anmerkung: Deutsch hätte es besser geheißen, „Was werdet ihr machen, wenn T eines Tages das Weite sucht", weil die vom ausgangssprachlichen Sender gemutmaßte Fluchtmöglichkeit des T klar herausgestellt wird. Der Kompromiss, „wenn er eines Tages weg ist", lässt beispielshalber auch die Möglichkeit offen, dass T verunglückt oder umgebracht wird. Diese passiven Möglichkeiten des „Abtauchens" sind dem situativen Gesamtgeschehen jedoch nicht zu entnehmen.
H: Bei Gott, ich weiß nicht. MF: Und? Na dann also, auf Wiedersehen! H: ... Sag das Deinem Bruder (Kardes, vmtl. E)	H: Bei Gott, ich weiß nicht. MF: Und? Na dann also, auf Wiedersehen!! H: ... Sag das Deinem Bruder. Anmerkung: Das Wort „Kardes" hat nichts mit einem Namen zu tun. Es hat die Bedeutung von „Geschwister", „Bruder" oder „Schwester". Der Übersetzer schreibt das türkische Wort in (Klammern), weil er weder Geschlecht bzw. Vertrautheitsgrad noch die soziale Relation (Positions- und Situationsrolle) der ausgangssprachlichen Sender differenzieren kann.
MF: Mensch, sage das jeden Tag. Er (E) erzählt, dass er (T) seine Wohnung verlegen wird, seine Wohnung verlegen wird, von wegen „der Ring ist eingeengt, der	MF: Mensch, ich sage das jeden Tag. Er (E) erzählt, dass er (T) seine Wohnung verlegen wird; nun hat er seine Wohnung verlegt und somit wurde der Kreis (um

Ring ist eingeengt??." Und er macht unternimmt immer noch nichts. Hier reicht meine Hand sowieso nicht bis ...	den T) enger, der Kreis wurde enger. Aber er unternimmt immer noch nichts. Ich kann hier sowieso nichts machen. Anmerkung: Auch aus dieser Übersetzung wird nicht klar, was eigentlich gemeint ist. Beide Übersetzer können sich nicht zu einer differenzierten Übersetzung durchringen, die da lauten dürfte, „Nun gehört T zum engsten Kreis um E und dennoch unternimmt der nichts."
H: Mensch, seit einer Woche sage ich ihm, „Mein Bruder, laß uns den Mann rufen, uns hinsetzen und abrechnen. Damit wir wissen, wie viel Geld wir zu bekommen haben, wie viel Geld wir zu geben haben. „MF: Hmm. H: Dass wir den Mann unter dinge?? nehmen, er sagt nur, „Ha, haä."	H: Mensch, seit einer Woche sage ich ihm, „Mein Bruder, laß uns den Mann rufen, uns hinsetzen und abrechnen. Damit wir wissen, wie viel Geld wir zu bekommen haben, wie viel Geld wir zu geben haben. „MF: Hmm. H: Dass wir den Mann mal unter dings nehmen. Er sagt nur, „Ha, haä." Anmerkung: Auch im Deutschen haben die türkischen „Has und Häs" die Bedeutung von „ja", „also" oder „wie". Die wenigsten Übersetzer wissen das und schreiben einfach „ha" oder „hä". Auch das immer wieder gebrauchte Wort „Dings" oder „dingsen" ist intentionell bei fremdsprachlicher Kompetenz erfassbar.
Dann sagt er, dass er nicht weiß, wo der Mann ist. MF: Der Mann ist dort (unverständlich). H: Ich weiß, ich weiß. MF: Der Mann wird erst am Sonntag kommen. Mach aber dinge??, geh auf (ihn) ein und frag ihn, was das werden soll, sag ihm, ob das so (weiter) gehen??. Der legt anderweitig an, Mensch.	Dann sagt er, dass er nicht weiß, wo der Mann ist. MF: Der Mann ist dort, Mensch, ... (unverständlich) habe Dings gemacht. H: Ich weiß, ich weiß. MF: Der Mann wird erst am Sonntag kommen. Mache du aber dings??, hänge Dich ran und sage ihm, „mein Bruder, komm mal, was wird das werden", sage, „geht das denn so?". Der macht anderweitig Investitionen, Mensch. Anmerkung: Beide Übersetzungen sind mangelhaft. Beide Übersetzer haben nicht den Mut in gutem Deutsch zu schreiben,

	dass M den H zu überzeugen sucht, mit dem E über Unregelmäßigkeiten und Unstimmigkeiten mit T zu sprechen.
MF: Und weil er (E) locker?? (kann er sich ihm gegenüber nicht durchsetzen) der passt ihm zwischen den Zahn??, daher, egal was er (T) sagt, macht er (E) „Haä, haä.“?? In Ordnung, mein Aga. Setz ihn unter Druck, so geht das nicht (weiter)!!H: In Ordnung, na dann.	MF: Und weil er (E) ja so lasch ist, passt es ihm gut in den Kram. Daher, egal was T sagt, ist er (E) einverstanden. In Ordnung mein Aga. Setz ihn unter Druck, so geht das nicht (weiter)!!H: In Ordnung, na dann. Anmerkung: „Der passt ihm zwischen den Zahn.“ Es wurde zunächst substituiert, weil der Übersetzer keine entsprechende Differenzierungsmöglichkeit sah. Massives Drängen auf Verbesserung erbrachte über der Anmerkung stehenden Kompromiss. Aber auch die werden häufig unter Hinweis auf die übrigen zufriedenen Adressaten, einschließlich der Staatsanwaltschaft, abgewiesen.

Für das sinnlose Substituieren und für das Aneinanderreihen von Worten ähnlicher, wenn nicht gleicher Bedeutung finden die Übersetzer haarsträubende Begründungen, die meist mit den Phrasen beginnen, „es könnte ja auch die Örtlichkeit gemeint sein, es könnte ja auch eine ganz andere sein; es könnten ja auch die Person oder jene Personen angesprochen sein; es könnte sich in dieser oder jener Zeit abgespielt haben; ein solches Wort gibt es in der deutschen Sprache nicht oder Türkisch ist viel schwieriger als Deutsch, weil es Elemente arabischer und iranischer Sprachen enthält, die wir nicht kennen; wir stehen laufend unter Zeitdruck und haben keine Zeit, „schön“ zu übersetzen; die Staatsanwälte wollen, dass wir so übersetzen.“ Den meisten Adressaten wird nicht bewusst, dass die Übersetzer sich mit derartigen Sprüchen die Kapitulationsurkunde ausstellen. Entweder sie entwickeln autodidaktisch fremdsprachliche Kompetenz, die Intentionen des ausgangssprachlichen Senders ihren Adressaten zu vermitteln, oder ein Berufswechsel, besser Sprachstudium bei (leider selten) vorhandener Hochschulreife sei angeraten. Die Strategie der Übersetzung bedingt methodisches und wissenschaftliches Vorgehen. Das sollten die fachhochschul- bzw. hochschulgebildeten Adressaten allerdings auch wissen und die „übersetzenden Amateure“ entsprechend unterstützen. Es ist unmöglich, wenn der SB eines wichtigen Ermittlungsfalles die Auswertung und Aufzeichnung jedes Gesprächs seinem Übersetzer überlässt, ohne selbst seine kriminalistisch - akustischen Fähigkeiten einzubringen. Jeder problembewusste redliche SB sollte bemüht sein, das Übersetzte kritisch zu betrachten und, methodisch vorgehend, mit dem Übersetzer ein brauchbares, vor Gericht Bestand habendes Übersetzungsergebnis zu erzielen.

Kapitel 05

Identifizierungsmerkmale und Ermittlungsanhalte verbaler und nonverbaler Kommunikation am Beispiel ausgewählter Gespräche

Die nachfolgend aufgezeichneten Gespräche sind abgeschlossenen Ermittlungsverfahren aus dem Jahre 1995 im Rahmen der Rauschgiftkriminalitätsbekämpfung entnommen. Sie sind zum Teil wortgenau unter Berücksichtigung zu erfassbaren Dialekts, zum Teil in indirekter Rede erfasst worden. Sie weisen aus, wie sehr die Kenntnis der kriminalistischen Akustik dem Auswerter helfen kann, das Agieren der Täter in ihrem privaten persönlichen Bereich und in ihrem gesellschaftlichen kriminellen Umfeld zu beurteilen. Nicht nur die auf dieser Ebene kriminellen Wirkens erzielten Erfolge oder Misserfolge, sondern auch das Elend der auf deviantem Verhalten basierenden Beziehungen treten ins Rampenlicht. Deutlicher noch lassen sich die Fakten durch die sprechenden Bänder sichtbar machen. Der auswertende Ermittler soll erkennen, dass ihm die Methoden und Verfahren der kriminalistischen Akustik gegenüber dem Kriminellen einen echten Vorsprung verleihen können, ganz zu schweigen von den auf fachgerechter Gesprächsauswertung beruhenden Möglichkeiten der späteren Ermittlungsphasen.

Die kursiv geschriebenen Texte sind Anmerkungen des Verfassers.

<u>1. Gespräch</u>
Heute war ein guter Tag für S. Der Dicke wird so 18 Monate, vielleicht ein halbes Jahr sitzen müssen. Es geht um Zigaretten, normale Zigaretten.
MF könne sich nicht vorstellen, was sich der S für Sorgen gemacht habe. Gleich an einem Tag zwei Leute weg. Und M sei dann auch nicht mehr zu erreichen gewesen. Den einen Typen habe die Freundin verpfiffen. Das sei eine Eifersuchts- und Liebesgeschichte gewesen. Dem Dicken habe er das 14 Tage vorher vorausgesagt. Es sei eine Dummheit von ihm gewesen, dass er auch noch ein Krümelchen bei sich zu Hause gehabt habe.

Anmerkung: Der Hinweise auf den „Dicken" und die vage Angabe über die Dauer des zu erwartenden Freiheitsentzuges reichenfür die Identifizierung der dicken Person aus.

*Die vom Verfasser modifizierten „***Anmerkungen***" stammen vom SB. Sie sind vom Verfasser nicht nachträglich eingeführt worden, sondern inhaltlicher Bestandteil der Akte. Die* **Anmerkungen** *sind keine Beweise, sondern eine kriminalistische Arbeitsvariante. Sie sind dem SB Richtlinie und Leitfaden des Geschehens. Sie dienen ihm als Anhalte, wie sie sich aus der diagnostischen Sphäre der kriminalistischen Akustik ergeben. Sie sollen grundsätzlich zum besseren Verständnis „eines Gesprächs" im Ge-*

samtzusammenhang mit der Telefonüberwachung beitragen. Der SB braucht sie beispielshalber,

- *um einen roten Faden der Telefonüberwachung in den Händen zu halten,*
- *um Unklarheiten bei Übersetzungen auszuräumen,*
- *um unterschwellige, vielleicht später auf den Handlungsablauf einflussnehmende Stimmungen zwischen den Überwachten einzufangen,*
- *um nicht genannte aber vermeintlich erkannte Örtlichkeiten und Personen zu fixieren,*
- *um Synonyme festzuhalten,*
- *um Fehlinterpretationen des Auswerters mit der Folge von zunächst falschen Versionen zu verdeutlichen etc.*

Sie können selbstverständlich von der Staatsanwaltschaft (StA) und von der Verteidigung zur Kenntnis genommen werden, sie müssen von beiden aber nicht verinnerlicht werden und sie dienen nicht als Beweise.
*Der Verfasser hat Staatsanwälte erlebt, die die „***Anmerkungen***" nicht in den Akten haben wollten, weil sie darin neue Angriffspunkte der Verteidigung zu sehen glaubten. Wenn man als SB jedes kriminalistische Vorgehen*[214] *unter dem Aspekt des Friedens der Freude und der Eierkuchen zwischen der Anklagebehörde und der Verteidigung betrachtete, könnte man sich getrost zurücklehnen und die Rechtsfindung den Verfahrensrechtlern nach dem Motto überlassen: Wer nichts tut, macht keine Fehler. Bei striktem Verbot sollte sich der SB eine eigene Anmerkungsaufstellung leisten. Sie wird ihm allein im Hinblick auf die zu fertigenden vorläufigen oder auch Abschlußberichte die Arbeit erleichtern.*

Nach den Erfahrungen des Verfassers bezieht der Auswerter in diesem Zusammenhang die wie zufällig gesprächsweise erwähnten „Krümelchen" nicht auf Zigaretten. Es ist auch kaum vorstellbar, dass der „Dicke" wegen einiger Tabakkrümel inhaftiert wurde, die man in seiner Wohnung fand. An dieser Stelle wird die ganze Zwiespältigkeit des Täterverhaltens deutlich. Beide wollen glauben machen, sie würden abgehört. Sie bedienen sich einer lächerlichen Verschlüsselung, womit sie eher den Eindruck von Kindern erwecken, die im Keller pfeifen. Dieses Verhalten ist den meisten Menschen immanent. Beide beweisen sich gegenseitig wie gut sie sind, welchen Durchblick sie haben und verhalten sich zur Freude des Kriminalisten in der Endkonsequenz dilettantisch.

S bejaht die Frage, ob die bei ihm zu Hause gewesen sind und einkommasieben oder so gefunden haben.

---

[214] Von kriminalistischen Methoden verstehen die Staatsanwälte mit Masse ebensoviel wie die beamteten Zollfahnder.

Anmerkung: Diese „einkommasieben" steht sowohl im Gegensatz zu den „Krümeln" als auch zu den „Zigaretten". Wie ermittelt werden konnte, handelte es sich um die Sicherstellung von 1,7 Kilo Haschisch in der Wohnung des „Dicken".

Es fällt den meisten Tätern schwer, eine einmal eingeschlagene konspirative Sprechweise konsequent durchzuführen. Sie decken letztlich mehr auf, als sie zudecken möchten.

MF: Und ich hab ihn zwei Wochen vorher habe ich ihn noch beiseite genommen. Extra wegen ihm bin ich dahin gefahren und hab gesagt, „hier, ich hab von einem Anwalt gehört, da die ja demnächst, und so weiter, zack, hab ich ihm so gesagt", und die anderen, die Freundin wusste auch, dass jetzt was passiert bei ihm, und es ist mir unerklärlich, wieso er so was macht.
S: Na ja, ich meine, das, umsonst machen die solches nicht, die waren schon vorbereitet anscheinend, die Jungs.
MF: Nee, das ganz routinemäßig. Aufgrund von dem Telefonkartche, was sie damals bei ihm gefunden hatten, und wo die doch zu seinem Namen passte, sind sie jetzt nach 6 Monaten mal hingegangen.

Anmerkung: Das „Telefonkartche" ist ein holländisches Wort. Wenn MF es verwendet, kann das die Bedeutung haben, dass er sich zur Zeit in Holland aufhält. Er sollte aber 14 Tage vor Festnahme noch mal in Deutschland gewesen sein.

Die haben, machen sich da ein Kreuz im Kalender und dann machen sie das. Wenn sie das nicht sofort machen, machen sie das ein paar Monate später. Einfach so auf blöd. Und die haben oft genug Erfolg, wie man sieht.

Beide schätzen polizeiliche Arbeit falsch ein. Das ermöglicht den Ermittlern unter Umständen größere Spielräume in der operativen Planung. Die Erwähnung des „Telefonkartches" führte kurze Zeit später zur sicheren Feststellung, dass sich MF tatsächlich nach Holland abgesetzt hatte. Man beachte auch die Schlussfolgerung des Auswerters und SB, dass sich MF vor Sicherstellung der 1,7 Kilo Haschisch in Deutschland befunden hat.

Na ja, und jetzt hänge ich erst mal auf der Seite in der Scheiße.
S: Und hat er gesungen ein bisschen.
MF: Soweit ich weiß nicht, nee.
S: Also, du hast keine Kontakt zu ihm, so briefmäßig oder so was?
MF: Nee, nee, um Gottes Willen.
S hat zur Zeit nur Kontakt zum Bruder und zur Freundin des in der U-Haft befindlichen

Dicken. Dem Dicken ginge es nicht schlecht dort. Er habe dort viele Freunde getroffen. Es bliebe ihm wohl nicht anderes übrig, als die Schnauze zu halten. Beide denken, dass er mit einem guten Anwalt nach 6 Monaten wieder draußen sein wird. Für MF ist zur Zeit angesagt, ruhig im Hintergrund zu bleiben. Er wird in nächster Zeit nicht rüber kommen.

Anmerkung: MF versteckt sich vermutlich in Holland, wenn man seine Verwendung des niederländischen Begriffes „Telefonkartche" und die Aussage, er käme demnächst nicht „rüber" berücksichtigt.

Er wird ruhig leben, nachts nicht Auto fahren.
S: Ist dieser Typ gekommen zu Dir?
MF: Ja, ja, ist gekommen.
S: Sag mal, du, als ich bei Dir war, dann hast du mich Tage später angerufen und hast gesagt, die Rechnung, wir müssen da noch was machen, das sei nicht soviel, wie du gerechnet hast, was war das noch mal ?
MF: Ja, na ja, ich, ich hatte mich da um, um um was verrechnet gehabt.
S: Ja, du hast Dich, find ich auch, ganz schön verrechnet, bisschen.
MF: lacht.
S: Wie viel hast du Dich verrechnet, sag mal.
MF: Ich hab die Sachen jetzt nicht hier, das war so, dass du noch, weiß ich nicht, theoretisch so um die zwanzig haben müsstest. Muss ich aber ... unverständlich ... nachgucken ... unverständlich, weil S dazwischen redet.

Anmerkung: Es geht vermutlich um Schulden des S bei MF. MF ist deutlich an der stammelnden Sprechweise anzumerken, dass ihm das Thema im Augenblick überhaupt nicht liegt. Man spürt, dass er es sich mit S nicht verderben möchte. Er möchte Zeit gewinnen.

S: Und wie viel hattest du gerechnet?
MF: Ich hatte vorher fünfundzwanzig gerechnet, aber, das war, ich hab mich ... unverständlich, weil S dazwischen redet.
S: Weil, den Dicken hast du, hast du ...
MF: Ja, ja, ich hab, ich hab alles, ich hab alles hier, das regeln wir dann mal in Ruhe, weißt du?
S: Ich muss erst mal, bis nächste Woche Dienstag muss ich auf meinen Freund warten, der in der Türkei ist, seit zwei Wochen, aber er kommt jetzt am Montag, das wusste ich schon, bevor ich wegging.
MF: Und den, den ganzen, den ganzen, sagen wir mal, den ganzen Mist und so weiter, den kann ich jetzt auch, vielleicht besser, wenn ich den zurück mache, und wir machen

nie wieder mit sonem Mist. Von jetzt ab, ich war jetzt erfolgreich, weißte meine, meine Operation, die ich hier vorhatte, hat geklappt jetzt.
S: Ja, also mit diesem, mit diesem Scheiße, weißt du, da, da bin ich so wütend auf dich, dass ich überhaupt keine Lust habe mit dir überhaupt noch irgendwas zu machen. Weißt du, du hast mir so ein Scheiß hier an den Hals gehängt mit diesem Scheißzeug. Ich hab das echt, Probleme. Ich muss diesen Wichser suchen gehen. Ich war heute schon wieder im Café. Sein Telefon funktioniert nicht, und weißt du, es, es ist zum, zum Kotzen. Das hätte alles nicht sein müssen, weißt du. Ich scheiß auf Deinen. Ich muss jetzt echt meine Wut raus lassen, ich, diesen Wichser. Ich scheiße auf ihn, der dir das Zeug gegeben hat. So ein beschissenes Milch man, den kann man noch nicht mal trinken.

Anmerkung: „Beschissenes Milch man, den kann man noch nicht mal trinken." Offenbar konspirative Ausdrucksweise für den in Rede stehenden schlechten, nicht verkäuflichen Stoff.

MF: Ja, ich weiß ...
S: Weißt du, es hätte alles nicht so kommen müssen. Das wär alles OK gewesen.
MF räumt ein, dass er großen Ärger gemacht hat und auch großen Ärger hat. Aber er hat jetzt damit Schluss gemacht. S fragt anschließend, ob MF noch die Geräte hat oder ob ihm die geklaut worden sind. Er hat alles noch.

Anmerkung: Diese Geräte beziehen sich vermutlich auf ein betrügerisches Warenkreditgeschäft. MF könnte für den „lächerlichen" Betrag von 600.000,— DM Waren bestellt, diese aber nie bezahlt haben (Zufallerkenntnis einer Nichtkatalogtat).

MF: Na, pass auf. Dann, den mit der Brille, den du mal kurz kennengelernt hast, der holt dann alles ab und bringt es dann weg, und ich, bis, der Typ kriegt das dann zurück mit noch einem bisschen Ärger dabei. Und dann mach ich mit den Sachen Schluss. Und dann kommst du mal in aller Ruhe her, mal so für zwei, drei Tage Urlaub, nicht.
S: Ja, habe ich vor, ich muss so oder so mal vorbeikommen.
MF: Nicht, weil, muss mal hören, was mit Christine dann ist, und so weiter, aber mit diesem Scheiß möchte ich dann auch nichts mehr zu tun haben.

Die erste Erwähnung einer Christine und später im Zusammenhang mit ihr der Begriff „Freundin", nach der S fragen soll. So schlussfolgerte der Auswerter zunächst, dass es sich bei Christine um eine existierende Komplizin handeln müsse.

Das ist jedes Mal Ärger, weißt du. Jedes Mal passiert wieder ... S mischt sich ein.
S: Ja, normalerweise nicht, MF, weißt du, ich hab das Gefühl, du steckst schon ein bisschen mit drin, so, aber tust immer so unschuldig, habe ich das Gefühl.

Anmerkung: S unterstellt dem MF offensichtlich, für den schlechten Stoff mitverantwortlich zu sein.

MF: Ne, na frag, frag die, frag meine Freundin ... S unterbricht.
S: Ja, wie soll ich fragen, die, ihr steckt doch alle unter einer Decke, wen soll ich fragen?
MF: Nee, was sollen wir dir denn irgendwelche Geschichten erzählen, das ist, das Leben ist für uns wohl auch ganz schön beschissen gewesen und wieder mal was verloren und wieder Scheiße, überall hab ich nur verloren und Scheiße und betrogen. Wir haben jetzt erst mal unser ... S mischt sich ein.
S: Ja, das hat auch alles mit, mit diesem beschissenes Dings zu tun, natürlich. Weißt du, wenn es, wenn man etwas Gutes. Inzwischen weiß ich auch, wie es läuft irgend bisschen, weißt du, wenn, wenn etwas Gutes ist, dann, dann hast du überall Freunde statt Feinde irgendwie, weißt du.
MF: Na, pass auf. Das Einzige, was ich jetzt, aber, was ich jetzt habe ist nur, eben genau das Gegenteil von dem, was du jetzt hast. Genau das, besser gibt, besser gibt es nicht.
S: Das, was du erzählt hattest.
MF: Ja, und da hab ich jetzt hier in Holland das Monopol für.

Zunächst erklärt MF, dass er jetzt gute Ware habe und dann gleich weiter, dass er in Holland Monopolist darauf sei. Er legt es eindeutig auf eine Beruhigung des S an, den er vermutlich noch braucht. Andererseits deutet der Hinweis auf seine Monopolstellung auf eine gewisse Überschätzung hin. Die lässt gewisse Schlüsse auf pathologische Züge des Mannes zu. Das ist eine für die spätere Planung taktisch-operativer Maßnahmen wichtige Feststellung. Psychopathologisch einzuschätzende Täter sind unberechenbar.

Und deswegen kann ich die anderen Sachen dann, scheißen wir doch drauf, und ich auch. Das ist jetzt, ich kann das doch alles ruhig angehen lassen, ich bin auf nichts angewiesen oder so mehr.

Anmerkung: MF lebt offenbar tatsächlich in Holland und will zur Zeit über „guten Stoff" verfügen.

Dann unterhalten sie sich über die Schlechtigkeit der Geschäftspartner, auf die man sich nicht verlassen könne, obwohl man doch ein bisschen Korrektheit, Ehrlichkeit voraussetzen müsste, wenn jeder was davon haben wolle. MFs Partner sei auch betrogen worden. Der müsste jetzt schon wieder dort sein.

Anmerkung: Mit „dort" dürfte Berlin gemeint sein, wenn es auch nicht gesagt wird, aber aus dem Zusammenhang schlussfolgere ich, dass der „Partner" (vermutlich ein Transporteur) wieder in Berlin sein müsste.

MF soll ruhig selbstbewusst auftreten. S hofft, dass die Leute ihn nicht ärgern. MF ist jetzt aber klar mit den Leuten und weiß jetzt, welche Leute gut und welche weniger gut sind. Auf seinen Amigo kann er sich verlassen, der ist gut (Autofahrer). MF hat an der Sache jetzt ein halbes Jahr gearbeitet.
MF: Ich bin mindestens, ich bin viermal da unten gewesen. Ich habe, das ist mit den eigenen Händen von, von einem Freund von mir geknetet worden, weißt du, in den Bergen.

Die Bemerkung, dass er in den Bergen war und das „Kneten“ selbst beobachtet hat, verstärkte beim SB den Eindruck, dass MF mit Kokain handelt und S den Koks bei dessen Landsleuten absetzt oder gegen Haschisch eintauscht. Auch hier wieder die Transinformation aus der Semantik, wenn er spricht: „ich bin viermal da unten gewesen.“

S: Ja, ja.
MF: Ist es nicht schön?

Anmerkung: Demnach dürfte MF 4 mal in Südamerika gewesen sein, wo er das Kneten von Paste beobachtet haben will.

Folgerichtig kommt der SB zur Erkenntnis, dass MF viermal in Südamerika gewesen sein muss, um dort Kokainpaste zu kneten.

S sieht gerade eine Sendung über den serbischen Mörder. „Das ist hier in Den Haag“, meint MF.

Damit gibt MF kund, dass er sich in Holland befindet. Die Bemerkung von ihm „hier in Den Haag“ ist ein weiteres Beispiel für Transinformation. MF hätte niemals „hier in Den Haag“ gesagt, wenn er sich nicht dort befunden hätte. Derartige Bemerkungen erfolgen unbewusst.

MF will ihm dann nur eine Uhrzeit auf den Anrufbeantworter sprechen, dann weiß S ja wo.
MF: ... und wenn es nicht klappt, rufst du mich an.
S: Ja, ich weiß wo, dann sprich mir nur die Uhrzeit, am, am besten ist es natürlich für mich ...
MF: Selber zu sprechen
S: Vormittag, nicht selber sprechen. Weißt du, ich brauch ihm das, die Tasche einfach abgeben oder die Tüte.
MF: Genau.
S: OK, soll wieder, gib mir Uhrzeit oder soll ich wieder da warten, irgendwie?

MF: OK, wenn ich, wenn er angekommen ist, und ich an ..., ihn anrufe. Ich sag dann morgen Bescheid, ja?
S: Ich möchte mit ihm natürlich nicht soviel mich unterhalten, und auch ...

S liefert ein kleines Beispiel konspirativer Befähigung. Real hat er mit dem Transporteur gegen MF intrigiert, wie die Gespräche zwischen S und dem Bekannten des MF ergaben. Solche scheinbar unwichtigen Wahrnehmungen können bei späteren Vernehmungen gegen die Täter taktisch verwendet werden.

MF: Brauchst, brauchst du nicht.
S: Ich geb ihm die Tasche, ich sag dir dann am Telefon, was ich gemacht habe, für gegeben und so.

Ein Beispiel für gegenseitige Kontrolle. S wird MF telefonisch übermitteln, was er dem Transporteur gegeben hat und stellt sicher, dass der Fahrer nichts abzweigt. Damit dokumentiert S aber auch klebrige Willfährigkeit. Daraus lassen sich Schlüsse auf seinen Charakter ziehen. Der wiederum diktiert sein Handeln. Für den auswertenden SB wird er durchsichtiger.

MF: OK, Nee, dem kann ich echt vertrauen, den kenn ich sehr, sehr lange.
S warnt den MF, in Gelddingen zu vertrauensselig zu sein. Er wird ihn Ende nächste Woche ganz sicher besuchen.

<u>2. Gespräch</u>
Eine Frau spricht nachfolgenden Text auf das Band:
Ja, hallo, du weißt ja bestimmt, wer dran ist, da wartet jemand auf dich. Schon seit 40 Minuten ruft der dauernd an. Vielleicht hast du das ja vergessen. Maggi ist jetzt leider nicht da, sonst hätte er angerufen. Tschau. ... Bist du da?

Anmerkung: Bei der Frau dürfte es sich um Christine, die Freundin des MF handeln. MF hat heute im Gespräch um 1000 Uhr dem S die Ankunft seines Transporteurs für vier Uhr angekündigt. Offensichtlich hat S die telefonische Verabredung vergessen, seinen Anrufbeantworter nicht abgehört, oder er hat den Transporteur verfehlt.

Aus den vorhergehenden Gesprächen schlussfolgerte der SB, Christine sei eine Freundin des MF. Tatsächlich spricht aber dessen Ehefrau.

<u>3. Gespräch</u>
Nach Begrüßung

MF: Du, wie, wie, ich muss jetzt genau, ich hab hier einen echten harten Job. Ich muss jetzt genau wissen, wie es aussieht!
S: Ja, das war alles was ich hatte, die anderen, was ich hatte, ist bei einem Kumpel, der kommt am Dienstag.
MF: Der kommt erst am Dienstag.
S: Entweder krieg ich dann die Kohle oder ...
MF: Was ist mit, was ist mit, mit, mit, S, ich hab ja ein gutes Telefon gerade, mit einer speziellen Nummer, wo, wo wir sicher reden können. Was ist mit Christine? Ist ein bisschen Geld möglich?

MF glaubt, dass sie nicht abgehört werden können, weil er sich eines Handy bedient. Ein nützlicher Fehlschluss.

S: Ich hab paar Tausend da, aber es, es geht so langsam vorwärts.
MF: Nee, nee mit, ja, na wir haben gerade ein Finanzierungsproblem.
S: Ja, das haben wir alle.
MF: Na, ja, das ist wichtig, wichtig für den Job, wa, für die Geld, für die Sache, wir müssen Geld wegschicken, damit wir einen, einen Fahrer nicht verpassen. Sonst, sonst müssen wir wieder 14 Tage länger warten.

Anmerkung: Was nichts anderes heißen dürfte, als dass die nächste Lieferung von Rauschgift erst in den nächsten 14 Tagen zu erwarten ist, wenn sie nicht sofort in der Lage sind zu zahlen. S sollte seinen Zahlungsverpflichtungen nachkommen.

S: Ja, soll ich ihm noch wohl noch ein bisschen Geld mitgeben, bisschen?
MF: Ja, na ja, dann, wie, wie viel ist denn das, dann muss ich ...
S: Viertausend. Viertausend.
MF: Vier, gut, na ja, wir rechnen jetzt hier zusammen, und wenn sie dann noch fehlen, dann ruf ich, ruf ich wieder an und mach dann für morgen einen Termin.
S: Gut.
MF: OK, ich dank dir, und wir müssen wirklich mal sprechen, weißt du, ich hab hier ne ganze Menge getan. Ich, wenn, wenn das andere, wenn er nicht verkoopt hat, das andere, ja? Alles zurück und weg und ich will damit nichts mehr zu tun haben, dann!

MF streut zum zweiten Male ein holländisches Wort in seine Rede ein. „Verkoopt" nach „Telefonkartche". Somit lassen sich Rückschlüsse auf seinen Aufenthaltsort ziehen. Außerdem verniedlicht er seinen Verdacht, dass S die „Ware" verkauft aber vergessen hat, mit ihm abzurechnen. Das Innenverhältnis zwischen MF und S wird immer deutlicher.

S: Ja, mir geht's auch nicht anders, du, echt.
S unterbricht den Gesprächsfluss des MF. MF wird S anrufen. Wenn S nicht da ist, wird er ihm eine Zeit vom folgenden Tag drauf sagen (auf den Anrufbeantworter). Sie treffen sich wieder an der alten Stelle („selbe Ort").

Anmerkung: Der Treff dürfte der im Gespräch Nr. 23 erwähnte Burgerking sein.

In einem hier nicht eingeführten Gespräch verabreden sich der Transporteur und S an einem Burgerkinglokal. Trotz ihrer verschleierten Ausdrucksweise konnte der Laden identifiziert werden.

Verabschiedung.

4. Gespräch
MF: Hast du ihn getroffen?
S: Er hat angerufen, wir treffen uns am Freitag.
MF: Am Freitag ...
S: Ja, das heißt, dass ich Samstag sie besuchen kann.
MF: Samstag besuchen. OK.
S: Is, is, er hat von Bremen aus angerufen, er ist Dienstag gekommen, aber er musste nach Bremen und von dort aus hat er mich angerufen.
MF: OK, na ja, das, das, das macht jetzt nichts, das, sagen wir mal so, da muss ich jetzt umdisponieren. Macht nichts, macht nichts.
S: Ja, tut, tut mir leid, aber weißt du ... wie besprochen, also ich geb nicht ... Der MF redet dazwischen.
MF: Ja, ja, ich weiß, da machen wir ... unverständlich ... ruhig und ohne und ohne Stress und dann ... S spricht dazwischen.
S: Du, ich, ich bin ein Mensch, der sein Wort hält. Ich hab dir gesagt, wie ein Bruder, ich benehm mich auch wie ein Bruder. Ich, mach dir keine Gedanken, denn niemand macht Scheiße mit dir, OK?!

Diese Hinhaltetaktik und die Betonung der Brüderlichkeit betreibt der Türke S auch im weiteren Verlauf der Telefonüberwachung. Türken neigen zu großen Worten, hinter denen absolut nichts steckt. MF fällt immer wieder auf S herein. Er hat aber keine andere Wahl, weil er nach Sachstand nicht nach Deutschland zurückkehren kann, um nach dem Rechten zu sehen. Er ist von S völlig abhängig. S legt die Nachgiebigkeit des MF richtig als Schwäche aus. Darüber hinaus sollte der Auswerter wissen, dass schwülstige Tiraden einen Türken zu nichts verpflichten. Es ist selten erforderlich, auf sogenannte feste Zusagen eines Türken hin unumstößliche taktische Maßnahmen zu veranlassen.

MFs Problem ist, was mit seinen anderen Leuten alles passiert ist, wovon S sicher gehört hat. MF sitzt ziemlich nackt da und hat noch dreihundert Gulden in der Tasche. S wird bis Samstag sehen und MF den Rest und so ... S glaubt, dass „sie" ihn angerufen habe. Er habe zurückgerufen, aber sie sei nicht da gewesen. MF meint, dass sie erst heute abend ankommen wird. Sie ist noch gar nicht da gewesen und hat dann auf „diesem" Telefon gesprochen.

Anmerkung: Mit „sie" ist vermutlich Christine, die Freundin des MF gemeint. Mit „diesem Telefon" vermutlich MFs Handy. S erzählt dem MF hinsichtlich des Anrufs aus Bremen vermutlich ein Märchen. Er betreibt Hinhaltetaktik, weil er das versprochene Geld nicht hat.

Wenn diese Geschichte vorbei ist, will S dann runter kommen.
S: Die Leute. Ich habe nette Freunde getroffen. Ja, und sie sind alle ... begeistert von diesem Spiel (S hüstelt Verständnis heischend). Auf jeden Fall, mach dir keine Gedanken, niemand hintergeht dich, OK.

Anmerkung: S ist offensichtlich dabei, gutes Rauschgift von MF unters Volk zu bringen.

Die Zukunft wird ihnen gehören, wenn man ehrlich gegeneinander ist. MF soll ihr sagen, dass er Samstag bei ihr vorbeikommen wird.
Verabschiedung

5. Gespräch zwischen S und B (Türkei)
Themen: Uhrenverkauf in Kuba, Fußball, Freizeit wegen Ferien, Freundin, Wetter in Istanbul, Nase ziehen, Bier trinken, um sechs Uhr ist S nach Hause gekommen, Gedanken über den Sinn des Lebens, Einsamkeit, Angst vor Fabrikarbeit, Stimmungstief, Kindheit auf dem Lande, Fernsehen, Wehrdienst, den er nicht zu leisten gedenkt, S mache zur Zeit nichts. Er erledige kleine Sachen. Er habe von den Schwulen noch Geld zu bekommen, damit gebe er sich ab. Ein Freund von S namens „Lauk" werde gesucht und halte sich „dort" illegal auf.

Mit dem Begriff „Lauk" wusste der SB zunächst nichts anzufangen. Er glaubte, es sei der Name eines Freundes, der gesucht wird. Später stellte er fest, dass S diesen „Lauk" als Schimpfwort auch für MF gebrauchte. Garry Lauk ist ein amerikanischer Rechtsradikaler.

Hinsichtlich des „Naseziehens" macht Bab sich Sorgen, worauf S meint, dass, wenn man damit befasst ist, ab und zu etwas passiert, ob man will oder nicht.

Anmerkung: Bab ist ein in Istanbul lebender Freund des S.

Die Gespräche des Bab mit S waren für den SB aufschlussreich, weil er über Auswertungsmerkmale der semantischen und psychologischen Sphäre aus der kriminalistischen Akustik Einblicke in den Charakter und das Handeln des S nehmen durfte.

S sagt, dass seine finanzielle Lage sehr schwach ist, weil er doch drei Wochen nicht hier gewesen ist.
S: Dings, ich bin also nicht, es ist also keine Sache/Arbeit für jeden Tag, Bab. Einmal die Woche geschieht es aber.

Anmerkung: Aus dem weiteren Verlauf des Gesprächs ergibt sich, dass S seine Sorgen keinem anderen mitteilen kann, und „es“ (Nase Kokain ziehen) deshalb jede Woche einmal geschieht. Sozusagen aus Einsamkeit.

S will Bab für den türkischen Feiertag 300 Lira (gemeint sind vermutlich DM) schicken. Mehr kann er nicht. Er hat selbst jetzt 4 tausend Lira. Die Frau von diesem Schwulen wird kommen.

Anmerkung: Mit den 4 TL dürften 4 TDM gemeint sein, die die Frau von diesem „Schwulen“ bekommen sollte.

„Schwuler“ ist eines der Schimpfwörter, die S für MF und seine Landsleute verwendet. Es kommt noch „der Jude“ für MF hinzu. Wie der SB ermittelte, war MF tatsächlich Jude. Das als Hinweis auf die Bedeutung jedes semantischen Zeichens.
Es ist eine häufig praktizierte Angewohnheit von rauschgiftschmuggelnden oder handelnden Türken, statt des Wortes DM das Wort Lira zu benutzen. Das könnte einerseits der Täuschung über die Höhe des ihm tatsächlich zur Verfügung stehenden Betrages dienen, andererseits hat er gegenüber MF die 4 TDM schon erwähnt.

Am Freitag oder Samstag wird er zu ihr/ihm gehen. Das ist die Frau von dem Illegalen/Gesuchten. Er/sie wird hierher kommen, um Geld zu holen. Ihm/ihr wird S es geben. Er hat nämlich 4 tausend Mark. Bab erkundigt sich, ob S den Bruder Seyfi sieht.

Bab und S sprechen türkisch miteinander. Der/die Dolmetscher/in übersetzen trotz des Kontextes nicht etwa „wird er zu ihr gehen“. Sie übersetzen zu „ihr/ihm“ gehen oder „Sache/Arbeit“. Sie setzen auch „Dings“ an den Anfang des Satzes, weil sie nicht differenzieren können. Sie können sich auch nicht entscheiden, ob es sich um einen „Illegalen“ oder einen „Gesuchten“ handelt. Also schreiben sie beides. Man sollte sich als

Auswerter immer vor Augen halten, dass unsere übersetzenden Ausländer fast durchweg absolute Dilettanten sind.

Anmerkung: Mit der Frau des „Schwulen" dürfte Christine gemeint sein, die Frau oder auch Freundin des MF aus Holland.

6. Gespräch

Die Verbindung kommt nicht gleich zustande. Der MF erklärt, dass Reparaturen im Netz vorgenommen werden. S erklärt dem MF, dass ein kleines Problem aufgetaucht sei. Er war gestern da. Er habe auch ein bisschen Kohle mitgebracht, worauf MF einwirft, dass es vielleicht besser ist, wenn S sich mit dem Freund trifft, mit dem er sich das letzte Mal getroffen hat.

Anmerkung: Dabei dürfte es sich um den kleinen blonden Brillenträger handeln.

In einem hier nicht aufgeführten Gespräch hat MF dem S eine Beschreibung des „Transporteurs" durchgegeben. Zusammen mit der Kenntnis des Treffpunktes konnten erfolgreiche Observationsmaßnahmen eingeleitet werden.

Der Mann, von dem S etwas Kohle erwarten kann, hat fast alles zurückgekriegt, was S ihm dagelassen hat. Er habe nur ein paar weggekriegt. Am Dienstag wird er alles zurückbringen, was er nicht losgekriegt hat. MF soll, wenn es geht, einen Termin mit dem Jungen für S festmachen. MF braucht noch etwas Geld für seinen „Vater", den er noch nicht bezahlt hat. S wird MFs Frau sehen. Entweder wird er ihr heute abend oder morgen abend Kohle bringen. S hat Siebentausend, die er ihr geben kann. Das findet MF nicht gerade berauschend. MF hat selbst nur noch hundert Mark in der Tasche.
MF: Was ist denn mit Christine?
S: Christine, die Hälfte ist das Geld von dem Christine, was ich geben werde.

Anmerkung: Es entsteht der Eindruck, als spiele noch eine dritte Frau mit.

Auf diese falsche Fährte geriet der SB durch den Hinweis auf den angekündigten Besuch des S bei der Ehefrau einerseits und die sofort anschließende Frage des MF nach „Christine" andererseits. Der SB nahm bis dato an, dass die Frau des MF „Christine" heiße. Bei jedem Gespräch ist in der Tat höchste Aufmerksamkeit geboten. Den leisesten Zweifeln an einer Version muss nachgegangen werden.
Es ist für den SB niemals schandhaft, einen Fehler einzuräumen. Aber er hätte seinen Beruf verfehlt, wenn ihn die beiden „Christine" nicht ins Grübeln brächten.

MF sagt dann, dass „sie“ die „Sieben“ erst mal nehmen und weitergeben soll. MF will sehen, was er von da aus machen kann. Sie reden dann wieder über den „Scheiß“. MF hat dadurch dreißigtausend Mark verloren.
S rät dem MF, denen kein Geld mehr zu geben und ihnen zu sagen, dass es Scheiße war und dass sie genug bekommen hätten. MF meint daraufhin, dass er noch Geld zurückzubekommen hat.
S: Sag mal, wie viel war denn das insgesamt in dem Koffer, weißt du, die Stückzahlen jetzt?
MF: Ja, die weiß ich.
S: Wie viel waren das?
MF: Also, du hast gehabt insgesamt einundzwanzig.
S: Einundzwanzig insgesamt.
MF: Von denen, die noch übrig waren.
S: Wie viel waren übrig? Drei, vier oder so? ...
MF: ... die Einundzwanzig, das war unser letzter Stand sozusagen. Dann hattest du noch Geld zu kriegen von Leuten, meinst du, die hat, die sind noch nicht bezahlt.
S: Also ich habe jetzt zum Beispiel mit diesen Achtzehn, Achtzehn Stress was ich habe. Ich habe mich mit diesen zwei Türken, ich habe mich mit denen so geeinigt, dass die mir jede Woche tausend Mark geben, ob ich was bringe oder nicht. Weißt du anders geht nicht. Ich kann sie nicht türken, und ich ... OK. ...
S erzählt, dass er hinter den Türken her gewesen ist und wie sie sich geeinigt haben.
S: Sag mir mal, die Stückzahlen, soviel ich, soviel ich weiß, wie viel hast du dem Dicken gegeben, von dem Koffer, was du mitgebracht hattest?
MF: Ja, ich hab das alles hier, ... vielleicht kannst du mich mal anrufen von einem Telefon, und wenn du durchkommst, dann besprechen wir das, also, weißt du? Ich kann, ich habe jetzt die Unterlagen nicht in meiner Tasche, ich habe nur Shorts an und ein T-Shirt drüber, aber, gegeben, er hat zwölfkommavier bekommen insgesamt.
S: Und wie viel sind übrig geblieben hier?
MF: Davon waren, davon waren dreie von diesen „french crunchies“ (phon.).

Anmerkung: „French crunchies“ könnte für „französisch knirschend, zermahlt“ stehen. Es könnte sich also um eine Kokainsorte handeln, die zermalmt bzw. zerrieben werden muss. Genau so gut könnte es sich aber auch um krümeliges Haschisch handeln.

Zu Beginn der Telefonüberwachung war der auswertende SB der Ansicht, dass es um Kokain - Haschisch - Tauschgeschäfte ginge.

S: Ja.
MF: Nicht, dann sind neun von dem Neuen gewesen.
S: Vom Fisch?

Anmerkung: „Vom Neuen“ und „Fisch“: Beide Begriffe dürften Synonyme für Rauschgifte sein.

MF: Nee, hier von diesem, was du da hattest, nicht vom Fisch, der Fisch war, war erledigt.
S: Ja, sag mir die Gesamtzahl, wie viel es, es war ja nur, es war zehn Stück, soviel ich weiß Fisch und der Rest ist, ist Schrottzeug.

Anmerkung: Der „Fischanteil“ dürfte Synonym für gutes Rauschgift sein, denn der Rest ist „Schrottzeug“.

MF: Es waren, es waren dreiunddreißig gesamt und davon sind von von dem Neuen und davon sind neun weggegangen zu dem Dicken.
S: Von dreiunddreißig.
MF: Ja, sind neun weggegangen, zusätzlich noch drei, drei Franzosen, die noch bei Dir waren, oder knapp drei waren das gewesen und dazu dann ein bisschen Fisch, aber Fisch ist ja schon komplett erledigt. Den habe ich auf meiner Liste also auch schon gestrichen.

Anmerkung: Die Unterhaltung dreht sich um Mengen, die S bei MF noch offen haben dürfte. Langsam schält sich heraus, dass der MF Forderungen an S hat und nicht umgekehrt.

Aus den Gesprächen ließ sich später errechnen, dass der S mit etwa 120.000,— DM bei MF in der Kreide stand. Das entsprach bei ihrem Geschäftsgebaren einer Haschischmenge von etwa 40 Kilo.

S wird auf jeden Fall morgen zu ihr gehen. Sie ist mit ihrem Kind da. Dann äußert MF noch mal den Wunsch, dass man sich dort sieht. Er wartet, dass er das alles in Ordnung bringt und sauber ist, denn ...
MF: ... weil, ich bin, ich bin gut versorgt mit absoluter Spitzenqualität.
S: Und ich habe eine Superfreund im Moment hier, weißt du, der Kindergartentyp ist total in Ordnung, aber der hat zu mir gesagt, „eh, du kannst so was nur einmal machen, aber das ist Scheiße, so was.

Für den „Kindergartentyp“ kam eigentlich nur eine Person infrage. Später gesellte sich noch eine zweite hinzu. Derartige Bezeichnungen stigmatisieren Personen und bieten dem Auswerter die Möglichkeit zur Identifikation. Das trifft auch auf die im weiteren Verlauf des Gesprächs genannten „Freund mit der Narbe“ zu.

MF: Ja, ich sag ja, ich, ich habe im Moment jede Menge, wirklich jede Menge ... super ... S redet dazwischen.
S: Ja, jede Menge hin und her. Aber MF, weißt du, du hast, ich hab so einen Stress am Halse, echt, mit diesem ganzen beschissenen Zeug, weißt du, das ist, das ist ... MF mischt sich dazwischen.
MF: Jetzt halt doch mal kurz die Luft an. Ich hab Dir gesagt von dem, von dem, von dem Super.
MF will dann noch, dass S mit MFs Freund mit der Narbe spricht. Der meint aber, dass das nicht am Telefon nötig ist. Er habe mit ihm auch schon in der Disco damals von seinem Stress gesprochen. Alle sind wegen der Sache sauer. S will sich morgen ganz sicher bei MF melden, will versuchen, ihn anzurufen. MF wird seiner Frau wegen morgen abend Bescheid sagen. S will so gegen neun, zehn bei ihr vorbeikommen. Er hat ja auch die Nummer und kann bei ihr anrufen. S soll daran denken, dass sein Freund die Sachen so schnell wie möglich zurückgibt.

Damit sind auch etliche Kilo Haschisch gemeint, die S anderen Leuten in Kommission gegeben hat und die angeblich wegen schlechter Qualität nicht verkäuflich waren. Im Vorgriff sei gesagt, dass MF letztendlich von S weder die schlechte Ware noch das Geld dafür zurück bekommt.

S wird das ganz sicher am Dienstag bekommen, Mittwoch wird es kein Problem sein. Der Junge wird am Mittwoch da sein.

Anmerkung: Man könnte den Eindruck gewinnen, als sei das Zeug gar nicht so schlecht, als sei der Stress des S vorgetäuscht. Sonst hätte der sicherlich den unbrauchbaren Rest schneller zurückgeben können. Jedenfalls will der MF wieder auf Spitzenqualität sitzen.

Zu dieser Erkenntnis kommt man im Zusammenhang mit Gesprächen, die S mit Freund Bab führte. Im Gespräch mit Bab legt sich S keine Hemmungen auf. Der Hauptsachbearbeiter sollte seinen roten Faden nicht reißen lassen, indem er in den **Anmerkungen** *derartige Erkenntnisse bündelt. Sie halten jeder Befragung durch die Verteidigung im Verhör stand. Daraus ergibt sich die Forderung, dass möglichst nur ein SB die Telefonüberwachung bearbeitet. Weil das in Praxi nur selten möglich ist, muss zwischen den auswertenden SB sehr eng abgeglichen werden.*

7. Gespräch
S: Ja.
MF: Ja, hallo.
S: Ja.
MF: Eh, S kannst du morgen?

S: Um wie viel Uhr?
MF: Ich würd sagen, vielleicht um zwölf Uhr mittags, oder zwei Uhr.
S: Zwei Uhr, gut. Selbe Punkt?
MF: Selbe Punkt.
S: Gleiche Typ?
MF: Ja.
S: Soll ich ihm auch Geld geben?
MF: Ja, gibst du ihm komplett, alles, der kommt denn gleich.
S: Wenn du willst kann ich auch ihm, eh, Christine geben. Soll ich machen?

Anmerkung: Die Bedeutung dieser „Christine" wird durch vorstehenden Satz noch undurchsichtiger.

MF: Ja, eh, mach das, wenn es sich noch lohnt. Pass auf ich habe alles genau ausgerechnet usw., ich habe hier alle Unterlagen und ich habe mit allem abgezogen, eh, mit der, eh, inklusive Christine sind es knapp 36, was noch fehlt.
S: Drei und sechs?
MF: Drei und sechs tausend D-Mark. Ja wie jetzt die drei Ki.. (Hier verplappert er sich. Er wollte Kilo sagen.) eh Dinger, die du weggeschmissen hast mit drinne. Sind schon eingerechnet.
S: Alles klar, ich geb ihn auch das, was es eh, was eh, dir zusteht, Christine. Okay?
MF: Okay. Wie viel ist das?
S: Pffff.. (unverständlich). Ich muss das eh, ich kann ich dir morgen Vormittag anrufen und sagen. Ich hab's nicht hier. Ich muss jetzt erst mal gucken.
MF: Ja, und eh, wie wollen wir das denn mal klären?
S: Ja, wie klären, das ist einfach so. Ich hab nichts mehr, das was ich habe, habe ich dir gegeben und lass dir was einfallen. Bei mir ist es vorbei.
MF: Na ja, du musst ja irgendwas gemacht haben.
S: Ne, hab ich nicht gemacht, MF. Weder noch was geklaut, weder noch verloren, weder noch was. Ich hab eh, mit diesen Scheißdinger gekämmt, gekämmt und hab was ich Geld bekommen hab, ich hab natürlich selber auch Geld ausgegeben, aber es ist unmöglich, dass ich soviel Geld ausgegeben, das kann nicht sein.
MF: Ja, das nehm ich mal auch nicht an. Aber als wir letztes mal noch telefoniert haben, als ich dich angerufen hab und gesagt habe, ich hatte mich doch ein bisschen verrechnet, nicht.
S: Ja.
MF: Da hattest du noch eh, 17. Das hattest du mir am Telefon gesagt.
S: War das vor der Reise, oder wie?
MF: Ja. Da wirst du noch mal gezählt und mir dann.... ich hab dann noch mal angerufen und 17. Das war vor der Reise.

S: Okay, wir telefonieren morgen noch einmal, okay?
MF: So, und eh, die hast du weggegeben.
S: Ne, hab ich nicht.
MF: Oder, gut wir telefonieren morgen noch mal. Jetzt gibst du ihm morgen erst mal alles mit, Ich muss jetzt hier ein Job erledigen noch, ich muss jetzt Geld machen. Eh, das was du von dem von dem Typen, was ich mal von dir hatte, kannst du ihm das auch geben? Das kann er mir mitbringen. Ich muss hier unbedingt eh, mir Ärger von Hals schaffen dann. Ich brauch Geld, ... (unverständlich) 40 000 noch von mir.
S: Alles klar, bis morgen dann.
MF: Ja und eh zwei oder zwölf?
S: Mir ist egal, wie du willst.
MF: Machen wir zwei Uhr, ja.
S: Okay. Also eh, ganz sicher um zwei bin ich wieder da.
MF: Eh und S, S mir ist echt egal, ob du dich jetzt schlecht fühlst, oder sonst was, wir müssen das irgendwie klären. Es muss, es geht, es muss ja irgendwo das Loch sein. Und das müssen wir finden. Verstehst du mich?
S: Ja.
MF: Weil, es ist ein Kreislauf, es ist theoretisch nicht möglich, es kann nichts rausfallen, in Nichts, das geht nicht. Und... (MF wird lautstark von S unterbrochen.)
S: Ich bin einfach sauer, weißt du. Du hast mir irgendwas auf den Hals gehetzt, was ganz beschissen war, was ganz beschissen war und dann soll ich für dich alles ausbaden.
MF: Ne, na, als du mir das gesagt hast, hab ich gesagt: komplett, sofort alles zurück, ja.
S: Ja da war (S sucht nach Worten) da hat man ja schon einiges hin und her und hin und her, hol und das ist ja dies scheiß Arbeit gewesen, nicht.

Türken bezeichnen den Handel und Schmuggel von Rauschgift als „Arbeit". Man wird diesen Begriff auch immer wieder in Übersetzungen aus dem Türkischen wiederfinden.

MF: Ja, aber dieses zurück, wär das Beste gewesen, was man hätte machen können. Und ich bin es nicht, der dir böswillig irgendwas aufgehalst hat, sondern ich bin beschissen worden, weil der Transport, ich habe gar kein, ich bin weder gefahren, noch habe ich das reingepackt eh, die haben einfach ausgetauscht.
S: Ja, dann zeig Deinen Leuten den Mittelstreckfinger. Meinst du, ich mach mich verrückt noch wegen diese scheiß linken Typen.
MF: Ja, na ja, ich soll mich verrückt machen? Ich kann nicht, ich kann nicht, na ja gut, das gebe ich jetzt erst mal da zurück, da habe ich noch was in der Hand zum Ärger machen. Wenigstens noch einen kleinen Beweis. Ja, übergibst du ihm die drei Sachen um zwei Uhr und ich sag ihm dann den Termin, ja.
S: Alles klar.

Das ganze Gespräch dreht sich um die Forderungen des MF. MF will entweder sein Geld oder die angeblich schlechte Ware zurück. Beim Hören wird stimmlich und sprachlich deutlich, wie sich der S windet. Der verlogene Charakter, das schleimige Wesen, die zeitweilig gespielte Wut spiegeln sich in der Erhöhung seiner Grundstimme und der Erhöhung der Lautstärke wieder. Zudem stammelt und stottert er auffällig, wenn er offensichtlich die Unwahrheit sagt.

Verabschiedung

8. Gespräch

Begrüßung.
MF: Und, hast denn da jetzt nachgeforscht.
S: Wo nachgeforscht?
MF: Naja, was passiert ist.
S: Womit?
MF: Na mit den Sachen.
S: Mit den Sachen. Ich weiß nicht, MF. Ich hab's nicht. Das ist, das war das Letzte, was jetzt, was jetzt zurückging. Ich hab nichts mehr, Junge. Kein bisschen, nichts.
MF: Gut, eine Sache hattest du noch vergessen, was hier brauche, dringend. Weißt du, was ich meine?
S: Das Spielzeug?

Anmerkung: Spielzeug dürfte ein Synonym für eine Handfeuerwaffe sein, die M zur Durchsetzung von Forderungen braucht. S hat tatsächlich eine Pistole, wie er in einem Gespräch mit Memis in der Türkei erwähnt. (Zufallserkenntnis Nichtkatalogtat).

MF: Das Spielzeug, ja.
S: Wozu brauchst du das denn?
MF: Ja ich muss unbedingt, na ja ich muss unbedingt, ich hab hier ein Geschäft durchziehen, ich hab kein Geld mehr. Ich brauch Geld. Ich brauch, ich brauch jetzt mindestens 100 000 wieder neu. Der Andere sitzt ja noch im Knast.
S: Ich, ich hab noch 6 000 Mark zu kriegen. Ich denke mir, bis Ende der kommenden Woche habe ich das Geld.
MF: Ja, so, und dann musst du dich trotzdem mal, denk ich mal, dann aufmachen, noch zu mal mich hier zu besuchen, fährst zu meinen Haus und hier mal das dann zusammen mal durchgehen. Denn ich kann doch nicht einfach sagen, was ist denn jetzt passiert, was alles weg. Es muss ja, es muss dich ja jemand beschissen haben.
S: Ja ich weiß auch nicht du, echt. Bist du dir sich, dass dir keine Fehler ...(Gestammel)
MF: Ja, nee, ziemlich hundertprozentig. Ich habe, ich war noch zweimal bei dir gewesen, insgesamt. Danach war ich gar nicht mehr in Berlin, so. Ich gar nicht genau, was ich, ich

hab in deinem Beisein, wir haben zusammen noch mal die, den Koffer gezählt. In der Küche. So, und dann ist das weggepackt worden. Dann bin ich einmal gekommen, hab genau die klein Rucksack mitgenommen, genau mit den Sachen, ich hab das da aufgeschrieben und da hingebracht.
S: Was war mit den Bus? du bist doch einmal mit den Bus zurückgefahren.
MF: Mh?
S: Mit den Bus bist du doch auch einmal gefahren.
MF: Ja, das war doch, das war doch lang davor.
S: Was wir gepackt haben und so.
MF: Ja, war doch weit davor. Ich geh, ich, wo ich letztes mal gekommen bin, habe ich, wurde es in den Koffer gepackt. Bin ich insgesamt mit 48 von den Büchern gekommen. Davon waren 15 Erstausgaben und 33 von diesen Taschenbüchern. Und, ich hab ja alles hier und du mit der Summe, die du mir gegeben hast, kommt das ja auch hin, bloß es fehlt eben noch was und das sind auch die entsprechenden Kisten.

„Bus-Koffer-Kiste-Bücher-Briefe-Erstausgaben-Taschenbücher". Begriffe, die als Synonyme für Rauschgift stehen. Jeder Begriff sagt etwas zum Umfang, zur Qualität, zum Lieferzeitpunkt und jede Zahl gibt Anhalte zur Menge des Rauschgiftes.

Jetzt sind ja soundsoviel Bücher zurückgegangen, die kann man noch von abziehen. Dann müssen wir das klären, was mit den Jungs ist, hier mit den Café. Guck mal, es ist ja nicht allein mein Geld.
S: Ja mit den Jungs, mit den abgefackten Jungs tut sich im Moment nichts. Ich bin seit drei Tagen nicht da gewesen. Sie haben... (MF unterbricht)
MF: Na ja, deswegen. Machst du dir jetzt darum weiter keinen Kopf, versuchst du mal deine Freunde oder was. Ich weiß ja nicht, was du gemacht hast mit den Sachen, ob du die gesamt weggegeben hast, hast nicht mehr richtig reingeguckt, nicht mehr nachgezählt. Obwohl, du hattest nachgezählt. Du hast mich ja noch mal angerufen gehabt. Bevor du weggefahren bist. Und da hab mir auch das notiert, was du mir gesagt hast. Weißt du noch, wo ich auf den Anrufbeantworter gesprochen habe.
S: Ja.
MF: Und da hab ich mich eben, da hab ich mich insgesamt um eim verrechnet gehabt. Das macht den Kohl nicht fett.
S: Wie viel vermisst du nach Deinen Rechnungen, wie viel Bücher vermisst du eigentlich jetzt, nach Deinen Rechnungen.
MF: Ich jetzt hier leider im Moment keine zu Hand.
S: Ist es mehr als 5?
MF: Es ist insgesamt mehr als, warte mal. ich kann's ja ganz einfach nachrechnen. Ich habe jetzt die acht und die zwei, die vier und die acht und jetzt noch mal die sechs. Wenn ich jetzt eh, ich weiß ja nicht, was mit Christine ist. Wie viel hast du ihm denn gegeben?

S: Heute?
MF: Ja.
S: Zwei Bücher und drei Briefe.
MF: Zwei Bücher und drei Briefe. 230 ja.
S: Ja.
MF: So, (unverständlich), ungefähr (MF rechnet vor sich hin). ich kann es jetzt im Kopf hin und her jetzt nicht rechnen. Ich hab das jetzt hier alles aufgeschrieben und bei meinen Unterlagen im Computer drin ja. Ich müsste den jetzt extra anschalten und würde dauern.
S: So ungefähr, auf den Daumen gedrückt.

Anmerkung: Der Türke S meinte natürlich „über den Daumen gepeilt". Seine Worte wurden an dieser Stelle in seiner eigenen Semantik wiedergegeben, um jedem auswertenden SB die Deutschkenntnisse des S aufzuzeigen.

MF: Ich hab es in Geld. Es sind ungefähr, ohne eh, 36.000. Da ist aber dieses, was jetzt noch gekommen ist, noch nicht drin.
S: Und das mit dem Café, ist das auch da mit drin in diesen 36.000?
MF: Ne, das ist da, pass auf, das was jetzt fehlt sind die 8.000, die gekommen sind, die sind da nicht mit drin, die 4.000, die gekommen sind da nicht mit drin, aber da eh, das hat ich ja noch eh, 4.000 Christine war noch offen, das ist abgehakt das Konto ist auf Null. So, und waren jetzt die ich hab dir die 15 mit Christine noch mitgegeben gehabt. Davon sind jetzt acht eh, und die sechs und vier, jetzt müsst ich das umrechnen, was mit Christine ist, aber so kannst du, ja so waren es ungefähr 36, wenn ich dann sechs abziehe 30.000. Kannst du rechnen 10 Kilo. Drei davon hast du dich entledigt, hast du gesagt und dann noch sieben, die fehlen. Jetzt über den Daumen. So, aber das müssen wir mit allen Unterlagen zusammen klären, da musst du auch mir erklären, was mit jeder Sache passiert ist, mit wie viel, wohin gegangen ist. Dann finden wir auch heraus, wer Dich da beschissen hat.

MF weiß ganz genau, dass S ihn „beschissen" hat. Er darf es nur nicht deutlich sagen, denn er hat keine Machtmittel, um dem S beizukommen. Also spricht er so, als sei S ein Ehrenmann, der seinerseits betrogen wurde. Er bittet laufend um gutes Wetter in der Hoffnung, dass seine Schulden von S doch noch bezahlt werden. Es sind diese unterschwelligen Befindlichkeiten, die sich nicht nur semantisch dokumentieren, sondern auch psychisch-sphärisch über Veränderungen der prosodischen Faktoren während der Kommunikation deutlich werden.

Es gibt, ich habe so etwas schon mal mitgemacht. Es gibt immer jemanden, der gerne eh, sich, ich mein 10 - 20.000 so viel Geld haben die Leute noch nie in der Hand gehabt. Und ich bin ganz ehrlich, ich weiß noch nicht was eh, wieweit, was ist mit Christine. Wie weit hast du da mit den Leuten ein paar Nächte gehabt und weißt das alles gar nicht mehr genau und so weiter. Ich habe lange Zeit selber mit Christine eh, bin ich selber mit ihr ausgegangen, weißt du, was ich meine?

Dieser Satz verstärkte beim SB zunächst die Überzeugung, dass es sich bei „Christine“ um eine Person handeln müsse.

Ich bin weit weg, aber komm erst mal her, dann müssen wir das verabreden, auch mit den Jungens in dem Café, weil die beiden Jungs würden dann gerne ins Café gehen und die schnappen sich den und dann klappt das schon. Weißt du, was ich meine?

Um seine Ziele durchzusetzen, ist MF bereit, Gewalt anzuwenden. Solches Wissen hat Einfluss auf die taktische Einsatzplanung.

S: Ja.
MF: Ja. Ich muss, ich hab jetzt hier Ende der Woche ein Geschäft und zwar, die, die die schlechten Bücher gegeben haben ja. Mit denen hab ich noch ne Bestellung gemacht, ne große. Ich hab aber hier ein Freund der macht dasselbe, was die mit Büchern gemacht haben, mit dem Geld, da gibt es ja auch nicht so schönes Geld. Verstehst du, was ich meine.
S: Nicht ganz.
MF: Das Geld, das Geld, was ich habe, das nicht im den Sinne real, also es sieht nur so aus. Wenn man die Lampe anmacht, dann sieht das schon anders aus, weißt du jetzt, was ich meine?

Anmerkung: Offensichtlich will sich MF an den Lieferanten des schlechten Stoffes über die Bezahlung der neuen Lieferung mit Falschgeld rächen.

(Zufallserkenntnis einer Katalogtat im Sinne von § 100a Nr. 2 StPO).

S: Ja.
MF: Ja, ne. Also damit geht man nicht so gerne einfach einkaufen. Oder zur Bank bestimmt nicht. Dieses Geschäft wickele ich ab, aber ich möchte dabei nicht ungeschützt sein, wenn dabei was passiert und ein dabei was auffällt, von den anderen Jungs, dann hab ich für einen Moment Ärger am Hals. ... unverständlich .... begreifst du das? Ich bin, ich habe einen internationalen Haftbefehl, ich mache hier wer weiß was für Geschäfte noch, die ich angeleiert habe. Ich spiele keine Kinderspiele mehr, ich muss mich dementsprechend überall absichern und zwar, und ich denke auch, dass wir unser Problem dann zusammen klären können. Ich bin jetzt kein, also ich bin kein Idiot. Ich

weiß ganz genau was ich tue, und ich, ich vergesse auch nicht, und ich schreibe auch alles auf, und ich habe über alle Sachen, ob es jetzt bei Dir ist oder bei anderen Leuten, und ich muss sehen, wo ich bleibe. Ich kann jetzt hier kein Spiel machen um Ehre oder sonst was.

Ein sehr deutlicher Hinweis für S, dass sich MF nicht allein auf sein Gedächtnis verlässt und sehr genau weiß, was S noch abzurechnen hat. Es fehlt auch nicht am zarten Hinweis, dass er sich von S nicht alles gefallen lassen wird, wie seine Bemerkung „Ich kann jetzt hier kein Spiel machen um Ehre oder sonst was".

Und ich habe Familie, ich habe hier ein Haus jetzt, ich brauch jetzt Geld. Die anderen Geschäfte erwarten, dass ich Geld habe. Die Leute in Marokko, die warten auch nicht ewig auf mich. Wenn das andere in die Hosen gegangen ist, muss ich jetzt noch was machen. Aber ich sitz nicht untätig rum. Es kann für mich jeden Tag vorbei sein, weißt du, was ich meine? Ein Verkehrsunfall. Ich fahr fast nur noch mit den Fahrrad jetzt. Selbst in Holland, wenn sie mich hier verhaften, also kontrollieren, die haben jetzt den internationalen Computer, bin ich weg. Ich brauch jetzt Geld. Ich muss mir die Papiere, die ich angefordert habe, die kosten fast 15 Riesen. Die sind dafür auch im Computer drin und alles.

Anmerkung: M will sich offensichtlich mit „astreinen Papieren" eine neue Identität verschaffen

(Zufallserkenntnis einer Nichtkatalogtat).

S: Ja, ich werde, ich werde mal, ich werde ein bisschen Druck machen, also, so wie, so wie sie mir erzählt haben, wol, wol, wollen sie. Eigentlich wollen diese Arschlöcher, dass, dass, dass, dass sie arbeiten. Sie wollen das Geld bezahlen, indem sie arbeiten.

Anmerkung: Mit anderen Worten: MF soll weitere Ware liefern, damit könnten die Verluste nach Verkauf (arbeiten) ausgeglichen werden. Auf welch glitschigem Eis sich dieser S bewegt, ist seinem Stottern anzuhören. Er kann sich normalerweise recht flüssig ausdrücken.

Gegen MF bestanden in der Tat zwei Haftbefehle.

MF: Ja, na ja gut. Das sollen hier meine Jungs vor Ort mit denen besprechen. Wir haben ja auch die Macht über die Bücher. Die entscheiden alles selber, bloß, ich meine, das Geld gehört nicht mir allein, das ganze Arbeitskapital. Und dann die, bei dem Dicken sind Siebzigtausend fast eingefroren im Moment. Ich weiß nicht, wann der rauskommt.

... Ich mach jetzt, pass auf, ich mach, ich hab mit den anderen schon gesprochen, der muss, der kommt Ende der Woche zu mir. ... für das Geschäft ... Donnerstag, heute müssten wir Dienstag haben, ja, richtig. du müsstest den also noch mal treffen, und das das Spielzeug.
S: Wann kommt der noch mal nach Dings?
MF: Am Donnerstag.
S: Jetzt diese Woche?
MF: Diese Woche, ja, ja. Der war schon mal hier, der arbeitet jetzt regelmäßig. ... du, ich sitzt nicht untätig rum, nicht, ich muss, wenn die einen, ich hab mit einigen Leuten Probleme, sind ja, sind durch auch durch mit schlechten, durch das schlechte Material sind mir auch die ganzen Bücherfreunde abhanden gekommen. Ich habe neue Bücherfreunde gefunden.

Anmerkung: „Bücherfreunde" dürfte ein Synonym für Abnehmer bzw. Lieferanten von Rauschgift sein.
Ich sitze hier und arbeite, mein Telefon läuft heiß, die Rechnung kann keiner mehr bezahlen. Aber ich muss auch arbeiten können. Und es geht nicht, dass mir auf allen Seiten, guck mal, ich habe fast einhunderttausend Mark verloren. Die sind weg, soll ich die, die kann ich jetzt abschreiben oder was? Ich kämpfe um mein Geld und meine Sachen und lass mich auch nicht von, von, von irgendwelchen Leuten dann verarschen. Und Dich verarscht auch einer ganz groß. ...

MF weiß ganz genau, dass er von S genarrt wird, aber er tut immer wieder so, als würde S selbst von einem Dritten verdummt, um dem goldene Brücken zu bauen. Die erwähnten einhunderttausend Mark sind Schulden, die S bei MF hat.

Wann kann ich mit ihm den Termin machen? Hast, eine Frage noch, hast du Probleme mit Christine?
S: Nee, habe ich nicht. Alles, alles in Kontrolle. Ich, ich, ich sag Dir morgen Bescheid, wann ich, wann du, wann wir einen Termin machen können, OK?
MF: Ja, oder kann ich gleich morgen zwei Uhr wieder selbe Zeit sagen?
S: Nee, ich muss noch mit jemandem sprechen.
MF: Wegen der anderen, wegen der anderen Geschichte oder was?
S: Naja, wegen ... unverständlich ... .
MF: Das ist unabhängig, das ist jetzt das, das Spielzeug brauche ich auf jeden Fall, weil, ich habe das Geschäft jetzt angeleiert, die haben mich beschissen, die Leute, ja, und jetzt kriegen sie das zurück. Ich muss mich hier auch durchsetzen. Weißt du, wenn ich jetzt klein beigebe, jetzt bei der ganzen Geschichte ... dann bin ich am Arsch. Ich muss jetzt beweisen, was ich drauf habe.
S: Ja, aber musst du dir genau überlegen, ob das richtig ist.

MF: Ja, ich hab's mir genau überlegt, ich weiß, dass das richtig ist. Ich habe auch Unterstützung hier, ja. Aber ich muss jetzt auch selber zeigen, dass ich, ich muss die Initiative nehmen, ja. Und ich muss notfalls ihm das Ding an den Kopf halten. Ein Freund von mir hier, der will das ja machen. Sagt er, „das ist ein Tausender, dann macht er das sofort." Der macht sowie ... lacht ... alles für Geld, erst letztens hat er es umsonst gemacht. Aber ich kann mich nicht immer nur von den, von den Leuten beschützen lassen.

Die vorstehende Rede lässt psychopathologische Züge durchscheinen. Der SB stellte fest, dass MF in der Kindheit an einer Gehirnhautentzündung gelitten hatte, als deren Folge er keine Kinder mehr zeugen konnte. Auch ihm Wohlgewogene schätzten ihn als gewalttätig ein. Obwohl er immer wieder den Profi herauskehrte, machte er aufgrund seines Defektes Fehler, die seiner Frau nicht unterliefen. Sie wurde ebenfalls operativ bearbeitet, nachdem sicher war, dass sie die illegalen Geschäfte ihres Mannes aktiv unterstützte. Während dieser Zeit nannte sie nicht ein einziges Mal einen Namen.

Soweit. Wenn die mich dann irgendwann alleine erwischen, dann denken sie, ach jetzt, den können sie sich jetzt schnappen. ... . Und das andere, wenn du mit den Leuten sprichst usw., wa? Das kannst du, das sollst du sowieso machen, das musst du machen. Es ist jetzt keine Zeit zu schlafen oder irgendwas schleifen zu lassen.
S: Nee, nee, ich häng mich dran.
MF: Ja, ich, ich, gib dir die Unterstützung für die ganzen Sachen mit, von den Leuten hier, die kommen, die kommen, die fahren deswegen extra nach Berlin und fahren mit dir zu zu den Leuten rum, aber das besprechen wir dann alles in Ruhe, deswegen solltest du erst mal herkommen. Aber die Transporte, auch, auch von dem Spielzeug, dass lass mal den Mann machen, der hat dafür ein professionelles Auto. Das kennst du.

„Professionelles Auto" besagt, dass es für den Schmuggel von Waffen und Rauschgift entsprechend vorbereitet wurde.

S: OK, Amigo, ich melde mich morgen mittag ganz sicher.
MF: Ich muss den jetzt anrufen, was soll ich ihm sagen? Also vor, vor ... unverständlich „, ganz sicher, vor Donnerstag muss er das, muss er das haben. Also Donnerstag, ich glaube zehn Uhr, so neun Uhr fährt der los, Vormittag.
S: ... stottert ... morgen, morgen abend will ich Typen sagen (S spricht das Wort Typen, wie Tippen). Ich gehe aber davon aus, dass er morgen abend einem Typen etwas sagen will).
MF: Ja, OK, na ja, weil ich muss ihn, er kann, hält sich immer frei, ich sag ihm immer, wann ich ihn anrufe, jetzt hab ich gesagt, zwischen elf und eins und dann sag ich ihm, er soll sich morgen ab sechs Uhr bereit halten.

S: Ich bin im Moment sehr sauber hier zu Hause. Ich muss einen Amigo ausfindig machen, und ich hoffe, dass ich ihn morgen ausfindig mache.
MF: OK, mach das. Und melde dich dann morgen, ja?
S: Alles klar. Bis bald.

Anmerkung: Aus nebenher laufenden Gesprächen geht hervor, dass es nur einen Amigo (Bunker) gibt, den S ausfindig machen könnte bzw. machen müsste. Der hat vor seiner Abreise die Ware zu S gebracht. S versucht nach wie vor Zeit zu schinden, weil er die angeblich schlechte Ware mit doppeltem Gewinn verkauft hat und weder bereit ist, dem MF seinen Anteil zu zahlen, geschweige denn von der „schlechten Ware" zurückzugeben.

<u>9. Gespräch</u>
Begrüßung.
MF: Was ist denn so bei Deinen Sachen rausgekommen? Was ist denn mit den Sechstausend, die du am Wochenende kriegen solltest?
S: Am Freitag krieg ich den. Hab ich Deiner Frau Bescheid gesagt.
MF: Gut. Ich bin mächtig unter Druck hier.
S: Ja.
MF: Ich hab hier mächtig Ärger, auch, am Hals.
S: Weswegen?
MF: Na wegen dem Material.
S: Machen sie Dir Ärger oder was?
MF: Na ich mu ..., na ich muss denen Ärger machen. So rum.
S: Ja ich, ich hab vor sowieso nächste Woche irgendwann vorbeizukommen.
MF: Ja, und was war den mit, mit Christine los gewesen, na, die rufen mich da an und da mit Zucker und so.

Es wird deutlicher, dass Christine ein Synonym für Gift ist. Offensichtlich hat S dem MF über den Transporteur eine Ware (vermutlich Heroin) zukommen lassen, die mit „Zucker" gestreckt war und die er deshalb billig abgegeben hat.

S: Ja, ja, war ein bisschen drin, aber nicht viel. Ich habe Deinem Freund gesagt, ob er sich auskennt, dann sagt er MF redet dazwischen ...
MF: Er hat, er kennt sich, er hat, er hat es einfach so weiter gebracht, weißt du, zu Leuten, die ich kenne. Ich muss ja schnell umwandeln. Und da war, also, gerade mal, also ich habe fünfundsechzig erzielt ... dafür. Für alles in einem ... unverständlich ... ganz schnell weg. Hast du noch mehr wegzumachen davon?

MF ist an einer weiteren Lieferung interessiert.

S: Ne, ne, war, war, war bisschen drin, also, aber nicht viel, also, es war korrekt, es ist gut gelaufen, es war nicht übertrieben.
MF: Ja.
S: Da können sie nicht viel meckern, glaub ich.
MF: Gut, was, die Dollar, sind die, sind die echt?
S: Ja, ich glaube. Also, der hat mir gestern versichert, ich war gestern in der Kneipe, weißt du, ich, ich, ich hab jetzt. Das sind zwei. Da sind zwei, die sind auseinander gegangen. Ich muss jetzt zwei Leute suchen. Bei einem hab ich, wir haben uns geeinigt, dass ich jeden Tag vorbeikomm und etwas ihm abhole. Weißt du, ich gehe einfach in den Laden rein, und dann nehme ich einfach was, so ... MF redet dazwischen ...
MF: Na ja, weil, ich hab, ich muss das erst mal prüfen die Dinger, weißt du? Weil, es ist in Berlin im Moment sehr viel im Umlauf, wird überall gewarnt schon.

Nebenbei läuft noch ein kleines Falschgeldgeschäft..(Zufallserkenntnis Katalogtat).

S: Also, er hat mir, ich, wenn er so was macht, dann ... echt ... unverständliches Gestotter ... ist er krankenhausreif. Ich kann es mir nicht ... MF unterbricht ...
MF: ... unverständlich ... du, jedenfalls gehen ganz andere Dinger, und das Spielzeug, das brauche ich hier unbedingt. Ich habe mit den Leuten jetzt Ärger angefangen, und, ich fahr nicht mehr gern alleine durch die Gegend, wenn du verstehst, was ich meine.
S: Ja, vielleicht bringe ich ihn Dir nächste Woche mit, ich, ich, ich muss erst mal, ich hab's im Moment nicht, und vielleicht bringe ich's Dir nächste Woche mit, wenn ich vorbeikomme.
MF: ... unverständlich ... wer das bringt. Ich meine, die gehört mir ja schließlich, und ich brauch sie jetzt mal und dann werde ich auch mit arbeiten.

In dieser Passage wird die Gewaltbereitschaft des M besonders deutlich. Indirekt droht er dem S aber auch, wenn er sagt, dass er das „Spielzeug" auch gebrauchen wird und dass sich das „Spielzeug" auch gegen S selbst richten könnte.

Und wenn das Arschloch nicht, nicht umtauscht, wa, dann mach ich weiter Ärger.
S: Und sonst? Alles in Ordnung?
MF: Alles Scheiße im Moment.
S: Ja, ich fühl mich auch nicht sehr gut, ich hab gestern viel durchgemacht.
MF: Ja, was ist denn nun mit dem, mit dem fehlenden Material.
S: du, ich hab dir doch gesagt, Mann, das ich keine Ahnung davon habe. Wie oft soll ich dir das noch sagen!
MF: Ja, du, du pass auf, dann schreib dir das auf. Es vergeht immer mehr Zeit. Ich möchte nicht, dass die Leute dann auf das Geld ausgehen in diesem Sinne. Es müssen ja Leute, mit denen du zusammengearbeitet hast, die Kontrolle darüber gehabt haben,

über das Material, so dass die das weggebracht haben, oder verkauft oder sonst was mit gemacht. Ich hab ne genaue Aufstellung über alles, ja, und mit den Dreien, die du weggeworfen hast, in dem Sinne, ja, wenn man die abzieht, sind es noch siebenkommadrei (7,3) die noch fehlen. Also haben dich die Leute um siebenkommadrei, und zwar nicht dich, sondern mich, in dem Sinne, beschissen.

Immer noch spielt MF die Komödie vom ehrlichen S, der selber betrogen wurde. Aber es wird auch in der drohender werdenden Ausdrucksweise deutlich, dass er langsam von S Hinhaltetaktik genug hat.

Und du musst rauskriegen, wer das war. Du musst es wissen, du kannst ja nicht mit so vielen Leuten gearbeitet haben.

Anmerkung: Alles in allem dürfte MF von S 7,3 Kilo Haschisch zurückverlangen oder aber das Geld dafür.

Noch MF: Und das meine Rechnung stimmt, das wirst du schon sehen. Darauf kannst du Dich verlassen.
S: Ja, das, das klären wir schon auf, wenn ich vorbeikomme. Machen wir einen Schluss, und wenn ich dir was schulden ... stottert ... sein soll, wenn ich Dir etwas schulden, schulden habe, wenn ich Dir etwas schulden sollte, dann werde ich das abarbeiten, OK?

Wieder das Stottern und Stammeln. S ist schwer verunsichert. Er lügt mit seinem Angebot, „abarbeiten" zu wollen, räumt aber indirekt die Vorwürfe des MF ein.

MF: Ja, ja, das werden wir schon in den Griff kriegen, aber, ich möchte die Leute

Mit diesen Leuten ist auch S gemeint. S wird massiv bedroht.

auch zur Verantwortung ziehen dafür. Ich habe die Schnauze voll, wie auch mit den Leuten hier, hier haben mir auch ein paar Leute auf der Nase rumgetanzt, die, mit dem Material, nicht! Und die pack ich mir jetzt.

Anmerkung: MF hat offensichtlich die Absicht, die Leute zur Rechenschaft zu ziehen, die ihm das schwer verkäufliche Haschisch geliefert haben. Er fasst das auch für die Berliner Betrüger ins Auge, die die 7,3 unterschlagen haben. Damit droht er indirekt dem S.

Noch MF: Da kann ich nichts anderes tun. Sonst ver ... verliere ich auch mein Gesicht hier. Verstehst du, was ich meine. Und gut, wann willst du ungefähr kommen? Weil ich

hab, ich zieh um und hab auch anderen Besuch, der kommt, also kommen immer mehr Leute jetzt, muss ja alles neu aufbauen.
S: Ich denke so Mitte nächste Woche, Ende nächste Woche, spä ... spätestens komme ich vorbei, ganz ... MF unterbricht ...
MF: ... unverständlich ... zu, zu Mitte zu kommen, weil gegen Ende kommen zwei andere Leute und meine Mutter.
S: Ich bleibe nicht so lange, sowieso.
MF: Ja, na ja, wichtig ist für mich, dass auch die, dass das dann am Freitag klappt, weil, ich muss die Papiere bezahlen, sonst kann ich mich nicht weiter ... unverständlich, S blökt dazwischen ...
S: Deine, Deine, Deine ... stottert ... der Kleine ja. Ist er in Ordnung?
MF: Ich arbeite seit 13 Jahren mit ihm. Der hat schon, auch in der Richtung, hat der schon oft für mich gearbeitet.

Das heißt nichts anderes, als dass der Transporteur für den MF schon öfter Schmuggelfahrten durchgeführt hat.

Ich hab bloß zwei Jahre keinen Kontakt gehabt. Der ist hundertprozentig in Ordnung. Hast du deine Piepernummer?
S: Deine Piepernummer?
MF: Ja, meine haste.
S: Ja, ja, wo muss ich in Telefonkasten drücken, wenn man dich erreichen ...
MF: ... unverständlich ... Telefonzelle.
S: Ja.
MF: Dann wählst du die Nummer ...
S: Also die 0031 ...
MF: 6 und dann ja?
S: Ja?
MF: Die wählst du dann. Dann kommt, sagt eine Frau, „this telefonnumber, you have caled is Ahmet Ehäktsche und ward for the forfoldering und dann kommt ein langer Ton, so tuuuuuuuhhhhhht, ja, Ton. Musst du diese 494 tippen.
S: Und die 9 auch zum Schluss?
MF: 494, und dann deine Nummer oder die Nummer, die du tippen möchtest.
S: Ja.
MF: Und dann das Kreuz.
S: Wenn ich von, wenn ich von Telefonzelle tippe, soll ich die Nummer von Telefonzelle, nee, von Zuhause die.
MF: Von Zuhause. Ich ruf dann eine halbe Stunde später immer an, ja, dreiß ... nach dreißig Minuten ruf ich an, wenn man mich piept, verstehst du?
S: Hhm.

MF: So du, aber wichtig ist, du musst zum Abschluss noch dieses Kreuz drücken, die Raute, das ist immer rechts immer im Telefon, die Taste.
MF erklärt das Ganze in etwa noch mal, dann erfolgt Verabschiedung.

10. Gespräch
Begrüßung.
Auf die Frage, wo MF jetzt ist, antwortet dieser, dass er hier (vermutlich Holland) ist. Er ist jetzt in ein kleines Häuschen gezogen. Seine Familie ist jetzt auch bei ihm. Manu kommt jetzt diese Woche zurück, um die Sachen zu packen. MF fragt, wann S vor hätte zu kommen. S weicht aus. Er wollte Anfang oder Mitte dieser Woche kommen.
S: Ich hab gerade..., bin ich hinter den Jungs her. Wir haben so ein Tausch gemacht. Und ich bin gerade dabei, das über die Bühne zu bringen und dann komm ich vielleicht rüber.

Immer wieder ist die Verzögerungstaktik des S durchzuhören.

MF möchte wenigsten ungefähr wissen, wann S kommt, denn er ist schwer zu erreichen und sein Pieper scheint auch nicht richtig zu funktionieren.
S: Da ist so ein Onkel hier. Weißt du, ich muss mich auch nach die bisschen richten, weil, das ist ihr Job, das ist ihr Gebiet. S weiß auch nicht, ob er auch kommt, wenn er das Geld hat. Er weiß nicht, was er da soll.

Anmerkung: S sieht offenbar keinen Sinn, MF lediglich wegen einer Geldlieferung aufzusuchen.

MF: Was sollst du da?! Na erst mal, dass wir über die Sache sprechen, weil ich muss noch wissen, was gelaufen ist. Und das andere ist auch wegen Christine.

S soll zu MF kommen, um einerseits die Verluste zu klären und andererseits, um neues Rauschgift zu übernehmen. Hier zeichnet sich der Sinn des Wortes „Christine“ schon deutlicher ab.

Ich kann da ne Menge machen. Im Moment. Und ich muss arbeiten. Ich verdien sonst kein Geld, weißt du.
S: Zigaretten sind unheimlich gefragt, im Moment.
MF: Das was ... was ist unheimlich gefragt?
S: Zigaretten.
MF: Was meinst du jetzt damit?
S: Na, Hablibabli.

Anmerkung: Den Begriff „Hablibabli“ erwähnt der S im Gespräch mit Fritz. Es handelt sich offensichtlich um ein Synonym für Haschisch. S deutet an, dass Haschisch zur Zeit sehr gefragt ist. Wenn er schon zu MF kommt, sollte auch was zum Mitnehmen da sein.

MF: Rauchware?
S: Ja.
MF: Ja, ist gerade heute was da. Ja siehste, du bist nicht hier gewesen. du kennst... ich kann ... ich kann Dich nicht einbinden, oder so. du kannst nicht mal irgendwo fragen gehen. Den einen Typen kennst du ja.
S meint, dass es wohl doch das Beste wäre, wenn er vorbei kommt. MF muss sich nur noch ein wenig gedulden, denn er wäre wirklich hinterher. MF ist nicht glücklich. Er muss geschäftlich auf die Beine kommen. Er ist gerade dabei alles neu aufzubauen. Er hat viele Probleme. S verspricht, sich so schnell wie möglich sehen zu lassen. Wenn S plötzlich kommen sollte, soll er sich bei MFs Kumpel im Laden melden. Der wüsste, wie er MF erreichen kann.

11. Gespräch (zwischen Mann Maggi und dessen Exfrau)
Maggi spricht zunächst mit seinem Sohn im Schulkindalter über Schwimmen und über die Möglichkeit, bei ihm zu übernachten. Er vertröstet den Jungen auf den nächsten Tag, weil er morgen ohnehin bei ihnen tapezieren würde. Dann übernimmt seine Ehefrau den Hörer.
Maggi: ... und ich werd garantiert irgendwann auch einen (Tapeziertisch) brauchen, weil ich ja sowieso demnächst , ehh, hier abhaue, was du noch gar nicht weißt, so.
Ehefrau (EF): Nee.
Maggi: Na, is ja auch egal, so.
EF: Also, aber ich würde mir auch einen, wenn du jetzt, ehh, ich würde mir echt einen kaufen.
Maggi: Nö, ich schenk Dir einen. Ja, klar.
EF: ... das wär toll.
Maggi: Und wenn ich den dann brauche oder so, kannste mir den ja mal leihen, das ist ja kein Problem.
EF: Selbstverständlich.
Maggi: Weil ich nicht weiß, wo ich ihn unterstellen soll, mhja, und ich bin ...
EF: Ja, doch ich hab ...
Maggi: Wie gesacht, öh, durch die Sache mit MF, so, na ich weeß nich, bin mehr oder weniger im Aufbruch begriffen, so.
EF: Ja, so.
Maggi: Ja, weil ich möchte mit ihm nix mehr machen, so. Der hat also ganz linke Dinger abgezogen, so. Der hat sich also wirklich erdreistet und jemanden angerufen und derjenige sollte sich bei der K, bei der KPM bei I melden.

EF: Ja, pass mal uff. Um das jetzt mal, äh, MF hat ja auch wohl auch bei mir angerufen.
Maggi: Ja, ich weiß, kann ich mir denken ... sie redet dazwischen ...
EF: ... noch einmal. Und er wollte also auch die Nummer von I.
Maggi: Mhm, mhm, mhm!
EF: Und da habe ich ihm gesagt, der I hat leider keine Telefon ... unverständliches Wort ...
Maggi: Mhm, Hoffentlich haste ihm die Adresse nicht gegeben.
EF: Nein, wie komme ich dazu? Er wollte die Telefonnummer, und äh.
Maggi: Nee, stottert, wo es mir drum rum geht. Weißt du was da nämlich jetzt für ein Charakter bei rausgekommen ist?
EF: Nee.
Maggi: Er hat sich also bei jemandem gemeldet und der wiederum sollte sich mit I in Verbindung setzen, weil ich ihm eventuell sagte, dass der I ihm dann weiterhelfen könnte, um an den Rest ranzukommen.
EF: Ja du lieber Gott!
Maggi: Auf mich hat der liebe MF nämlich geschissen.
EF: Mhm.
Maggi: Der hat nämlich gedacht, mich haben sie am Arsch, verstehste, und rette die Kohle, was zu retten ist.
EF: Was?
Maggi: Ja klar! Ich hab heute mit jemandem gesprochen, sage ich dir, mir geht der Hut hoch, so. Sag mal, mir geht der Hut hoch, muss ich dir echt sagen, so.

Dieses von Maggi immer wieder eigentlich völlig sinnlos gebrauchte „so" am Satzende ist das klassische Beispiel eines Idiolekts, ein sein Sprechen charakterisierendes Merkmal.

Das ist überhaupt keine Basis mehr. Der hat von mir nichts zu erwarten, das ich ihm nicht die Bullen hinschicke, da kann er jetzt froh sein, verstehst du?
EF: Also er hatte auch, eh, eigentlich der Anlass, weiß ich nicht, bei MF weiß ich ja nie.
Maggi: Naja klar.
EF: Sag mal, eöh, das geht doch klar mit den Kindern, das die, eöh, mal zu uns kommen könnten?
Maggi: Nee, das geht nicht klar!
EF: Ja, nja, nja, damals als also als er angerufen hatte, er hatte sich vergewissert, das zu sagen.
Maggi: Mhm, mhm, mhm, mhm.
EF: Ich sage, selbstverständlich geht das klar, aber, eöh, ich weiß gar nicht, wo du bist.
Maggi: Ja.
EF: du hättest dich bei mir seit Wochen nicht gemeldet, hab ich ihm gesagt.

Maggi: Ja, ja, ist ja auch richtig, mhm.
EF: Aber, ich sage, von mir aus steht überhaupt da, öh, nichts im Wege, selbstverständlich kannst du, also du Maggi,
Maggi: Mhm.
EF: die, eh, Kinder mit, eh, nach Holland nehmen ... unverständliches Wort ...

Beide sprechen von MF, bekannt aus den Gesprächen zwischen MF und S. Die Ehefrau erwähnt Holland als das Aufenthaltsland des MF, das damit offenkundig wurde. Maggi wurde geschaltet, nachdem er als Transporteur des MF identifiziert war. Die Ehefrau des Maggi redet über das Thema (Kinder) völlig unbefangen, weil sie nichts vom Keil ahnt, den S zwischen Maggi und MF getrieben hat.

Maggi: Ja, ja, ja.
EF: Und dann, eh, hat er mich gefragt nach der Nummer von dem I und ich dachte mir, das kann nicht angehen, das der sich vergewissert, ob, ob die Kinder jetzt nach Holland dürfen oder nicht?
Maggi: Eben, eben. Es muss da noch was nachkommen, bei ihm kommt ja immer was nach, verstehste, weil, er fragt ja nicht aus Daffke, weil, das hab ich ihm ja schon zugesagt alles.
EF: Nja ... unverständlich ..., dass auch ein bisschen merkwürdig ...
Maggi: Näh, pass mal auf, ist ja gar nicht so schlimm. Das Schlimme ist nur, ich weiß jetzt, was er für einen Charakter hat und der serviert mich ab und denkt nur an seine Kohle. Das hat er mir letztens wortwörtlich gesagt.
EF: Mhm, mhm.
Maggi: Ich hatte son Gespräch mit Manu und Manu sagte, eh, dem geht's nicht um die Kohle, dem geht's um dich Maggi, du bist sein Freund. Und ich sage, liebe Manu, weißt du was MF mir wortwörtlich gesagt hat, egal was mit mir passiert, er muss bei anderen Leuten für die Gro ... für die Kohle gerade stehen. Und von mir hat er keinen Ton gesagt. So. Ha. Und da er jetzt die Dinger angeleiert hat, weil er dachte ich war weg, haa, kannste dir natürlich vorstellen, dass ich hier überhaupt keinen Bock mehr drauf habe. Ich behalte das Auto als Kaution ... EF lacht ... ich verdiene jetzt Geld in meine Tasche und er hat sich nicht mehr zu melden, so sieht das aus ... EF lacht ... ah, öh, ich hab ihm Freitag gesagt, er braucht mich erst mal nicht mehr anzurufen und wenn er es macht, öh, mach ich den beiden Ärger und er weiß was das heißt und ich hoffe, er hält das jetzt durch, ich will von ihm nichts mehr.
EF: Mhm.
Maggi: Ich stell mich dann dahin und er kann das Auto haben, verstehste, er kann die Papiere haben. Er muss nur unterschreiben, dass das Auto verkauft wird und pipapo und erst dann kriegt er das ganz, verstehste?
EF: Mhm.

Maggi: Weil, ich muss mich jetzt absichern, um heil da rauszukommen.
EF: Ja.
Maggi: Noa. du hast mich nicht gesprochen, auch jetzt noch nicht. Falls er wieder anrufen sollte, ich bitte Dich da drum.
EF: Ja, ist gut, OK.
Maggi: Ja, öh, es geht jetzt nicht gegen MF, es geht jetzt um mich, verstehst du?
EF: Mhm
Im weiteren Verlauf des Gespräches versichert sich Maggi seiner Ehefrau, dass die dem MF nichts sagt. Er ist auch damit einverstanden, wenn sie die Kinder einweiht, weil denen erklärt werden muss, dass es nicht nach Holland geht. Er schlägt statt dessen vor, mit den Kindern eine Woche was zu machen, weil die Kinder Ferien haben und nun nicht nach Holland kämen. Er würde tapezieren und danach könnten sie auch gemeinsam was unternehmen, wenn ihr was einfiele. Er habe gegenüber seinen Kindern ein permanent schlechtes Gewissen. Er sähe jetzt noch eine Chance, aus allem rauszukommen. Er habe Angst. Der sei so skrupellos. Das sei keine Basis.
Maggi: Weil, wie gesagt, öh, Bernd hat son Telefon, da erscheint die Nummer von dem der anruft. Ja?
EF: Mhm.
Maggi: Und da kommt ne Nummer, die Bernd überhaupt nicht identifizieren kann aus irgend nem fremden Land und der Typ erzählt ... folgt unverständlicher Versprecher ... er ist ein Freund von mir aus Berlin.
Maggi führte dann weiter aus, dass er sich ordentlich über den Pieper abgemeldet habe. Er könne sich nicht eine Woche in eine Telefonzelle stellen, um laufend seinen (MFs) Pieper anzurufen. Er habe keinen Ärger mit „ihm“, aber er habe noch was von ihm zu kriegen und deshalb verhalte er sich so.
Maggi: Und ich hab heute noch einen Termin gehabt in Kreuzberg mit jemandem, der ihn sehr gut kennt, und als der mir sagt, MF hat mich angerufen, ich sollte mich mit der KP ... KPM um irgend nen I kümmern ...

Ein Treffen zwischen Maggi und dem Türken S. Der hatte selbstverständlich kein Interesse, an seinem ehemaligen Komplizen MF ein gutes Haar zu lassen.

Maggi glaubt, dass MF in Panik macht. Selbst wenn Maggi was passiert wäre, würde MF die Bullen durch sein Verhalten nur auf ihn hetzen. Er würde die Bullen erst auf alle möglichen Spuren setzen. Er habe ihm gesagt, wenn er jetzt vor ihm stünde, würde er ihm auf die Fresse hauen. Er solle sich jetzt zurückhalten, ansonsten käme er mit der Kripo. Er wolle jetzt seine Ruhe vor ihm haben. Folgen noch einige Überlegungen zum Oldtimer des MF, der auch Rückschlüsse auf Maggi zuließe. EF meint, er solle ihn weiter weg fahren. Maggi zieht in Erwägung, das Auto zu verkaufen.

Der Rest des Gespräches geht um die Möglichkeiten, möglichst auf Kosten des Staates zu leben, ohne etwas dafür tun zu müssen. Er wird vormittags kommen, um zu tapezieren. Sie kann den I gut leiden, obwohl er Alkoholiker ist. Er habe sich gestern mit ihm gestritten, weil ihm die besoffene Laberei Is auf den Geist gegangen ist.

<u>12. Gespräch</u>
Maggi wählt die Nummer des Türken S an.
Nach Begrüßung und anderen Floskeln:
Maggi: ... hast du mit MF mal gesprochen die Tage irgendwann
S: Zweimal, ja.
Maggi: Ja?
S: Einmal sagt er, du bist raus und einmal sagt er, du bist dabei.
Maggi: Ja, zuerst, wie gesagt, bin ich mit ihm so verblieben, dass ich erst mal die Faxen dicke hatte so, nachdem was sich da wieder getan hatte, ne.
S: Ja, hast du Recht, was du gemacht hast, is nun, ist gut für Dich, is ja, ich hab nichts damit zu tun, aber, du musst schon, wenn du mal fragst, das ist ...
Maggi: Na ja, nu, wir haben eigentlich vieles geklärt, so, hoa, bis auf die Panik, die da drüben immer läuft, wenn ich da rüber komme. Hh, schwupp. Wao. Und da hab ich ihn jetzt die Tage angerufen und gesagt, pass auf, öh, mir ist das eigentlich egal, hao, du musst weiterleben, hao, und ...
S: Wir müssen alle leben, ich meine, wir leben auch ohne ihn oder mit ihm, aber, es wär, es wär angebracht, wenn er schon bereit ist, wenn du dahin kommst, weißt du?
Maggi: Eben, und genau, genau ... S redet dazwischen ...
S: ... unverständlich ... rumlaufen lässt, dann gefährdest du alles.
Maggi: Eben, eben, eben, ja. Genau war's. Das war der Punkt, den ich zu klären hatte, so, dass das nicht läuft, das sind nämlich Kindergartenspiele da drüben und die mach ich nicht mit.
Anschließend folgt eine kurze Passage über das Wetter, welches dämpfend auf alle Aktivitäten einwirkt. S erkundigt sich des weiteren, ob Maggi noch ein bisschen von dem hat, was er ihm letztens gegeben hat. Maggi habe von dem „Guten". S habe eine Kiste Cola.

Auch das dauernde Einfügen solcher Idiolekte wie „wao, öh, oder hao" dürften im Verhör vor Gericht bemerkt werden, wenn man denn die Aufmerksamkeit auf solche Details richtete.
„Kiste Cola" steht für eine hier nicht zu bestimmende Menge Kokain.
Maggi ärgert sich offensichtlich auf die seines Erachtens unnötigen Wartezeiten bei MF in Holland. MF veranstalte „Kindergartenspiele", die er nicht mitmachen wolle.

Es läuft darauf hinaus, dass das „Zeug“ bereitstehen müsse, wenn er käme. Er weiß nicht, dass MF von S um das Startkapital betrogen wird.
Maggi schlägt einen kleinen Tausch wie letztens vor. S würde Maggi auch gern sehen. Sie verabreden sich an ihrer Ecke. „Ein Wopper“, sagt Maggi.

13. Gespräch
MF: du, sag mal, was ist mit Deinem Freund, hat der sich noch mal gemeldet gehabt?
S: Nee, hat sich nicht.
MF: Hat sich nicht, das ist schade.
S: Warum? Ja, der wird sich schon melden, irgendwie.
MF: Weil, weil das im Moment in Berlin für mich das Einzige, was ich machen kann...
S: Ja, musst du, musst du noch ein bisschen Geduld haben. Vielleicht, kann jede Zeit sein, dass er sich meldet.
MF: Ja, na ja dann, sonst brauch ich jetzt erst mal nichts hinzuschaffen, weißt du?
S: Ja, es kann ja trotzdem, wenn was da ist, kann er trotzdem her. Es gibt ja noch andere Leute, wo angucken kann.
MF: Ja, na ja, musst du mal, musst du mal hier den, die, du hast ja seine Piepernummer noch, nicht?
S: Ja, hat er was?
MF: ... stottert ... Vielleicht noch, müsste noch eins oder so müsste noch daliegen.

S soll den Transporteur Maggi anpiepen. Der hat noch etwas herumzuliegen. Das soll S verkaufen und den Erlös dem MF zukommen lassen. Das weiß S alles, denn er tauscht ja schon munter mit Maggi (siehe oben).

S: Ja, ich sprech mal mit ihm.
S erklärt dann, dass er in den letzten zwei Tagen auch in Kreuzberg gewesen ist. Keiner von den beiden sei zu sehen gewesen. Er wisse nicht, ob sie im Urlaub sind. Sowohl S als auch MF klagen, dass sie keine Kohle mehr haben. S weiß nicht, wie er seine Miete bezahlen soll. MF ginge es genau so.
MF: Bisschen Arbeit wär nicht schlecht, hä?
S: Ja, ich meine, klar, von mir aus gerne. Ich spreche mal mit ihm. Ich, ich, ich ...
MF: Pass auf, ich will noch was anderes kurz besprechen und zwar unserer Freundin Christine, nicht.
S: Ja.
MF: Deine Freunde hier, die hier in Rotterdam wohnen. Ich kann vielleicht was für sie tun. Richtig gut und schnell. Für sie.

Wieder der indirekte semantische Hinweis des MF auf seinen Aufenthalt in Holland. Im übrigen versucht MF Eulen nach Athen zu tragen, indem er ausgerechnet den

Freunden des S in Rotterdam (türkische Rauschgiftschmuggler und -händler) „Christine“ anbietet. Es dürfte sich bei dem Angebot um Kokain handeln. Auf diese Version deuten die Worte „gut“ und „schnell“ hin.

S: Von dir aus kaufen oder wie?
MF: Falls die Bedarf ..., ich habe wirklich super, super Preis ... Qualität.
S: Ach so. Ich glaub, die sind selber so versorgt, die sind, die wollen ja selber auch was los werden. Da ist man am falschen Mann, glaube ich, bei denen.
MF: Mhm?
S: Ich glaub, die wollen hier selber was los werden, weißt du? Also ich glaube nicht, dass die Interesse haben, etwas zu kaufen.
MF: Kannst ja mal fragen. 48 Jahre alt ist sie, ja?
S: Achtundvierzig.

Anmerkung: „48 Jahre“ dürfte eine Preisvorstellung sein. 48.000,— DM pro Kilo vermutlich Kokain bei Großabnahme.

MF: Ja. Und Oberweite ist 90, mindestens, vielleicht sogar ein bisschen größer.

Anmerkung: Die Oberweite 90 und mehr dürfte die Quantität der Substanz umreißen, den Anteil des Kokains in der Substanz. Er betrüge 90% und mehr. Die Preise könnten sich auf Kokain beziehen, weil die untere Grenze von 48 (tausend) pro Kilo Kokain im Großhandel und wegen der Eile realistisch wäre.

S: Hast du ... Connnection, ja, im Moment?
MF: Ja, ist gerade eingeflogen, direkt, ... unverständlich.
S: Lass doch was rüberwachsen!
MF: Ja, ich habe kein Geld für mich, um selber was zu ... ich kann nur vermitteln im Moment. Ich fang von Null an gerade. Deswegen kannst nur, fragen kostet ja nichts.
S: Alles klar, ich werde mich mal umhören.
MF: Ja?
S: Ist es viel?
MF: Ich melde mich dann wieder.
S: Ist es viel?
MF: Mhm?
S: Ist es viel, MF?
MF: Ja, natürlich.
S: Wie viel Stück, zehn, zwanzig?
MF: Mehr, aber auch einzeln abzugeben, also über dreißig. Und der Preis ist nur, weil es schnell weg soll. Ja?

S: Alles klar. Ich melde mich in zwei Tagen bestimmt.
MF: OK.
S: Ich rufe mal den anderen Amigo an, frag mal, was der Zuhause hat.
Verabschiedung.

Es ist schon erstaunlich, wie deutlich sich die Partner unter Druck am Telefon ausdrücken. Das ist für den Ermittler gut, reicht aber in der Regel für einen Richterspruch nicht aus.

14. Gespräch
Maggi teilt dem MF mit, dass das blaue Auto entstempelt sei. Die hätten das jetzt mitgekriegt (fehlender Versicherungsschutz). Was er denn machen solle, er habe keine Kohle. Die habe MF auch nicht. Alles, was er hatte ist in Marokko, solange müsse er warten. Er lebe zur Zeit von der Rückzahlung anderer Schulden.
MF: Vielleicht interessiert sich ja hier in den nächsten Tagen, hier, Ai-qua-achtzig (phon., damit ist S gemeint) für den Restbestand.
Maggi: Ja, der hat mich vorhin angerufen, ja.
Sie beraten, ob sie das Auto bei B in der Tiefgarage verschwinden lassen oder ob Maggi das Auto kauft, zulässt und dann nach Holland bringt.

Anmerkung: In dem Zusammenhang erwähnt MF „in vier Wochen". Daraus könnte geschlossen werden, dass die schlechte Zeit nach diesem Zeitablauf vorbei sein dürfte.

Maggi scheint geneigt, das Auto zu übernehmen. Manu ist zur Zeit auch nicht bei MF. Wenn Maggi Benzingeld hätte, könnte er doch rüberkommen, vielleicht könnte man irgend etwas arrangieren. Maggi weiß im Augenblick nicht wie, da müsse er sich auf S verlassen, der sich heute oder morgen noch mal melden wollte. Er habe so ein bisschen auf eilig bei ihm gedrückt. Er soll gucken, dass es wegkommt. MF meint, dass die Leute, die man so kennt, jetzt auch Urlaub haben.

Seine Urlauber sind Häftlinge.

Maggi hat noch einen offen stehen. Der ist noch gar nicht zu erreichen. Da muss er auf Schat warten, dass der kommt. Der kommt nächste Woche Dienstag wieder. MF ist dort noch eine Woche alleine. Vielleicht kann man ein bisschen fertig machen. Geld für Sprit hat MF immer. Das kriegt er von einem Knaben, von dem MF noch vierzigtausend bekommt. Bloß wenn Maggi kommt, möchte er da drüben das Geld nicht unnötig verfahren. Maggi will dem MF auch nicht auf der Tasche rumhängen. Wenn das Geld alle ist, geht MF zu ihm hin. Maggi will das heute abend mit B klären.

MF: du, hast du vielleicht, kennst jemand großen mit Christine (Sinn nicht direkt verständlich, vermutlich Abnehmer gemeint)?

Ganz sicher ist hier ein Abnehmer von „Christine" (Kokain) gemeint. Der Auswerter hat richtig gedeutet, obwohl er als Aushilfsauswerter vermutlich nicht alle Gespräche kannte. Das ist die Gefahr bei der Auswertung von Telefonüberwachungen: Viele Köche können den Brei verderben.

Maggi: Haben, oder was?
MF: Ja, der haben will. Ich hab absolut Top, wa.
Maggi: Mhm, mhm.
MF: Vom, vom Preis und von Menge und Qualität, also.
Maggi: Na ja, da müsste man natürlich darüber reden, ich kenn einen.
MF: Kannst du, garantiert einhundert Prozent rein, sagen wir mal, kannst du abgeben.
Maggi: Ja, aber die Menge.
MF: Fünfundfünfzig.
Maggi: Die Menge?
MF: Na ja, ab.
Maggi: Einen.
MF: Ab einer Kiste aufwärts. Aber fünfundfünfzig im Block. Hundertprozent Garantien und so weiter, ja.
Maggi ist nachher um fünf noch einmal bei seiner süßen Freundin. Der wird er das mal verklickern. Er habe das bei ihr vor ein paar Wochen schon einmal angerissen.

Die „süße Freundin" konnte ermittelt werden. Sie handelte mit Rauschgiften aller Art.

MF: Ich habe im Moment Zugriff auf 35 Kisten.
Maggi: Oh, oh, und Ai-qua-achtzig weiß das auch, ja?

S gemeint, wie im Verlauf der TÜ im Kontext deutlich wurde.

MF: Er weiß das auch schon, ja.
Maggi: Aha. Gut. Er kann ja wohl eher, glaub ich, an der Schraube drehen wie ich. Ich kann es nur probieren, so. Müssen wir mal gucken, so. Das klärt sich aber auch. Da bin ich um fünf habe ich einen Date mit der süßen Frau um die Ecke, so. Und denn mal kieken.

Der Konkurrenzneid zwischen S und Maggi wird deutlich. Das versteht MF nicht. Darum steht er zwischen Baum und Borke. S und Maggi spielen letztlich den MF an die Wand. Feindschaften und Freundschaften, Ehebruch, Neid, Konkurrenzdenken, Liebesverhältnisse, Erpressungen und andere Faktoren mehr bieten dem Auswerter die Möglichkeiten, hinter die Kulissen zu schauen und Schwächen dieser Verbrecher für sich zu nutzen.

MF: Alles klar.
MF wird sich morgen unangepiept melden.

<u>15. Gespräch</u>
Nach der Begrüßung fragt MF, was bei S so los ist, worauf dieser entgegnet, dass bei ihm tote Hose ist.
MF: Tote Hosen, sag mal können wir uns nicht mal zusammensetzen, dass wir deinen Münchner Kollegen oder so, dass wir das mal reden können, ob wir da was machen können. Ich hab im Moment nichts, keine Arbeit, nichts, sozusagen.
S: Ja, was sollen wir uns großartig rumsetzen, er muss sich halt melden.
MF: Naja, ich meine, kannst du dich nicht mal bei dem melden?
S: Na in München, nach München.
MF: Na ist, ist , ist ja nun egal, wenn es potentiell, wenn es wirklich gut ist, dann ist es ein Vermögen in der Zeit weißt du, wenn man es mal öfter (etwas unverständlich), bloß was soll ich jetzt machen. Ich hab jetzt von hier aus keine Möglichkeit andere Klienten groß anzuwerben, weißt du.

Mit dem neuen Klienten ist ein neuer Transporteur gemeint, der angeworben werden soll. Das ergibt sich aus der laufenden und einer begleitenden Telefonüberwachung. MF hat sich mit seinem alten Freund verkracht. S selbst hat Transporte abgelehnt. Für die oder den Auswerter ist die Erkenntnis vom Zusammenhang verschiedener Telefonüberwachungsmaßnahmen von überragender Bedeutung.

S: Wolltest nicht mal hier vorbeikommen?
MF: Ja, bloß du ich hab keinen Pass. Ist mir zu riskant im Moment, die machen ganz schön Wirbel wegen mir, nach der Verhandlung.
S: Ich muss mal gucken, ob ich die Nummer von ihm kriegen kann, ich muss mit einem Mädchen sprechen.
MF: Ich würd nämlich alles für ihn tun sozusagen, und jetzt sitz ich in der Scheiße sag ich dir, noch anders.
S: Noch'n Scheiß?
MF: Mit Christine.
S: Was für'n Scheiß?
MF: Na ja, ich habe, ich hab ihr auch angeboten einen anderen (etwas schwer verständlich das letzte Wort) und jetzt ist der Typ gestern abgereist dann, nach Türkei, ein Landsmann von dir, und heute kommt ein Klient an und will zehn haben, hart was.
S: Was macht der M zwei, der andere hier?

„M zwei" ist die Bezeichnung für den alten Transporteur des MF (Maggi). Im übrigen ist der MF offensichtlich einem türkischen Landsmann auf den Leim gegangen. Er vertraute ihm Kokain ohne Bezahlung an. Dann verschwand der Türke in seine Heimat, wie aus dem nachfolgenden Text ersichtlich werden wird.

MF: Ja, na ja, erst mal, nix. Der muss mir irgendwann das Auto bringen und dann mal sehen, also ich bin noch nicht, ich hab keine Kohle mehr, nich, ich sitz hier ohne Geld und kann nichts tun.
S: Ja, ja nicht die Geduld verlieren, es wird sich schon irgendwas tun, ich versuch mal mit ihm Kontakt zu kriegen, aber ich muss zu einem Mädchen, weißt du, sie muss mir die Nummer von ihm geben.
MF: Na ja, (MF stottert etwas rum) der hat noch eine Kiste da weißt du.
S: Halbe hat er zu mir gesagt.
MF: Halbe! Und wieso hat er dann keine Kohle? Oh Mann ich krieg noch einen zuviel.
S: Ich hab ihn gefragt was er noch da hat, weißt du?
MF: Mir hat er gesagt, er hat nur eine Kiste und fünfzig Pollen und heute erzählt er mir, er kann nicht seine Miete bezahlen. Ich krieg noch 6000 von dem. Sag mal was machen die Leute alle, du bist da genauso eingeschlossen, macht ihr immer mit dem Geld, lasst ihr euch bescheißen oder was. Ich frag mich auch was hat der gemacht, ich verstehe das alles nicht, na ja gut. Versuch mal die Nummer rauszukriegen.

MF rastet aus, weil er wegen seiner Ohnmacht (in Deutschland gesucht wegen zweier HB) nichts in Deutschland machen kann. Die Kiste und die „Pollen" beziehen sich auf Mengenangaben von Haschisch/Marihuana. Für die Auswerter einer Telefonüberwachung sind solche Zwänge von außerordentlicher Bedeutung. Sie treffen nicht nur kleine, mittlere und größere organisierte Banditen, sondern auch Verbrecher, die von sich behaupten, Ehrenmänner zu sein.

S: OK, rufst du mich an?
MF: Ich überleg mir, ob ich mir nun was zum Essen mehr kaufe oder nicht mal, und der schmeißt das Geld zum Fenster raus.
S: Rufst du mich an in zwei Tagen?
MF: Ja, ich ruf dich dann an in zwei Tagen, ja, mach ich.
S : Bis dann.
MF: Erst mal schönen Abend, Tschüs.

<u>16. Gespräch</u>
MF: du, ich bin jetzt gleich, fahre gleich nach Rotterdam und, meinst du, ich könnte mal Kontakt haben mit einem, weil, ich habe einen wichtigen Klienten.
S: Christine ... (der Rest des Satzes ist unverständlich)

MF: Ja.
S: Willst du fragen, ob sie wollen, oder wie?
MF: Nee, ob, ob sie mir jetzt geben können, der andere ist jetzt verreist.
S: Ach so.
MF: Ja. Das ist das Problem, der ... S labert dazwischen ...
S: Scheiße, ich komme gerade vom Zahnarzt, mir ist der obere ... MF labert dazwischen ...
MF: ... Urlaub gefahren, ja?
S: Häh?
MF: Stottert ..., der hat sein Geld genommen, was er dann gleich hatte und ist dann in Urlaub gefahren, erst mal. Nich.
S: Mhm.
MF: Und da würde ich dann heute hinfahren.
S: Ich weiß nicht, wem ich dich da empfehlen soll, großartig.
MF: Was ist mit dem kleinen Porschejungen.
S: Der ist im ... äh ... Kur. Der existiert nicht mehr.
MF: Ach, der hat einen längeren Aufenthalt?
S: Ja, ich glaube, also er war jetzt weg, als ich dort war. Er ist in Kur jetzt.

Der „Porschejunge" befindet sich im Knast.

MF: Wie sieht es denn aus, kannst du nicht mal herkommen, dass wir mal besprechen können, was wir machen können zusammen, weil ich stehe hier echt auf dem Schlauch, hab kaum ... S labert dazwischen ...
S: Ja, ich, ich hab im Moment sehr wichtige Zahnarzttermine, so die nächsten zwei Wochen.
MF: Was?
S: Ich habe wichtige Zahnarzttermine, die ich einhalten muss ... und bei deinen marokkanischen Freunden tut sich nichts, oder wie?
MF: Nein, ich, na ja, auch mit dem Münchner, nicht, das einzige, was ich noch habe im Moment.
S: Ja, mit dem Münchner, MF, da musst du mal einfach, ich werde ihn ausfindig machen, versuchen zu kriegen, ansonsten warten wir auf seinen Anruf. Was soll ich da.
MF: Na ja, nee, sag ..., was ich meine, ich kann mir nicht mehr leisten irgendwas prophylaktisch, also vor, vorher nach Berlin zu schicken (1). Sondern ich muss, ich muss genau wissen, ob er will oder nicht, ... vorher eine Platte (2), und dann erst wenn er sagt ja, dann fährt der los, der Chauffeur und bringt die Platte nach Berlin oder nach München.

(1) MF ist nicht mehr in der Lage, dem S in Kommission zu geben. Er will, dass S zwischen MF und dem „Münchner" (neuer Schmuggler) vermittelt.

(2) Eine Platte Haschisch wiegt 100 oder 120 Gramm.

S: Hast du mit dem gesprochen, gestern und heute?
MF: Ja, na ja, ich, deswegen ja. Ich würde dir gerne eine Platte geben, und die soll der Münchner sich angucken, und wenn er will, kriegt er einen guten Preis, kann er zehn haben und dann werden die direkt nach München gebracht oder anders kann ich nicht mehr arbeiten. Ich habe ja kein Geld mehr. Ich habe gerade noch fünfzig Gulden heute zurückzukommen.
S: Jetzt warte doch mal, MF, bis er sich meldet, dann läuft die Sache schon.
MF: Na ja, aber ich hab, ich hab jetzt gerade einen Termin, wo ich was gezeigt kriege. Dann nehme ich eine Platte mit und die Platte wäre zum Beispiel, ich krieg ja nicht von, von jedem auch Kredit, ist auch das Problem, erst mal Kredit bekommt.
S: Was hat der doch von den Pollen auch noch was Zuhause, der Idiot (Maggi gemeint).

Maggi ist der Transporteur, dem MF so vertraute. Es kam zum Streit zwischen den beiden, weil Maggi sich von MF übermäßig kontrolliert fühlte. Maggis chaotisches Verhalten deutete auf Kokainmissbrauch hin. Das kam auch deutlich in seiner unterschiedlichen Sprechweise und der eigenartigen Verwendung des Idiolekts „so" zum Ausdruck.

MF: Er müsste fünfzig hat er noch, hat er gesagt letztes Mal.
S: Fünfzig
MF: Ja.
S: Mensch, äh, was ich in letzter Woche wollten was welche von haben. Er hat zu mir nur gesagt, halbes Standart normal. Scheißdreck. Na ja. MF, warte noch ein zwei Tage. Ich meine, du kannst ja eine Platte trotzdem nehmen, weißt du.
MF: Ja, na ja, aber da muss auch, muss ich auch was machen mit. Wenn ich sie nehme, muss ich gleich was tun. Die warten ja auch nicht lange, ne? Ich bin von den Leuten jetzt abhängig, die das machen. Kannst du nicht am Wochenende jetzt hochkommen?
S: Jetzt am Wochenende?
MF: Dann können wir vielleicht auch mal kurz nach Rotterdam fahren, weil ich habe auch noch einen Klienten hier für fünf bis zehn, vielleicht sogar mehr von dem anderen, nicht, von Christine (offenbar ist mit Christine Heroin und/oder Kokain gemeint). Und das ist ein richtiger guter Klient.

Erst an dieser Stelle war sich der SB ziemlich sicher, dass „Christine" ein Synonym für Rauschgift ist.

S: Gut ich ... stottert ... habe eine betäubten Mund auch bisschen, weißt du ich. Wir reden dann ganz vernünftig in den nächsten Tagen, und dann kann ich Dir auch über den Münchner was sagen.

S hat nicht die Absicht nach Rotterdam zu fahren, deshalb dieses Stottern.

MF: Ich meine das Wochenende (S redet dazwischen), dann würde ich nämlich die Platte heute nehmen.
S: Na dann warte mal eben auf meine Anruf, warte bis auf morgen. Ich, ich versuche heute und morgen diesen Münchner ausfindig zu machen, über ihn etwas rauszukriegen, OK? Versprochen!
MF: OK.
S: Und, ja warte einfach noch zwei Tage, also ein, bis morgen abend, ich melde mich ganz sicher.
MF: Hast du sonst für normale Kisten noch Leute?
S: Ja, ich meine, ich, weißt du, wenn hier ein paar wären, würde kein ...
MF: Ich habe kein Geld mehr. Vielleicht zahlen die mir mal die achtzehntausend oder zwanzigtausend da zurück, die Jungs.
S: Ach so, diese Arschlöcher, die sind im Moment nicht da. Der Laden ist zu, und die sind nicht da im Moment. Urlaub steht drauf. Bis 21. August. Haben sie Urlaub geschrieben an die Tür. Aber ...

S schickt die Türken in den Urlaub, weil er nicht in der Lage ist, weder den angeblich schlechten Stoff noch das Geld dafür beizubringen.

MF: Na eh, weißt ja. Ich habe ein Problem. Ich kann nicht mehr groß warten, ich habe kein Geld mehr.
S. Ja, was soll ich machen, soll ich eine Bank rauben gehen.
MF: Nein, vielleicht kommst du her. Wir können zusammen hier sehr viel jetzt machen, im Moment.
S: Ja?
MF: Ja, natürlich, wenn wir zusammen nach Rotterdam fahren. Ich habe hier Leute. Wir können alles mögliche machen. Denn die Jungs machen doch Geschäfte da in Rotterdam.
S: Weiß ich nicht, wird sicher ...
MF: Sicherlich, dafür sind sie wahrscheinlich da.
S: Keine Ahnung, aber auf jeden Fall, wir hören noch voneinander, morgen, bis morgen abend, melde ich mich ganz sicher.
MF: Ja, ich ruf dann morgen abend an.
S: OK, verlier die Geduld nicht, MF, bleib cool.
MF: Na ja, ich bin, es hängt nicht mehr von mir ab. Ich bin abhängig von den Leuten, nicht? Und wenn ich, wenn ich wegen mit Christine irgendwie jetzt einen Termin machen könnte, vielleicht mal was zum Zeigen oder so, dann wär das schon direkt ein Schritt, mal wieder Geld zu verdienen.

S: OK, bis bald
MF: Ja, bis dann, tschüs.

17. Gespräch

Die Begrüßung fällt etwas frostig aus.
MF: Gestern abend war es dann ein bisschen spät.
S: Ja, der Arsch hat mich auch nicht angerufen. Ich habe ihn gerade jetzt wieder noch mal zurückgerufen.
MF: Ja.
S: Habe ich ihn aus dem Bett geholt und. Ja, ja, er hat ein bisschen Theater gemacht, was das soll und trallala und so. Ich habe gesagt, ich muss unbedingt wissen, wann er ungefähr kommen muss. Und jetzt hat er mir versprochen, dass er, dass er mich in. Will noch eine halbe Stunde schlafen, aber dann in einer Stunde will er mich noch mal anrufen.
MF: Ja, OK.
S: OK?
MF: Kannst, sag ihm aber, dass dein Freund aus Holland ihn gern kennenlernen würde.
S: Ja, ja, er macht schon Schwierigkeiten, dass ich jetzt unbedingt wissen will, wann er ungefähr zurückkommen..., weil, wir haben, als er hier war, habe wir so ganz locker gemacht, kein Problem, und wenn du da bist, ist wieder was da und trallala.
MF: Ja, aber das ist ja nun nicht.
S: Ja, gut, bring das mal den anderen bei, die kennen ja nicht was, was da, was bei uns los ist. Die wissen das ja nicht. Wie willst du das denen klar machen?
MF: Kannst ihm sagen... S unterbricht ...
S: Ja, ich sage ihm schon die ganze Zeit, dass ... MF unterbricht ...
MF: Er, er, er kann es direkt nach München haben, er braucht gar nicht herkommen. Er kann sich vor Ort entscheiden und auswählen. Das sollst du ihm sagen. Das ist für ihn doch eine bequeme Sache.
S: Ja, ihn kann ich sowieso noch nicht haben. Ich muss erst mal den Mm..., den Mann hier, der muss hier erst mal anrufen und, und fragen wann er überhaupt. Seine Nummer glaube ich nicht, dass ich die kriege.
MF: Na ja, gut, aber, kannst du ja mal ...S unterbricht ...
S: Weißt du, ich habe auch Interesse an einem guten Jungen, der Kohle hat.
MF: Mm?
S: Ich habe auch Interesse, nicht nur du, verstehst du? Niemand denkt, gutes Geld hat und ... unverständlich ... arbeitet, das ist auch in meinem Interesse.
MF: Ja, na, natürlich, aber, ich meine, du musst Dich der Sache auch irgendwann mal stellen, was du mit mir machst ist auch nicht unbedingt das beste, nicht, das weißt du! du, ich nehme mal an, dass du mit Christine Probleme gehabt hast (vermutlich Probleme mit Kokain oder Heroin gemeint).

MF wird deutlich. Er führt die Unzuverlässigkeit des S auf den Missbrauch von „Christine“ (Kokainmissbrauch) zurück. MF kann einem schon manchmal leid tun. Er ist zwar pathologisch gezeichnet, aber doch ein „ehrlicher deutscher Verbrecher“. Der Türke nützt seine Situation schamlos aus. Derartige Machenschaften ereignen sich auf allen kriminellen Ebenen, auf denen § 100a/b StPO - Maßnahmen zum Zuge kommen. Das muss der Auswerter aber wissen.

S: Du, das ist jetzt scheißegal, ob ich Probleme hatte oder nicht, das ist ... MF unterbricht ...
MF: Wenn es dir scheißegal ist, guck mal, ich sitze hier mit meiner Familie. Ich möchte ganz ernsthaft mit dir über die Sachen auch reden und nicht immer, du legst dann auf oder sagst, darüber möchtest du ... S unterbricht ...
Sie sprechen wieder einmal über den moralischen und den pekuniären Aspekt. S will sich nicht hetzen lassen. Beider Stress könne man nicht auf die anderen übertragen. MF meint dazu, dass er dann mit Deutschland Schluss machen und dort was aufbauen müsste, was schade wäre, wie S meint, denn er sei sich sicher, dass der hundertprozentig käme. Dann käme er aber umsonst, meint MF, und dann wäre er kaputt (vermutlich Markt in Deutschland gemeint), denn wenn er dann käme, könnte S für ihn nichts mehr tun. Der käme dann auch nicht wieder, weil er keine acht-, neunhundert Kilometer für nichts führe. Die sind mehr hippimäßig drauf, meint S. Die sind relaxter. Die hätten nichts mit MF oder ihm am Hut. Es nerve S schon, wenn er mit dem sprechen müsse. S wird auf jeden Fall versuchen, Kontakt zu kriegen. Er kann es aber nicht so schnell machen, wie sich MF das vorstellt.

Es geht wieder mal um die Anwerbung eines neuen Verkäufers.

MF: Kann..., kannst du zum Beispiel, das, was bei dem anderen noch ist, mit dem Pieper (Maggi gemeint), kannst du das heute noch wegmachen, zum Beispiel?
S: Hat er das noch?
MF: Ja.
S: Wann hast du mit ihm gesprochen?
MF: Vor einer halben Stunde.
S: Der hat es noch?
MF: Der ist zu Hause, ja.
S: Gut, ich guck mal, ob ich das heute oder morgen loskriegen kann.
MF: Ja? Weil ich brauch das Geld dringendst, ich zähle hier, kannst du hören (er klimpert S Münzen vor), Kleingeld.
S: Alles klar.
MF: Für das Frühstück zusammen.
S: Ich guck, das ich das wegkriegen kann.

MF: Und, eine andere Sache mit dem „Spielzeug“. Ich brauch hier unbedingt ein Spielzeug. Ich komm sonst mit den ..., ich habe hier Ärger mit Leuten, ich komme sonst nicht klar. Ich kann mir hier auch keins kaufen. Ich habe kein Geld dafür. Kosten, das ist hier teuer. Ich zahl hier drei Riesen (dreitausend Mark). Und dann ist es noch nicht mal so ein Gutes. Und ich weiß nicht, was, wie viel Leute damit schon vorher Kontakt hatten, sagen wir mal so.

Zu diesem Zeitpunkt ging es dem MF nur noch um den Erhalt des „Spielzeugs“. Er hat seine Waffe nie bekommen, weil S sie verkauft hat.

S: Na ja, wenn, wenn du das vorhast, was du vorhast, das ist ja auch scheißegal, wie lange, wie viel Leute Kontakt um hatten oder nicht hatten.
MF: Nee, ... S unterbricht ..
S: Wenn du mit, mit Stinksgewalt Deine Moneten holen willst, dann ist es eh Wurst.
MF: Nee, das muss nicht, was ist, was ist mit den Türken?

Die dauernde Frage nach den „Türken“ ist die Frage nach Bezahlung von 18 ausstehenden Kilo Haschisch. Die Reaktion des S ist immer negativ im Sinne von MF.

S: Die sind nicht, die sind nicht zu sehen, der Laden ist dicht im Moment. Ich glaube, die sind immer noch im Betriebsurlaub.
MF: Oder sie kommen gar nicht wieder.
S: Keine Ahnung, du echt, ich ...
Das Gespräch dreht sich im weiteren um das Eintreiben der Gelder von den Türken. MF könne sich überzeugen, wenn er herkäme. S könne ihm dann zeigen, von wem er bekäme und von wem nicht. Man könne sich mit denen nicht so rumstreiten. Die Reise nach Berlin wäre für MF ein gewaltiges Risiko.

Er wird in Deutschland mit zwei HB gesucht.

Wenn da eine Kontrolle wäre, sei er weg. MF ermahnt S, „ihm“ auszurichten, dass er jemanden mit besten Beziehungen in diesen Sachen kenne, wie sonst keiner, das sei nun mal so. S könne sich da ruhig dazwischen schalten. Wichtig sei nur, dass ihn jemand Potentes kennenlernen wolle. Wenn der nach Berlin käme, wäre das umsonst. MF muss die Autos aus Berlin abziehen. Er holt das Auto jetzt zurück. In der nächsten Woche ist das Auto noch nicht verkauft. Dann setzt er es nur für München ein, wenn das klappt, wenn nicht, muss er das Auto verkaufen, wenn das auch schade wäre. Mit S Versprechen, sich bald zu melden und MF Mahnung, sich auch um das Spielzeug zu kümmern, endet das Gespräch.

Kapitel 06

Vorschläge für die Verwendung von Begriffen aus der kriminalistischen Akustik

Eigenschaften der Stimme und der Sprache des MAGGI	Eigenschaften der Stimme und der Sprache der Ehefrau
Rahmenmerkmale der Sprache	Rahmenmerkmale der Sprache
Dialekt: Westfälisch	Dialekt: Westfälisch
Keine Sprech- und Sprachfehler festzustellen.	Offenes Näseln
Sprechgewandtheit: gewandt	Sprechgewandtheit: gewandt
Sprechstil: Belehrend und gefühlsbetont	Sprechstil: Sachlich, nüchtern
Einzelmerkmale der Stimme:	Einzelmerkmale der Stimme:
Grundstimme: Mittlere Tonlage bis hoch	Grundstimme: Mittlere Tonlage
Lautstärke: Von piano bis mezzoforte	Lautstärke: Piano
Klangfarbe: Hell und klar	Klangfarbe: Hell, klar, strahlt eine gewisse Wärme aus
Stimmfülle: Kleines Volumen	Stimmfülle: Kleines Volumen
Stimmgattung: Tenor	Stimmgattung:Alt
Sprechfluß: lebhaft, natürlich fließend	Sprechfluß: Natürlich fließend bis träge
Artikulationsgüte und Sprechdeutlichkeit: Gut	Artikulationsgüte und Sprechdeutlichkeit: Gut
Akzentuierung: Er setzt häufig ein seine Rede unterstreichendes „so“	
Sprechtempo: Rasch bis sehr rasch	Sprechtempo: Langsames bis mittleres Tempo

Eigenschaften der Stimme und der Sprache des MF	Eigenschaften der Stimme und der Sprache des S
Gruppenmerkmale der Sprache	Gruppenmerkmale der Sprache

Dialekt: Berlinisch zum Hochdeutschen hin tendierend	Dialekt: Gutes Deutsch mit durch seinen türkischen Ursprung eingefärbtem Dialekt
Keine Sprech- und Sprachfehler festzustellen	Keine Sprech- und Sprachfehler festzustellen
Sprechgewandtheit: Durchschnittlich gewandt	Sprechgewandtheit: Durchschnittlich gewandt.
Sprechstil: Sachlich, nüchtern	Sprechstil: Gefühlsbetont
Einzelmerkmale der Stimme:	Einzelmerkmale der Stimme:
Grundstimme: Mittlere Tonlage	Grundstimme: Mittlere Tonlage
Lautstärke: Mezzoforte	Lautstärke: Mezzoforte
Klangfarbe: Hell und leicht schnarrend	Klangfarbe: Hell, klar, strahlt eine gewisse Wärme aus.
Stimmfülle: Mittleres Volumen	Stimmfülle: Mittleres Volumen
Stimmgattung: Bariton	Stimmgattung: Bass
Sprechfluss: lebhaft, natürlich fließend	Sprechfluss: Natürlich fließend bis träge
Artikulationsgüte und Sprechdeutlichkeit: Gut	Artikulationsgüte und Sprechdeutlichkeit: Gut
Akzentuierung: Fallend am Ende des Satzes	
Sprechtempo: Mittleres Tempo	Sprechtempo: Langsames bis mittleres Tempo

Die Verwendung vorstehender Begriffe käme bei der Übergabe an wechselnde Erfasser/ Auswerter in Frage. Voraussetzung dafür ist die auditive Kenntnis derer Bedeutung. Der Unterschied zwischen „Alt“ und „Mezzoforto“ etc. müsste akustisch geläufig sein.

Handvermittelter Fernsprechverkehr / Selbstwählfernsprechverkehr. Grundzüge der Funktionsweisen.

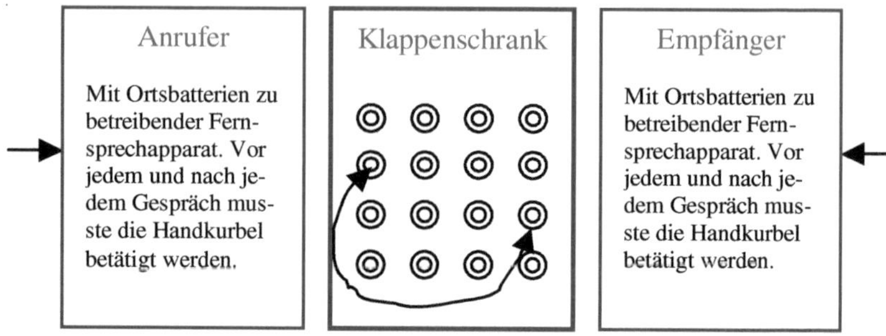

In der Zeit von 1881 bis etwa 1895 waren die Telefonapparate mit Ortsbatterien ausgestattet. Durch Drehen einer Handkurbel wurde der nötige Strom erzeugt, um im Fernmeldeamt eine Klappe fallen zu lassen. Der Vermittler konnte somit optisch als auch einmal akustisch wahrnehmen, dass ein Teilnehmer zu sprechen wünschte. Über den Klappenschrank stellte der Beamte eine Steckverbindung zum Anrufer her und fragte ihn nach einem amtlich festgelegten Vokabular, mit wem er telefonieren wolle. Anschließend stellte der Beamte eine Verbindung zum gewünschten Gesprächspartner her, um festzustellen, ob der empfangsbereit ist. War das nicht der Fall, teilte der Beamte das dem Anrufer mit. War der Empfänger jedoch bereit, verband er die beiden Anschlüsse am Klappenschrank miteinander. Der Beamte war gehalten, das Gespräch zu verfolgen, weil er für die technische Gesprächsbeendigung Sorge zu tragen hatte. Die Gesprächsteilnehmer vergaßen überwiegend nach Beendigung ihres Telefonats, die Kurbel zu drehen. Nur so konnte die Verbindung ordnungsgemäß unterbrochen werden. Also forderte der Beamte die Teilnehmer dazu auf.

Handvermittelte Gespräche oblagen deshalb der Aufsicht von Postbeamten. Die deutsche Post hat in ihren Dienstanweisungen immer wieder strengstens darauf hingewiesen, dass Gespräche nur von Postbeamten zu vermitteln sind, um Missbrauch des gesprochenen Wortes zu verhindern.

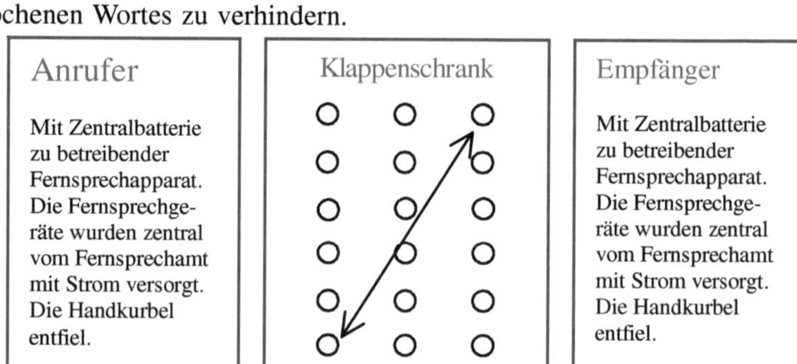

Von 1895 bis in etwa 1952 wurden über den Ortsbereich hinausgehende Gespräche weiterhin handvermittelt, obwohl die Siemens AG nach 1918 die landesweite Telefonfernwahl technisch vorbereitet hatte. 1909 gingen in Hildesheim und in München die ersten Selbstwählfernmeldeämter in Betrieb.
Der Zentralbatterie betriebene Fernsprechverkehr machte die Kurbel überflüssig. Es genügte das Abheben des Hörers von der Gabel. Gegenüber dem ortsbatteriebetriebenen Fernsprechverkehr hatte sich ansonsten nichts geändert. Der technische Ablauf wurde nach wie vor von einem Beamten der Post gewährleistet. Solche zentralbatterie betriebenen Einrichtungen gab es in ländlichen Gebieten Bayerns noch bis ins Jahr 1956 und im Bereich der Deutschen Post der DDR im Kreis Osterburg/Altmark noch bis 1964.

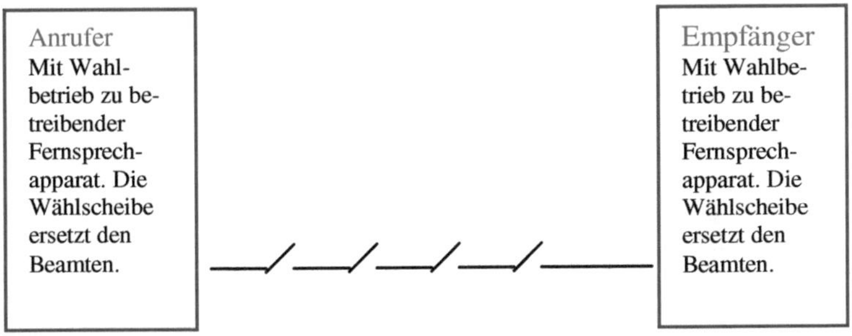

Mit dem Vorwähler (VW) sprach der Anrufer noch keine Ziffer an. Erst die Gruppenwähler konnten je eine Wahlziffer auswerten. Je nach Bedarf gab es in den Fernsprechbereichen einen bis fünf Gruppenwähler (GW). Der Leitungswähler (LW) wertete die letzten beiden Ziffern der angewählten Telefonnummer aus, so dass bei fünf GW siebenstellige Rufnummern gebildet werden konnten.

Kapitel 07

Historische Beispiele für den Einsatz der DFÜ bei der Verbrechensbekämpfung

Aus „Post- und Telekommunikationsgeschichte" Heft 1/1997
Das Heft 1/1997 wurde von der Deutschen Post herausgegeben. Der Artikel selbst ist vermutlich in den 50iger Jahren des 18. Jahrhunderts in der damals eigenen blumigen Sprache geschrieben worden. Es ist dem Verfasser nicht gelungen, die genaue Jahreszahl der Entstehung des Artikels zu recherchieren. Aber die ungefähre Angabe dürfte sich aus dem Inhalt bestätigt sehen.

Der singende Draht

„Während all der Tausende und vielleicht Hunderttausende von Jahren, seit das sonderbare Wesen genannt Mensch die Erde beschreitet, hatte kein anderes Höchstmaß irdischer Fortbewegung gegolten als der Lauf des Pferdes, das rollende Rad, das geruderte oder segelnde Schiff. Alle die Fülle des technischen Fortschritts innerhalb jenes schmalen, vom Bewusstsein belichteten Raumes, den wir Weltgeschichte nennen, hatte keine merkbare Beschleunigung im Rhythmus der Bewegung gezeitigt. Die Armeen Wallensteins kamen kaum rascher vorwärts als die Legionen Cäsars, die Armeen Napoleons brachen nicht rapider vor als die Horden DschingisKhans, die Korvetten Nelsons durchquerten das Meer nur um weniges rascher als die Raubboote der Wikinger und die Handelsboote der Phönizier... . Unverändert weit liegen die Länder in Raum und Zeit voneinander geschieden im Zeitalter Napoleons wie unter dem römischen Imperium; Noch obsiegt der Widerstand der Materie über den menschlichen Willen... Erst das neunzehnte Jahrhundert verändert fundamental Maß und Rhythmus der irdischen Geschwindigkeit .... Aber so triumphal auch von den Zeitgenossen diese neuen Beschleunigungen durch die Eisenbahn und das Dampfboot empfunden werden, diese Erfindungen liegen immerhin noch im Bereich der Fassbarkeit .... Völlig unvermutet aber in ihren Auswirkungen erscheinen die ersten Leistungen der Elektrizität, die, ein Herkules schon in der Wiege, alle bisherigen Gesetze umstößt, alle gültigen Maße zertrümmert. Nie werden wir Späteren das Staunen jener Generation über die ersten Leistungen des elektrischen Telegraphen nachzufühlen vermögen, die ungeheure und begeisterte Verblüffung, dass eben derselbe kleine, kaum fühlbare elektrische Funke, der gestern von der Leidener Flasche gerade noch einen Zoll weit bis zum Fingerknöchel hinüberzuknistern vermochte, mit einmal die dämonische Kraft gewonnen hat, Länder, Berge und ganze Erdteile zu überspringen ... Erst durch diese Entdeckung hat die Relation von Raum und Zeit die entscheidenste Umstellung seit Erschaffung der Welt erfahren.
In erstaunlich kurzer Zeit wurden die technischen Erkenntnisse praktisch umgesetzt und genutzt.

1844 wurde die erste größere elektrische Telegraphenlinie der USA zwischen Washington und Baltimore, Maryland, errichtet. 1845 wurde ein Mörder auf seiner Flucht erkannt, als er auf einen anfahrenden Eisenbahnzug sprang. Mit Hilfe des Bahn -Telegraphen kamen Beschreibung und Haftbefehl vor Ankunft des Zuges in Paddington an, so dass der Mörder dort gefasst werden konnte."

Der Rachezug des Grafen von Monte Christo

Auszug aus Dumas. „Der Graf von Monte Christo".
Kriminelle haben wesentlich zur schnellen Entwicklung technischer Möglichkeiten der Nachrichtenübermittlung beigetragen. Sie bedienen sich neuester „Hard- und Software" ohne von kameralistischen Überlegungen um Haushaltslöcher, politischen Ignoranten oder inkompetenten Verwaltungsbesserwissern gebremst zu werden. So gesehen hat Verbrechen zuweilen in seinen Auswirkungen erzieherischen und innovativen Wert, weil eine von überbordender Kriminalität aufgebrachte Bevölkerung bei normalerweise legislativen Komatösen[215] *längst zerstört geglaubte Synapsen freischaufelt und zu Leben erweckte Neuromitter*[216] *Bewegung in traurige Gestalten bringt. Alexander Dumas*[217] *verarbeitete in seinem 1845/1846 erschienenen Roman „Der Graf von Monte Christo" Tatsachengeschehen. Sein Held, der Graf von Monte Christo, bedient sich auf seinem Rachefeldzug der optischen Telegraphie. Das Bewusstsein, moralisch richtig zu handeln und so Recht selbst setzen zu dürfen, soll die Strafbarkeit seines Tuns entschuldigen. Mittels der anrührenden Geschichte von geheime Kräfte freisetzenden Gnomen seiner Kindheit wiegt Monte Christo seine Opfer in Sicherheit und versteckt erfolgreich seine wahren Absichten ihnen gegenüber, obwohl er es an Anspielungen nicht fehlen lässt.*
„Als richtiger Narr, der ich nun einmal bin", erklärte Monte Christo, „gehe ich, mir eine Sache anzusehen, über die ich oft ganze Stunden lang meine Träume gesponnen habe."
„Nun? Was ist das?"
„Der Telegraph. Bei meiner Ehre, nun ist es heraus."
„Der Telegraph!" wiederholte Frau von Villefort.
„In der Tat, es ist eine Kinderei! Wie oft betrachtete ich nicht am Rande einer Chaussee, auf einer Anhöhe, jene schwarzen, hochragenden Arme, die den Beinen einer Riesenspinne gleichen; und niemals geschah es ohne innere Bewegung, musste ich doch immer daran denken, dass jene bizarren Zeichen, die mit erstaunlicher Präzision die Luft durchfahren, um eine Nachricht von einem Menschen zu einem anderen zu leiten, der

---

[215] Abgeleitet von Koma (Koma: tiefste, durch keine äußeren Reize zu unterbrechende Bewusstlosigkeit).
[216] Neuromitter: Im synaptischen Spalt für die chemische Erregungsweiterleitung freigesetzter Stoff.
[217] Alexandre Dumas (der Ältere). Geboren am 27. Juli 1802 in Villers Cotterêts (Aisne), Gestorben am 5. Dezember 1870 in Puys bei Dieppe. Von mehr als 250 Werken des Schriftstellers sind in Deutschland „Die drei Musketiere" und „Der Graf von Monte Christo" die bekanntesten.

dreihundert Meilen von ihm entfernt ist, durch den alleinigen Willen eines allmächtigen Geistes in Bewegung gesetzt werden. Ich träumte dann von Kobolden, von Geistern, Gnomen, von allerlei geheimen Kräften. Aber eines schönen Tages erfuhr ich, dass die bewegende Kraft eines jeden Telegraphen ein armer Teufel mit etwa zwölfhundert Francs jährlich ist, der dafür bezahlt wird, dass er den ganzen Tag jene Riesenspinne mit schwarzen Beinen betrachtet, seinen Korrespondenten sozusagen, der vier oder fünf Meilen von ihm entfernt ist. Da bekam ich Lust, mir die Sache aus der Nähe anzusehen."
„Und Sie begeben sich dorthin?"
„Ja."
„Zu welchem Telegraphen? Zu dem des Ministeriums oder dem der Sternwarte?"
„Oh, nicht doch! Bei diesen würde ich gelehrte Herren antreffen, die mir gegen meinen Willen ein Rätsel aufklären wollen, das sie selbst nicht verstehen. Teufel auch! Ich will mir die Illusion bewahren, die ich noch über die Insekten habe; schlimm genug, dass ich meine Illusionen über die Menschen verloren habe. Was ich suche, ist der Telegraph auf freiem Felde, wo ich den harmlosen Beamten antreffe, der in seinem Beruf versteinert ist."
„Sie haben seltsame Launen", bemerkte Villefort. „Dann müssen Sie aber aufbrechen, denn in zwei Stunden tritt die Dunkelheit ein."[218]
Der Graf meidet die Dunkelheit und die damit verbundene Zwangspause eines jeden optischen Telegraphen und besucht untertags bei normaler Sicht eine Station, wo er vom verantwortlichen Beamten und Hobbygärtner mit den Worten:
„Der Herr ist gekommen, um den Telegraphen zu besichtigen?" (begrüßt wird).
Ja, mein Lieber, vorausgesetzt, dass es nicht durch die Reglements verboten ist."
„Oh, nicht im geringsten", sagte der Gärtner. „Eine Gefahr ist ja nicht dabei, denn niemand weiß und kann ja auch nicht wissen, was wir sagen."
„Ich habe mir in der Tat erzählen lassen", fuhr der Graf fort, „dass Sie Signale wiederholen, die Sie selbst nicht verstehen."
„Gewiss, Monsieur, und das ist mir auch das angenehmste", sagte der Telegraphist lachend.
„Warum ist Ihnen das am liebsten?"
„Weil ich auf diese Weise keine Verantwortung trage. Ich bin eine Maschine, nichts anderes, und vorausgesetzt, dass ich funktioniere, ist man mit mir zufrieden."[219]
Der mit seiner Unwissenheit vollauf zufriedene Beamte verrät uns nicht nur, dass sich die Mentalität des Staatsdieners nach 150 Jahren in nichts geändert hat, er ist auch verbaler Beweis für den Willen seiner Auftraggeber, das Geheime der Nachrichten nicht den menschlichen Schwächen Subalterner anzuvertrauen.
Zum Teufel, dachte Monte Christo bei sich, sollte ich durch einen Zufall auf einen Menschen ohne jeden Ehrgeiz gestoßen sein? Das wäre ausgesprochenes Pech.

---

[218] Dumas, Alexander. Der Graf von Monte Christo, Seite 431
[219] Dumas, Alexandre. „Der Graf von Monte Christo". Seiten 435 ff

„Monsieur", warf hier der Gärtner ein, einen Blick auf die Sonnenuhr werfend, „die zehn Minuten sind gleich abgelaufen, ich gehe auf meinen Posten zurück. Ist es Ihnen angenehm, mit mir zu kommen?"

„Ich folge Ihnen."

Monte Christo trat in den Turm ein, der in drei Stockwerke geteilt war. Das unterste enthielt einige Gartengeräte, im zweiten befand sich die Behausung, vielmehr die nächtliche Ruhestätte des Angestellten; sie enthielt einige dürftige Haushaltungsgegenstände, ein Bett, einen Tisch, zwei Stühle, einen Waschständer, dann einige getrocknete Pflanzen, die von der Decke herabhingen und in denen der Graf eine besondere Erbsenart und spanische Bohnen erkannte. Alles war mit der Sorgfalt eines Botanikers mit Namen versehen.

„Gehört viel Zeit dazu, um die Telegraphie zu studieren, Monsieur?" fragte der Besucher.

„Das Studium ist nicht so lang wie die Lehrzeit."

„Und wie viel erhält man pro Jahr?"

„Tausend Francs, mein Herr."

„Das ist nicht viel."

„Aber man hat dabei seine Wohnung, wie Sie sehen."

Die beiden erstiegen den dritten Stock: Es war das Dienstzimmer des Telegraphenbeamten. Monte Christo betrachtete mit Interesse die beiden eisernen Griffe, mit deren Hilfe der Telegraphist die Signalarme bewegte.

„Das ist ja sehr interessant", sagte er. „Aber auf die Dauer muss Ihnen dieses Leben doch ein wenig eintönig erscheinen?"

„Ja, im Anfang wird man von dem vielen Starren ganz wirr im Kopf, aber nach ein, zwei Jahren hat man sich daran gewöhnt. Im übrigen haben wir unsere freien Tage."

„Wann denn?"

„Bei Nebel."

„Natürlich."

Die Arbeitszeit eines Telegraphenbeamten der von Dumas romanlich erfaßten Epoche wurden von den Helligkeit, Dunkelheit und Witterung beeinflussenden Jahreszeiten bestimmt. Lange trockene Sommer dürften von einem solchen Beamten verflucht worden sein.

„Das sind meine Festtage, ich steige dann in den Garten hinab, ich pflanze, beschneide die Bäume, jäte, entferne die Raupen, und die Zeit vergeht im Fluge."

„Sind Sie schon lange Zeit hier?"

„Seit zehn Jahren, dazu fünf Jahre Lehrzeit, macht zusammen fünfzehn."

„Und Ihr Alter?"

„Fünfundfünfzig Jahre."

„Wie lange müssen Sie dienen, ehe Sie Pension erhalten?"

„Fünfundzwanzig Jahre."

„Und wie hoch ist die Pension?“
„Sie beläuft sich auf dreihundert Francs.“
„Arme Menschheit!“ sagte Monte Christo vor sich hin.
„Wie meinten Sie, Monsieur?“ fragte der Beamte.
„Ich meine, dass das alles sehr interessant ist.“
„Was denn?“ ,
„Alles, was Sie mir gezeigt haben. Und Sie verstehen nichts von all den Signalen?“
„Absolut nichts.“
„Sie haben niemals einen Versuch gemacht, sie zu verstehen?“
„Niemals. Wozu auch?“ „Es gibt aber doch auch Signale, die sich direkt an Sic wenden?“ „Es sind stets die gleichen.“
„Und was besagen sie?“
„Nichts Neues“ oder „Sie haben eine Stunde frei oder auf morgen.“
„Lauter harmlose Sätze“, bemerkte der Graf. „Aber was sehe ich? Setzt sich nicht da drüben Ihr Korrespondent in Bewegung?“
„Ja, wirklich. Ich danke Ihnen, Monsieur.“
„Und was sagt er Ihnen? Ist es eine Sache, die Sie verstehen?“
„Ja, er fragt bei mir an, ob ich bereit bin.“
„Und was antworten Sie ihm?“
„Ich antworte durch ein Zeichen, das ihm meine Bereitschaft anzeigt und das gleichzeitig meinen Korrespondenten zur Linken auffordert, sich ebenfalls bereitzuhalten.“
„Das ist sehr sinnreich“, sagte der Graf.
„Sie werden sehen“, sagte der gute Mann mit einigem Stolz, „in fünf Minuten beginnt er zu sprechen.“ Ich habe also noch fünf Minuten, sagte Monte Christo zu sich, das ist mehr, als ich brauche. Dann fuhr er laut fort:
„Mein lieber Herr, gestatten Sie mir, Ihnen eine Frage zu stellen?“
„Sprechen Sie.“
„Sie lieben die Gärtnerei.“
„Mit Leidenschaft“
„Und Sie würden gewiss glücklich sein, an Stelle Ihres kleinen Gartens eine Besitzung von zwei Morgen Ihr eigen zu nennen?“
„Mein Herr, ich würde ein irdisches Paradies daraus machen.“
„Mit Ihren tausend Francs leben Sie schlecht?“
„Ziemlich schlecht, aber man lebt doch schließlich.“
„Ja, aber Sie haben nur einen winzigen Garten.“
„Es ist wahr, allzu groß ist er nicht.“
„Und außerdem ist er voll von Würmern, die alles auffressen.“
„Die Tiere sind mein Unglück.“
„Sagen Sie mir, was würde geschehen, wenn Sie das Pech hätten, anderswohin zu sehen, wenn Ihr Korrespondent mit seinen Signalen beginnt?“

„Ich würde ihn nicht sehen."
„Und was wäre die Folge?"
„Ich könnte seine Signale nicht weitergeben."
„Und dann?"
„Ich würde in Strafe genommen, weil ich aus Nachlässigkeit die Zeichen nicht wiederholt habe."
„Wie hoch wäre die Strafe?"
„Hundert Francs."
„Der zehnte Teil Ihres Einkommens, das ist ja nett. Ist Ihnen das schon einmal passiert?"
„Ein einziges Mal, allerdings. Beim Okulieren eines Haselnussstrauchs."
„Gut. Was nun, wenn es Ihnen einfiele, etwas an den Signalen zu ändern oder andere Zeichen zu übermitteln?"
„Oh, das wäre etwas anderes. Ich würde entlassen und verlöre meine Pension."
„Dreihundert Francs?"
„Dreihundert Francs, jawohl, Monsieur. Sie begreifen also, dass ich niemals dergleichen tun werde."
„Nicht einmal für das Fünfzehnfache Ihres Jahresgehaltes? Das ist doch wohl des Überlegens wert, nicht wahr?"
„Für fünfzehntausend Francs?"
„Ja."
„Monsieur, Sie erschrecken mich."
„Bah!"
„Monsieur, Sie wollen mich in Versuchung führen?"
„Allerdings! Fünfzehntausend Francs, verstehen Sie wohl?"
„Monsieur, lassen Sie mich auf meinen Korrespondenten zur Rechten achten.
„Ach was, achten Sie nicht auf ihn, sondern auf das hier.
„Was ist denn das?"
„Wie? Sie kennen nicht diese Papiere?"
„Das sind Banknoten."
„Jawohl, zu tausend Francs, es sind ihrer fünfzehn."
„Und wem gehören sie?"
„Ihnen, wenn Sie es nur wollen."
„Mir?" rief der Beamte mit erstickter Stimme.
„Jawohl, Ihnen. Zu vollem Eigentum."
„Mein Herr, geben Sie den Blick frei. Mein Korrespondent zur Rechten beginnt."
„Lassen Sie ihn beginnen."
„Mein Herr, Sie haben mich abgelenkt, und ich werde in Strafe genommen."
„Das wird Sie hundert Francs kosten. Sie sehen, dass Sie allen Grund haben, die fünfzehn Banknoten anzunehmen.

„Mein Herr, der Korrespondent zur Rechten wird ungeduldig, er wiederholt seine Zeichen.“
„Lassen Sie ihn gewähren und nehmen Sie dies hier!“ Der Graf legte das Geld in die Hände des Telegraphisten.
„Nun ist das aber noch nicht alles. Mit Ihren fünfzehntausend Francs werden Sie nicht leben können.“
„Ich werde immer noch meine Stellung haben.
„Nein, Sie werden sie verlieren - weil Sie ein anderes Zeichen geben werden als Ihr Korrespondent!“
„O mein Herr, was muten Sie mir da zu?“
„Eine Kinderei.“
„Mein Herr - da müssten Sie schon Gewalt anwenden!“
„Ich hoffe allerdings, einen wirksamen Zwang auszuüben.“ Und Monte Christo zog ein anderes Paket aus seiner Tasche. „Hier sind weitere zehntausend Francs. Mit den fünfzehn, die Sie bereits in der Tasche haben, wird das fünfundzwanzigtausend ausmachen. Für fünftausend Franc, werden Sie sich ein hübsches kleines Haus und zwei Morgen Feld kaufen, mit den anderen zwanzigtausend werden Sie sich eine Rente von tausend Francs sichern.“
„Ein Garten von zwei Morgen?“ „Und tausend Francs Rente.“ „O mein Gott, mein Gott!“
„Nun, so nehmen Sie doch!“ Und Monte Christo drückte dem Beamten die zehntausend Francs gewaltsam in die Hände.
„Was habe ich zu tun?“
„Nichts Schwieriges; wiederholen Sie die Zeichen, die ich Ihnen hier gebe.“
Monte Christo zog ein Papier aus seiner Tasche, auf dem einige Zeichen genau vorgezeichnet waren, mit den Nummern, die die Reihenfolge anzeigten, in der sie ausgeführt werden sollten.
„Das wird nicht lang werden, wie Sie sehen.“
„Ja, aber.. .“
„Denken Sie an die beiden Morgen Land und an alles andere!“
Das Wort traf; schweißtriefend, mit fiebergeröteten Wangen, gab der gute Mann ein Zeichen nach dem anderen nach links weiter, trotz der verzweifelten Anstrengungen seines Korrespondenten zur Rechten, der glauben musste, dass der andere den Verstand verloren hatte.
Der Korrespondent zur Linken wiederholte dagegen gewissenhaft die empfangenen Signale, die dann im Ministerium des Inneren aufgenommen wurden.
„Und nun sind Sie ein reicher Mann!“ rief Monte Christo. „Aber um welchen Preis“, stöhnte der Beamte“, um welchen Preis!“
„Hören Sie, mein Freund“, sagte der Graf, „ich will nicht, dass Sie Gewissensbisse haben. Glauben Sie es mir, Sie haben niemandem Unrecht getan und den Plänen der Vorsehung gedient.“

Der Beamte betrachtete die Banknoten, zählte, befühlte sie, er wurde bald rot und bald bleich, dann stürzte er in seine Wohnung, um ein Glas Wasser zu trinken. Aber ehe er noch zum Krug gelangen konnte, brach er inmitten seiner getrockneten Schoten ohnmächtig zusammen.

Dumas schildert uns amüsant und realistisch die Bestechung eines Telegraphisten durch den Grafen von Monte Christo. Um sich die Bedeutung der Bestechungssumme vor Augen zu führen, sollte man sein eigenes Jahresnettoermittlergehalt mit 25 multiplizieren. Bei aller Schwäche, die Dumas diesem käuflichen französischen Staatsbeamten konzediert, scheint er ihnen ansonsten als Käufer seiner Bücher gewogen gewesen zu sein, denn trotz der horrenden Summe fällt der Bestochene auch nach moralischer Aufrüstung ob seines devianten Verhaltens in Ohnmacht.

Die Auswirkungen der telegraphischen Manipulation seines Helden sind für die betroffenen Personen ruinös, weil den Nachrichten des Telegraphen Glauben geschenkt wurde.

„ ... es scheint mir doch, dass der Messager (Zeitschrift) eine rühmliche Ausnahme macht und nur Meldungen vom Telegraphen bringt."

‚Das ist es ja gerade, dass diese Nachricht von der Rückkehr des Prätendenten tatsächlich vom Telegraphen übermittelt wart"

„Sie verlieren also, mit einem Worte, nahezu eine Million und siebenhunderttausend Francs in diesem Monat?"

„Nicht nur nahezu, es ist die genaue Ziffer."

„Zum Teufel, für ein Vermögen dritter Klasse", bemerkte Monte Christo teilnahmsvoll, „ist das ein harter Schlag."

„Dritter Klasse?" fragte Danglars ein wenig betroffen.

Der Entwicklung eines elektrischen Telegraphen, der Eisenbahn und der Chemie scheint Dumas skeptisch gegenüber zu stehen, denn er lässt eine seiner Figuren sagen:

„Er denkt jedenfalls in Eisenbahnaktien zu spekulieren und sucht, als geschickter Chemiker und nicht minder hervorragender Physiker, ein neues Telegraphensystem anzubringen, das er erfunden hat. Da ich ihn hasse, hoffe ich, dass er sich mit seinen Eisenbahnen, mit seinem elektrischen Telegraphen und seinen Bädern ruinieren wird. Ich folge ihm überallhin, um mich an seinem Untergang zu ergötzen, der früher oder später unfehlbar unausbleiblich ist."[220]

Der Telegraph verfehlte seine Wirkung auch nicht bei der Verbrechensbekämpfung im nachnapoleonschen Frankreich. Dumas' Staatsanwalt Villefort hat per Telegraph die Fahndung nach einem Flüchtigen eingeleitet. Eine aus nachzulesenden Gründen interessierte Dame möchte seine Inhaftierung verhindern. Sie fleht den Staatsanwalt an:

„Er ist entflohen! Verfolgen Sie ihn nicht."

[220] Dumas, Alexandre. „Der Graf von Monte Christo". Seiten 500-501

„Zu spät! Am frühen Morgen ist überallhin telegraphiert worden - und jetzt" . . . .Ein Diener trat ein.
„Ein Telegramm aus dem Ministerium." Villefort riss es hastig auf. Frau Danglars erbebte.
„Verhaftet!" schrie er, zitternd vor Triumph. „In Compiègne. Es ist aus für ihn."
Die Baronin erhob sich, blass und kühl.
„Adieu, Herr Staatsanwalt!"
„Adieu, Madame!" sagte er erleichtert und geleitete sie zur Tür.

Der Mordfall Tetzner

Nachfolgende Aufzeichnungen sind Leseabschriften von Kopien der Originalakten des Mordfalles Tetzner aus dem Jahre 1929. Die Aufzeichnungen enthalten im Anhang Aktenauszüge zum Tatgeschehen um den von Tetzner verübten Mord. Es soll das Interesse am Gesamtgeschehen geweckt werden, denn die Tat war in der Geschichte des Verbrechens wegen der Kopplung mit Versicherungsbetrug ein Novum. Insoweit geht die Darstellung des Falles bei weitem über die aktenmäßigen Hinweise auf Überwachung des Post- und Fernmeldeverkehrs hinaus. [xiii (Anhang)]
Frühsommer 1997 im bayerischen Staatsarchiv in Amberg.
RR, Diplom - Kriminalist

Ingolstadt, den 30. November 1929

Aktenvermerk

Nach fernmündlicher Mitteilung der Gend. Etterzhausen soll in Ingolstadt im Krankenhaus ein Handwerksbursche Ortner liegen, an dem Tetzner am 22.11.29 bei Geimersheim einen Mordversuch verübt haben soll. Die Polizeidirektion München habe dies mitgeteilt. Auf fernmündliche Anfrage bei der Pol. Dir. München wurde diese bestätigt. Es wurde fernmündlich die Vernehmung des im Krankenhaus befindlichen Ortner veranlasst und nach Bekanntgabe durch die Polizei Ingolstadt die Polizeidirektion Leipzig verständigt, die Festnahme bez. Überwachung der Ehefrau Tetzner und eine Durchsuchung der Wohnung und Postsperre beantragt.
Rundfunk an die Polizei mit Personenbeschreibung des Tetzner und Haftbefehl.
Beschlagnahme der Leiche beim Pol. Präs. Leipzig telegrafisch veranlasst.

Rgb. (Regensburg) 30.11.29
Hebauer
II. StA (2. Staatsanwalt)

Auszug aus einem Schreiben des Hauptwachtmeisters Beek vom Polizeipräsidium

Leipzig.

„Aus all diesen angeführten Gründen ist sehr wahrscheinlich, dass die Ehefrau des Tetzner von dem Vorhaben ihres Ehemannes Kenntnis hatte, mit diesem vereinbarte, er solle nach Vollendung dieses Verbrechens flüchten und wenn sie im Besitze der Versicherungssumme sei, so folge sie ihm nach.
Nach telefonischen Auftrags der hiesigen Staatsanwaltschaft wurde das Pol. Präsidium Leipzig angewiesen, bei der Tetzner eine Durchsuchung nach ev. vorhandenen Schriftstücken vorzunehmen, dieselbe genau zu überwachen, die Postsperre bei dem zuständigen Postamt anzuordnen und geeignete Erhebungen pflegen lassen zu wollen.
Um Übersendung eines Lichtbildes des Tetzner wird ersucht."

Fernsprechmitteilung des StA Hebauer von der StA Regensburg an das Kriminalamt Leipzig vom 30.11.1929. Beim Kriminalamt Leipzig um 1030 Uhr eingegangen.
StA Hebauer teilt mit:
„Zu dem Unfall Tetzner schweben hier verschiedene Gerüchte. Es wird vermutet, dass der Verbrannte gar nicht Tetzner, sondern eine andere Person ist. Begründet wird diese Annahme mit folgendem: Es ist hier bekannt geworden, dass Tetzner am 28.10.1929 bei einer Zürcher Lebensversicherung sich mit 30.000 RM und kurz vorher bei einer Regensburger Versicherung mit 20.000 RM versichert hat. Einige Tage vor dem angeblichen Unfall hat auf einer Straße in der Nähe von Ingolstadt ein Kraftwagenführer einen Handwerksburschen zum Mitfahren eingeladen. Der Führer hat dem Handwerksburschen erzählt, er sei aus Leipzig und reise für einen Münchner Verlag. - Stimmt bei Tetzner. - Während der Fahrt hätte sich der Wagen warm gelaufen und hätte geraucht. Der Führer hat den Handwerksburschen veranlasst, unter den Wagen zu kriechen und nach der Ursache zu forschen. Bei dieser Gelegenheit hat der Fahrer den Handwerksburschen mit einem Gegenstand auf den Kopf geschlagen, annehmbar um ihn zu töten. Der Führer fuhr davon, während der Handwerksbursche schwer verletzt im Krankenhaus Ingolstadt eingeliefert worden ist. Es sei nicht ausgeschlossen, dass der Wagenführer Tetzner war und dass er bereits in diesem Falle ein Opfer gesucht hat. Der Verletzte kann nur angeben, dass der Kraftwagen ein Opelwagen mit braunem Anstrich gewesen ist. Ferner wird vermutet, dass Tetzner bei Regensburg ein Opfer gefunden und den Wagen mit diesem Manne verbrannt hat.
Es wird gebeten,
Die Farbe des verbrannten Kraftwagen des Tetzners festzustellen,
Bei der Tetzner unter irgendeinem Vorwand eine Nachsuchung nach Briefen ihres Mannes, die nach dem angeblichen Unfall eingegangen sind, vorzunehmen; dabei soll man

so vorsichtig umgehen, dass die Tetzner den Grund der Durchsuchung nicht erkennt, bei dem AG Leipzig über die Tetzner die Postsperre zu beantragen.
Über den angeblichen Unfall Tetzners ist hier der Vorgang Krim.Reg. XVIII 3654/29 ergangen. StA Hebauer bittet darum, ihn am 30.11.1929, zwischen 3 und 4 Uhr nachmittags unter Amt Regensburg Tel. Nr. 4027 vom Ergebnis in Kenntnis zu setzen.
Kreher, Krimm. Komm.
Der Vorgang Kr. R. XYIII 3654/29 befindet sich bei der ... St. Ettenzhausen b. Regensburg.
Der Verdächtige ist der Kaufmann
Kurt Erich Tetzner, am 7.11.1904 in Ölsnitz geboren, hier Elisenstr. 52 gemeldet.
Kreher, Krim. Komm.

Beschluss vom 30.11.29
An das Amtsgericht
Leipzig - Elisenstr.
hier
mit der Bitte um Verfügung
der Postsperre. Zu 1 - 2 ist hier ... unleserlich ... (Abstand) genommen.
I.A.

30. Nov. 1929
Sächs. Staats ... unleserlich ... vermutlich Staatsanwaltschaft
Beschluss vom 30.11.1929
Im Ermittlungsverfahren gegen den Kaufmann Kurt Erich Tetzner in Leipzig, Elisenstr. 52 wegen Betruges wird gemäß §§ 99, 100 Strafprozessordnung die Beschlagnahme aller an die Ehefrau Tetzner gerichteten Briefe und Karten angeordnet, da ihr Inhalt für die Untersuchung Bedeutung hat. Um Durchführung der Beschlagnahme wird die Ober-Postdirektion Leipzig verfügt. Benachrichtigung der Beteiligten ist unzulässig (§ 101 Strafprozessordnung).
Bekanntgabe an das zuständige Postamt.
An das Pol. Präsidium Leipzig, Krim. Abt.
zurück.
Das AG Leipzig III B 2

Sächs. Polizei - Funkdienst	aufgenommen am: 1/12/29
Funkstelle Leipzig	Zeit: 1407
Kontrollnummer 9524	durch: unleserlich

Funkspruch SS Nr. 116 W 36 den 1.12.29 aus Regensburg
Alle. =

Zu Ft. Nr. 115 vom 30/11/29 betr. Erich Kurt Tetzner, (7/11/04 Oelsnitz/Sa) wird nachgetragen, dass die Mitteilung nur für die Polizeibehörden bestimmt ist, von einer Veröffentlichung in der Presse ist unter allen Umständen abzusehen.
StA. Regensburg
Einfügung (E1) den Sachverhalt betreffend:
Die Gütlerseheleute Anton und Kreszenz Zahn in Etterzhausen gingen in fraglicher Nacht 27.11.29 früh 4 1/4 vor das Haus in den Backofen. Plötzlich bemerkten diese auf der Straße zwischen Mariaort und Etterzhausen einen größeren, länger anhaltenden Feuerschein. Vorerst dachten diese, dass es in Waltenhof brenne, nachdem sie aber weiter nichts hörten, waren sie der Anschauung , dass es vielleicht auch ein Auto mit größeren Scheinwerfern sein könnte, weshalb diese wieder in ihr Haus zurückgingen und sich weiters um nichts mehr kümmerten.
Am 30.11.29 wurde dieser Bericht an das Polizeipräsidium Leipzig zur Einvernahme der Tetzner gesandt.
Aufgrund all dieser Vorkommnisse wurde der Verdacht geschöpft, dass ein Verbrechen vorliege, weshalb am 30.11.29 ein Funkspruch an alle aufgegeben und Tetzner zur Festnahme ausgeschrieben wurde.
Laut telefonischen Auftrags der hies. StA. Sch. an das Pol. Präs. L. wurde eine Durchsuchung der Wohnung der Tetzner angeordnet, die Postsperre verhängt und die vorl. Festnahme der Tetzner angeordnet. Die Festnahme wurde von dem Leiter der dortigen Krim. Abteilung nicht ausgeführt, sondern es wurde von diesem die genaue Überwachung der Tetzner angeordnet.
Außerdem wurden verschiedene telefonische Gespräche mit dem Pol. Präs. Leipzig geführt. Die Beamten, welche die Tetzner einvernommen haben, waren der Anschauung, dass die Tetzner unschuldig sei und dies nicht der Fall sein könne, dass Tetzner ev. eine 3. Person umgebracht und das Verbrechen vorgetäuscht hätte.
Die Tetzner machte den dortigen Beamten einen sehr gebrochenen Eindruck. Dieselben konnten nicht glauben, nachdem die Familie Tetzner in guten wirtschaftlichen Verhältnissen lebt, dass diese ein solches Verbrechen verübt, um in den Besitz der Versicherungssummen zu gelangen.

(E2) weitere Einfügung, den Sachverhalt betreffend.
... wäre unbedingt aus dem brennenden Wagen hätte kommen können. Aus all diesen angeführten Gründen ist sehr wahrscheinlich, dass die Ehefrau des Tetzner von dem Vorhaben ihres Ehemannes Kenntnis hatte, mit diesem vereinbarte, er solle nach Vollendung dieses Verbrechens flüchten und wenn sie im Besitze der Versicherungssumme sei, folge sie ihm nach.
Nach telefonischen Auftrags der hies. Staatsanwaltschaft wurde das Pol. Präsidium Leipzig angewiesen, bei der Tetzner eine Durchsuchung nach ev. vorhandenen Schriftstücken vorzunehmen, dieselbe genau zu überwachen, die Postsperre bei dem zustän-

digen Postamt anzuordnen und geeignete Erhebungen pflegen lassen zu wollen. Um Übersendung eines Lichtbildes des Tetzners wird ersucht. Die Pol. Direktion München wurde ebenfalls von dem Vorfall in Kenntnis gesetzt und um geeignete Erhebungen bei der Buchhandlung Pestalozzi ersucht.
Beilagen 1 Schriftstück
Unterschrift: Beek, Hauptwachtmeister
2.12.29 S. Leidert, bitte Rückfrage

Polizeipräsidium Leipzig
Kriminalabteilung
am 5.12.1929
Tetzner wurde am 4.12.1929 nachmittags kurz vor 6 Uhr in Straßburg festgenommen. Er ist in allen Punkten geständig. Seine Auslieferung wird auf Antrag der StA Regensburg erfolgen.
Unterschrift: Leidert, Oberkrimm.- Komm.

Zu Kr. - R. XVIII 3654/29
Polizeipräsidium Leipzig
Kriminalabteilung
Den 2. Dezember 1929
Auf Anordnung von Herrn Reg. Rat von Criegern wurde bei der Staatsanwaltschaft in Regensburg telefonisch angefragt, wohin die Briefe gelangen sollen, die infolge Verhängung der Postsperre in der Sache gegen Tetzner bei der hiesigen Oberpostdirektion zurückbehalten werden. Die Staatsanwaltschaft Regensburg teilte mit, das Kriminalamt Leipzig solle das Amtsgericht Leipzig ersuchen, diese Briefe beizuziehen und diese dem Amtsgericht Regensburg zu übersenden (Aktenzeichen des hiesigen Amtsgerichts: 20 S. Reg. 2699/29).
Eilt sehr!
Dem Amtsgericht Abt. III hier
Mit der Bitte um weitere Veranlassung
i. A.
Unterschrift
Sofort! Leipzig 3-XII-29
Der im Ermittlungsverfahren gegen den Kaufmann Kurt Tetzner in Leipzig, Elisenstr. 52 zugegangene Beschluss vom 30. November 1929, durch (unleserlich) verfügt ist, wird dahin ergänzt, dass die beschlagnahmten Briefe und Karten dem Amtsgericht Leipzig zu übersenden sind.
Ausfertigung zu I. an Oberpostdirektion Leipzig.
An das Pol. Präs. Leipzig, Krim. Abt.
zurück.

Unleserlich Leipzig, Abt. III, Unterschrift
Kr. R.XVIII 3729/8 /29
h. Leidert
Gebler

Regensburg den 9-XII-1929
Schreiben an das Saechs. Amtsgericht Leipzig Abt. I
mit dem Ersuchen um Aufhebung der Beschlüsse vom 30-XI und 3-XII 1929 betr. die Beschlagnahme der an die Ehefrau Tetzner einlaufenden Postsendungen und Mitteilung hiervon an die Oberpostdirektion Leipzig
Der Untersuchungsrichter II
Unterschrift unleserlich

C 1381-83/29 Regensburg, den 9. Dezember 1929
20 S Reg. 2771/29 (Eingangsstempel des sächs. Amtsgericht vom 10. Dez.1929)
Der Untersuchungsrichter II
bei dem
Landgerichte Regensburg
An das Amtsgericht Leipzig Abt. III
Betreff: Tetzner Kurt Erich, Kaufmann zuletzt in Leipzig und Gen. Wegen Mordes und and.
Durch Beschluss des AG Leipzig vom 30.11. und 3.12.1929 wurde die Beschlagnahme der an die Ehefrau Tetzner gerichteten Postsendungen angeordnet und bestimmt, dass die Sendungen dem AG Leipzig zu übersenden seien.
Im Einverständnis mit der StA wird nunmehr nach Verhaftung und Überführung der Ehefrau Tetzner in das Gerichtsgefängnis Regensburg ersucht, den Beschlagnahmebeschluss wieder aufzuheben und die Oberpostdirektion Leipzig zu benachrichtigen, die eingehenden Sendungen an Frau Emma Tetzner, „zur Zeit im Untersuchungsgefängnis zu Regensburg“, nachzusenden. In Regensburg unterstehen die Sendungen sodann meiner Prüfung.
Untersuchungsrichter Bezirk II
Unterschrift unleserlich.

20 S Reg, 2771/29
(20 Sreg. 2699 und 2714/29
Beschluss
vom 10. Dezember 1929
In der Ermittlungssache gegen den Kaufmann Kurt Erich Tetzner wegen Mordes, wird die durch Beschluss des Amtsgerichts Leipzig vom 30.11. und 3.12.1929 angeordnete Beschlagnahme der an die Ehefrau Tetzner gerichteten Postsendungen auf Antrag der

Staatsanwaltschaft aufgehoben.
Die Oberpostdirektion Leipzig wird ersucht, die eingehenden Postsendungen an Frau Emma Tetzner, z. Zt. Im Untersuchungsgefängnis Regensburg nachzusenden.
Amtsgericht Leipzig, Abtlg. III B 2
Gez. Graichen
ausgefertigt, Leipzig den 10 Dezember 1929
K. Ang.
Zust. an die Oberpostdirektion in Leipzig S 3.
4. Dezember 29
Eilt sehr! Durch bes. Boten!
Kr.R. XVIII 3729/29
An das Amtsgericht, Abt. III B in Leipzig
In der Sache gegen den Kaufmann Kurt Tetzner wegen Verdacht des Mordversuchs und Mordes wird gebeten, die Postsperre über Brief- und Geldsendungen auf das Servierfräulein Katharina Nagel, geboren am 2.7.1901 in Saarlouis im Saargebiet, zur Zeit hier, Elisenstraße 52 II bei Tetzner wohnhaft, zu verhängen. Es steht zu vermuten, dass der flüchtige Tetzner unter der Anschrift der Nagel seine Ehefrau an dem Laufenden hält.
Die Kriminalabteilung
I.A.
Regierungsrat
Eilt sehr.

Vermerk
Am 4.12.29 vorm. 8 Uhr 45 wurde vom Polizeipräsidium Leipzig fernmündlich mitgeteilt, dass die Ehefrau des Tetzner heute morgen von Straßburg aus telefonisch angerufen wurde. Der die Tetzner überwachende Kriminalbeamte habe das Ferngespräch abgenommen. Der Anrufende habe sich als Tonelli oder Tosselli bezeichnet und auf die Erwiderung des Kriminalbeamten, die Frau Tetzner sei nicht da, erklärt, dass er abends um 6 Uhr wieder anrufen werde und die Frau Tetzner sprechen wolle. Nachdem auch das Verhalten der Tetzner aufgefallen ist, wird jetzt vermutet, dass Tetzner noch am Leben ist und dass es sich bei dem Autounfall bei Etterzhausen um ein Verbrechen handelt. Die Tetzner und die bei ihr befindliche Kellnerin Nagel aus Regensburg, deren Verhalten ebenfalls auffällig ist, werden auf fernmündlichen Antrag der StA Regensburg festgenommen und nach Regensburg verbracht. Nach einer fernmündlichen Mitteilung des Polizeipräsidiums Leipzig vom 2.12.29 ist auf Antrag der StA Regensburg die Beschlagnahme der Post an die Ehefrau Tetzner sowie deren strenge Überwachung durch die Kriminalpolizei angeordnet worden. Lichtbilder von Tetzner sowie der Bericht über die bisherigen Ermittlungen in Leipzig sind am 3.12.29 an die Staatsanwaltschaft Regensburg abgegangen. Das Polizeipräsidium hat

weiter mitgeteilt, dass wegen des von Straßburg aus geführten Telefongesprächs sofort von Leipzig aus Verbindung mit der Kriminalpolizei Straßburg aufgenommen worden ist.
4.12.29 Unterschrift: Hebauer

Regensburg, den 4.12.29
Aktenvermerk
Der Leiter der Kriminalabteilung des Polizeipräsidiums Leipzig teilt eben 12 Uhr 5 Min. mit, dass die Ehefrau Tetzner ein Geständnis abgelegt habe. Ihr Ehemann sei in Straßburg. Das ganze Verbrechen sei schon seit langer Zeit vorbereitet gewesen. Ihr Mann habe auch schon seit längerer Zeit Papiere für eine Flucht nach Frankreich in Besitz. Von Leipzig aus sei ein Flugzeug auf dem Weg nach Straßburg. Es soll sofort beim Amtsgericht in Regensburg ein Haftbefehl erwirkt und als Eilbrief nach Straßburg gesandt werden. Alles weitere werde von der Kriminalpolizei Leipzig betätigt und anher Mitteilung gemacht.
Unterschrift: Hebauer

Polizeipräsidium Leipzig Leipzig, den 3. Dezember 1929
Fernsprechnummer: 72321
Postscheckkonto: Leipzig Nr. 66202
Bankkonto: Stadtbank Leipzig Nr. 1740
Bankkonto: Sächs. Staatsbank
Geschäftszeit: 8 - 1 Uhr
Kassenzeit: 9 -1 Uhr
Registrande Kr. R. XVIII 3729/29
Durch bes. Boten! Eilt sehr!
An das Amtsgericht, Abt. III in Leipzig
Gelegentlich einer Erörterung in der Sache Tetzner wurde festgestellt, dass der Ehefrau Tetzner durch einen Postbeamten eine Geldsendung ausgehändigt wurde. Es wird hiermit ersucht, die bereits verhängte Sperre auch über Geldsendungen und Pakete auszudehnen, nachdem am 30.11.1929 die Briefsperre verhängt worden ist. Antragstellerin war die StA Regensburg.
Die Kriminalabteilung
I.A.
Regierungsrat Unterschrift: von Criegern
Sehr dringlich.
Eilt! Bis 4.12.29; An die StA Regensburg zur Kenntnisnahme und Entschließung.
... unleserlich ... Leipzig, Abt.III 32
Unterschrift: unleserlich

Polizeipräsidium Leipzig Leipzig, den 4. Dezember 1929
Fernsprechnummer: 72321
Postscheckkonto: Leipzig Nr. 66202
Bankkonto: Stadtbank Leipzig Nr. 1740
Bankkonto: Sächs. Staatsbank
Geschäftszeit: 8 - 1 Uhr
Kassenzeit: 9 -1 Uhr
Registrande Kr. R. XVIII 3729/29
Eilt sehr! Durch bes. Boten!
Kr.R. XVIII 3729/29
An das Amtsgericht, Abt. III B in Leipzig
In der Sache gegen den Kaufmann Kurt Tetzner wegen Verdacht des Mordversuchs und Mordes wird gebeten, die Postsperre über Brief- und Geldsendungen auf das Servierfräulein Katharina Nagel, geboren am 2.7.1901 in Saarlouis im Saargebiet, zur Zeit hier, Elisenstraße 52 II bei Tetzner wohnhaft, zu verhängen. Es steht zu vermuten, dass der flüchtige Tetzner unter der Anschrift der Nagel seine Ehefrau am dem Laufenden hält.
Die Kriminalabteilung
I.A.
Regierungsrat
Eilt sehr.
Eilt! Bis 4.12.29
An den StA und ... unleserlich ... Regensburg zur Kenntnisnahme und Entschließung ... unleserlich ... Leipzig, Abt. III 3 B
Unterschrift: unleserlich

Polizeipräsidium Leipzig Leipzig, den 4. Dezember 1929
Fernsprechnummer: 72321
Postscheckkonto: Leipzig Nr. 66202
Bankkonto: Stadtbank Leipzig Nr. 1740
Bankkonto: Sächs. Staatsbank
Geschäftszeit: 8 - 1 Uhr
Kassenzeit: 9 -1 Uhr
Registrande Kr. R. XVIII 3729/8/29 Eingangsstempel des sächs. AG vom 4.12.29
An das AG, Abt. III B, Leipzig
In der Sache gegen den Kaufmann Tetzner wegen Mordes wird gebeten, bei der Oberpostdirektion Leipzig den Antrag auf Überwachung der Gespräche auf der Anschlussnummer 33530, Teilnehmer Heber, Elisenstraße 52, zu stellen. Die Ehefrau Tetzners emp-

fängt auf dieser Nummer Gespräche, u.a. auch aus dem Ausland, die annehmbar von ihrem Manne ausgehen. In der Sache Tetzner ist bereits vom AG Leipzig Postsperre verhängt worden, Az. 20 S. Reg. 2699/29.
Kriminal-Abteilung Leipzig
I.A:
Unterschrift: Grahler?
Durch Sonderboten. Eingangsstempel der StA Regensburg vom 5.12.29
Eilt! Bis 4.12.29
An die StA Regensburg zur Kenntnisnahme und Entschließung
... Leipzig, Abt. III B 2
Unterschrift: ...
Polizeipräsidium Leipzig,
Kriminalabteilung,
am 3.12.1929
Haftsache
... wurde Herr Oberregierungsrat Dr. Heiland durch einen Herrn Hoyer informiert, dass die Regenburger Kriminalpolizei die gesamte süddeutsche Presse über den Fall Tetzner unterrichtet und am 4.12.1929 diesbezügliche Artikel bringen werde. Da die bisher streng geübte Vertraulichkeit des Falles Tetzner durch die Presseveröffentlichungen durchbrochen werde, ordnete Herr Dr. Heiland an, Frau Tetzner vorläufig in Gewahrsam zu nehmen, bis die fernmündlich verständigte StA Regensburg weitere Anordnungen treffe. Unterzeichneter begab sich hierauf mit Krim. Komm. Prautzsch nach der Wohnung der Frau Emma Tetzner, hier, Elisenstr. 52 II bei Böhm und ersuchte diese mit nach dem Polizeipräsidium zu gehen. Frau Tetzner kam dieser Aufforderung sofort nach, die Begleitung nach dem Präsidium erfolgte durch Krim. Komm. Prautzsch. Da in der Wohnung noch das Servierfräulein
Katharina Nagel aus Saarlouis angetroffen wurde, so führte ich sie auch dem Präsidium zu. Die StA Regensburg konnte von den hier getroffenen Maßnahmen nicht verständigt werden, weil dort kein Beamter mehr anwesend war. Ein Kriminal-Kommissär - Name unverständlich - erklärte, sofort nach Rückkehr des Herrn StA Hebauer diesen veranlassen zu wollen, sich mit hier in Verbindung zu setzen. 1/2 4 Uhr nachmittags rief Herr StA Hebauer hier fernmündlich an. Nachdem er vom Sachstand in Kenntnis gesetzt worden war, erklärte er, dass die dortige Presse aufgrund der umherschwirrenden Gerüchte von dem Fall Kenntnis erhalten habe und vermutlich in den nächsten Tagen Artikel bringen werde. Er bitte, die Tetzner eingehend zu befragen, sie dann wieder zu entlassen und scharf zu überwachen.
Weiter bat Herr StA Hebauer um Zusendung eines Lichtbildes von Tetzner, sowie um baldige Zusendung des Vorganges über die Befragung der Ehefrau Tetzner

Der Fall Dr. Crippen

Aus Archiv für Kriminologie. 117. Bd.

Nach aktenmäßigen Quellen dargestellt von Oberstleutnant L. Engelhardt, wld. Gendarmerieabteilungschef in München

Die Signalements der Flüchtlinge wurden durch Funkspruch verbreitet. Es war dies die erste Anwendung des Rundfunks im Polizeiermittlungsdienst aller Länder.

Der Funkspruch wurde unter anderen von dem Kapitän des Ozeandampfers empfangen, an dessen Bord Crippen - natürlich unter falschem Namen - und Miß Le Neve, die in Knabenkleidern als sein Sohn figurierte, die Überfahrt nach der Neuen Welt machten. Der Kapitän glaubte Ähnlichkeiten des seltsamen Paares mit den beschriebenen Flüchtlingen feststellen zu können, funkte einen ausführlichen Bericht nach London - und als Crippen mit Miß Le Neve in Quebeck an Land gehen wollte, wurden sie von der kanadischen Polizei in Empfang genommen. Inspektor Dew hatte mit einem schnelleren Dampfer die Flüchtlinge überholt.

Der erste polizeiliche Funkspruch

Schlusswort zum Fall Crippen

Im Fall Crippen wurde erstmalig der Rundfunk in den Dienst der polizeilichen Fahndung gestellt. Das verleiht dem Fall Crippen seine besondere Bedeutung.

Dieser im Jahre 1910 von London ausgesandte Funkspruch, der jenseits des atlantischen Ozeans zur Verhaftung Crippens führte, machte zunächst keine Schule. Noch im Jahr 1923, als der Internationale Polizeikongress in Wien Maßnahmen zur Beschleunigung der internationalen Fahndungen beriet, stand nur der telegraphische Verkehr auf der Tagesordnung. Ein laufender zwischenstaatlicher Rundfunkverkehr wurde erst 1929 aufgenommen. Damals schlossen sich (auf Betreiben der IKPK.) Deutschland, Österreich, Polen und die Tschechoslowakei zu einem solchen zusammen. Später kamen Belgien, Frankreich, Holland, Rumänien, die Schweiz und Ungarn hinzu. Bei Kriegsausbruch 1939 gab es folgende Polizeifunkstationen: Amsterdam, Berlin, Brüssel, Budapest, Bukarest, Paris, Preßburg, Warschau, Zürich.

Der Papierschnitzelfall

Aus Deutsche Verkehrs-Zeitung. Organ für das Post- Telegraphen- und Eisenbahnwesen und für die Interessen der deutschen Verkehrs-Beamten von Freitag, dem 8. Juli 1881.

Aus dem Elsass. Verrätherische Papierschnitzel. Der Kassirer der Bank von Mühlhausen in Strassburg i. E. erschrak nicht wenig, als er am 16. Juni einen aus Schlettstadt eingegangenen Geldbrief mit Mk. 3600 Werthangabe öffnete und statt der erwarteten Banknoten werthlose Papierschnitzel in dem Briefumschlage vorfand. Wie immer in solchen Fällen, so fiel auch diesmal der Verdacht der Eskamotage zunächst auf die Post.

Die „Findigkeit“ der letzteren bewährte sich aber auch in diesem Falle. Sie entdeckte bald, dass die Papierschnitzel Bestandtheile der in Paris erscheinenden Zeitung „Le Conservateur“ waren und dass der Absender des Geldbriefes Abonnent dieser Zeitung war. Sogar die Nummer der Zeitung, zu welcher die Schnitzel gehörten, wurde ermittelt. Auch ergab sich, dass dem Absender des Geldbriefes gerade diese Nummer in seiner Sammlung zurückgelegter Zeitungen fehlte. Nichts lag nun näher, als die Annahme, dass die Unterschiebung im Hause des Absenders geschehen sei. Von den in Betracht kommenden Personen bestanden alle die nähere Prüfung auf ihre Ehrlichkeit bis auf einen Lehrling, der am Tage nach der Einlieferung des Briefes von seinem Prinzipale den nachgesuchten Urlaub zum Besuche seiner in der Nachbarschaft wohnenden Eltern erhalten hatte. Die Nachforschungen ergaben, dass der junge Bursche gar nicht in seinem Heimathsorte gewesen, sondern in der Richtung auf Schirmeck - an seinem Heimathsorte vorbei - abgereist war. Schneller, als die vierspännige Vogesenpost, welche den Flüchtling aus dem Thale der Brausch über die deutsch-französische Grenze nach dem Thale der Meurthe brachte, war in diesem Falle der Telegraph. Der junge Mann wurde, kaum in St. Dié, jenseits der Vogesen angekommen und der Post entstiegen, verhaftet und nach Abnahme des bei ihm richtig vorgefundenen Geldes in sicheren Gewahrsam gebracht. Hoffentlich entspricht die Strafe dem groben Vertrauensbruch, welchen er sich hat zu Schulden kommen lassen.

Bilddokumente

Semaphoren 1

Aufbau optischer Telegraphennetze

Balkentelegraph. Von den französischen Neuerfindern auch „Semaphoren“ genannt. Auf deren Spitzen zeigten bewegliche Arme (mittig der Regulator und beidseitig die Indikatoren) durch ihre Stellung Zahlen, Zeichen und Worte an, aus denen Sätze gebildet werden konnten. Das hier gezeigte Alphabet entspringt reiner Phantasie und dient lediglich dem besseren Verständnis. Das tatsächlich verwendete Alphabet war geheim und verwendete nicht nur einzelne Buchstaben oder Ersatzzeichen, sondern Codebücher mit vorgefertigten Nachrichten oder Wörtern.

Volksschullehrer erfindet das Telefon

26.10.1861. Der deutsche Volksschullehrer Johann Philipp Reis aus Gelnhausen in Hessen bei Versuchen mit seinem Telefon.

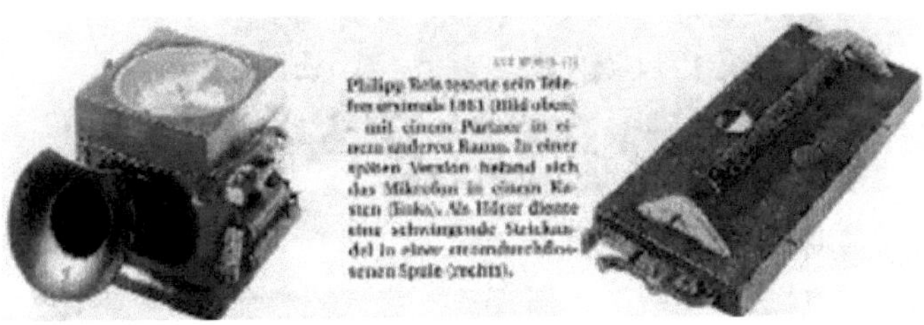

Reis' Telephon 1

Hebdrehwähler

Die Erfindung eines amerikanischen Leichenbestatters aus dem Jahre 1892.

Strowgers Hebdrehwähler 1

Morsegerät

Die Taste, sogenannte Hebschüssel, des Morseschen Telegraphenapparates.

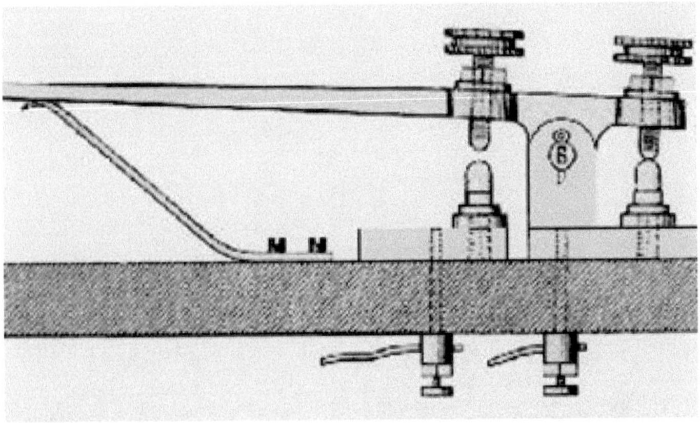

Morsetaste 1

Römischer Limes-Wachturm mit Fackelsignal. Kupferstich, 1785.

Limes Wachturm 1

Zeigertelegraph mit Selbstunterbrecher von Siemens und Halske, 1846

Tastendrucktelegraph nach David E. Hughes (1855)
Ausführung von Siemens und Halske nach 1900

Siemenstelegraphen 1

Rheinlandkabel

der Firma Siemens 1913.

Rheinlandkabel 1

Haupttelegraphenamt Berlin:

Hier gehen auch die ersten deutschen Fernsprecheinrichtungen in Betrieb.

Haupttelegraphenamt 1

Literaturverzeichnis

Autorenkollektiv Laube, Adolf; Steinmetz, Max; Vogler, Günter	Illustrierte Geschichte der deutschen frühbürgerlichen Revolution. Dietz Verlag Berlin, 1974
Autorenkollektiv: Prof. Dr. Rolf Ackermann/Prof. Dr. Christian Koristka/Dr. Rainer Leonhardt/Prof. Dr. Reingard Nisse/Dr. Ingo Wirth	Zum Stellenwert der Kriminalistik. In Zeitschrift „Kriminalistik" 09/00 bis 12/00
Bertelsmann Electronic Publishing	„Chronik der Technik", Bertelsmann Lexikon Verlag GmbH, Bertelsmann Electronic Publishing, Gütersloh, München 1995
Dumas, Alexandre	Der Graf von Monte Christo. Bertelsmann Lesering. Gesamtherstellung Mohn & Co GmbH, Gütersloh. Buch Nr. 1933/10
Düring, Günter; Walter, Rudolf	Texte zur deutschen Verfassungsgeschichte.C.H. Becksche Verlagsbuchhandlung. München 1996.
Engelmann, Bernt; Wallraff, Günter	Ihr da oben, wir da unten. Verlag Kiepenheuer & Witsch, Köln. Erweiterte Sonderausgabe 1975
Engler, Aulo	Europas Stunde Null. Der Eintritt der Germanen in die Weltgeschichte. Türmer Verlag 1983. 8137 Berg 3, Starnbergersee
Flormann, Willi	Heimliche Unterwanderung. Band 1. Organisierte Kriminalität - Herausforderung für Staat und Gesellschaft. Schmidt-Römhild Verlag, Lübeck 1995.
Friedländer, Adolph, Dr.	„Die Verletzung des Briefgeheimnisses." Aus Zeitschrift für die gesamten Strafrechtswissenschaften XVI, 31, Seiten 756 ff..

Füllkrug, Michael, Dr. (Staatsanwalt in Herdecke)	Telefonüberwachung als kriminalistische Erkenntnisquelle Eine Analyse rechtlicher Probleme aus Fachzeitschrift Kriminalistik 7/90
Gellermann, Günther W.	... und lauschten für Hitler. Verlag Bernard & Graefe, Bonn 1991.
Grimmelshausen, von, H.J.Chr.	Der abenteuerlichen Simplicissimus. Insel Taschenbuch Verlag, Frankfurt/Main, 1983
Hinckeldey, Ch. (Herausgeber)	Strafjustiz in alter Zeit, Band III. Schriftenreihe des mittelalterlichen Kriminalmuseums Rothenburg ob der Tauber. Verlag und Auslieferung: Mittelalterliches Kriminalmuseum, Rothenburg ob der Tauber, Burggasse 3, September 1989.
Hönig, Hans G und Kussmaul, Paul	Strategie der Übersetzung. Gunter Narr Verlag, Tübingen. 4 unveränderte Auflage 1996.
Kittel, Ulrich	Reichsluftfahrtministerium, „das Forschungsamt“. Geschichte und Arbeitsweise eines Nachrichtendienstes.
Klaus, Georg und Buhr Manfred als Herausgeber	Philosophisches Wörterbuch, Band 1 und 2. Bibliographisches Institut Leipzig 1974. 10., neu bearbeitete Auflage.
Koristka, Christian	Magnettonaufzeichnungen und kriminalistische Praxis. Publikationsabteilung des MdI. 1968
Maunz, Theodor	Gestalt und Recht der Polizei, Hanseatische Verlagsanstalt Aktiengesellschaft, Hamburg-Wandsbek 1943
Pfeiffer, Gerd	Prof., Dr. Präsident des Bundesgerichtshofes a.D. Verlag C.H. Beck, München 2002. 4. neu bearbeitete und erweiterte Auflage.

Postler, Frank	Die historische Entwicklung des Post- und Fernmeldewesens in Deutschland vor dem Hintergrund spezifischer Interessen-konstellationen bis 1945. Eine sozialwissenschaftliche Analyse der gesellschaftlichen Funktionen der Post. Verlag Peter Lang GmbH, Frankfurt am Main 1991.
Rotter, Ekkehart	Die Organisation des Briefverkehrs beim Deutschen Orden. Aus Deutsche Postgeschichte.
Roxin, Claus	Prüfe dein Wissen, Rechtsfälle in Fragen und Antworten, Strafprozeßrecht, Heft 11, Verlag C.H. Beck, München 1991
Schild, Wolfgang	Strafjustiz in alter Zeit, Band III. Schriftenreihe des mittelalterlichen Kriminalmuseums Rothenburg ob der Tauber. Verlag und Auslieferung: Mittelalterliches Kriminalmuseum, Rothenburg ob der Tauber, Burggasse 3, 1980. Hinckeldey, Ch. (Herausgeber)
Schürmann, Astrid Charbon, Paul	Soweit das Auge reicht. Die Geschichte der optischen TelegraphieHeraugeber: Klaus Beyrer, Birgit-Susann Mathis. Eine Publikation des Museums für Post und Kommunikation Frankfurt am Main anläßlich der gleichnamigen Ausstellung.
Tonnemacher, Uwe	Das Fernmeldegeheimnis in der Bundesrepublik Deutschland, Schweiz und Österreich (Dissertation zur Erlangung eines Doktors beider Rechte, Universität Freiburg/Schweiz). München 1965
Überschär, Gerd R.	Die Deutsche Reichspost im Zweiten Weltkrieg - von Gerd R. Überschär. Aus Deutsche Postgeschichte

Voigt, Martin	Deutsche Post Geschichte, „Heinrich Stephan und seine Nachfolger“, Nicolaische Verlagsbuchhandlung Beuermann GmbH, Berlin 1989
Wawrzyn, Lienhard	Der Blaue, das Spitzelsystem der DDR. Verlag Klaus Wagenbach, 1991.
Welp, Jürgen	Die strafprozessuale Überwachung des Post- und Fernmeldeverkehrs. Heidelberg 1974. Carl Winter - Universitätsverlag
Wessel, Horst A.	„Kommunikation in der antiken Gesellschaft“ in: Soweit das Auge reicht. Die Geschichte der optischen Telegraphie. Herausgeber: Klaus Beyrer, Birgit-Susann Mathis. Eine Publikation des Museums für Post und Kommunikation Frankfurt am Main anlässlich der gleichnamigen Ausstellung.
BStU-Archiv der Zentralstelle; MfS – Bdl/Dok Nr.: 007745 und 008563	Dienstanweisung 1/84; Erläuterungen zur Dienstanweisung u.s.w..

[i] Nachfolgend äußert sich Postler kritischer als Seifert zum Abhören von deutschen Staatsmännern durch die Reichswehr.
Postler, Frank. Die historische Entwicklung des Post- und Fernmeldewesens in Deutschland. Das Postgeheimnis als individuelles Grundrecht:
Eine weitere Verfassungsbestimmung, die die Reichspost betraf, war mit Artikel 117 Weimarer Reichsverfassung (WRV) festgelegt. Die darin vollzogene Aufnahme des Brief-, Post-, Telegraphen- und Fernmeldegeheimnisses als Grundrecht in die WRV war neu gegenüber der Reichsverfassung von 1871, in der noch keine derartigen Grundrechte
definiert waren. Der Artikel 117 der WRV konnte jedoch durch Ausnahmegesetze umgangen werden, z.B. durch den Artikel 48 Absatz 2, der dem Reichspräsidenten bei Gefährdung der öffentlichen Sicherheit und Ordnung das Recht zugestand, vorübergehend den Artikel 117 WRV außer Kraft zu setzen. Untersuchungsausschüssen des Reichstags wurde hingegen die Aufhebung des Brief-, Post-, Telegraphen und Fernmeldegeheimnisses nach Artikel 34 Absatz 3 WRV ausdrücklich untersagt. Auch hier wird erneut die sehr starke Stellung des Reichspräsidenten in der Weimarer Verfassung deutlich, während sich die Legislative mit weitaus geringeren Rechten bescheiden musste.
Seite 68.
In der Weimarer Republik ist seitens der Postverwaltung und der ihr vorstehenden Reichspostminister eine eindeutige Linie für die Einhaltung dieses Grundrechts vertreten worden. Dennoch ist es gerade in der Anfangsphase der Republik zu Verstößen gegen Artikel 117 WRV gekommen. Seite 38.
Eine weitere Schwierigkeit für die Wahrung des Postgeheimnisses lag darin begründet, dass mit dem „Gesetz über Fernmeldeanlagen" vom 14.01.1928 die Fernmeldehoheit zwar beim Reichspostminister lag, die Reichswehr aber zur Verteidigung des Reichs eigene Fernmeldeanlagen errichten und betreiben durfte. Seite 39.
Die Reichswehr hatte offensichtlich ein anderes, besonderes Verständnis des Fernmeldegeheimnisses, maßgeblich für Verteidigung und Abwehr. Sie überwachte beispielsweise die Telefone führender Politiker in der Weimarer Republik, etwa die von Stresemann oder Brüning. Diese Aktionen waren nicht mit dem Reichspostministerium koordiniert.
Seite 40.
Die Reichspost ist wahrscheinlich insgesamt bemüht gewesen, während der gesamten Dauer der Weimarer Republik das Grundrecht des Artikels 117 zu wahren. Als Indiz für ein in der Regel sehr weitgehendes Funktionieren des Brief-, Post-, Telegraphen- und

Fernmeldegeheimnisses in der Zeit von 1919-1932 könnte auch die Aufhebung der Bestimmungen des Artikels 117 WRV durch die Notstandsgesetzgebung nach dem Reichstagsbrand durch die Nationalsozialisten angesehen werden. Seite 41.

[ii] Die Aushöhlung der Weimarer Verfassung seit dem Jahre 1933

1. Verordnung des Reichspräsidenten zum Schutz von Volk und Staat vom 28. Februar 1933

Auf Grund des Artikels 48 Absatz 2 der Reichsverfassung wird zur Abwehr kommunistischer staatsgefährdender Gewaltakte folgendes verordnet:

§1 Die Artikel 114,115,117,118.123,124 und 153 der Verfassung des Deutschen Reiches werden bis auf weiteres außer Kraft gesetzt. Es sind daher Beschränkungen der persönlichen Freiheit, des Rechtes der freien Meinungsäußerung, einschließlich der Pressefreiheit, des Vereins- und Versammlungsrechtes, Eingriffe in das Brief-, Post-, Telegraphen und Fernsprechgeheimnis, Anordnungen von Haussuchungen und von Beschlagnahme sowie Beschränkungen des Eigentums auch außerhalb der sonst hierfür bestimmten Grenzen zulässig.

§ 2 Werden in einem Lande die zur Wiederherstellung der öffentlichen Sicherheit und Ordnung nötigen Maßnahmen nicht getroffen, so kann die Reichsregierung insoweit die Befugnisse der obersten Landesbehörde vorübergehend wahrnehmen.

§ 3 Die Behörden der Länder und Gemeinden (Gemeindeverbände) haben den auf Grund des § 2 erlassenen Anordnungen der Reichsregierung im Rahmen ihrer Zuständigkeit Folge zu leisten.

§ 4 und 5 folgen Strafbestimmungen.

2. Gesetz zur Behebung der Not von Volk und Staat (Ermächtigungsgesetz) vom 24. März 1933

Artikel 1

Reichsgesetze können außer in dem in der Reichsverfassung vorgesehenen Verfahren auch durch die Reichsregierung beschlossen werden. Dies gilt auch für die in den Artikeln 85, Absatz 2 und 87 der Reichsverfassung bezeichneten Gesetze.

Artikel 2

Die von der Reichsregierung beschlossenen Gesetze können von der Reichsverfassung abweichen, soweit sie nicht die Einrichtung des Reichstags und des Reichsrats als solche zum Gegenstand haben. Die Rechte des Reichspräsidenten bleiben unberührt.

Artikel 3

Die von der Reichsregierung beschlossenen Reichsgesetze werden vom Reichskanzler ausgefertigt und im Reichsgesetzblatt verkündet. Sie treten, soweit sie nichts anderes bestimmen, mit dem auf die Verkündung folgenden Tage in Kraft. Die Artikel 68 bis 77 der Reichsverfassung finden auf die von der Reichsregierung beschlossenen Gesetze

keine Anwendung.
Artikel 4
Verträge des Reiches mit fremden Staaten, die sich auf Gegenstände der Reichsgesetzgebung beziehen, bedürfen für die Dauer der Geltung dieser Gesetze nicht der Zustimmung der an der Gesetzgebung beteiligten Körperschaften. Die Reichsregierung erläßt die zur Durchführung dieser Verträge erforderlichen Vorschriften.
Artikel 5
Dieses Gesetz tritt mit dem Tage seiner Verkündung in Kraft. Es tritt mit dem 1. April 1937 außer Kraft, es tritt ferner außer Kraft, wenn die gegenwärtige Reichsregierung durch eine andere abgelöst wird.

[iii] *Aus Gellermann, Günter W. ... und lauschten für Hitler. S. 98-99*
Der Sturz des Gauleiters Streicher
Auch die Telefonanschlüsse des Gauleiters von Franken (1923 -1939), Julius Streicher, wurden vom FA überwacht". Er war auch der Herausgeber des antisemitischen Hetzblattes „Der Stürmer". Streicher zeichnete sich durch einen pathologischen Judenhass aus. Diese Haltung sicherte ihm allerdings das Wohlwollen Hitlers, der erklärte, dessen Zeitung als einzige von der ersten bis zur letzten Seite zu verschlingen`.
Weshalb Göring diesen NS-Funktionär, was nicht ohne Genehmigung Hitlers erlaubt war, abhören ließ, bleibt unklar".
Mit an Sicherheit grenzender Wahrscheinlichkeit dürften aber 1939 die Braunen Blätter zu seinem Sturz beigetragen haben. Streicher hatte offenbar über seine eigenen, krankhaften sexuellen Eskapaden hinaus ein lebhaftes Interesse für das Sexualleben anderer prominenter Nationalsozialisten entwickelt und sich über deren mangelhafte Fähigkeiten auf diesem Gebiet lustig gemacht. Er hatte in diesem Zusammenhang auch behauptet, Göring sei impotent und seine Tochter Edda daher das Ergebnis einer künstlichen Besamung". Da selbst der von Hitler stets protegierte Gauleiter letzteres nicht öffentlich behaupten konnte, muss vermutet werden, dass die Äußerungen Streichers durch abgehörte Telefongespräche bekannt wurden. Es kann unterstellt werden, dass auch entsprechende Bemerkungen Streichers über andere Prominente, die Göring wahrscheinlich an die Betreffenden weitergab, auf diese Weise gewonnen wurden.
Daher entstand unter einflussreichen NS-Funktionären eine Opposition gegen Streicher, die selbst Hitler nicht ignorieren konnte. Nach der bereits zitierten Behauptung über Göring schickte dieser eine Kommission, welche die bekannt gewordenen Schiebereien Streichers untersuchen sollte, nach Franken.
Jetzt konnte sogar Hitler seinen Paladin nicht mehr halten. Er wurde als Gauleiter zwar abgesetzt, blieb aber weiterhin der Herausgeber des „Stürmers".

[iv] *Aus Maunz, Theodor. Gestalt und Recht der Polizei. Seiten 36 ff.*

36

4. POLIZEI - JUSTIZ - RICHTERTUM

a) Polizei und Staatsanwaltschaft

Die Verbrechensermittlung ist nach geltendem Recht sowohl Aufgabe der Staatsanwaltschaft wie der Polizei (Sicherheitspolizei, d. i. Kriminalpolizei und Geheime Staatspolizei). Die Aufgabenbereiche der beiden Behördensysteme überschneiden sich. Dieser Rechtszustand gab schon für die Vergangenheit und wird noch mehr in der Zukunft Verfassungsfragen aufwerfen, die keineswegs bloß die technische Organisation und die Zuständigkeit von Ämtern, sondern den grundsätzlichen Aufbau des Staates und den Zweck des Rechtes betreffen. Das noch in Kraft befindliche Strafverfahrensrecht will der Staatsanwaltschaft ein Obergewicht über die Kriminalpolizei einräumen. Die Polizeibeamten werden vom Gesetz sogar als „Hilfsbeamte der Staatsanwaltschaft" bezeichnet und sollen für diese ihre Tätigkeit weisungsmäßig nicht ihren polizeilichen Vorgesetzten, sondern der Staatsanwaltschaft und letzten Endes der Spitze der Justizverwaltung unterstehen. Ganz klar ist es freilich niemals geworden, ob das Hilfsstellungsverhältnis bis in seine letzten Folgerungen zu Ende gedacht werden darf. Hiernach könnte die Staatsanwaltschaft gegen den Polizeibeamten, wenn sie mit ihm unzufrieden ist, durch Rügen oder Ordnungsstrafen vorgehen. Wäre aber die Polizei mit ihm nicht zufrieden, so könnte sie ihn versetzen und damit der Zusammen-

37

arbeit mit der Staatsanwaltschaft entziehen. Soweit nicht die beteiligten Sachbearbeiter der beiden Bereiche die anzustrebende enge Zusammenarbeit finden, könnten sich daraus Misshelligkeiten über die Zuständigkeit ergeben. In neueren Vorschlägen wird angeregt, die Hilfsbeamteneigenschaft, zum Teil schon wegen der Unklarheiten der Abgrenzung, aufzugeben. Entscheidender dürfte ins Gewicht fallen, dass die deutsche Kriminalpolizei seit der Machtergreifung und besonders in den letzten Jahren vor dem Krieg über diese ihr ursprünglich zugedachte bescheidene Rolle faktisch bereits weit hinausgewachsen ist. Im Krieg haben sich ihr Wachstum und ihre Straffung weiter verstärkt. Erst wenn man sich ihre heutige Gestalt vergegenwärtigt, wird man voll ermessen können, warum sie heute mit anderen Ansprüchen und Zielen auftreten kann als etwa vor zehn Jahren oder gar zur Zeit des Erlasses der Strafprozessordnung des Reichs. Der gegenwärtige Aufbau der Kriminalpolizei wird gekennzeichnet durch ihre Verselbständigung gegenüber der allgemeinen Polizei, durch ihre Angleichung an das Gliederungsbild der Staatspolizei und durch ihre reichseinheitliche Lenkung unter Ausklammerung aus der örtlichen Behördenverbindung. Dadurch sind für den Kampf gegen das Verbrechertum organisatorische Voraussetzungen geschaffen worden, wie sie in der deutschen Polizeigeschichte einzig dastehen. Die Intensität des Kampfes lohnte sich in einer kaum erwartbar gewesenen Schnelligkeit; die Kriminalität ging in den Jahren vor dem gegenwärtigen Krieg ständig und auffallend zurück. Dieser Vorgang ist um so bedeutungsvoller, als in früheren Zeiten mit Kriegen als Begleiterscheinung nicht selten eine Zunahme des Verbrechertums einher ging. Die erschreckend ansteigende Kriminalitätsziffer im Zusammenhang mit dem Weltkrieg war sogar die Ursache für den Entwurf des ersten (nicht in Kraft getretenen) Reichskrimi

38

nalpolizeigesetzes vom 21. 7. 1922. Die gegenwärtigen Einrichtungen der Kriminalpolizei bilden eine größtmögliche Gewähr gegen eine Wiederholung solcher früherer Erscheinungen.

Die Verbrechensbekämpfung, und zwar sowohl die Ermittlung wie die Verhütung, ist dem Chef der Sicherheitspolizei und des SD unterstellt und obliegt dem Reichssicherheitshauptamt, Amt V, Verbrechensbekämpfung; in dieser Abteilung ging das im Jahre 1936 errichtete Reichskriminalpolizeiamt auf. Unter dem Reichssicherheitshauptamt stehen die Kriminalpolizeileitstellen (im Sommer 1940: 18) und unter diesen die Kriminalpolizeistellen (im Sommer 1940: 56), in die das ganze Reichsgebiet nach kriminalgeographischen Gesichtspunkten eingeteilt ist. Daneben werden rein kriminalpolizeilich tätig Kriminalabteilungen bei den staatlichen Polizeiverwaltungen (im Sommer 1940: 60). Aufgaben der Leitstellen sind u. a. die bezirkliche Auswertung des Materials nach kriminaltaktischen und kriminaltechnischen Gesichtspunkten unter Zuhilfenahme der Bezirksstatistik und der Bezirksmeldeblätter, dann die Bearbeitung der Nachrichtensammelstelle mit dem Fingerabdruckmaterial, die Überwachung der fachlichen und technischen Ausrüstung der unterstellten Behörden, die Sicherung der Zusammenarbeit mit anderen Behörden und mit dem Reichssicherheitshauptamt. Dazu tritt die unmittelbare Exekutivgewalt der Leitstellen in Angelegenheiten, die über den Bereich einer Kriminalpolizeistelle hinausragen oder deren Untersuchung am Orte selbst nicht möglich ist. Die Bearbeitung durch die Leitstelle schaltet die Zuständigkeit der unteren Stellen aus. Von den Leitstellen aus werden die Kriminalpolizeistellen sowie die allgemeinen Orts- und Kreispolizeibehörden, wenn nötig, mit den entsprechend vorgebildeten Spezialbeamten für schwierige Fälle versorgt. Dem über der ganzen Organisation stehenden Reichssicherheitshauptamt, Amt V, Verbrechensbekämpfung, obliegt für das gesamte Reichsgebiet die Auswertung der kriminalpolizeilichen Erfahrungen und Forschungsergebnisse, die Weiterbildung der Beamten in der Kriminaltaktik, die Aufstellung neuer Methoden in der Verbrechensverhütung und der polizeiliche Kampf zur Eindämmung eines schlechten Erbstroms innerhalb des deutschen Volkes, ferner die Bearbeitung der Nachrichtensammelstelle für alle reisenden Berufs-, Gewohnheits- und Triebverbrecher, die Schaffung einheitlicher Richtlinien für den kriminalpolizeilichen Einsatz im Reichsgebiet und in den besetzten Gebieten, mit einem Worte „die generalstabsmäßige Behandlung aller Fragen der deutschen Kriminalpolizei“, schließlich wiederum auch die unmittelbare Exekutive in besonders wichtigen überbezirklichen Fällen nach freier Auswahl.

Für seine um-
39
fassenden Aufgaben stehen dem Reichssicherheitshauptamt sog. „Reichszentralen“ zur Verfügung, d. h. selbständige Fachstellen innerhalb des Hauptamts, denen sowohl die überörtliche Materialauswertung auf lange wie nötigenfalls auch das vollzugsmäßige Eingreifen im Einzelfall zustehen. Reichszentralen dieser Art bestehen z. B. für Rauschgiftdelikte, Geldfälschungen, Zigeunerunwesen, Mädchenhandel, internationale Taschendiebe, Homosexualität und Abtreibungen, für Vermisste und unbekannte Tote usw. Eine Art wissenschaftlicher Reichszentrale kann man das deutsche Kriminaltechnische Institut nennen, das dem Reichssicherheitshauptamt eingefügt ist. Das Reichssicherheitshauptamt hat Weisungsrecht gegenüber allen Kriminalpolizeistellen und -leitstellen sowie gegenüber allen anderen polizeilichen Stellen, die Kriminalpolizeifälle bearbeiten. Schon diese kurze Skizze vom Aufbau der Kriminalpolizei deutet Umfang und Bedeutung der neuen Kriminalpolizei an. Mit ihm erstand in den letzten Jahren ein sorgsam durchgebildetes, überörtlich gelenktes, schlagkräftiges Instrument gegen das Verbrechertum. Seine Verselbständigung gegenüber der allgemeinen Polizei offenbart sich in der organisatorischen Unabhängigkeit von den Oberpräsidenten (Landesinnenministerien) und Regierungspräsidenten, die nach dem Ideal von der Einheit der Verwaltung grundsätzlich zur Zusammenfassung verwaltungsmäßiger und daher insbesondere polizeilicher Funktionen berufen wären, und in der bloßen Angliederung, nicht Eingliederung in die Polizeipräsidien, letzteres mit der Wirkung z. B., dass der Chef der angegliederten Kriminalpolizeistelle kriminalpolizeilicher Vorgesetzter anderer Polizeipräsidien ist, bei denen Kriminalpolizeistellen nicht errichtet sind. Seine Angleichung an die Gliederung der Staatspolizei, deren Reichsspitze das Amt IV, Gegnerbekämpfung, im Reichssicherheitshauptamt und deren Hauptorgane die Staatspolizeileitstellen und die Staatspolizeistellen sind, springt ohne weiteres in die Augen. Der soldatische Charakter der Tätigkeit führt zu einer militärartig geschlossenen Körperschaft, deren niedere Organe eine strenge Ausrichtung nach der Spitze und deren Plänen und Maßnahmen beherrscht und die in hervorragender kriminalistischer Schulung mit den modernsten technischen Mitteln nicht nur schlagartig auf Weisung eingesetzt werden kann, sondern auch in den unteren Einheiten selbständig zu wirken und plötzlich auftretende schwierige Lagen allein zu meistern versteht. Ein solches System von Behörden und eine so umfassende Gemeinschaft planvoll handelnder Menschen kann kaum mehr bloß Hilfswerkzeug einer anderen Organisation mit (soweit hier einschlägig) viel eingeschränkterer Aufgaben- und Zielsetzung sein. In der Tat ist selbst das Gefühl hierfür bei der Kriminalpolizei verloren gegangen. Sie betrachtet den Charakter der Hilfsbeamtenschaft als eine Rezeption fremder Rechtsgedanken (des police judiciaire)
40
aus einer Zeit, zu der es keine deutsche Kriminalpolizei gab. Auch kräftemäßig ist das Übergewicht der Staatsanwaltschaft über die Kriminalpolizei mehr und mehr geschwun-

den und hat einer ohne gesetzliche Änderungen eingetretenen Nebenordnung Platz gemacht.

Freilich darf nicht übersehen werden, dass das Schwergewicht der Tätigkeit der Kriminalpolizei doch wohl auf dem Gebiete der Verbrechensvorbeugung liegt. Hierfür sind die größten Aufwendungen gemacht und die umfassendsten Einrichtungen getroffen worden. Aber verbrechensermittelnde und verbrechensvorbeugende Tätigkeiten der Kriminalpolizei lassen sich schlechterdings nicht trennen. Die (vorbeugende) Bekämpfung von Verbrechenstypen, wie Mädchenhandel oder Homosexualität, ist zugleich ein wichtiges Mittel für die Feststellung begangener Delikte, und die Aufklärung begangener Delikte gibt oft die wertvollsten Fingerzeige für die Aufdeckung der Zusammenhänge der Tätergruppen und damit für die Verbrechensverhütung. Die straffe organisatorische Verbindung der beiden Tätigkeitsrichtungen ist gerade einer der wichtigsten Vorteile der neugestalteten Kriminalpolizei. Überdies ist die Staatsanwaltschaft keineswegs nur bei der Ermittlung auf die Arbeit der Kriminalpolizei angewiesen. Seit dem Gewohnheitsverbrechergesetz ist ihr Blick auch in die Verhütung von Verbrechen miteinbezogen, und auch hier könnte sie ohne die Arbeitsergebnisse der Kriminalpolizei vielfach nicht fruchtbar wirken. So wirft das Wachstum der Kriminalpolizei in der Gegenwart erneut die schon alte Frage auf, ob es einer Staatsanwaltschaft neben der Kriminalpolizei noch bedürfe. Die Umkehrung des früheren Verhältnisses zwischen der Polizei und der Staatsanwaltschaft ist bereits so weit gediehen, dass mit guten Gründen die Frage ernsthaft erwogen wird, ob nicht die Polizei, deren Kriminalbehörden bereits die Verbrechensverfolgung bis zu dem Augenblick, in dem die Anklage formuliert werden kann, durchführen, auch noch die Erhebung und Vertretung der Anklage übernehmen soll. Es ist hier nicht der Platz, weitere rechtspolitische Folgerungen aus der gegenwärtigen Situation aufzustellen.

Die gegenwärtige Situation gibt also das Problem einer Verschmelzung von Staatsanwaltschaft und Sicherheitspolizei neu auf. Es muss in diesem Zeitpunkt und in dieser Lage sowohl von der polizeilichen wie von der strafprozessualen Seite her wissenschaftlich geprüft und erörtert werden. Für die polizeiliche Würdigung steht naturgemäß zunächst der Gedanke an eine Arbeitsvereinfachung im Vordergrund. Der Polizei muss es heute so erscheinen, als ob die Staatsanwaltschaft entweder mangels geeigneter Hilfsorgane nichts Wesentliches mehr dem Sachverhalt beifügen könnte oder nochmals das gleiche erforschen müsste. Doppelarbeit ist aber

41

unzweckmäßig und teuer. Die Knappheit an Arbeitskräften drängt nach Zusammenfassung, die auch zu einer Vereinigung vorerst noch getrennter, beiderseitiger Einrichtungen, etwa des Strafregisters mit dem Polizeiregister, führen könnte. Eine tiefgreifende Umorganisation beider Behördensysteme anlässlich der Vereinigung wäre unvermeidbar. Die staatsanwaltschaftlichen Bezirke stimmen heute mit den Polizeibezirken weder Mittel- noch in der Außenstufe überein. Personalbestand und Arbeitsmethoden sind völlig verschieden. Eine Vereinigung könnte nur schrittweise in einer Art vorgenommen werden, die dem Hineinwachsen der beiden Wurzeln in die einheitliche Behörde Raum und Zeit ließe. Vielleicht könnte an der Zentrale begonnen werden, was zur Folge haben müsste, dass gewisse wichtigere Verfahren durch Aktenvorlage an die Zentrale von der Anklagebehörde her einheitlich dirigiert werden könnten; Ansätze dazu sind der neueren Strafprozesspraxis nicht unbekannt.

Auch dem vom polizeilichen Blickpunkt her urteilenden Betrachter ist es freilich nicht verschlossen, dass die Anklagebehörde nicht nur den Sachverhalt vorzutragen und den Antrag zu formulieren hat. Ein völliges Loslösen des Rechtssuchens und Rechtsfindens aus dem Bereich der Anklagebehörde und ihr ausschließliches Überlassen an das Gericht müsste eine undurchführbare Abstraktion bleiben und ein letztlich auch vom Rechtsstandpunkt her unerwünschtes Ergebnis bedeuten. Nicht aus historischem Zufall oder gesetzgeberischer Laune kennt das verwaltungsgerichtliche Verfahren neben der reinen, einseitigen Staatsvertretung oft noch einen „Vertreter des öffentlichen Interesses", der dem Rechtsgedanken dient; das Institut ist durchdacht und bewährt und bietet sich auch anderen Verfahrensarten an, wie das Gesetz über die Mitwirkung des Staatsanwalts in bürgerlichen Rechtssachen zeigt. Ein Ausgleichen und Abwägen der doppelseitigen Funktion der Staatsanwaltschaft wäre gerade bei einer etwaigen Verschmelzung zu einer einheitlichen Anklagebehörde unumgänglich. Die verwaltungsorganisatorischen Gesichtspunkte sind sicherlich höchst wichtig; aber höher noch steht die Verwirklichung des Rechts. Für sie müsste, wenn es wirklich nicht anders möglich sein sollte, auch ein verwickelterer Behördenaufbau in Kauf genommen werden. Allein auch vom Rechtsgedanken aus lassen sich beachtliche Beweggründe zugunsten einer Verschmelzung von Staatsanwaltschaft und Sicherheitspolizei aussprechen. Nachträgliche Korrekturen von Strafurteilen durch die Sicherheitspolizei stellen eine Belastung für den Rechtsgedanken dar. Rechtspolitisch begrüßenswert wäre es, die Abgleichung des polizeilichen und

42

des staatsanwaltlichen Standpunkts schon vor dem Urteil herbeizuführen. Dadurch würde auch die Beziehung der Polizei zum Gericht in echte Rechtsformen gebracht werden. Der Polizei müssten Rechtsmittel gegen das Urteil zustehen und in ihnen müsste sich die polizeiliche Korrektur des Urteils erschöpfen. Auch der Strafvollzug fiele in den polizeilichen Bereich. Schon im 19. Jahrhundert war die Frage, ob der Strafvollzug Sache der Justiz oder der inneren Verwaltung sein soll, ein Thema der wissenschaftlichen Erörterung, und bis vor nicht allzu langer Zeit oblag in manchen deutschen Ländern, z. B. in Bayern, der Strafvollzug nicht der Justiz, sondern der inneren Verwaltung. Jedenfalls ist ein einziger und einheitlicher Strafvollzug erwünschter als ein Nebeneinander und Nacheinander von justitiellem und polizeilichem Strafvollzug. Die Überweisung des Verurteilten durch das Gericht an die Landespolizeibehörde, zunächst zum

Zwecke der Polizeiaufsicht, ist ein altes Institut, das indessen verdient, in der Gegenwart aufs neue durchdacht und ausgebaut zu werden. So erscheint die Verschmelzung von Sicherheitspolizei und Staatsanwaltschaft von mannigfachen Beleuchtungen her dem polizeilichen Betrachter als ein ebenso aktuelles wie problemreiches Ziel von weittragender Wirkung für das gesamte Rechtsleben.

Dennoch wäre es einseitig, nur den augenblicklichen Zwischenzustand mit der veralteten gesetzlichen Regelung einerseits und der machtvollen polizeilichen Wirklichkeit anderseits aufzuzeigen, wenn nicht gleichzeitig auch darauf hingewiesen würde, dass von seiten der nationalsozialistischen Strafrechtswissenschaft her Einwendungen gegen eine Tendenz zur Aufsaugung der Staatsanwaltschaft in die Sicherheitspolizei geltend gemacht worden sind. Ihr Kern beruht in der Erwägung, dass die Polizei letztlich in der Verbrechensverfolgung wie in der Verbrechensbekämpfung lediglich eine Frage rationaler Zweckmäßigkeit, und in der Strafe „nur ein Mittel zur Verhütung sozial schädlicher Handlungen für die Zukunft, namentlich zur Sicherung der Volksgemeinschaft gegen sozial gefährliche Personen“ sieht. Folgerichtig zu Ende gedacht, brauchte man dann auch keine Strafrechtspflege und keine Strafgerichte mehr. Ist aber erkannt, dass die Findung des Rechts und die Durchsetzung der völkischen Lebensordnung wesensverschieden sind von der Bekämpfung staats- und volksschädlicher Handlungen, so wird man an der organisatorischen Teilung und einträch-

43

tigen Zusammenarbeit von Staatsanwaltschaft und Kriminalpolizei bei der Ermittlung von Verbrechern festhalten müssen.

Das Gesamtproblem Polizei - Staatsanwaltschaft lag bereits vor Ausbruch du Krieges offen. Die umfassenden polizeilichen Kriegsmaßnahmen, der Kampf gegen den mit dem äußeren Feind in Verbindung stehenden inneren Feind, die Besetzung weiten feindlichen Raumes, teilweise solchen Raumes, in dem aus dem Inland geflüchtete Verbrecher Unterschlupf gefunden hatten, die notwendige Schärfung der Strafdrohungen für den Wirtschaftsgüter- und Geldverkehr, haben das Problem weiter reifen lassen Die Entwicklung verlief in Richtung auf eine neuerliche Machtstärkung der Polizei. Die für die Polizei eingesetzten Kräfte mussten noch umfassender und die für sie verwendeten Menschen mussten noch zahlreicher, die Mittel noch mehr intensiviert und technisiert, die Annäherung an andere soldatische Formationen noch weiter vorangetrieben werden. Die Staatsanwaltschaft erlebte im gleichen Zeitabschnitt keine ähnliche Verlagerung des Gewichts auf ihren Wirkungsbereich. Unausweichlich muss die Entwicklung dahin drängen, die überholten Vorschriften über die Abgrenzung von staatsanwaltschaftlichem und polizeilichem Bereich abzulösen durch Normen, die sowohl der gewachsenen neuen Wirklichkeit wie der Rechtsidee in gleicher Weise gemäß sind.

v ***„Die Deutsche Reichspost im Zweiten Weltkrieg“*** *von Gerd R. Überschär*

Die vom Postminister angebotene „totale Zusammenarbeit und ein Ineinanderaufgehen“

ging sogar soweit, dass er mit Himmler „ eine Reihe von Dingen besprechen, d.h. zur Verfügung stellen“ wollte, „die er aber dem Papier nicht anvertrauen möchte“. Dabei handelte es sich um die von Ohnesorge eingerichtete Post- und Funküberwachung, deren Ausnutzung er dem Reichsführer SS gleichsam als spezielle Mitgift für die neue Zusammenarbeit darbot. Nach außen sollten dabei jedoch SS, Reissicherheitshauptamt, SD und Polizei nicht in Erscheinung treten. Himmler schätzte denn auch die angebotenen Zusammenarbeit als „sehr vorteilhaft“ für die SS ein und machte sich bei Hitler zum Fürsprecher einer entsprechenden Vereinbarung mit Ohnesorge (Reichspostminister von 1937 bis 1945).
Seite 298
Aus einem Rechtfertigungsschreiben des Obergruppenführer Bergers vom 27. Januar 1942 gegenüber Heydrich: Unter anderem strebte man den Zugriff ... auf ihr technisches Personal an; man könne dann in Friedenszeiten mit Hilfe der SS-Reservisten (des in die SS überführten Postwachdienstes) ‚ohne jegliche Schwierigkeiten’ eine Überwachung durchführen, ‚die vorbildlich ist’.
Seite 302

[vi] Ministerrat Berlin, 2. Januar 1984
der Deutschen Demokratischen Republik
Ministerium für Staatssicherheit
Der Minister

Geheime Verschlusssache
GVS - 0008
MfS - Nr. 1/84
63. Ausf., Bl. 1 bis 5

BStU 000001

D i e n s t a n w e i s u n g Nr. 1/84
über die Aufgaben der Diensteinheiten der Linie 26

BStU 000002

Inhaltsverzeichnis

1. Aufgaben der Linie 26
2. Grundsätze der Anwendung der spezifischen Mittel und Methoden der Linie 26
3. Auftragserteilung an die Diensteinheiten der Linie 26 und Zusammenarbeit mit dieser in Vorbereitung, Durchführung und zur Beendigung der Aufträge

4. Spezielle Aufgaben des Leiters der zentralen Diensteinheit der Linie 26 des MfS .
5. Spezielle Aufgaben anderer Diensteinheiten
6. Schlussbestimmungen

BStU 000003

Die weitere Gestaltung der entwickelten sozialistischen Gesellschaft in der Deutschen demokratischen Republik vollzieht sich in harter Klassenauseinandersetzung mit dem Imperialismus. Die zuverlässige Gewährleistung der staatlichen Sicherheit erfordert vor allem, durch verstärkte Arbeit am Feind die Wirksamkeit der politischoperativen Arbeit weiter zu erhöhen. Durch die Anwendung operativ - technischer Mittel und Methoden leistet die Linie 26 dazu einen bedeutenden Beitrag.
Zur Erreichung einer höheren Wirksamkeit des Einsatzes der spezifischen Mittel und Methoden der Linie 26, zur Gewährleistung der Konspiration und Geheimhaltung, einer straffen Ordnung bei der Anwendung operativ technischer Mittel sowie der effektiven Zusammenarbeit der operativen und anderen zuständigen Diensteinheiten mit der Linie 26
w e i s e i c h a n:
1. Aufgaben der Linie 26
Die Leiter der Diensteinheiten der Linie 26 sind verantwortlich:
1.1. Für den auftragsgebundenen konspirativen Einsatz operativ - technischer Mittel und Methoden im Innern der DDR, um durch
Telefonüberwachung von Teilnehmern des Fernsprechverkehrs der Deutschen Post und anderer drahtgebundener Nachrichtensysteme (Auftrag A);
Überwachung von Telex-, Einzelanschlüssen und Standverbindungen im Fernschreibverkehr (Auftrag T);
Akustische Überwachung in geschlossenen und von begrenzten freien Räumen (Auftrag B);
Optische und elektronische Beobachtung und Dokumentation vorwiegend in Räumen (Auftrag D);
den Einsatz von speziellen sicherungstechnischen Einrichtungen und chemischen Markierungsmitteln (Auftrag S)
authentische Informationen zu erarbeiten, die die Bearbeitung von Operativen Vorgängen, die Operative Personenkontrolle und die Realisierung anderer operativer Prozesse wirksam unterstützen.
1.2. Für das Erkennen und Aufklären vom Feind eingesetzter Raumüberwachungsmittel sowie von Abstrahlungen an wichtigen Objekten und Einrichtungen im Innern der DDR und in festgelegten Auslandsvertretungen der DDR sowie die Einleitung sich daraus ergebender Maßnahmen (Auftrag X).

BStU 000004

1.3. Für den Abschluss von Koordinierungsfestlegungen mit den zuständigen Diensteinheiten zum langfristigen und komplexen Einsatz von operativ-technischen Mitteln in konspirativen u. a. festgelegten Objekten.
1.4. Für das Zusammenwirken mit den Leitern der Bezirksdirektionen der Deutschen Post zur Durchsetzung der „Gemeinsamen Anweisung zur Regelung der Überwachung und Aufnahme des Fernmeldeverkehrs gemäß § 115 StPO“ vom 18. Dezember 1979.
1.5. Für die datengerechte Speicherung postalischer Angaben entsprechend der Aufgabenstellung der Speichernutzungsordnung des MfS (Teilnehmer- und Rufnummernermittlung); Speicherung operativ interessierender Stimmen zur Personifizierung anonymer/pseudonymer Sprecher im Rahmen der Realisierung der Aufgaben der Linie 26.
1.6. Für die ständige Weiterentwicklung und Qualifizierung der eigenen Arbeit mit IM zur Realisierung und Absicherung der vorangehend genannten spezifischen Aufgaben.
1 .7. Für die Einflussnahme auf die neuesten Erkenntnissen von Wissenschaft und Technik orientierte Neu- und Weiterentwicklung der auf Linie 26 zum Einsatz kommenden operativ-technischen Mittel
durch enge koordinierte und planmäßige Zusammenarbeit mit dem OTS sowie deren Einsatzerprobung und Überführung in die operative Praxis.

2. Grundsätze der Anwendung der spezifischen Mittel und Methoden der Linie 26
2.1. Die Anwendung spezifischer Mittel und Methoden der Linie 26 ist auf die Unterstützung der Arbeit am Feind zu konzentrieren. Bei ihrem Einsatz sind strenge Maßstäbe anzulegen.
2.2. Die Anwendung der spezifischen Mittel und Methoden der Linie 26 hat unter strikter Wahrung der Konspiration und Geheimhaltung zu erfolgen.
Das verlangt vor allem, dass
hohe Anforderungen an die Zuverlässigkeit, Verschwiegenheit, das Verantwortungsbewusstsein und die Treue zum MfS der Mitarbeiter der Linie 26 gestellt und eine hohe Stabilität des Mitarbeiterbestandes gesichert wird;
die Leiter der auftraggebenden Diensteinheiten dem Leiter der zuständigen Diensteinheit der Linie 26 alle für die Gewährleistung der Konspiration und Geheimhaltung der Mittel und Methoden bedeutsamen Informationen zu bearbeiteten Sachverhalten bzw. Personen übermitteln;
die Leiter der auftraggebenden Diensteinheiten die zuständige Diensteinheit der Linie 26 im Prozess der Realisierung der Aufträge einschließlich durch den Einsatz dafür

ausgewählter Kräfte unterstützen;
BStU 000005

die im Ergebnis der Realisierung von Aufträgen erarbeiteten Informationen so an die Leiter der auftraggebenden Diensteinheiten bzw. an die von ihnen beauftragten Mitarbeiter übermittelt werden und ihre Verwendung so erfolgt, dass der Quellenschutz zuverlässig gewährleistet wird;
bei Gefahren für die Konspiration und Geheimhaltung der Mittel und Methoden der Linie 26 alles unternommen wird, die Sicherheit zu gewährleisten und Aufträge erforderlichenfalls abgebrochen werden;
bei Verletzungen der Konspiration und Geheimhaltung gründliche Untersuchungen geführt, die Ursachen, begünstigende Bedingungen und Verantwortlichkeiten festgestellt und Schlussfolgerungen daraus durchgesetzt werden.

Verletzungen der Konspiration und Geheimhaltung von Aufgaben, Mitteln und Methoden der Linie 26, die schwerwiegende Auswirkungen auf die Feindbekämpfung haben oder vom Gegner zur Verleumdung der Arbeit der Sicherheitsorgane der DDR ausgenutzt werden können, sind mir und meinen zuständigen Stellvertretern sofort zu melden.

2.3. Die Anwendung der spezifischen Mittel und Methoden der Linie 26 hat grundsätzlich
durch die Diensteinheiten der Linie 26 zu erfolgen. Ausnahmefälle des Besitzes und des Einsatzes derartiger spezifischer operativ-technischer Mittel durch andere operative Diensteinheiten bedürfen meiner Zustimmung.
Die in meinem Befehl 9/80 getroffenen Festlegungen über den Einsatz operativ-technischer Mittel in Verantwortung der HVA werden davon nicht berührt.
2.4. Der zum Zeitpunkt der Planung der politisch-operativen Arbeit bekannte bzw. absehbare Bedarf am Einsatz der spezifischen Mittel und Methoden der Linie 26 ist auf der Grundlage meiner Zentralen Planvorgaben, der Planvorgaben der Leiter der Bezirksverwaltungen bzw. der Planabsprachen mit den anderen auftragsberechtigten Leitern zu planen.

3. Auftragserteilung an die Diensteinheiten der Linie 26 und Zusammenarbeit mit diesen in Vorbereitung, Durchführung und zur Beendigung der Aufträge
3.1. Die Auftragserteilung hat auf der Grundlage des Formblattes 26 zu erfolgen.
B- und D-Aufträge sind von mir oder meinem für die beauftragende Linie zuständigen Stellvertreter bestätigen zu lassen. B- und D-Aufträge in Haftanstalten, Hotels, konspirativen Wohnungen und konspirativen Objekten bedürfen dieser Bestätigung nicht, außer wenn es sich um die Installierung operativer Technik als Festobjekt handelt.

BStU 000006

Alle anderen Aufträge bestätigen die Leiter von Haupt-/selbständigen Abteilungen / Bezirksverwaltungen.
Die Zustimmung zum Einsatz von Mitteln und Methoden der Linie 26 bei der operativen Bearbeitung von Personen fremder Staatsangehörigkeit bzw. von Bürgern der DDR in besonderen Stellungen und Funktionen ist entsprechend meiner Festlegung für die Einleitung der Bearbeitung von Operativen Vorgängen gemäß Ziffer 1.8.2. meiner Richtlinie Nr. 1/76 einzuholen.
3.2. Die auftraggebenden Diensteinheiten haben der zuständigen Diensteinheit der Linie 26 alle Informationen zu übergeben, die die Entscheidungsfindung, über die Anwendung der zweckmäßigsten Mittel und Methoden ermöglichen.
3.3. Die Diensteinheiten der Linie 26 haben auf der Grundlage der Auftragserteilung und der Informationen der auftraggebenden Diensteinheiten die Methoden zum Einsatz der spezifischen Mittel
festzulegen und deren Anwendung zur Erreichung der vorgegebenen Zielstellung zu organisieren und zu realisieren.
3.4. Die Bearbeitung des durch Linie 26 gewonnenen Originalmaterials hat auf der Grundlage des sich aus meinen dienstlichen Bestimmungen und Weisungen ergebenden sowie des von den auftraggebenden Diensteinheiten bestimmten Informationsbedarfes zu erfolgen.

Dabei sind durch die Linie 26
- die Objektivität und Vollständigkeit der Informationsauswertung,
- die Aktualität der Informationsübermittlung sowie
- die Einhaltung der festgelegten Informationswege für die Übermittlung operativ bedeutsamer Informationen

zu sichern.
Die Übermittlung der Informationen hat bei
Auftrag A und B, T als originalgetreue Abschrift/Kopie oder zusammengefasster Bericht
Auftrag D und S als Bild bzw. Ergebnisbericht
Auftrag X als Ergebnisprotokoll oder Untersuchungsbericht
zu erfolgen.
Die Übergabe von Originalmaterial an die auftraggebenden Diensteinheiten hat nur in besonders begründeten Ausnahmen zu erfolgen.

BStU 000007

Die Aufbewahrungszeit des Originalmaterials hat bei
Auftrag A 10 Tage
Auftrag B 20 Tage
Auftrag D 12 Monate
zu erfolgen. Ausnahmen sind durch die auftraggebende Diensteinheit mit der Diensteinheit der Linie 26 zu vereinbaren.

3.5. Schriftliche Materialien mit Ergebnissen des Einsatzes spezifischer Mittel und Methoden der Linie 26 sind nur nach Entscheidung durch den Leiter der auftraggebenden Diensteinheit zu vernichten. Die Vernichtung ist zu protokollieren.

Bei Archivierungen in der Abteilung XII sind die entsprechenden Materialien als gesperrte Ablage zu klassifizieren.

4. Spezielle Aufgaben des Leiters der zentralen Diensteinheit der Linie 26 des MfS

4.1. Zur einheitlichen Durchsetzung der Aufgaben der Linie 26 hat der Leiter der zentralen Diensteinheit der Linie 26 des MfS die Tätigkeit der Abteilungen 26 der Bezirksverwaltungen fachspezifisch
anzuleiten und Hilfe und Unterstützung bei der Lösung ihrer Aufgaben zu geben. Er hat deren Tätigkeit auf der Grundlage durch mich bestätigter Aufträge bzw. in Abstimmung mit den Leitern der Bezirksverwaltungen zu kontrollieren.

4.2. Der Leiter der zentralen Diensteinheit der Linie 26 hat mir über meinen zuständigen Stellvertreter politisch-operativ besonders bedeutsame Ergebnisse des Einsatzes der spezifischen Mittel und Methoden der Abteilung 26 des MfS sowie alle durch diese erlangten Erkenntnisse über elektronische Spionageangriffe des Gegners zu melden.

4.3. Auf der Grundlage meiner Planungsrichtlinie und der materiellen Planungsordnung hat der Leiter der zentralen Diensteinheit der Linie 26 des MfS die zur Realisierung der spezifischen Aufgaben erforderlichen operativ-technischen Mittel und Ausrüstungen für die Linie 26 zu planen, den Diensteinheiten der Linie 26 in den Bezirksverwaltungen entsprechend ihrem Bedarf und den realen Möglichkeiten operativ-technische Mittel und Ausrüstungen zur Verfügung zu stellen und die Bereitstellung operativer Reserven im erforderlichen Umfang zu sichern.

4.4. Der Leiter der zentralen Diensteinheit der Linie 26 des MfS hat die qualifizierte operativ-fachliche Aus- und Weiterbildung der Mitarbeiter der Linie 26 zu organisieren und zu realisieren.

BStU 000008

4.5. Der Leiter der zentralen Diensteinheit der Linie 26 des MfS hat - ausgehend von den wachsenden Anforderungen an die Linie 26 und entsprechend den in der „Ordnung über die wissenschaftlich-technische und operativ-technische Forschung und Entwicklung im Ministerium für Staatssicherheit „ festgelegten Verfahrensweisen planmäßig die Zusammenarbeit mit dem OTS zu gewährleisten.

5. Spezielle Aufgaben anderer Diensteinheiten

5.1. Der Leiter der Hauptabteilung Kader und Schulung und die Leiter der Bezirksverwaltungen haben auf die Planmäßigkeit der Kaderarbeit und die Gewährleistung einer hohen Stabilität des Mitarbeiterbestandes durch die Leiter der Abteilungen 26 Einfluss zu nehmen. In Ausnahmen erforderliche Versetzungen von Mitarbeitern der Diensteinheiten der Linie 26, die umfassende Kenntnisse über Aufgaben, Arbeitsweise und operativ-technische Mittel und Methoden der Linie 26 erhalten bzw. sich spezielle Kenntnisse, Fähigkeiten und Fertigkeiten auf diesem Gebiet angeeignet haben, sind mit dem Leiter der zentralen Diensteinheit der Linie 26 des MfS abzustimmen.

5.2. Der Leiter des OTS hat auf der Grundlage der Planungsrichtlinie, der materiellen Planungsordnung und der Forschungs- und Entwicklungsordnung des MfS die Entwicklung Produktion und Bereitstellung operativ-technischer Mittel ausgehend von den durch die Abteilung 26 des MfS erarbeiteten operativ-taktischen Forderungen (OTF) sicherzustellen.

5.3. Der Leiter der Hauptabteilung XX bzw. die Leiter der Bezirksverwaltungen haben zu sichern, dass die Diensteinheiten der Linie 26 ihre spezifischen Aufgabenstellungen im Bereich des Fernmeldewesens der Deutschen Post erfüllen können. Zwischen der zentralen Diensteinheit der Linie 26 des MfS und der Hauptabteilung XX sind dazu Koordinierungsfestlegungen zu treffen. In den Bezirksverwaltungen ist analog zu verfahren.

5.4. Der Leiter der Abteilung N des MfS und die Leiter der Abteilungen N der Bezirksverwaltungen haben die Interessen der Linie 26 als Bedarfsträger gegenüber der Deutschen Post zu vertreten sowie die Planung, Bereitstellung und Finanzierung des durch die Linie 26 benötigten Leitungsnetzes zu gewährleisten.

6. Schlussbestimmungen

6.1. Diese Dienstanweisung ist durch Sie persönlich aufzubewahren. Die Ihnen unterstellten Leiter und anderen Angehörigen sind mit den Bestimmungen dieser Dienstanweisung nur soweit vertraut zu machen, wie das zur Lösung der ihnen übertragenen Aufgaben erforderlich ist.

BStU 000009

6.2. Mein für die Linie 26 des MfS zuständiger Stellvertreter hat auf der Grundlage dieser Dienstanweisung Durchführungsbestimmungen zu erlassen.

6.3. Im erforderlichen Fall sind auf der Grundlage der in dieser Dienstanweisung enthaltenen Prinzipien Koordinierungsfeststellungen zwischen der zentralen Diensteinheit der Linie 26 und anderen zentralen Diensteinheiten zu treffen.

6.4. Diese Dienstanweisung tritt mit sofortiger Wirkung in Kraft. Gleichzeitig treten

- die Dienstanweisung Nr. 10/62 vom 6.7.1962, GVS MfS 035 - 822/62
- die 1. Ergänzung vom 24. 9. 1964 MfS 001 - 320/64, zur Dienstanweisung 10/62 sowie
- das Schreiben des Ministers vom 22.8.1975 über die Realisierung der Dienstanweisung Nr. 10/62
BdL/ 1370/75
außer Kraft.
Sie sind bis zum 14. 1. 1984 an das Düro der Leitung, Dokumentenverwaltung, zurückzusenden.

Mielke
Armeegeneral

[vii] Abteilung 26 Berlin, 16. Februar 1984
BStU 000004

bestätigt: Leben, Oberst

Erläuterungen:

'Die einheitliche Durchsetzung der Verfahrenswege der Auftragsstellung durch die operativen Diensteinheiten an die Abteilung 26 und die Organisation der Zusammenarbeit zwischen den operativen Diensteinheiten und der Abteilung 26 zur Auftragsrealisierung und -bearbeitung".

GVS MfS o035 - 776/84

BStU 000005

Gliederung:
O. Einleitung
1. Aufgaben der Linie 26
2. Grundsätze der Anwendung der spezifischen Mittel und Methoden der Linie 26
3. Die Auftragserteilung an die Diensteinheiten der Linie 26 und Zusammenarbeit mit diesen in Vorbereitung, Durchführung und zur Beendigung der Aufträge
4. Die datengerechte Speicherung postalischer Angaben, entsprechend der Aufgabenstellung der Speichernutzungsordnung des MfS (Teilnehmer- und Rufnummernermittlung), Speicherung operativ interessierender Stimmen zur Personifizierung anonymer/pseudonymer Sprecher im Rahmen der Realisierung der Aufgaben der Linie 26
5. Die IM-Arbeit zur Realisierung und Absicherung der spezifischen Aufgaben der

Linie 26
6, Zum Problem der Koordinierungsfestlegungen mit den zuständigen Diensteinheiten
7. Das Zusammenwirken mit dem Leiter der BDP zur Durchsetzung der gemeinsamen Anweisung zur Regelung der Überwachung und Aufnahme des Fernmeldeverkehrs gemäß § 115 StPO
8. Einflussnahme auf die Neu- und Weiterentwicklung der auf der Linie 26 zum Einsatz kommenden operativ-technischen Mittel.

BStU 000006

0. Einleitung

Die Dienstanweisung Nr. 1/84- (GVS o008 - 1/84 des Genossen Minister wurde auf der Grundlage der konkreten politischen Lage und der sich aus der gegenwärtigen Klassenkampfsituation ergebenden Verantwortung des MfS zur Gewährleistung einer hohen staatlichen Sicherheit erlassen. Die politisch-operative Tätigkeit des MfS erfordert den Einsatz aller Kräfte und Mittel zur Erfüllung des von der Partei erteilten Klassenauftrages, den konspirativ und raffiniert angreifenden Feind mit konspirativen Mitteln und Methoden zu begegnen und zu bekämpfen, um die staatliche Sicherheit und Ordnung jederzeit zuverlässig zu gewährleisten.
Dabei hat sich die Linie 26 in den vergangenen Jahren zu einem schlagfähigen Instrument des tschekistischen Kampfes entwickelt und die Verantwortung im Rahmen operativen Prozesse des MfS sowie gegenüber den operativ operativen Hauptlinien erhöht.
Zur Lösung der Aufgabenstellung des MfS auf dem Territorium der DDR ist der zielgerichtet Einsatz operativ-technischer Mittel und Methoden erforderlich, deren Anwendung auf die Unterstützung der Arbeit am Feind zu konzentrieren ist. Daraus resultiert die ausdrückliche Formulierung, dass die Abteilung 26 auftragsgebundene Aufgaben im Innern der DDR zu realisieren hat.
Die Anwendung der Kampftechnik der Linie 26 kann und muss entscheidend dazu beitragen, Feindtätigkeit aufzudecken und zu verhindern, und sie ist ein wichtiger Faktor bei der operativen Personenkontrolle sowie bei der Realisierung anderer operativer Prozesse, wenn der Einsatz sinnvoll in andere geplante Maßnahmen eingeordnet wird. Deshalb legt der Genosse Minister „zur Erreichung einer höheren Wirksamkeit des Einsatzes der spezifischen Mittel und Methoden, zur Gewährleistung der Konspiration und Geheimhaltung, einer straffen Ordnung bei der Anwendung operativ-

BStU 000007

technischer Mittel sowie der effektiven Zusammenarbeit der operativen und anderen zuständigen Diensteinheiten mit der Linie 26" in seiner DA die Verantwortung sowie

Grundsätze der Anwendung neu fest. Die in diesen Erläuterungen dargelegten Auffassungen enthalten in den vergangenen Jahren gesammelten Erfahrungen aus der operativen Praxis. Sie sollen Anregungen vermitteln zur einheitlichen Durchsetzung der Grundsätze der DA, bei der Wahrnehmung der Verantwortung der Leiter der Diensteinheiten der Linie 26 sowie bei der effektiven Gestaltung der Zusammenarbeit mit den Leitern der auftraggebenden Diensteinheiten. Aufgabe dieser Erläuterungen ist nicht, den gesamten Inhalt der DA zu kommentieren, weil durch den Genossen Minister eindeutige verbindliche Festlegungen in der DA getroffen wurden.

BStU 000008

1. Aufgaben der Linie 26

Im Punkt 1 der DA 1/84 des Genossen Minister, wird die Verantwortung der Leiter der Diensteinheit der Linie 26 bei der Durchsetzung der Aufgaben der Linie 26 im Rahmen der Tätigkeit des MfS ausdrücklich festgelegt und es werden die Anwendungsmöglichkeiten entsprechend der verschiedenen Auftragskategorien geregelt. Der Linie 26 ist die Verantwortung für den auftragsgebundenen Einsatz operativ-technischer Mittel und Methoden in Inneren der DDR übertragen worden, um mit Hilfe dieser Mittel und Methoden authentische Informationen zu erarbeiten, die die Bearbeitung von operativen Vorgängen, die operative Personenkontrolle und andere operative Prozesse wirksam zu unterstützen. Dazu sind folgende Aufgaben zu realisieren:
Auf trag A
Diese Auftragskategorie wird als „Telefonüberwachung von Teilnehmern des Fernsprechverkehr der Deutschen Post und anderer drahtgebundener Nachrichtensysteme eindeutig definiert. Der Begriff „Teilnehmer des Fernsprechverkehrs" schließt die Realisierung von operativ-technischen Aufgaben ein, wie zum Beispiel die Überwachung von
Inhabern bzw. Nutzern von Fernsprechanschlüssen der DP - Einzelanschlüssen
Nutzern von Anschlüssen aus Nebenstellenanlagen in staatlichen und gesellschaftlichen Einrichtungen, Kombinaten und Betrieben
Nutzern von Anschlüssen solcher zentralen fernmeldetechnischen Anlagen, wie Bahnselbstanschlussanlagen (Basa) und Wasserstraßenselbstanschlussanlagen (Wasa) und andere fernmeldemäßigen Einrichtungen, die im Innern der DDR durch feindlich tätige bzw. verdächtige Personen genutzt werden können
Münzfernsprechern.

BStU 000009

Die Anwendungsmöglichkeiten sind also sehr weit gefasst und sie entsprechen den

bisher gesammelten Erfahrungen auf der Linie 26,
Die Auftragstellung zu einem A-Auftrag ist nicht nur abhängig von konkreten Personen, sondern kann und wird in der Regel auch im Komplex zur Klärung von operativen Sachverhalten ohne eine personenbezogene Aufgabenstellung eingesetzt,
(In der operativen Arbeit gibt es viele praktische Erfahrungen zum komplexen Einsatz von A-Maßnahmen, z. B, bei der Klärung von Havarien, Störungen, politischen Höhepunkten / Absicherungen oder anderen operativen Erscheinungen). Die DA läßt in dieser Hinsicht Möglichkeiten zu, die sinvoll in die operativen Prozesse einzuordnen sind.

Auftrag B
In der DA ist die Aufgabenstellung eindeutig als akustische in geschlossenen und von begrenzten freien Räumen definiert worden. Diese relativ breite Fassung berücksichtigt die jahrelange und erfolgreiche Praxis zur Gewinnung authentischer Informationen. Deshalb wurde ausdrücklich auf solche alten Formulierungen, wie „umbaute Räume" oder „eng begrenzte Räume" verzichtet. Außerdem wurde die Eingrenzung der Anwendung auf „Personen" nicht vorgenommen, sondern durch das Weglassen dieses Begriffes die Einsatzmöglichkeiten weitergefasst, eben weil es auch um die Klärung von operativen Sachverhalten geht, die noch nicht bei der Auftragsstellung personifiziert werden können,
Es gibt bereits vielfältige Einsatzvarianten (gemeint sind keine technischen Varianten des Einsatzes der Mittel der Linie B) zur Klärung von Sachverhalten bzw. zur vorbeugenden Sicherung unserer gesellschaftlichen Entwicklung. So gibt es zwar unterschiedliche, aber hervorragende operative Ergebnisse durch den Einsatz von Mitteln der Linie B in Hotels (auf der Basis der ge

BStU 000010

zielten Abschöpfung), bei wichtigen Verhandlungen vorn Wirtschaftsexperten mit dem NSW u. a. Es muss aber darauf hingewiesen werden, dass weitere Einsatzmöglichkeiten angestrebt und erkannt bzw. vervollkommnet werden müssen, wie e z. B.
der Einsatz von operativer Technik im PKW zur Kontrolle bestimmter Handlungen von Verdachtspersonen,
der Einsatz von operativer Technik in Zusammenhang mit der Außensicherung militärischer Objekte, besonders unter den konkreten Bedingungen der Vorgangsarbeit,
der flexible und mobile Einsatz zur kurzfristigen Realisierung von B-Aufgaben.

Das Ziel muss darin bestehen, die Effektivität unter Nutzung aller vorhandenen bzw. Entwicklung weiterer Möglichkeiten zu erhöhen und damit eine höhere Qualität in der operativen Arbeit zu erreichen.

Auftrag D
Analog der Begriffsbestimmung des B-Auftrages wird bei der Kategorie D der Aufträge verfahren. Im Punkt 1. 1. der DA wird die Formulierung gebraucht, „vorwiegend in Räumen“, d. h. nicht, dass die spezifische Technik nicht nach außen eingesetzt wird, sondern die Betonung liegt auf „vorwiegend „. Die bisherigen Erfahrungen besagen, dass die Außenbeobachtung im Zusammenhang mit anderen Beobachtungshandlungen vorwiegend von Kräften der Linie VIII, wie auch in ausgewählten Fällen der Linie II und E, u. a. realisiert wird.
Richtig und wichtig ist, dass die Ma0nahmen in Zukunft abgestimmt und koordiniert werde sollten zwischen den zusammenwirkenden operativen Diensteinheiten, um die Kräfte zu konzentrieren und gezielt einzusetzen. Damit würde auch den Forderungen des Genossen Minister entsprochen werden (GVS 2/83 vom 25. 1.1983)

BStU 000011

Der Begriff „optische und elektronische Beobachtung“ umfasst den Einsatz von Fotooptik und Videotechnik mit deren Hilfe die operativ erforderlichen Dokumentationen erarbeitet werden.
Mit dem Einsatz der Mittel der Linie D wird in der Regel eine höhere Qualität der Vorgangsarbeit erreicht, weil durch die Beobachtungen von konkreten Handlungen der Verdachtsperson(en) neue Erkenntnisse im Vorgehen dieser gewonnen werden, die durch die akustische Kontrolle nicht erreicht bzw. gegebenenfalls nur vage vernutet werden können, auf Grund von bestimmten Geräuschkulissen. Weiterhin erhöht sich die Qualität durch den Einsatz spezieller optischer Geräte und Verfahrensweisen, indem die Möglichkeiten genutzt werden, bestimmte Dokumente sichtbar und zum Teil lesbar zu machen.
Bewährt hat sich, wenn D-Aufträge sprechend der Voraussetzungen und Möglichkeiten im Komplex mit den anderen Auftragskategorien zum Einsatz kommen.
Im Zusammenhang mit der komplexen Anwendung der verschiedensten operativen Mittel muss auf folgendes Problem hingewiesen werden:
Es geht nicht darum ob man die eine oder die andere oder alle Auftragskategorien realisiert, sondern das die zweckdienlichste Aufgabe angewendet wird. Es muss bei der Entscheidung klar herausgearbeitet bzw. bestimmt werden, was mit welcher spezifischen Maßnahme erreicht werden soll bzw. kann. Das heißt, dass man nicht mit einem D-Auftrag beginnen sollte, wenn z. B. in einer vorher zu bestimmenden Etappe mit einem A-Auftrag Informationen erarbeitet werden können, die überhaupt erst Auskunft über den zweckmäßigsten Einsatz anderer spezifischer Mittel geben. Man kann also mit einem A oder auch B-Auftrag die nächst höhere und in der Regel auch kompliziertere Aufgabe vorbereiten. Selbstverständlich haben dabei die Faktoren, wie

Ort und Zeit, eine besondere Bedeutung. Es besteht nicht die Absicht, ein Rezept für die richtige Entscheidungsfindung vorzugeben, weil das erstens nicht möglich und zweitens auch falsch ist, aber es muss darauf

BStU 000012

aufmerksam gemacht werden, dass man diese Entscheidungsfindung nicht vereinfacht oder gar von früheren geringeren operativ-technischen Maßnahmen kopiert.

Auftrag S
Unter dieser Auftragskategorie ist der Einsatz von (chemische Substanzen und auch radioaktive Nuklide) sowie die Anwendung von operativer Sicherungstechnik zu verstehen.
Der Einsatz von Markierungsmitteln ist eine operativ-technische Methode der konspirativen Kennzeichnung von Personen und Objekten. Die operative Anwendung von spezifischer Sicherungstechnik ermöglicht es, operativ interessante Gegenstände, Behältnisse, Räume, Gebäude und Geländeabschnitte mit dem Ziel abzusichern, das Tätigwerden unbefugter und feindlicher Handlungen verdächtiger oder anderweitig operativ interessierender Personen zur signalisieren,
Der Einsatz dieser Markierungs- bzw. sicherungstechnischen Mittel ist ausdrücklich bestimmt für operative Aufgaben im Rahmen der operativen Vorgangsarbeit und nicht zu vergleichen mit der allgemeinen mit der allgemeinen Anwendung von technischen Sicherungsanlagen oder auch anderer allgemein kriminaltechnischer Methoden. Dass in dieser Auftragskategorie nicht mehr ausdrücklich zwischen S und M unterschieden wird, hat keine besondere Bewandtnis, sondern hat praktische Bedeutung für die Zuordnung der Aufgabe auf Linie.

Auftrag T
Diese Auftragskategorie umfasst die Kontrolle von Telex-Einzelanschlüssen bzw. Standverbindugen im nationalen Fernschreibverkehr. Um eventuell Verwechslungen im Zusammenhang mit der früheren Aufgabe R vorzubeugen, muss darauf hingewiesen werden, dass die Aufgabe R entsprechen einer Verein-

BStU 000013

barung an die HA III übergeben wurde und die Überwachung des grenzüberschreitenden Verkehrs zum Inhalt hat.
Der Auftrag T ist eine auftragsbezogene Aufgabe der Linie 26 und ist analog aller anderen Auftragskategorien im Rahmen der operativen Prozesse anzuwenden. Es wird ausdrücklich noch einmal darauf hingewiesen, da die Erfahrungen und Erkenntnisse

der Arbeit mit dieser operativ-technischen Variante zur Erlangung operativer Informationen unterschiedlich sind. Daraus resultiert auch, dass die Aufgabe T im gesamten Bereich der Linie 26 nicht so intensiv eingesetzt wird, wie das bei den anderen Aufgaben der Fall ist,

Auftrag X
Im Zusammenhang mit der Verschärfung der internationalen Klassenauseinandersetzung zwischen Sozialismus und Imperialismus erlangt das Beschaffen und Sammeln von Informationen aller Art
über die DDR für den Gegner eine ständig steigende Bedeutung. Die Palette der Mittel und Methoden der gegnerischen Spionage ist sehr groß. In zunehmendem Maße setzt der Gegner funktechnische
und elektronische Systeme zur Erlangung von Staatsgeheimnissen und anderen vertraulichen und geheimzuhaltenden Informationen ein.
Im Punkt 1.2. der DA wird der Linie 26 die Verantwortung übertragen „für das Erkennen und Aufklären vom Feind eingesetzter Raumüberwachungsmittel sowie von Abstrahlungen an wichtigen Objekten und Einrichtungen im Innern der DDR und in festgelegten Auslandsvertretungen der DDR . . . „. Daraus ergibt sich die Aufgabenstellung für die Abteilung 26 im MfS sowie für die Abteilung 26 der Bezirksverwaltungen, entsprechend ihrer territorialen Verantwortung bei der Bestimmung der zu schützenden Objekte, technischen Anlagen und führenden Repräsentanten unseres Staates.

BStU 000014

Bezogen auf die Aufgabenstellung zum Schutz der führenden Repräsentanten und ihrer Gäste wird darauf verwiesen, dass zur Organisierung dieser Aufgaben zwischen dem Leiter der Linie 26 und dem Leiter der HA PS eine Arbeitsvereinbarung abgeschlossen wurde, in der die Aufgaben und die Informationsbeziehungen festgelegt sind.
Zur Lösung der operativ-technischen Aufgabenstellung sowie zur vorbeugenden Feindbekämpfung sind folgende spezifische Mittel und Methoden zu realisieren:
Überprüfung der elektrotechnischen Einrichtungen, einschließlich aller Kabelwege und Kabelverbindungen
Überwachung der Frequenzbänder durch regelmäßige Funkkontrollen,
Abstrahlungsmessungen an bürotechnischen Anlagen,
Einsatz vorhandener Röntgentechnik,
Realisierung von Tiefenuntersuchungen zur Aufklärung der Baustruktur der zu überprüfenden Objekte,
visuelle Überprüfung der zu überprüfenden Objekte unter Einsatz von vorhandenen Hilfsmitteln,
Anbringen von Markierungsmitteln zur vorbeugenden Feindbekämpfung und Erken-

nung von feindlichen Manipulationen.
Um einen weiteren Überblick auf Grund der zunehmenden Bedeutung dieser Aufgabenstellung zu geben, wird in der Anlage Nr. I auf einige Besonderheiten zur Realisierung von X-Aufträgen hingewiesen.
Im Zusammenhang mit der auftragsgebundenen Realisierung von A-Aufträgen soll noch auf ein weiteres Problem in der Konterarbeit hingewiesen werden.

BStU 000015

In der operativen und technischen Arbeit muss weiter konsequent die missbräuchliche Nutzung - für Feindzwecke -, Nutzung durch Anwendung spezieller Übermittlungsmethoden beachtet werden. Das heißt, der operative Kontrollprozess ist nicht n u r auf die Erarbeitung von Informationen auf Gesprächsinhalte von Teilnehmern zu orientieren, sondern auch auf Feststellungen des „technischen Missbrauchs" durch gegnerische Kräfte und Feindorganisationen ... auszurichten. Dabei gilt es, eigene Erkenntnisse aus der operativen Kontrolle, wie auch Hinweise der auftraggebenden Diensteinheit zu beachten. Da es sich hierbei um komplizierte technische Verfahren des Gegners handelt und kaum
akustisch durch die operativen Auswerter wahrgenommen bzw. gedeutet werden können, sind wissenschaftlich-technische Möglichkeiten der Abteilung 26 (Aufgabe X) zur Analyse zu nutzen.

BStU 000016

2
Grundsätze der Anwendung der spezifischen Mittel und Methoden der Linie 26.
In der Dienstanweisung 1 /84 ist der Grundsatz formuliert, dass „die Anwendung der spezifischen Mittel und Methoden der Linie 26 auf die Unterstützung der Arbeit am Feind zu konzentrieren" ist und „bei ihrem Einsatz strenge Maßstäbe anzulegen" sind. Das bedeutet, dass diese Mittel im Rahmen der Bearbeitung von Operativen Vorgängen, der Realisierung von Operativen Personenkontrollen, Sicherheitsüberprüfungen sowie beim vorbeugenden Schutz von Staatsgeheimnissen, als auch bei der Durchführung von
IM-Überprüfungen, eingesetzt werden können verlangt, dass die operativen Diensteinheiten, einschließlich der Diensteinheiten der Linie 26, eine hohe Verantwortung wahrnehmen müssen bei der Entscheidungsfindung zur Auftragsstellung und -realisierung. Dieser Grundsatz entspricht den bisher gesammelten Erkenntnissen über den zweckmäßigsten und zielgerichteten Einsatz der operativtechnischen Mittel, Das heißt, die oben angeführte Aufzählung der verschiedenen Einsatzmöglichkeiten verlangt zwingend strenge Maßstäbe aus den verschiedensten Gründen und wird in erster

Linie bestimmt durch die operative Notwendigkeit.
Strenge Maßstäbe ergeben sich unter anderem aus:
1. Die operativ-technischen Mittel der Linie 26 sind konspirative spezifische Mittel, die nur wirkungsvoll eingesetzt -werden können, wenn sie geheimgehalten und ihre Einsatzmethoden konspirativ gehalten werden. Deshalb ist von den operativen Diensteinheiten (einschließlich der Linie 26) sehr sorgfältig über die unbedingte Notwendigkeit des Einsatzes zu entscheiden. Bei der Entscheidungsfindung muss die operativ erreichbare Zielstellung das Primat haben. Dabei spielen Ort und Zeit sowie andere operative Bedingungen eine dominierende Rolle und

BStU 000017

können nicht nur dem vorgangsführenden Mitarbeiter zur Entscheidung überlassen werden. Das sind Führungsentscheidungen,
2. Entsprechend der Planungsrichtlinie des Genossen Minister, den Jahresplänen der Leiter der Linien und Bezirksverwaltungen, ist der Einsatz der Mittel und Methoden vorrangig auf operative Schwerpunkte zu orientieren. Dadurch erhöht sich die Planmäßigkeit der Arbeit und die Konzentration der Arbeit am Feind.
Außerdem ermöglicht eine frühzeitige Orientierung auf zu planende Einsätze der Mittel und Methoden die Freisetzung von notwendigen Reserven für operativ notwendige kurzfristige Einsätze, die sich aus der Klassenkampfsituation und der konkreten politisch-operativen Lage im jeweiligen Verantwortungsbereich ergeben.
3. Durch die Konzentration auf die Hauptaufgabe sind die Mittel und Kräfte höchst effektiv einzusetzen. Ausgebend vom operativen Erfordernis werden immer Mittel und Möglichkeiten zur Verfügung stehen.
Die operative Notwendigkeit wird begründet:
zur Unterstützung der Wirksamkeit des IM-Einsatzes in der konkreten Vorgangsarbeit, wenn andere Mittel und Methoden der konspirativen Arbeit nur bedingt anzuwenden sind oder gar nicht ausreichen,
wenn mit einem B-Auftrag die operative Bearbeitung von Personen bzw. die Klärung operativer Sachverhalte erst möglich wird.
In den Grundsätzen der Anwendung werden, ausgehend von der strikten Wahrung der Konspiration und Geheimhaltung, ausdrücklich vom Genossen Minister einige zwingende Festlegungen getroffen, wie

BStU 000018

- Zuverlässigkeit, Verschwiegenheit, Verantwortungsbewusstsein und Treue zum MfS bei den Mitarbeitern der Linie 26 sowie die Stabilität des Kaderbestandes.
Die Leiter der Diensteinheiten und die Leitungen der GO/APO der Linie 26 tragen eine

hohe Verantwortung zur Gewährleistung dieser Forderungen. Das heißt, in der Arbeit mit den Kadern, in der ständigen Erziehungsarbeit des Mitarbeiters besteht das Ziel, diese tschekistischen Verhaltenseigenschaften herauszubilden und ständig zu festigen. Das bezieht sich gleichermaßen auf die Herausbildung echter Kollektive. Es ist ständig bewusst zumachen, dass die ihnen anvertrauten spezifischen operativ technischen Mittel und die ausgewählten Einsatzmethoden der Linie 26 und einigen wenigen anderen Diensteinheiten durch unsere sozialistische Staatsmacht übertragen wurden Jeder Mitarbeiter hat sich bewusst zu machen, dass diese spezifischen Mittel und Methoden nur solange effektiv eingesetzt werden können, solange sie konspirativ h geheimgehalten werden. Nur unter diesen Bedingungen ist die spezielle Einsatztechnik der Linie 26 eine scharfe Waffe des MfS im Kampf gegen den Feind.

Zuverlässigkeit und Verantwortungsbewusstsein setzt auch eine ausreichende operative und fachliche Qualifikation der Mitarbeiter und die fachliche Beherrschung der operativen Technik voraus, um die notwendige Qualität bei der Realisierung und in den Kontroll- und Auswertprozessen zu garantieren. Die beste Technik taugt nichts, wenn Mitarbeiter das „Handwerk“ nicht beherrschen, wenn der Auswerter und Kontrolleur nicht mit hohem Einsatz und Verantwortung an der Sache arbeitet.
Es ist bekannt, dass an dieser Aufgabe von allen Leitern und mittleren leitenden Kadern ständig gearbeitet wird und auch relativ gute Ergebnisse in der Kaderarbeit erreicht wurden.

BStU 000019

Dieser erreichte Stand ist aber nur zu halten bzw. zu vervollkommnen, wenn es gemeinsam mit dem verantwortlichen Kaderorgan gelingt, eine relative Stabilität des Kaderbestandes zu erreichen. Deshalb wird auch im Punkt 5.1. der Dienstanweisung vom Genossen Minister der Auftrag erteilt, dass „in Ausnahmen erforderliche Versetzungen von Mitarbeitern der Diensteinheiten der Linie 26, die umfassende Kenntnisse über Aufgaben, Arbeitsweise und operativtechnische Mittel und Methoden der Linie 26 erhalten bzw. sich spezielle Kenntnisse, Fähigkeiten und Fertigkeiten auf diesem Gebiet angeeignet haben, vorher mit dem Leiter der Abteilung 26/ MfS, abzustimmen sind.“
„Die Leiter der auftraggebenden Diensteinheiten haben dem Leiter der zuständigen Diensteinheit der Linie 26 alle für die Gewährleist der Konspiration und Geheimhaltung der Mittel und Methoden bedeutsamen Informationen zu bearbeiteten Sachverhalten bzw. Personen zu übermitteln“.
Dies stellt ein generelles Erfordernis in der Zusammenarbeit mit den Diensteinheiten

der Linie 26 dar. Es wird nicht möglich sein, in all seinen Einzelheiten hier einen Informationsbedarf darzustellen. Aber an die Erarbeitung und Bereitstellung folgender Informationen müsste ständig gedacht werden:

- Informationen zu Sachverhalten und Personen, die Einfluss haben könnten auf die geplanten Methoden des Einsatzes der Mittel.
- Informationen, die die Faktoren von Ort und Zeit des Einsatzes eindeutig bestimmen,
- und andere Informationen, die sich aus der konkreten Sachkenntnis der Vorgangsbearbeitung sowie
- aus zentralen Befehlen und Weisungen und der politischen Situation ergeben.

die Leiter der auftraggebenden Diensteinheiten unterstützen die zuständige Diensteinheit der Linie 26 im Prozess der Realisierung der Aufträge,

BStU 000020

einschließlich durch dein Einsatz dafür ausgewählter Kräfte.

Damit ist ein wichtiges Kriterium der Zusammenarbeit, gerade in Vorbereitung der Realisierung von Aufträgen genannt, welches aber nicht mit dem Abschluss dieser Phase beendet ist, sondern sich unter anderen Bedingungen bis zur Beendigung des Auftrages fortsetzt. Im Vordergrund dieser Zusammenarbeit steht das gemeinsame Anliegen zur erfolgreichen Realisierung und Bearbeitung der konkreten Maßnahme. Die geforderte Unterstützung für die auftragsrealisierende Diensteinheit der
Linie 26 ist unter folgenden Gesichtspunkten zu sehen:

Unterstützung durch Aufklärung aller Personen und Regimeverhältnissen, die im Zusammenhang mit dem zu realisierenden Objekt stehen

Beschaffung und Bereitstellung aller erforderlichen Legitimationen und anderen Dokumenten, die die notwendige und zweckentsprechende Legendierungen der operativen Handlungen erforderlich machen;

personelle Unterstützung für die Zwecke der Absicherung und auch Beobachtung von Personen, die die Sicherheit des Einsatzes gefährden und beeinträchtigen könnten

und andere Probleme, die sich immer aus der konkreten Sachkenntnis zum Auftrag (Objekt, Personen usw.) ergeben und abgeleitet werden, Wichtig und richtig ist, dass die auftragsrealisierende Diensteinheit der Linie 26 immer so zeitig wie möglich in die Zusammenarbeit mit den auftraggebenden Diensteinheiten einbezogen wird, weil nur so der notwendige Vorlauf für eine zum operativ günstigen Zeitpunkt zu treffende Entscheidung zur Realisierung möglich ist.

In Punkt 3 dieser Ausführungen werden weitere Probleme der Zusammenarbeit behandelt und erläutert.

BStU 000021

Die im Ergebnis der Realisierung von Aufgaben erarbeiteten Informationen werden so an die Leiter der auftraggebenden Diensteinheiten bzw. an die von ihnen beauftragten Mitarbeiter übermittelt und ihre Verwendung hat so zu erfolgen, dass der Quellenschutz zuverlässig gewährleistet wird.

Für die Gewährleistung des Quellenschutzes aller von der Linie 26 erarbeiteten Informationen tragen alle operativen Diensteinheiten eine hohe Verantwortung. Diese Verantwortung beginnt bereits bei der Erarbeitung der Informationen durch die Linie 26. Durch die verantwortlichen Leiter der Diensteinheiten der Linie 26 ist genau zu prüfen, ob die Form der Informationen zur Einhalt der Geheimhaltung beiträgt oder nicht. Dabei ist auch der Verwendungszweck der Information zu beachten.

Viel wichtiger ist aber die Einhaltung der Konspiration und Geheimhaltung bei der Übermittlung der Information (mündlich oder schriftlich). Besonderes Augenmerk ist dabei der mündlichen Informationsübermittlung zu schenken, weil es gerade in dieser Frage einen scheinbaren Widerspruch gibt. Sehr oft verlangen die auftraggebenden Diensteinheiten von den auftragsrealisierenden Diensteinheiten der Linie 26, dass ihnen operativ bedeutsame Informationen sofort übermittelt werden. Um die Aktualität zu gewährleisten, werden sogenannte Sofortinformationen über nachrichtentechnische Mittel (Telefon) abgesetzt, die nicht gesichert sind. ,

Diese Praxis, auch wenn sie noch so notwendig und unumgänglich ist, darf nicht zur Oberflächlichkeit und somit zur gefährlichen Fahrlässigkeit verleiten. Es muss ständig nach der zweckmäßigsten Form der Übermittlung gesucht werden, um die unverzügliche, aktuelle, wahrheitsgetreue und umfassende Informierung der Leiter zu gewährleisten. (1)

(1) Meldeordnung im MfS

BStU 000022

Im Zusammenhang mit der mündlichen Informationsübermittlung, wie aber auch bei der persönlichen Übergabe von Informationen, muss grundsätzlich Klarheit darüber bestehen, wer darf welche Informationen erhalten, Dabei hat sich in der Zusammenarbeit mit einer Reihe operativer Diensteinheiten und besonders in Bezirksverwaltungen bewährt, dass die Informationen der Linie 26 nur an die Leiter der auftraggebenden Abteilungen persönlich übergeben oder geschickt werden. Dieser Verfahrensweg ist aus den obengenannten Gründen als positiv zu werten. Andererseits legen die erwähnten Leiter darauf wert, ständig über die Ergebnisse des Einsatzes der Linie 26 im Rahmen ihrer operativen Prozesse aktuell informiert zu sein, um notwendige Entscheidungen selbst ableiteten zu können.

Entsprechend dieses Grundsatzes zur Gewährleistung des Quellenschutzes sind aus-

drücklich entsprechende Festlegungen im Punkt 3.5. der Dienstanweisung getroffen worden, die unbedingt beachtet und durchgesetzt werden müssen.
Bei Gefahren für die Konspiration und Geheimhaltung der Mittel und Methoden der Linie 26 wird alles unternommen, die Sicherheit zu gewährleisten und Aufträge erforderlichenfalls abgebrochen (werden).
Im engen Zusammenhang mit den vorgenannten Kriterien ist die Aufgabe der unbedingten Gewährleistung der Sicherheit der eingesetzten Mittel und angewendeten Methoden zu sehen. Es ist sowohl von den operativen Diensteinheiten, als auch von den auftragsrealisierenden Diensteinheiten alles zu unternehmen, um für die Sicherheit des Einsatzes der operativen Technik hohe Garantien durch geeignete operative Maßnahmen zu schaffen. Dabei muss man sich von folgenden Gesichtspunkten leiten lassen und beachten, dass es in erster Linie um eine operative Sicherung der vorbereitenden und eigentlich zur Realisierung

BStU 000023

notwendigen Aktivitäten und nicht vorrangig um die technische Sicherheit der Anlagen geht. Dieses hohe Sicherheitsbedürfnis beginnt bereits bei den ersten Handlungen operativer Mitarbeiter, die auf die Aufklärung von Personen und Objekten sowie die Vorbereitung von operativen Sicherungsmaßnahmen zu Personen gerichtet sind. Bereits in dieser Phase können Fehler unterlaufen durch ein nicht richtig abgestimmtes und koordiniertes Vorgehen oder bei der Auswahl und Festlegung falscher Legenden. Es müssen schon in der Phase der Vorbereitung operative Methoden angewendet werden, dass durch niemanden das eigentliche Ziel erkannt wird. Das betrifft vorrangig Aktivitäten zur Objektaufklärung, Klärung der konkreten Regimeverhältnisse, Dokumentenbeschaffung und andere Maßnahme.
Es geht um wirkungsvolle zeitlich abgegrenzte operative Sicherungsmaßnahmen während der unmittelbaren Handlung aller operativer Kräfte zum Einsatzsatz der operativen Technik,
Weiterhin sind eignete Maßnahmen zur Sicherung der operativen Technik während der aktiven Lauf zeit einzuleiten, Das setzt voraus, dass es einen ständigen und gegenseitigen Informationsaustausch zu diesen Fragen zwischen der auftraggebenden Diensteinheit und realisierenden Diensteinheit der Linie 26 gibt. Dieser Informationsbedarf muss immer, egal in welcher Form, zum konkreten Vorgang bzw. Auftrag vereinbart werden.
Die Leiter, die mittleren leitenden Kader, wie auch die operativen Mitarbeiter der Linie 26, tragen eine hohe Verantwortung bei der Durchsetzung dieser Prinzipien. Sie verfügen auf Grund der Vielfalt der Aufgaben über die notwendigen Erfahrungen, um den auftraggebenden Diensteinheiten mit Rat und Tat zur Seite zu stehen, In dieser Frage

wird es zwar in der Regel immer ein arbeitsteiliges, aber dennoch koordiniertes Vorgehen geben. Das kameradschaftliche Zusammenwirken ist auf das gemeinsame Ziel ausgerichtet.

BStU 000024

Trotz Beachtung und Einhalten dieser wichtigen Faktoren, können Situationen eintreten, die für die Konspiration und Geheimhaltung der Mittel und Methoden der Linie 26 Gefahren bedeuten.
Für diese Fälle verlangt der Genosse Minister, alles zu unternehmen, um die Sicherheit zu gewährleisten. Welche operativen Maßnahmen dann notwendig sind, ist entsprechend aller eingetretenen Umstände und vorhandenen Bedingungen und auch der operativen Lage im allgemeinen sowie im besonderen beim Vorgang zu entscheiden. Wichtig ist, dass nicht aus Gründen der übereilten Vorsicht ungenügend durchdachte operative Maßnahmen eingeleitet werden, die nur auf den Rückzug und den Ausbau gerichtet sind, sondern auch auf die Möglichkeit der weiteren erfolgreichen Bearbeitung des operativen Vorganges beachtet wird.
Bei Verletzung der Konspiration und Geheimhaltung der Mittel und Methoden sind gründliche Untersuchungen zu führen, um Ursachen, begünstigende Bedingungen und Verantwortlichkeiten festzustellen und Schlussfolgerungen daraus durchzusetzen. Es muss verlangt werden, dass diese Forderung unbedingt erfüllt und dem Leiter der Abteilung 26 des MfS das Ergebnis solcher geführten Untersuchungen mitgeteilt wird. Dabei haben die verantwortlichen Leiter der Diensteinheiten der Linie 26 davon auszugehen, dass jede Verletzung der Konspiration und Geheimhaltung von Mitteln und Methoden auch durch die Fachabteilung der Linie 26 genau analysiert werden, um geeignete Schlussfolgerungen für die Linie 26 zu ziehen. Auf Grund der Serienfertigung der meisten Mittel und davon abgeleiteten möglichen Einsatzvarianten ist dieser Forderung gerecht zu werden, um Folgeerscheinungen so gut wie auszuschalten. Der Vorbeugeeffekt muss in der weiteren operativen Arbeit mit den spezifischen Mitteln wirksam werden.

BStU 000025

Es ist nicht beabsichtigt, einen detaillierten Informationsbedarf bereits vorzugeben, als er oben genannt wurde, weil immer von der konkreten Erscheinung des Vorkommnisses auszugehen ist. Ziel aller notwendig zu führenden Untersuchungen und daraus abzuleitenden schlussfolgernden Maßnahmen muss grundsätzlich sein, schwerwiegenden Auswirkungen auf die Feindbekämpfung oder Verleumdung der Arbeit der Sicherheitsorgane der DDR durch die Gegner wirkungsvoll zu begegnen.
Außerdem muss ausdrücklich auf die Festlegung des Genossen Minister hingewiesen

werden, ihn bzw. seinen zuständigen Stellvertreter bei schwerwiegenden Vorkommnissen zu informieren.

Im Punkt 2.3. der DA 1/84 werden die alleinige Anwendung der spezifischen Mittel und Methoden der Linie 26 durch die Diensteinheiten der Linie 26 sowie mögliche Ausnahmen bestimmt. Diese Ausnahmen sind nicht ausdrücklich in dieser Dienstanweisung genannt, aber entsprechend ganz bestimmter Arbeitsbedingungen wenden eine Reihe anderer operativer Diensteinheiten (z. B. HVA, Abt, E, HVA VIII u. a.) linienspezifische Mittel und Methoden an, die der Linie 26 entsprechen. Da der Kampfauftrag dieser operativen Diensteinheiten bzw. Linien ein ganz bestimmter ist und in diesem Rahmen die unterschiedlichsten Mittel eingesetzt werden, muss von der Notwendigkeit dieser Ausnahmeregel ausgegangen werden.

Dieses Anwendungsprinzip hat sich in den vergangenen Jahren bis auf wenige Ausnahmen bewährt. Nicht Schritt gehalten hat die eigentlich daraus resultierende Zusammenarbeit mit der Linie 26 bzw. der Linie 26 mit den anderen anwendenden operativen Diensteinheiten. Es ist aber zwingend notwendig, die Zusammenarbeit zu diesen Problemen effektiv zu gestalten, mit dem Ziel der optimalen Nutzung aller Möglichkeiten der dem MfS bereitgestellten spezifischen Mittel zur Erfüllung des Klassenauftrages. Die Zusammenarbeit ergibt sich außerdem aus der Notwendigkeit, negative Folgen durch das Wirken mehrerer operativer Dienstein

BStU 000026

heiten in einem relativ eng begrenzten Territorium, z. B. Stadt, Gemeinde oder auch Haus zu vermeiden. Die zuständige Abteilung der Linie 26 muss über linienspezifische Aktivitäten anderer operativer Diensteinheiten informiert sein und gemeinsame oder getrennt laufende Maßnahmen abstimmen und entsprechend dem Erfordernis koordinieren. Das hat praktische Bedeutung und soll nur anhand weniger Beispiele verdeutlicht werden. Die Aufgabe X wird von der Abteilung 26 und von den Abteilungen 26/BV zu den unterschiedlichsten Zeiten, in den verschiedensten territorialen Bereichen mit unterschiedlichem Aufwand relativ selbständig realisiert, um vom Feind eingesetzt Technik aufzuspüren. Auf Grund dieser Arbeitsweise ist es möglich, dass mit der Realisierung dieser Aufgabe zum Beispiel drahtlose Technik entdeckt und weiter verfolgt wird, die nicht von der Linie 26, aber von anderen operativen Diensteinheiten eingesetzt ist. Aus Unkenntnis über die Richtigkeit der entdeckten technischen Anlage werden weitere aktive Kontrollmaßnahmen bis zur endgültigen und vollkommenen Aufklärung durchgeführt. Verbirgt sich aber hinter dieser Feststellung eine aktive operative Maßnahme des MfS, kann sie durch eingesetzte Aktivitäten entsprechend der Aufgabe X gestört werden und im schlimmsten Fall zur Dekonspiration führen. Daraus ergibt sich die Notwendigkeit, dass alle diese Einsätze von Kampftechnik an die Linie 26 gemeldet

werden. Zu melden sind Ort (Planquadrat auf Messtischblatt bzw. eventuell auch des Stadtplanes) und Zeit der Einsätze, keine operativen Sachverhalte.
In dieser Phase der Zusammenarbeit sollte auch geprüft werden, wer die besseren Voraussetzungen und Möglichkeiten für einen erfolgreichen Einsatz besitzt.

BStU 000027

Die Diensteinheiten der Linie 26 verfügen über eine Reihe von praktischen Erfahrungen und Kenntnisse, wie über
das jeweilige Territorium
städtebauliche Konzeptionen
bauliche Eigenarten und technische Versorgungen sowie über
operativ notwendige Verbindungen zu staatlichen Einrichtungen, Betriebe und auch Organisationen
und Verbindungen zu den territorialen Diensteinheiten
linienspezifische Aktivitäten im jeweiligen territorialen Verantwortungsbereich über Jahre
Erkenntnisse über eventuell gegnerische Aktivitäten von feindlich gesinnten Personen und ähnliche Erscheinungen, die linienspezifische Maßnahmen behindern oder gefährden könnten.
Erscheinungen der Verletzung der Konspiration und Geheimhaltung (linienspezifisch).
Diese und andere Erfahrungen und Kenntnisse dürfen nicht unberücksichtigt bleiben. Das ist ein Arbeitsprinzip der Linie 26 und muss auch von den anderen Anwendern beachtet werden, um keine Fehler zu wiederholen sowie Doppelarbeit zu unterbinden. Was vorhanden ist, muss nicht neu erarbeitet, sondern aktualisiert werden.
Andererseits kann bei einem Unterlassen der Meldung an die Linie 26, dass zum Beispiel im gleichen Stadtteil, Straßenzug oder im gleichen Haus zum gleichen Zeitpunkt bereits linienspezifische und in dem Rahmen operative Sicherungsmaßnahmen laufen, wenn eine zweite Diensteinheit ohne Kenntnis der anderen arbeitet. Diese erzwungene Doppelgleisigkeit in der operativen Arbeit führt zur gegenseitigen Behinderung und birgt große Gefahren für die operativen Maßnahmen in sich.

BStU 000028

Das muss und kann durch eine zweckmäßige Zusammenarbeit mit der Linie 26 verhindert werden. Bei einer richtigen Abstimmung der Aufgaben und der Bestimmung der Dringlichkeit entsprechend des operativen Anliegens in der Vorgangsarbeit ist zu entscheiden, welche Diensteinheit den Vorrang hat, wenn davon überhaupt die Rede sein kann. Bei einer gewissenhaften Überprüfung aller Umstände und Bedingungen sind Maßnahmen im gegenseitigen Interesse im Sinne einer effektiven operativen Arbeit festzulegen.

Es gibt andere Faktoren, die sich aus der konkreten Situation sowie aus der territorialen und linienspezifischen Verantwortlichkeit der Linie 26 auf dem Gebiet der DDR ergeben und berücksichtigt werden müssen. Grundsätzlich sollten Hinweise über linienspezifische Aktivitäten anderer operativer Diensteinheiten an die Linie 26 gegeben werden, die besonders in unmittelbarer Nähe der Staatsgrenze zur DDR stattfinden.
Voraussetzung für eine notwendige Zusammenarbeit mit der Linie 26 ist die unbedingte Wahrung der Konspiration zu allen aus der Informationspflicht übergebenen operativen Hinweisen.
Zu den Grundsätzen der Anwendung der spezifischen Mittel und Methoden der Linie gehört die im Punkt 2.4. der Dienstanweisung getroffene Festlegung des Genossen Minister, dass der Einsatz auf der Grundlage von Planaufgaben und -absprachen zu planen ist.

BStU 000029

3. Auftragserteilung an die Diensteinheiten der Linie 26 und Zusammenarbeit mit diesen in Vorbereitung, Durchführung und zur Beendigung der Aufträge
Einleitend zur Auftragserteilung und der Zusammenarbeit mit der Linie 26 wird im Punkt 3. 1. der Dienstanweisung das Genehmigungsverfahren von Aufträgen an die Linie 26 angewiesen.
In der eindeutigen Festlegung des Genossen Minister wird hervorgehoben, dass grundsätzlich jeder B- und D-Auftrag vom Genossen Minister bzw. von seinem für die beauftragende Diensteinheit zuständigen Stellvertreter zu bestätigen ist. Ausgenommen werden davon B- und D-Aufträge in Hotels, Haftanstalten alten KO/KW.
Diese Aufträge werden von dem jeweiligen Leiter der Hauptabteilung, selbständigen Abteilung des MfS bzw. vom Leiter der Bezirksverwaltung bestätigt. Gleichermaßen werden die Aufträge der
Kategorie A ,S und T von den Leitern der verantwortlichen Linien bzw. Bezirksverwaltungen bestätigt. Besonders hervorgehoben wird in diesem Abschnitt das Bestätigungsverfahren für Aufträge zum Einsatz der unterschiedlichen Mittel und Methoden der Linie 26 zu Personen fremder Staatsangehörigkeit bzw. von Bürgern der DDR in besonderen Stellungen und Funktionen und es wird ausdrücklich auf die Richtlinie 1/76 des Genossen Minister hingewiesen. Die Leiter der Diensteinheiten der Linie 26 sind verpflichtet, besonders auf die Einhaltung dieser Festlegung zu achten, weil die in diesem Zusammenhang bestehenden Probleme von besonderer politischer wie politisch-operativer Bedeutung getragen sind.
Die im Punkt 3. 1. der Dienstanweisung getroffenen Maßgaben sind Ausgangspunkt für alle weiteren Hinweise zur Anwendung der Dienstanweisung.

BStU 000030

In der Dienstanweisung wird im Punkt 3.2. die Pflicht der auftraggebenden Diensteinheit hervorgehoben, der Linie 26
„Informationen zu übergeben, die die Entscheidungsfindung über die Anwendung der zweckmäßigsten Mittel und Methoden ermöglichen".
Damit ist eindeutig die Aufgabe der auftraggebenden Diensteinheit formuliert. Das setzt aber voraus, dass durch die zuständige Diensteinheit der Linie 26 ein konkreter Informationsbedarf vorgegeben wird, das heißt, der Informationsbedarf muss auf die im Auftrag gerannten Person(en) und Objekt(e) bezogen werden. Es muss ausdrücklich darauf verwiesen werden, dass es in dieser Beziehung keine Klischees geben darf, auch nicht, wenn es zum Beispiel bei Objekten bestimmte Analogien gibt. Mit dieser Forderung soll natürlich nicht Bewährtes außer Kraft gesetzt werden, wie zum Beispiel Fragespiegel des Bereiches B-Realisierung. Es ist in diesem Rahmen auch nicht möglich, für alle Bereiche bestimmte Kriterien für die Erarbeitung des Informationsbedarfes vorzugeben. Deshalb soll hier nur auf zwei Problemkreise hingewiesen werden, einmal auf die Auftragskategorie B (es bestehen bestimmte analoge Forderungen bei der D-Aufgabe), wie auch auf die Aufgabe X. In der Zusammenarbeit mit den auftraggebenden Diensteinheiten sollte durch die zuständige Diensteinheit der Linie 26 an
sie folgende Probleme im Informationsbedarf gestellt werden:
genaue Angabe zu Person
konkrete Bestimmung des zu realisierenden Objektes
Angabe zu weiteren Personen, die zum Haushalt der zu bearbeitenden Person gehören sowie Personen, die Zutritt zum Objekt haben
Hinweise darüber, ob die Auftragsperson oder andere ihr nahe stehende Personen bereits durch die Linie 26 bearbeitet wurden (daraus müssen weitere Fragen abgeleitet werden, zum Beispiel ob es Dekonspirationen dabei gab)

BStU 000031

Angaben dazu, ob bei der Auftragsperson bereits konspirative Mittel und Methoden anderer Linien zum Einsatz kamen und es dabei Dekonspirationen gab,
Fragen, die das Realisierungsobjekt direkt betreffen (z, B, Lageskizze, Bestellung und Zustand des Objektes, Hinweise zur Heimelektronik und über Haustiere)
Hinweise zum Wohnhaus (Standort Energiezähler, Verlauf der Netzstromleitungen, Eigentumsverhältnisse, Bauunterlagen usw.)
und andere Fragen, die im Prozess der Realisierung sowie ihrer Legendierung von besonderer Bedeutung sein können (z. B, Beruf , Hobby, Fertigkeiten und auch Verbindungen und Kontakte zu Personen von Einrichtungen, die als Legende Verwendung finden).
Diese und andere Fragen müssen gestellt und beantwortet werden, um einerseits die

Entscheidungsfindung günstig zu beeinflussen und andererseits Fragen des Umfangs der erforderlichen Maßnahmen der Absicherung von Personen und Objekte konkret zu bestimmen und zwar durch die Linie 26.
Wichtig sind auch für die Linie 26 Informationen über besondere Aktivitäten, die nach der Realisierungsphase eingeleitet werden, die eventuell Rückwirkung auf die Realisierung haben könnten und die Sicherheit der operativen Technik beeinflussen. Es ist sowieso darauf zu achten, dass alle Pläne, Maßnahmen und Absichten aller beteiligten operativen Diensteinheiten nicht nur auf das einzige Ziel der Realisierungsphase ausgerichtet sind, sondern immer die gesamte Bearbeitungsphase, bis hin zum Rückzug der operativen Technik, nach Möglichkeit im Auge behalten werden muss,
Bestimmt durch den Arbeitsgegenstand im Sinne des Auftrages unterscheidet sich der Informationsbedarf von dem der Aufgabe B.

BStU 000032

Zu den erforderlichen Informationen zur Erreichung von optimalen operativ-technischen Untersuchungsergebnissen gehören unter anderem:
- Unterlagen, Skizze, Pläne über Grundrisse und deren Nutzung - von den zu überprüfenden Objekten,
- Hinweise über die Eigentümer und aller bisherigen Nutzer, der zu überprüfenden Objekte (insbesondere bei nichtstaatlichen Eigentümern)
- Pläne über alle technischen Anlagen, Fahrstühle, Aufzüge Klimaanlagen usw.)
- Unterlagen über die Elektro- und Fernmeldeinstallation
- Hinweise über den Verlauf der Gas- und Wasserinstallation, sanitären Anlag und Entwässerungssysteme
- Unterlagen über Art und Anzahl der im Objekt installierten Bürotechniken (EDV - Anlagen, Abzugs- bzw. Kopiereinrichtungen usw.)
- Detaillierte Bestimmung des Personenkreises, der zum Betreten der verschiedenen zu überprüfenden Bereiche berechtigt ist,
- Erfassung aller Arbeiten (Reparatur, Pflege und Wartung), die durch beauftragte Institutionen, Betriebe usw. an den technischen Anlagen in den zu überprüfenden Bereichen durchgeführt wurden
- Hinweise zu in der Nähe befindlichen Anliegerbereichen und zu Gebäuden, die direkt an die zu überprüfenden Objekte angrenzen.
Aus der Kenntnis der konkreten Aufgabe im Zusammenhang mit dem operativen Anliegen ist der Informationsbedarf zu konkretisieren und unter Beachtung der bisher gewonnenen Erfahrungen der Spezialisten gemeinsam mit den operativen Diensteinheiten (Auftraggeber) zu realisieren.

BStU 000033

Entsprechend der Dienstanweisung 1/84 des Genossen Minister wurden im Punkt 3.3. die Diensteinheiten der Linie 26 verpflichtet,

„auf der Grundlage der Auftragserteilung und der Informationen der auftraggebenden Diensteinheiten
die Methoden zum Einsatz der spezifischen Mittel festzulegen“.

Das bedeutet, dass auf der Grundlage der Analyse der erarbeiteten Informationen entsprechend des vorgegebenen Informationsbedarfes sowie der fachspezifischen Kenntnisse über die zur Verfügung stehenden spezifischen Mittel und ihre Anwendbarkeit im konkreten Fall allein die Linie 26 darüber entscheidet, was, wie und unter welchen Bedingungen zum Einsatz kommt. Das setzt voraus, dass die Leiter, die mittleren leitenden Kader und die verantwortlichen Mitarbeiter der Linie 26 über operative Sachkenntnisse im Allgemeinen wie auch im Besonderen zu der konkreten operativen Situation, den Bedingungen und den daraus resultierenden operativen Möglichkeiten für die Realisierung verfügen. Um dieser Verpflichtung gerecht zu werden, wird eine enge kameradschaftliche Zusammenarbeit mit den Verantwortlichen der auftraggebenden Diensteinheiten nicht ausgeschlossen, sondern vorausgesetzt bei ausdrücklicher Beachtung der Federführung der zuständigen Diensteinheit der Linie 26. Nur so lässt sich die generelle Aufgabenstellung verwirklichen, wenn es heißt

„und deren Anwendung (der spezifischen Mittel) zur Erreichung der vorgegebenen Zielstellung zu organisieren und zu realisieren“.

Es ist nicht möglich in diesen Darlegungen auf alle hieraus resultierenden Konsequenzen aufmerksam zu machen. Dennoch soll auf einige wenige Probleme hingewiesen werden, die in der Führungs- und Leitungstätigkeit der Leiter der Diensteinheiten der Linie 26 beeinflusst werden müssen:

BStU 000034

- Wie wird die Zusammenarbeit der Diensteinheit der Linie 26 mit der jeweiligen operativen Diensteinheit konkret organisiert, unter Beachtung der unbedingten Einhaltung der Konspiration und Gewährleistung der Sicherheit des operativen Vorganges wie auch der spezifischen Mittel und operativen Methoden.
- Qualifizierung der operativen Mitarbeiter der Lire 26 mit dem Ziel der Befähigung zur operativen Lageeinschätzung in der jeweiligen Vorgangsbearbeitung und auch in der Ausarbeitung und Anwendung operativer Legenden im Rahmen operativer Kombinationen.
- Umfassende und zweckdienliche Vermittlung von fachspezifischen Kenntnissen zu den Mitteln sowie ihrer Anwendbarkeit unter konkreten Bedingungen.
- Probleme zur qualitativen Verbesserung der Mobilität und Flexibilität der Einsatzmöglichkeiten der Kräfte und Mittel der Linie 26.

Diese und andere Problemkreise, die sich aus der konkreten politischen und operativen Lageeinschätzung in Verantwortungsbereich ergeben, sind ständig zu beachten mit dem Ziel einer wirkungsvollen Ausschöpfung der vorhandenen Potenzen.
Die Zusammenarbeit zwischen den Diensteinheiten der Linie 26 und den auftraggebenden Diensteinheiten bekommt in der Phase der Bearbeitung der Aufträge zur Informationsgewinnung durch dafür zuständige verantwortliche Angehörige einen besonderen Stellenwert. Durch den Genossen Minister wird im Punkt 3. 4. der Dienstanweisung festgelegt:
„Die Bearbeitung des durch die Linie 26 gewonnen Originalmaterials hat auf der Grundlage des sich aus meinen dienstlichen Bestimmungen und Weisungen ergebenden sowie des von den auftraggebenden Diensteinheiten bestimmten Informationsbedarfs zu erfolgen".

BStU 000035

Ziel der operativen Auswertung der A- und B-Aufgaben ist es, das operative Originalmaterial in kürzester Frist zu bearbeiten und alle operativ bedeutsamen Informationen in Informations- bzw. Originalberichten zu erfassen. Als Qualitätskriterien gelten dabei Aktualität, Wahrheitsgehalt und Vollständigkeit der Informationserarbeitung. Bei der Beurteilung der operativen Bedeutsamkeit von Originalmaterial ist zu beachten, dass die Einschätzung der Bedeutsamkeit erfolgt:
im Vergleich mit dem konkret bestimmten Informationsbedarf
im Vergleich mit bereits erarbeiteten Informationen
im Vergleich mit den operativen Kenntnissen und Erfahrungen des operativen Auswerters, seinem konkreten Feindbild, seiner Kenntnis und Einschätzung der operativen Lage.
Unter Beachtung der operativen Bedeutsamkeit jeder Information hat die Bearbeitung des Originalmaterials nach folgenden Kriterien zu erfolgen:
- Ausgangsmaterial und Zielstellung des operativen Vorganges, der OPK oder des IM-Vorganges
- Informationsbedarf der auftraggebenden Diensteinheit
- konkrete operative Situation im Bearbeitungszeitraum
- be- und entlastende Umstände
- Charakterisierung der Persönlichkeit der zu bearbeitenden Person, Motive für operativ bedeutsame Handlungen
- begünstigende Bedingungen für Rechtsverletzungen - Möglichkeiten für operative Maßnahmen zur Abwehr von Rechtsverletzungen oder Einleitung von Kombinationen
- Informationsbedarf - entsprechend der Gesamtaufgabenstellung des MfS, der sich aus zentralen Informationsplänen ergibt. Bei der Erarbeitung operativer Informationen ist die Beantwortung der „8 goldenen W" zu beachten.

BStU 000036

Der Informationsbericht gibt in der Regel nicht den gesamten Verlauf einer Unterhaltung wieder. Die operativ interessanten Informationen werden verdichtet. Es ist in der Regel nicht erforderlich, jeweils Frage und Antwort so ausführlich zu schreiben, wie die Unterhaltung verläuft. Es ist die Form eines Ergebnisprotokolls anzustreben, wenn der operative Gehalt der gespeicherten Information es verlangt, ist die Berichtsform im Dialog zu wählen. Deshalb wurde im Punkt 3.4. der Dienstanweisung der Begriff „Originalgetreue Abschrift" verwendet.
Im Auswertprozess ist davon auszugehen, dass nicht in jedem Falle die operative Bedeutsamkeit der Informationen erkennbar und einzuschätzen ist, so dass eine Vielzahl von Informationen erarbeitet werden muss, die erst auf einer bestimmten Leitungsebene oder in den Fachabteilungen bzw. erst zu einem späteren Zeitpunkt und im Zusammenhang mit anderen Informationen zu werten sind. Das muss von den Leitern und Mitarbeitern in der operativen Auswertung beachtet werden.
Aktualität der Informationsübermittlung setzt die Gewährleistung der Aktualität der Informationsgewinnung voraus und verlangt die Information so zu übermitteln, dass sie dem übergeordneten Leiter oder der auftraggebenden Diensteinheit rechtzeitig zur Verfügung steht. Damit reicht die rechtzeitige Informationsgewinnung nicht aus, der Grad der Aktualität wird wesentlich vom schnellen und richtigen Informationsfluss bestimmt.
Die Übermittlung der erarbeiteten Informationen erfolgt im wesentlichen auf dem Postwege oder durch den Kurier der Abteilung 26.
Bei Sofortmeldungen oder anderen operativ bedeutsamen Informationen, wo Gefahr im Verzuge, Terminvereinbarungen oder andere wichtige Sachverhalte die sofortige Einleitung operativer Maßnahmen erforderlich machen, erfolgt die Übermittlung der Information auf telefonischem Wege (siehe Punkt 2 dieser Er-

BStU 000037

läuterungen). In solchen Fällen werden vorwiegend die Leiter der auftraggebenden Diensteinheiten in Kenntnis gesetzt. Zu beachten ist, und das trifft besonders für die Abteilung 26 des MfS zu, dass entsprechend der Zuständigkeit in den Verantwortungsbereichen auch die HA des MfS bei Aufträgen der KD und BV Berlin in Kenntnis gesetzt werden. Nach der Dienstzeit oder an Wochenenden werden die in den Absprachen mit den auftraggebenden Diensteinheiten vereinbarten Informationswege eingehalten (z. B. Lagezentrum, OvD u. a.).
Die Übergabe von Originalmaterial in Form von Magnettonbändern kann in besonders begründeten Ausnahmefällen an die auftraggebenden oder andere Dienst-

einheiten des MfS erfolgen, wenn zu ihrer weiteren operativen Nutzbarmachung andere als in Räumen und durch Kräfte der Abteilung 26 anzuwendende Mittel und Methoden in Anwendung gebracht werden müssen. Solche begründeten Ausnahmefälle sind zum Beispiel:
Untersuchungs- der Expertisetätigkeit in der Abteilung 32/OTS
Anfertigung von Stimm- Frequenzanalysen zur Person
Übersetzung von Fremdsprachenmaterial, das durch Kräfte der Abteilung 26 oder in deren Räumen nicht ermöglicht werden kann.
Nach Erarbeitung und Übermittlung der schriftlichen Information wird davon ausgegangen, dass sie in der vorgangsführenden Diensteinheit einer ersten operativen Bewertung unterzogen werden und bei Notwendigkeit eine erneue Auswertung möglich ist bzw. weitere Methoden der Auswertung des Originalmaterials wie zum Beispiel Stimmen- oder Geräuschidentifizierung angewendet werden können. Aus diesem Grund werden in der Dienstanweisung diese Aufbewahrungszeiten festgelegt.

BStU 000038

Abschließend soll noch auf die Probleme der Vernichtung bzw. Archivierung der schriftlichen Materialien mit Ergebnissen des Einsatzes der spezifischen Mittel und Methoden der Linie 26 hingewiesen werden. Aus zweckmäßigen Gründen soll auf zwei Problemkreis aufmerksam gemacht werden:
Schriftliche Materialien mit Ergebnissen aus der Arbeit der Auftragskategorien A, B, D und T,
Untersuchungsergebnisse aus der Arbeit der Auftragskategorie X
zu 1.:
Schriftliche Materialien im Sinne dieser Dienstanweisung sind alle Schriftstücke, die im Ergebnis des Einsatzes der Mittel und Methoden der Linie 26 als
originalgetreue Abschrift/Kopie oder zusammengefasster Informationsbericht
als Bild. bzw. Ergebnisbericht
als Ergebnisprotokoll oder Untersuchungsbericht
erarbeitet und den auftraggebenden Diensteinheiten zur weiteren operativen Verwendung zugestellt werden.
Mit Abschluss der operativen Bearbeitung sind alle dazu erarbeiteten und den auftraggebenden Diensteinheiten zugestellten schriftlichen Materialien
in den operativen Vorgangsunterlagen in der Abteilung- XII mit der Klassifizierung „gesperrt" (siehe DA 2/81 , Punkt 4. 1.) zu versehen. Die Archivierung politisch operativen Schriftgutes des MfS.
Die Klassifizierung „gesperrt" gewährleistet die Einhaltung der Konspiration und Geheimhaltung, insbesondere des Quellenschutzes, da eine Einsichtnahme durch andere

Diensteinheiten nur mit Zustimmung des Leiters der Diensteinheit, die das politisch-operative Schriftgut zur Archivierung übergeben hat, gestattet ist,

BStU 000039

b) zu vernichten
Die Vernichtung des operativen Schriftgutes ist nur auf der Grundlage der Entscheidung des Leiters der auftraggebenden Diensteinheit vorzunehmen. Über die durch mindestens zwei Mitarbeiter der auftraggebenden Diensteinheit, die Kenntnis über den Charakter und Inhalt des zu vernichtenden Materials
haben müssen, ist ein Vernichtungsprotokoll anzufertigen und durch beide Mitarbeiter zu unterzeichnen. Die ordnungsgemäße Vernichtung sollte von zuständigen Abteilungsleiter der auftraggebenden Diensteinheit auf dem Vernichtungsprotokoll bestätigt werden. Das Vernichtungsprotokoll ist den in der
Abteilung XII zu archivierenden Vorgangsunterlagen beizufügen,
zu 2.:

Die aus den operativ-technischen Überprüfungen gewonnenen Erkenntnisse sowie Messergebnisse werden in den Untersuchungsberichten und Messprotokollen detailliert erfasst und sind in die Objektvorgänge einzugliedern,
Die sich aus der operativ-technischen Untersuchung der Baustruktur der zu überprüfenden Objekte ergebenden Hinweise über begünstigende Möglichkeiten für die Feindarbeit sind in den zu erstellenden Bauunterlagen zu erfassen und entsprechende Maßnahmen zur vorbeugenden Feindbekämpfung einzuleiten.
Die in den Objektvorgängen erfassten operativ-technischen Messergebnisse und Bauunterlagen sind bei Wiederholungsüberprüfungen als operatives Ausgangsmaterial zu nutzen, mit neuen Erkenntnissen zu vergleichen und gegebenenfalls zu erneuern.
Veraltete Unterlagen, Pläne, Skizzen, Aufzeichnungen, Messprotokolle, die nicht mehr den aktuellen Stand entsprechen, sind in Absprache mit der Leiter der Abteilung nach deren Überarbeitung und Aktualisierung so zu vernichten, dass Unbefugte diese nicht mehr nutzen können.

BStU 000040

4. Die datengerechte Speicherung postalischer Angaben entsprechend der Aufgabenstellung der Speichernutzungsordnung des MfS (Teilnehmer- und Rufnummernermittlung), Speicherung, operativ interessierender Stimmen zur Personifizierung anonymer/pseudonymer Sprecher !in Rahmen der Realisierung der Aufgaben der Linie 26
In der Dienstanweisung 1/84 - im Punkt 1.5. - ist eindeutig die Verantwortung zu den beiden obengenannten Problemen der Linie 26 übertragen worden. In den folgenden

Erläuterungen sollen die Aufgaben und Möglichkeiten der Linie 26 zusammengefasst dargelegt werden, Sie lassen erkennen, welche Wege gegangen werden müssen und welche Aufgaben noch zu realisieren sind. Um diese Verantwortung wahrzunehmen, ist eine enge Zusammenarbeit zwischen den Abteilungen 26 der BV und der Abteilung 26 des MfS unbedingt notwendig, um die Auskunftsbereitschaft insgesamt auf Linie qualitativ auf eine höhere Stufe zu heben.
Entsprechend der Aufgabenstellung der Speichernutzungsordnung des Genossen Ministers (GVS MfS o008 - 9/80) sind die Abteilungen 26 verantwortlich für die Auskunftserteilung bei der Überprüfung von Rufnummern bzw. Inhabern zu Fernsprechanschlüssen der Deutschen Post ihres Territoriums.
Die Überprüfung erfolgt mit Form 453/454 in einem Bearbeitungszeitraum von 3 Tagen, bei besonders kompliziertem Ausgang bis maximal 3 Wochen. Auskunft wird erteilt bei:
Vorliegen des Namens, Vornamens und der Anschrift
Vorliegen der Rufnummer.
Die Überprüfung kann erfolgen, wenn:
die Einleitung einer operativen Maßnahme der Abteilung 26 vorgesehen ist.
die operative Notwendigkeit der Personenidentifizierung anhand der telefonischen Rufnummer besteht.

BStU 000041

Aus dieser Aufgabenstellung heraus werden in der Abteilung 26 des MfS unter Verwendung entsprechender Daten der Deutschen Post nach Name, Rufnummern und Straßen sortierte Verzeichnisse zu Fernsprechteilnehmern des Ortsnetzes Berlin gespeichert. Die Aktualisierung erfolgt durch Übernahme entsprechender Veränderungsbelege der Deutschen Post. Der Aufbau und die Zugriffsbereitschaft zur Rufnummernart gewährleistet, weitere Zusammenhänge zu anderen Speichern der Abteilung 26 sofort zu erkennen.
Insgesamt können Aussagen getroffen werden zu:

der Rufnummer
den Teilnehmer/Kostenträger
dessen PKZ
dem Benutzer
dessen Beruf
der Wohnanschrift.(PLZ, Straße, Hausnummer)
dem OE - Vermerk (ohne Eintragung in Telefonbuch)
dem Datum der Entwicklung bzw. des Abbruches
dem Verweis auf neue Anschriften, wenn keine neue Rufnummer vorhanden bzw. auf neue Rufnummer

2.
den operativen Angaben aus der linienspezifischen Bearbeitung von Personen wie:
Aufgaben A/B
informierte Diensteinheiten
Auskunftsersuchen für Diensteinheiten
VSH - Erfassung in der Abteilung, 26
3.
der Anschlussart (Wohnungsdienstanschluss, Münzer etc.)
der Strukturnummer (Branchen und Eigentumsform)
den Sonderkennzeichen (lässt Rückschlüsse auf Arbeitsverhältnisse zu)

BStU 000042

Während zu Punkt 1 an alle Diensteinheiten im vollen Umfang Auskünfte erteilt werden, sind Angaben und Hinweise zu den Punkten 2 und 3 nur für die politisch-operative Arbeit der Abteilung 26 bestimmt bzw. werden derartige Auskünfte nur nach Leiterentscheidung mitgeteilt.
Die Arbeit mit der Stimmbank in der Abteilung 26 hat zum Ziel die Identifizierung von anonymen und pseudonymen Sprechern im Rahmen der linienspezifischen Auftragsbearbeitung.
Das heißt:
1. Zuordnung von Stimmen anonymer/pseudonymer Personen zur Stimme bekannter bzw. identifizierter Personen,
2. Zuordnung der Stimme einer Person (anonym/pseudonym oder identifiziert) zu - beim gleichen Kontaktpartner bereits in Erscheinung getretener Personen,
3. Zuordnung der Stimme einer Person zu - bei einem beliebigen Kontaktpartner operativ bedeutsam in Erscheinung getretenen Person,
4. Zuordnung von - in verschiedenen Objekten (Bearbeitungs- und Zielobjekten) aufgetretenen identifizierten Personen.
Die Arbeit mit der Stimmbank gestattet auf Grund der in Anwendung kommenden Arbeitsmethoden keine wissenschaftlich begründete Aussage über die Identität mehrerer Personen.
In der Abteilung 26 werden konspirativ in Erscheinung getretene Personen anhand individualisierender Merkmale der Stimme und Sprache durch den höranalytischen Vergleich der Gesprächsinhalte identifiziert.
Voraussetzung zur zielgerichteten Arbeit mit der Stimmbank sind die - Speicherung aller anonymen, pseudonymen und identifizierten operativ bedeutsamen Sprecher auf einem Tonträger,
- sichtlochmäßige Abspeicherung der individualisierenden Merkmale der inhaltlichen Kriterien und Anhaltspunkte sowie die

BStU 000043

Zuordnung zu politisch - operativen Schwerpunkten auf der Basis des festgelegten Rahmenkataloges

- VSH -mäßige Erfassung aller operativ bedeutsamen identifizierten Sprecher in der AIG

Die in der Abteilung 26 getroffene Wahrscheinlichkeitsaussage bedarf zur kategorischen Aussage über Nicht- bzw. Identität einer wissenschaftlichen Analyse im OTS/ Abteilung 32.

Daraus resultiert gleichzeitig die Forderung, dass nur Originalaufzeichnungen gespeichert werden dürfen. Der systematisch geordnete Speicher abrufbereiter Stimmkonserven bietet darüber hinaus die Möglichkeit, operativ bedeutsame Stimmkonserven als inoffizielle Beweismittel über einen längeren Zeitraum zugriffsbereit sicherzustellen.

Die genannte Aufgabenstellung der Arbeit mit der Stimmbank wird ausschließlich durch die Abteilung 26/MfS realisiert.

Die Abteilungen 26 der Bezirksverwaltungen speichern Stimmen auf der Grundlage eigener festgelegter politisch - operativer Schwerpunkte.

Der dazu aufzubauende Speicher abrufbereiter Stimmen basiert auf einem einheitlichen Rahmenkatalog und ist mit Rahmenkatalog der Abteilung 26/MfS identisch. Damit wird gesichert, dass Vergleiche vorgenommen werden können, um im Territorium der Abteilung 26/MfS aus den Bezirken aufgetretene Personen durch Zuarbeit der Abteilungen 26 der Bezirke zu identifizieren.

Zur Erhöhung und Erweiterung der politisch-operativen Wirksamkeit der Stimmbank sind die, durch die Abteilungen 26 der Bezirksverwaltungen an die Abteilung 32 des OTS gestellten Untersuchungsaufträge über die Abteilung 26/MfS zu senden.

BStU 000044

Die derzeit festgelegten politisch-operativen Schwerpunkte sind:

Mitarbeiter von Geheimdiensten und Staatsschutzorganen des nichtsozialistischen Auslandes.

Personen, bei denen der begründete Verdacht einer geheimdienstlichen Tätigkeit besteht.

Personen, die zu terroristischen u. a. schwerwiegenden Gewaltakten bzw. zu feindlich-negativen Demonstrativhandlungen neigen sowie anonyme und pseudonyme Drohanrufer.

Personen, die im Sinne politischer Untergrundtätigkeit und ihres Vorfeldes in Erscheinung treten,

insbesondere solche, die als Inspiratoren bzw. Organisatoren einer sogenannten staatlich unabhängigen Friedensbewegung bzw. Umweltschutzbewegung in der DDR wirksam werden.
Personen, die als Träger der politisch-ideologischen Diversion in Erscheinung treten und deren Einflussnahme auf Denk- und Verhaltensweisen mit dem Ziel der Erzeugung von Unzufriedenheit und der Schafung ideologischer Voraussetzungen für das Umsetzen von Alternativen erfolgt,
Mitarbeiter der Ständigen Vertretung der BRD in der DDR, in der DDR akkreditierte Korrespondenten aus der BRD bzw. West- Berlin, die Aktiviäten zur Unterlaufung bzw. des Missbrauchs abgeschlossener Verträ-ge entwickeln sowie DDR - Bürger, die aus nichtstaatlichem Interesse der DDR Kontakte und Verbindungen zu solchen Personen unterhalten bzw. Vertretungen des nichtsozialistischen Auslandes in der DDR aufsuchen (darunter anonym oder pseudonym in Erscheinung tretende Informanten, bei denen eine entsprechend hohe operative Bedeutsamkeit gegeben ist.
Mitarbeiter von Feindorganisationen und KMHB; DDR - Bürger, bei denen der begründete Verdacht des ungesetzlichen Verlassens der DDR vorliegt; operativ bedeutsame Rückverbindungen, die entsprechend der Befehle 1/75 und 6/77 aktiv in Erscheinung treten sowie DDR - Bürger, die im Zusammenhang mit rechts-

BStU 000045

widrigen Ersuchen auf Übersiedlung Aktivitäten entwickeln, die operativ bedeutsam erscheinen (bei Übersiedlungsersuchen, die anonym oder pseudonym auftreten, muss eine sehr hohe operative Bedeutsamkeit vorliegen, die eine Einspeicherung rechtfertigt).
5. Die IM - Arbeit zur Realisierung und Absicherung der spezifischen Aufgaben der Linie 26
Ausdrücklich wurde zu den Aufgaben der Linie 26 die Verantwortung der Leiter der Diensteinheiten der Linie 26 für die ständige Weiterentwicklung und Qualifizierung der eigenen Arbeit mit IM zur Realisierung und Absicherung der spezifischen Aufgaben formuliert. Es muss nicht besonders hervorgehoben werden, dass dies ein ständiges Erfordernis ist, um die an die Linie 26 übertragenen Aufgaben in hoher Qualität schnell und mit großer Sicherheit zu realisieren. Daraus ergeben sich folgende grundsätzliche Probleme für die Bestimmung der IM-Arbeit, für die Suche, Auswahl und Gewinnung von IM - Kandidaten und der dazu notwendigen Einsatz- und Entwicklungskonzeption:
- Grundlage ist, wie auch in allen anderen operativen und territorialen Verantwortungsbereichen des MfS die ständige Analyse der operativen Lage im Verantwortungsbereich. Diese Lageeinschätzung muss unbedingt im Zusammenhang mit der operativen Einschätzung der operativen Fachabteilungen und territorialen Diensteinheiten zur Be-

stimmung der operativen Schwerpunktbereiche und Schwerpunkte vor vorgenommen werden.
- Daraus ableitend muss das vorhandene IM-Netz ständig analysiert und die weitere Profilierung und qualitative sowie quantitative Entwicklung bestimmt werden.
- Im Zusammenhang mit der Bestimmung, der weiteren Profilierung und der daraus resultierenden Suche, Auswahl und Gewinnung von IM - Kandidaten ist stärker zu differenzieren, welche

BStU 000046

Aufgaben vorrangig zu erfüllen sind, wie z. B. Aufgaben zur Sicherung der Arbeit der Linie 26 oder zur Realisierung spezifischer Maßnahmen. Die konkreten Anforderungsbilder an die IM und GMS sind herauszuarbeiten und unbedingt bei der Suche, Auswahl und Gewinnung von Kandidaten zu berücksichtigen.

Trotz einer klaren Abgrenzung der Verantwortung der Diensteinheiten sollte überprüft werden, welche IM anderer Diensteinheiten, wie zum Beispiel der Linie XX/6, sind noch vorhanden und können bei vernünftiger Abstimmung genutzt werden.
Durch die Linie 26 ist ständig zu prüfen, welche Wege in der Weiterentwicklung und Qualifizierung der IM - Arbeit gegangen werden können und müssen. Es kann keine generelle Festlegung geben, welche IM - Kategorien vorhanden sein müssen. Das hängt von der Aufgabenstellung ab und die Bestimmung liegt in der Verantwortung des zuständigen Leiters der Diensteinheit. Es muss auch weiterhin das Problem der FIM - Arbeit auf Linie untersucht werden. Bei allem, was auch geprüft werden mag, Ausgangspunkt zu neuen Überlegungen muss immer die Konspiration und Sicherheit der zu lösenden spezifischen Maßnahmen und der IM sein.
Alle Maßnahmen zur Weiterentwicklung und Qualifizierung der eigenen IM - Arbeit sind auf der Grundlage der Richtlinie 1/79 einzuleiten. Das betrifft auch solche Probleme, wie
die Erarbeitung der Entwicklungs- und Einsatzkonzeption
die Notwendigkeit der Überprüfung der IM auf Zuverlässigkeit und Ehrlichkeit
und andere für den konkreten Einsatz erforderliche Maßnahmen.

BStU 000047

6. Zum Problem der Koordinierungsfestlegungen mit zuständigen Diensteinheiten
In Punkt 1. 3. der Dienstanweisung 1/84 wird vom Genossen Minister der Abschluss von Koordinierungsfestlegungen mit zuständigen Diensteinheiten zum langfristigen und komplexen Einsatz von operativ - technischen Mitteln in konspirativen und anderen festgelegten Objekten gefordert. Diese Festlegungen haben sich in den vergange-

nen Jahren positiv auf die Arbeit der Linie 26, wie aber auch für die operativen Diensteinheiten ausgewirkt, so zum Beispiel für die
richtige Orientierung auf ausgewählte Objekte und intensive, wie fachspezifische Vorbereitung der notwendigen Einsätze der Linie 26,
Erhöhung der Planmäßigkeit der Arbeit der Linie 26,
Einhaltung der Plandisziplin bei der finanziellen und materiellen Sicherstellung,
Durchsetzung des Schwerpunktprinzips bei der Organisierung der Arbeitsprozesse,
Festlegungen zur Abgrenzung der Verantwortung und Prinzipien der Zusammenarbeit zur Lösung von Detailfragen.
Die Diensteinheiten der Linie 26 und auftraggebenden Diensteinheiten, die bisher mit solchen Koordinierungsvereinbarungen zu obengenannten Objekten zusammengearbeitet haben, haben zwar unterschiedliche Erfahrungen gesammelt, aber die Aufgaben mit Erfolg gelöst. Es kommt in Zukunft darauf an, dieses Prinzip der Zusammenarbeit weiter zu vervollkommnen und strikter durchzusetzen. Auf welche Vorhaben sollte man sich besonders konzentrieren und die Fragen der Koordinierung vereinbaren?
Festobjekte
konspirative Objekte, Haftanstalten Verhandlungsräume, „Gästehäuser" und ähnliches.

BStU 000048

Hotels
diplomatische Objekte und Einrichtungen
Aus der bisherigen operativen Praxis ergeben sich für die Koordinierungsfestlegungen folgende Schwerpunkte:
- Koordinierungsfestlegungen sind langfristig mit den zuständigen auftraggebenden Diensteinheiten abzuschließen, Bei Neu- bzw. Umbau dieser vorgesehenen Objekte sind die Festlegungen rechtzeitig, d. h. mit Beginn der Projektierung einzuleiten, damit eventuell auf die zweckmäßigste bauliche Gestaltung Einfluss genommen werden kann (vom Standpunkt des operativen Anliegens und der besten und zweckmäßigsten operativ - technischen Lösungsvariante sowie des erforderlichen Aufwandes). Es wird ausdrücklich auf die rechtzeitige bzw. langfristige Gestaltung der Koordinierungen hingewiesen, weil es leider nicht selten vorkommt, dass die zuständige Abteilung 26 erst dann einbezogen wird, wenn zum Beispiel der Bau bzw. Umbau solcher Objekte fast abgeschlossen bzw. sogar bezugsfertig ist. Es bedarf keiner besonderen Argumente, dass bei einem solchen Zustand der zu betreibende Aufwand zur Realisierung der operativ-technischen Aufgaben beträchtlich steigt und nicht immer vertretbar ist,
Bei den Koordinierungsfestlegungen ist darauf zu achten, dass
die Terminstellungen für einzelne Etappen der Vorbereitung und Realisierung,
Verantwortlichkeiten für welche Diensteinheit zu welcher konkreten Aufgabe,

Umfang der zu realisierenden Aufgabe in welchem Objekt,
Probleme der materiell-technischen Sicherstellung,
so exakt wie möglich vereinbart werden. Je konkreter die Festlegungen und das operative Anliegen bestimmt werden, um so höher ist die Effektivität in den Arbeitsabläufen und die Qualität des operativ zu nutzenden Objektes.

BStU 000049

Koordinierungsfestlegungen müssen alle erkennbaren erforderlichen Maßnahmen enthalten, die die Sicherheit und Konspiration der einzusetzenden bzw. eingesetzten Mittel und anzuwendenden bzw. angewandten Methoden gewährleisten Dazu gehört auch die Informationspflicht über Veränderungen am oder im Objekt (z. B. bauliche Veränderungen oder Renovierungen). Es müssen Aussagen darüber enthalten sein, wann unter welchen Bedingungen und in welcher Form die eingesetzten Mittel durch Mitarbeiter der Abteilung 26 überprüft werden. Es muss der Hinweis gegeben werden, dass die Koordinierungsfestlegungen von den Leitern der Diensteinheit bestätigt werden müssen, zwischen denen es zur Vereinbarung kommt.

7. Das Zusammenwirken mit den Leitern der BDP zur Durchsetzung der gemeinsamen Anweisung zur Regelung der Überwachung und Aufnahme des Fernmeldeverkehrs gemäß § 115 StPO

Die in der Dienstanweisung 1/84 im Punkt 1. 4. genannte „Gemeinsame Anweisung" zur Regelung der Überwachung und Aufnahme des Fernmeldeverkehrs gemäß § 115 StPO vom 18. Dezember 1979 wurde durch den Minister für Staatssicherheit, den Minister des Innern, den Generalstaatsanwalt und den Leiter der Zollverwaltung der DDR erlassen. Sie ist Ausdruck der Vervollkommnung der Demokratie sowie der Wahrung der sozialistischen Gesetzlichkeit und dient der Gewährleistung einer hohen staatlichen Sicherheit. In dieser gemeinsamen Anweisung werden Abgrenzung und Verantwortung bzw. Befugnisse eindeutig festgelegt. So heißt es u. a. in Ziffer 3:
„Anordnungen zur Überwachung und Aufnahme des Fernmeldeverkehrs werden durch die Leiter der Untersuchungsorgane des Ministeriums für Staatsicherheit an die Leiter der zuständigen Bezirksdirektionen der Deutschen Post der DDR übermittelt".
Damit ist eindeutig bestimmt, dass nur die Leiter der Untersuchungsorgane des MfS als Partner im Zusammenwirken mit den

BStU 000050

Leitern der BDP berechtigt sind. Außerdem gibt es zur Wahrung der Konspiration und Sicherheit spezifische Maßnahmen des MfS, Hinweise des Leiters der HA IX zur Durchsetzung der gemeinsamen Anordnung vom 12. März 1980 an die Leiter der Bezirksverwaltungen für Staatssicherheit. In diesen Hinweisen wird folgendes mitgeteilt:

„Die interne Ausgestaltung der Ziffer 3 der Gemeinsamen Anweisung ... (Vermittlung des Zusammenwirkens dieser Organe durch das MfS innerhalb des MfS) und der Bezirksverwaltungen erfolgt in Abstimmung mit den zuständigen Linien
im MfS durch den Beauftragten des Leiters der HA IX ... an einen Beauftragten der Abteilung 26
in den Bezirksverwaltungen durch Beauftragte des Leiters der Abteilung IX ... an Beauftragte des Leiters der Abteilung 26. „
Es ist bekannt, dass es unterschiedliche Verfahrensweisen gibt, wichtig ist in jedem einzuleitenden Fall, dass die zuständige Abteilung 26 Kenntnis über die Realisierung einer „Anordnung" im Interesse der Konspiration spezifischer operativ-technischer Maßnahmen erhält.
In der Abteilung 26 des MfS hat sich bisher folgender Verfahrensweg zur Realisierung der „Anordnung" bewährt:
Der Leiter der Abteilung 26 erhält von einem Beauftragten des Leiters der HA IX folgende Unterlagen:
die Anordnung des Generalstaatsanwaltes der DDR zur Überwachung und Aufnahme des Fernmeldeverkehrs - Anlage II -
die Anordnung des Untersuchungsorgans zur Überwachung und Aufnahme des Fernmeldeverkehrs - Anlage III -

BStU 000051

die richterliche Bestätigung der Überwachung und Aufnahme des Fernmeldeverkehrs - Anlage IV -
Diese Dokumente werden durch den Beauftragten des Leiters der Abteilung 26 ((Abteilungsleiter (26/1)) an den Leiter der BDP gegen Quittung übergeben. Die genannten Dokumente sind für den Leiter der BDP nachweis- und rückgabepflichtig. Der Leiter der BDP weist zur Realisierung der Maßnahme in eigener Zuständigkeit den verantwortlichen Leiter des Amtes an. In vereinbarten zeitlichen Abständen übergibt der Leiter der BDP oder der von ihm beauftragte Leiter dem beauftragten Leiter der Abteilung 26 folgende Materialien: Protokoll des Fernsprechamtes zur erfolgten Aufzeichnung des betreffenden Fernsprechanschlusses. Das Protokoll beinhaltet den Zeitraum der Aufzeichnung, die Anzahl der bespielten Tonträger, den Umfang der Zahlenvergleichsergebnisse sowie Information zu Besonderheiten.
- Aufzeichnung von Zählvergleichsergebnissen. Die Aufzeichnung enthält Informationen zu allen abgehend geführten Telefongesprächen mit Angabe zum Tag, zur Uhrzeit, zur gewählten Rufnummer und bei Rufnummern innerhalb des gleichen Ortsnetzes den Inhaber der angewählten Rufnummer,
Originalausdruck der Zahlenvergleichseinrichtung,
bespieltes Tonträgermaterial in versiegeltem Umschlag,

Durch den Beauftragen des Leiters der Abteilung 26 erfolgt dann die Übergabe der Dokumente und Materialien gegen Quittung an den Beauftragten des Leiters der HA IX.
Nach Beendigung der Maßnahme fordert der Beauftragte des Leiters der Abteilung 26 die dem Leiter der BDP übergebenen Originaldokumente zurück und übergibt diese dem Beauftragten des Leiters der HA IX. Es wird empfohlen, dass in den Bezirksverwaltungen

BStU 000052

analog verfahren wird.
Es wird nicht weiter darauf eingegangen, dass diese besonderen Maßnahmen durch die Linie 26 zu sichern sind, vor allem aus Gründen der Konspiration der linienspezifischen Maßnahmen sowie des Missbrauchs dieser Methode. Vor den verantwortlichen Genossen der Abteilung 26 steht die Aufgabe, diese gesamte Problemstellung weiterhin operativ zu durchdringen und gemeinsam mit der Linie IX weitere Möglichkeiten zu untersuchen, wie zum Beispiel das Problem der rückwirkenden Einleitung zur Anordnung, um Ergebnisse von A - Aufgaben offiziell zu machen (Straftaten gemäß § 213 StGB oder A - Maßnahmen bei Münzfernsprechern).

8. Einflussnahme auf die Neu- und Weiterentwicklung der auf der Linie 26 zum Einsatz kommenden operativ-technischen Mittel.

Der Genosse Minister legt in der Dienstanweisung die Verantwortung des Leiters der Abteilung 26 des MfS fest, für die Einflussnahme auf die neusten Erkenntnissen von Wissenschaft und Technik orientierte Neu- und Weiterentwicklung der spezifischen operativ-technischen Mittel der Linie 26. Folgerichtig wird eine enge koordinierte und planmäßige Zusammenarbeit mit dem OTS gefordert sowie die Einsatzerprobung und Überführung in die operative Praxis.
Die Fachabteilungen der Linie 26 tragen bei der Durchsetzung dieser Prozesse insgesamt eine hohe Verantwortung in der Zusammenarbeit mit den Fachabteilungen des OTS, wie aber auch gegenüber den Abteilungen 26 der BV, um rechtzeitig auf notwendige Entwicklungstendenzen eingestellt zu sein.
Am Beispiel der Abteilung 26/4 soll dargelegt werden, wie diese Aufgabenstellung zur Zeit in der Praxis realisiert wird.

BStU 000053

Ähnliche Verfahrensweisen werden durch die anderen Fachbereiche praktiziert. Die Einflussnahme erfolgt speziell durch die Mitarbeiter der AG Technik in direkter Zusammenarbeit mit den Themenbearbeitern der zuständigen Fachabteilungen des OTS. Über den Perspektivplan Wissenschaft und Technik und dem daraus abgeleiteten Perspek-

tivplan Operative Technik werden dem OTS die wichtigsten Themen vorgelegt. Nach der Einschätzung und Bestätigung der Themen durch den OTS erarbeitet die Abteilung 26/4 die OTF ' s. Bei der Erarbeitung der OTF ' s erfolgt in den meisten Fällen eine Konsultation mit den zuständigen Mitarbeitern der Fachabteilung, um solche Forderungen zu erstellen, die unter Beachtung des neuesten Standes von Wissenschaft und Technik realisierbar sind. In der Praxis hat sich als vorteilhaft erwiesen, dass in regelmäßigen Abständen (halbjährlich) Absprachen zwischen den Leitern der Fachabteilung und den Leitern der betreffenden Fachabteilungen im OTS unter Einbeziehung der zuständigen Spezialisten durchgeführt werden, um prinzipielle Fragen zu klären.
Mit der Mustererprobung beginnt eine unmittelbare Einbeziehung der AG Technik in die praktische Lösung des sogenannten Themas. Nach der Übergabe und Einweisung in die Bedienung der operativen Technik erfolgt deren Einsatz unter praxisnahen Bedingungen. Je nach Zeitraum und Anzahl der Muster werden die Abteilungen 26 der BV ' s in die Erprobung einbezogen. Die Praxis zeigt, dass gemeinsame Erprobungen mit den zuständigen verantwortlichen Mitarbeitern des OTS die zweckmäßigste Art darstellen. Es ist wichtig und stets zu beachten, dass von der Auftragstellung bis zur Serienfertigung von der Abteilung 26 immer darauf Einfluss genommen werden muss, dass eine operative Technik entwickelt und produziert wird, die unter den objektiv gegebenen Einsatzbedingungen einsatzfähig und funktionssicher ist.

BStU 000054

Voraussetzung dazu ist, dass die für die operative Technik zuständigen verantwortlichen operativ - technischen Mitarbeiter der Abteilung 26 unmittelbar in die Realisierung einbezogen werden und über die erforderlichen ingenieurtechnischen Kenntnisse und Fertigkeiten verfügen. Aus der operativen Praxis ergeben sich mitunter Aufgabenstellungen und Erkenntnisse, die nicht vorauszusehen waren und deshalb auch im Perspektivplan nicht berücksichtigt werden konnten (z. B. wie politisch-operative Lage oder Resultate der Neuerertätigkeit). Auch hier wird immer eine unmittelbare Zusammenarbeit mit den OTS angestrebt. Ein wichtiger Punkt für die Zusammenarbeit mit dem OTS ist die Erprobung operativ - technischer Mittel aus der internationalen Zusammenarbeit mit den Bruderorganen, da über diese Möglichkeit eigene kostenaufwendige Neuentwicklungen vermieden werden können und die Deckung dringender operativer Anforderungen in bedeutend kürzerer Zeit realisierbar ist.
In Zukunft muss von seiten der Abteilung 26 konstruktiver mit dem OTS zusammengearbeitet werden. Mit der weiteren Entwicklung und Qualifizierung der Arbeit wird die Abteilung 26/8 prinzipiell die wissenschaftlich-technische Bearbeitung operativ-technischer Problemstellungen der Linie 26 organisieren und leiten. Hierzu gehört die konzeptionelle Tätigkeit zur Erkennung und Festlegung künftiger Schwerpunkte wissenschaftlich - technischer Aufgabenstellungen.

Auf der Grundlage der erarbeiteten operativ-technischen Forderungen und der durch den OTS erarbeiteten operativ-taktischen Forderungen erfolgt durch die Abteilung 26/8 gemeinsam mit den anderen Fachbereichen (Anwender) der Linie 26 die Erprobung der Muster und die Überführung in die operative Praxis.

BstU 000055

Anlage I

Elektronische Spionagemittel

Unter elektronischen Spionagemitteln sind
Abhöranlagen und
Beobachtungsanlagen
zu verstehen.

Auf Grund der raschen Entwicklung der Elektronik werden die zum Einsatz kommenden elektronischen Spionagemittel immer vollkommener. Die Feststellung dieser Anlagen ist nur durch Spezialkräfte mit entsprechenden technischen Mitteln und speziellen Untersuchungsmethoden möglich.

Abhöranlagen sind:
telefonüberwachende Mittel und
raumüberwachende Mittel.

Sie ermöglichen es, die in Räumen und im Freien geführten Unterredungen sowie Telefongespräche auf einem drahtgebundenen Übertragungsweg (Telefon- Schwachstrom- und Lichtstromleitung sowie separate Leitung),
auf einem drahtlosen Übertragungsweg (Äther) zu einer Empfangsstelle weiterzuleiten oder
mittels Tonträger zu speichern,

Bekannte Arten von Abhöranlagen sind:
Mikrofon mit Verstärker,
Richtmikrofon mit relativ hoher Reichweite,
kleine Senderanlagen,
Tonbandgeräte mit Recorder,
Lasergeräte,
die fast ausschließlich getarnt zum Einsatz kommen.

Unter Beobachtungsanlagen sind
objektüberwachende und
personenüberwachende optische Mittel
zu verstehen.

BStU 000056

Dazu gehören:

Fernsehkameras,
Nachtsichtgeräte,
spezielle Objektive,
Fotoapparate,
Ferngläser, die getarnt oder ungetarnt eingesetzt werden.

Kommerzielle Mittel

Kommerzielle Abhör- und Beobachtungsanlagen sind in den westlichen Ländern käuflich zu erwerben. Zur Installation dieser Anlagen sind oftmals keine Spezialisten notwendig. Aufgrund der geringen Abmessungen und der relativ hohen Empfindlichkeit sind kommerzielle Abhöranlagen an den verschiedenen Orten des Raumes einsetzbar.

Geheimdienstliche Mittel

Abhör- und Beobachtungsanlagen der imperialistischen Geheimdienste werden zweckbestimmend und differenziert für die jeweilige Aufgabenstellungen entwickelt und in der Regel planmäßig und langfristig zur Anwendung gebracht. Der Einbau dieser Mittel findet in Wänden, Decken und Fußböden sowie hinter Holzverkleidungen, Scheuerleisten, festangebrachten Spiegeln u. a. m. statt.
Mit Hilfe von Funkfernschaltern und anderen technischen Maßnahmen erreicht der Gegner, dass die genannten Anlagen nicht im Dauerbetrieb arbeiten.

Die operativ-technische Untersuchung

Bei der operativ-technischen Untersuchung ist zwischen der Vorbereitungsphase, der Untersuchung im Objekt und der analytischen Auswertung zu unterscheiden. Alle drei Phasen bedingen einander und bilden eine Einheit.

Operative Voraussetzungen

Die Schaffung der operativen Voraussetzungen zur operativtechnischen Untersuchung ist bedeutend für die effektive und mit hoher Aussagekraft gepaarte Lösung der Aufgabe.
Dabei sind folgende Fragen in den Mittelpunkt zu stellen:
Exakte und allseitige Einschätzung der politisch-operativen Lage des Objektes,

BStU 000057

Schaffung der erforderlichen Handlungsfreiheit zur Untersuchung im Objekt
Legende,
Betreten des Objektes, Zugang zu den technischen Anlagen und zu Siegelzimmern,
Bereitstellung der Schlüssel für Anlagen und Verteiler,
Absicherung durch auftraggebende Diensteinheiten.
Bereitstellung erforderlicher technischer Unterlagen, wie Beschaltungsunterlagen und Unterlagen über Kabel- und Leitungsführungen,

Operativ-technische Vorbereitung

Die qualifizierte operativ-technische Vorbereitung der Untersuchung ist wesentlicher Bestandteil der Auftragsrealisierung.
Schwerpunkte dabei sind:
das tiefgründige Durcharbeiten vorhandener Unterlagen über die zu überprüfenden technischen Anlagen
Herausarbeitung der Überprüfungsschwerpunkte,
Technische Untersuchungsmethoden
Unter technischen Untersuchungsmethoden sind die Prinzipien, Regeln und Handlungsvorschriften zur Überprüfung auf feindliche Abhörtechnik mittels operativ-technischer und kommerzieller Mittel zu verstehen.
Passive Untersuchungsmethoden
Passive Untersuchungsmethoden sind bei qualifizierter Durchführung durch den Gegner nicht wahrnehmbar. Neben den Leitungsmessungen und HF-Überprüfungen sind auch die visuellen Überprüfungen zu zählen.
Der Einsatz operativ-technischer Geräte, die ionisierende Strahlen aussenden, erfolgt nur durch Spezialisten entsprechend der VVS MfS o035 - 559/83. Mit Hilfe der Röntgenmethode wird eine Kontrolle aller Hohlräume, die als Unterbringungsort oder Container für Abhörtechnik dienen können, durchgeführt.

BStU 000058

Aktive Untersuchungsmethoden
Aktive Untersuchungsmethoden können bei ihrer Durchführung Veränderungen der Spannungs- und Stromverhältnisse auf den Leitungen hervorrufen und sind dadurch durch den Gegner oder Fachpersonal bedingt wahrnehmbar.
Die operativ-technische Überprüfung
besteht aus der
Vergleichsarbeit,
visuellen Überprüfung,
messtechnischen Überprüfung,
analytischen Auswertung.
Der visuellen Überprüfung ist aufgrund der Vielfalt von Einbaumethoden für Abhörtechnik größte Beachtung zu schenken.
Die messtechnische Überprüfung beinhaltet die schöpferische Anwendung von aktiven und passiven Untersuchungsmethoden, gepaart mit der visuellen Überprüfung zur Aufklärung von feindlicher Abhörtechnik und Manipulationen zur Informationsgewinnung.
Die Gesamtheit der bei den operativ-technischen Untersuchungen gewonnenen Erkenntnisse, operativ-relevanter Faktoren, festgestellter Abhörmöglichkeiten sowie alle erkannten begünstigenden Bedingungen und Vorschläge zu ihrer Überwindung müs-

sen bei der analytischen Auswertung berücksichtigt werden.
Nach Abschluss der operativ-technischen Untersuchungen erhält die auftraggebende Diensteinheit einen Ergebnisbericht.
In zunehmendem Maße erfolgt in Bereichen der Volkswirtschaft und der Sicherheitsorgane der Einsatz technischer Geräte, Anlagen und Systeme zur Informationsverarbeitung und -überarbeitung. Bedingt durch das physikalische Wirkprinzip wird in informationsverarbeitenden und -übertragenden Geräten, Anlagen und Systemen meist eine hohe kompromittierende Abstrahlung erzeugt, die sich unkontrolliert und unbeabsichtigt ausbreiten kann. Durch den Empfang und die Analyse der kompromittierenden Abstrahlung lassen sich Rückschlüsse auf den Inhalt der verarbeiteten Informationen ziehen.
Aus diesem Grund ist der Abstrahlungssicherheit der technischen Anlagen und Systeme eine erhöhte Aufmerksamkeit zu schenken durch zielgerichtete Messungen, um sie gegen unbeabsichtigten Informationsabfluss durch kompromittierende Abstrahlung zu schützen.

BStU 000059

M u s t e r Anlage II

DER GENERALSTAATSANWALT
Der Deutschen Demokratischen Republik

Der Stellvertreter -

Anordnung zur Überwachung und Aufnahme des Fernmeldeverkehrs

In dem Strafverfahren gegen
............, ...
geb. am
wohnhaft:
wird gemäß §§ 109, 115 (4) Ziffer 3 StPO die Überwachung und Aufnahme des Fernmeldeverkehrs für den Fernsprechanschluss Nr.
....

für den Zeitraum vom 29. 01. 1983 bis 28. 03. 1983 angeordnet.

Die Überwachung dieses Anschlusses ist zur Feststellung der Zusammenhänge und Hintergründe der vom Beschuldigten begangenen Verbrechen gegen die DDR erforderlich. Der Beschuldigte nutzte nach bisherigen Feststellungen den Fernsprechanschluss für die von ihm begangenen Straftaten.

Unterschrift

BStU 000060

M u s t e r   Anlage IV

Das Stadtbez.- gericht Berlin-Mitte   Berlin, den 25. Jan. 1983

Aktenzeichen: Hs 0. 61/82

B e s c h l u s s.

In der Strafsache.

g e g e n   (Name, Vorname)

w e g e n   landesverräterischer Nachrichtenübermittlung

wird die auf Anordnung des Generalstaatsanwaltes vom 29. 1. - 28. 3. 1983 durchzuführende Überwachung und Aufnahme des Fernmeldeverkehrs für den Fernsprechanschluss Nr.: ....
gemäß § 121 StPO richterlich bestätigt, da sie sachlich berechtigt war und die Art und Weise ihrer Durchführung dem Gesetz entsprach.
Gegen diesen Beschluss ist die Beschwerde zulässig. Sie ist innerhalb einer Woche nach Zustellung des Beschlusses beim unterzeichneten Gericht zu Protokoll der Rechtsantragsstelle oder schriftlich durch den Betroffenen oder einen Rechtsanwalt einzulegen

Unterschrift
Dienstsiegel
Richter

BStU 000061

M u s t e r   Anlage III

Ministerrat der DDR 23. Mai 1981
Ministerium für Staatssicherheit
Hauptabteilung Untersuchung
Stellvertreter des Leiters

A n o r d n u n g

Gemäß § 109 StPO wird im Ermittlungsverfahren

g e g e n (Name, Vorname)
geboren am
wohnhaft gewesen

w e g e n illegalem Verlassen der DDR
(§ 213 Absatz 1 und 3 Ziffer 4 StGB)

die Überwachung und Aufnahme des Fernmeldeverkehrs gemäß § 115 Absatz 4 Ziffer 1 StPO des Telefonanschlusses .... für die Zeit vom 23. bis 26. Mai 1981 angeordnet.

G r ü n d e:
Diese Maßnahme macht sich umgehend erforderlich, da dringende Verdachtsgründe vorliegen, dass die im Zusammenwirken mit kriminellen Menschenhändlerbanden der BRD die Ausschleusung ihres als Geheimnisträger geltenden Ehemannes vorbereitet und Gefahr im Verzuge besteht.
Dienstsiegel

viii

BStU 000008
(Die Bundesbeauftragte für die Unterlagen des Staatssicherheitsdienstes der ehemaligen DDR) Berlin, 25.9.1989

Vereinbarung
über das Zusammenwirken zwischen der Hauptabteilung VII des Ministeriums für Staatssicherheit und dem Bereich Fahndungswesen der Hauptverwaltung der Zollverwaltung der DDR bei der Bekämpfung von Schmuggel und Spekulation
Zur konsequenten Durchsetzung der
„Dienstanweisung Nr. 1/89 des Ministers für Staatssicherheit zur vorbeugenden Ver-

hinderung, Aufklärung und Bekämpfung der mit Schmuggel und Spekulation im Zusammenhang stehenden operativ bedeutsamen Straftaten
und anderen Handlungen"
werden mit dem Ziel
- der umfassenden Nutzung der Möglichkeiten beider Organe zur Erhöhung der Wirksamkeit der Bekämpfung von Schmuggel und Spekulation sowie
- der Abgrenzung der Verantwortung und Aufgaben
folgende Vereinbarungen für das Zusammenwirken und die Informationsbeziehungen zwischen der Hauptabteilung VII des MfS und dem Bereich Fahndungswesen der Hauptverwaltung der Zollverwaltung der DDR getroffen:

BStU 000009
2
1. Verantwortung und Aufgaben der Hauptabteilung VII
1.1. Übergabe aller grundsätzlichen Informationen, Lageeinschätzungen und Analysen im Zusammenhang mit der Bekämpfung von Schmuggel und Spekulation unter Beachtung der Prinzipien der Geheimhaltung.
1.2. Information bzw. Übergabe von Sachverhalten zur Ermittlung und Untersuchung von Straftaten des Schmuggels und der Spekulation an die Zollverwaltung der DDR, wenn die Kriterien für die Zuständigkeit des MfS gemäß Ziff. 1.2. der DA Nr. 1/89 nicht gegeben sind.
1.3. Überprüfung/Abstimmung aller Personen vor Aufnahme ihrer vorgangsgebundenen aktiven Bearbeitung durch die Bereiche Fahndungswesen der Hauptverwaltung und Bezirksverwaltungen der Zollverwaltung der DDR bzw. vor Einleitung von Anzeigenprüfungen, Ermittlungsverfahren, Zeugenvernehmungen, Fahndungsmaßnahmen, Reisesperren oder die Nutzung als Auskunftspersonen.
1.4. Unterstützung des Bereiches Fahndungswesen bei der Bearbeitung operativer Vorgänge und Ermittlungsverfahren mit den spezifischen Mitteln und Möglichkeiten des Ministeriums für Staatssicherheit, insbesondere durch die Gewährleistung entsprechender politisch-operativer Maßnahmen im Zusammenhang mit der koordinierten bzw. gemeinsamen Bearbeitung bedeutsamer politisch-operativer Sachverhalte sowie durch die Realisierung des damit im Zusammenhang stehenden Informationsflusses innerhalb des MfS.
1.5. Der Leiter der HA VII entscheidet bzw. bestätigt die Übernahme von Sachverhalten und Vorgängen des Bereiches Fahndungswesen der Hauptverwaltung der Zollverwaltung der DDR zur weiteren Bearbeitung durch operative Diensteinheiten des MfS.
BStU 000010
3

2. Verantwortung und. Aufgaben des Bereiches Fahndungswesen der Hauptverwaltung der Zollverwaltung der DDR
2.1. Übergabe aller grundsätzlichen Informationen, Lageeinschätzungen und Analysen im Zusammenhang mit der Bekämpfung des Schmuggels und der Spekulation.
2.2. Information/Abstimmung vor der Bearbeitung von Sachverhalten bzw. der Einleitung von Vorgängen und Ermittlungsverfahren bzw. Übergabe von Sachverhalten zur Ermittlung und Untersuchung von Straftaten des Schmuggels und der Spekulation an das MfS, wenn die Kriterien gemäß Ziff. 1.2. der DA Nr. 1/89 gegeben sind.
Information/Abstimmung haben auch zu einem späteren Zeitpunkt zu erfolgen, wenn im Prozess der Bearbeitung Erfordernisse/Anforderungen gemäß Ziff. 1.2. der DA Nr. 1/89 vorliegen bzw. erkennbar werden.
2.3. Abstimmung der Realisierungsmaßnahmen zu Vorgängen im Interesse des höchsten sicherheitspolitischen Nutzens.
2.4. Übermittlung bedeutsamer Arbeitsergebnisse und Erkenntnisse zu Personen und Sachverhalten, laufenden operativen, Maßnahmen, Vorgängen und Ermittlungsverfahren der Zollverwaltung der DDR, an denen operative Interessen des MfS bestehen.
2.5. Unterstützung des MfS bei der Bearbeitung operativer Materialien mit den spezifischen Mitteln und Möglichkeiten des Bereiches Fahndungswesen.

BStU 000011
4

3. Grundprinzipien der gemeinsamen Bearbeitung von Sachverhalten und Vorgängen
3.1. Bei der gemeinsamen/arbeitsteiligen Bearbeitung von Sachverhalten und Vorgängen wird die bestmögliche gegenseitige Unterstützung angestrebt.
3.2. Die Abstimmung/Koordinierung im Prozess der gemeinsamen/arbeitsteiligen Bearbeitung von Sachverhalten, Vorgängen und EV zwischen den Diensteinheiten des MfS und den Bereichen Fahndungswesen erfolgt beiderseits selbständig.
3.3. Über die bestehenden Arbeitskontakte, grundsätzlichen Probleme und Ergebnisse des Zusammenwirkens mit den Diensteinheiten des MfS bzw. den Bereichen Fahndungswesen erfolgen durch
den Bereich Fahndungswesen der Hauptverwaltung der Zollverwaltung der DDR bzw. die HA VII des MfS periodisch gegenseitige Informationen. Sie schließen die Übergabe aus der gemeinsamen / arbeitsteiligen Bearbeitung resultierender Arbeitsergebnisse und Materialien ein.
3.4. Gemäß der Zielstellung und den Grundsätzen dieser Vereinbarung beraten der 1. Stellvertreter des Leiters der Hauptabteilung VII und der Stellvertreter des Leiters der Zollverwaltung für Fahndungswesen periodisch
- deren Durchsetzung,
- treffen erforderlichenfalls Festlegungen zur weiteren Umsetzung und Präzisierung,

- stimmen arbeitsteilige Aufgaben/Maßnahmen zur Lösung zentraler Probleme ab und
- beauftragen die Führungskader der Arbeitsbereiche auf Leitungsebene mit der Durchsetzung der Festlegungen dieser Vereinbarung entsprechend der personellen und sachlichen Zuständigkeit.

BStU 000012
5

4. Diese Vereinbarung gilt als Orientierung für das Zusammenwirken und die Informationsbeziehungen zwischen den Abteilungen VII der Bezirksverwaltungen für Staatssicherheit und den Bereichen Fahndungswesen der Bezirksverwaltungen der Zollverwaltung der DDR entsprechend der territorialen Zuständigkeit und wird den Leitern der Diensteinheiten beider Partner zur Verfügung gestellt.
Sollten auf der Ebene der Bezirksverwaltungen im Einzelfall territoriale Besonderheiten Präzisierungen erfordern, sind zu dieser Vereinbarung zusätzliche Festlegungen zu treffen und auf Linie der Hauptabteilung VII bzw. dem Bereich Fahndungswesen der Hauptverwaltung in 1 Exemplar zu übersenden.

Otto, Hauptinspekteur

Büchner, Generalmajor

[ix] Welp, Jürgen. Die strafprozessuale Überwachung des Post- und Fernmeldeverkehrs. Seiten 211-212.
„Die Intensivierung der Geheimnisverletzung, die mit der Reproduzierung des Eingriffs in der Hauptverhandlung erfolgt, ergibt sich indessen bereits aus den strukturellen Überlegungen, die in anderem Zusammenhang zur Schutzbedürftigkeit derjenigen Sendungen angestellt worden sind, die die Post der Zollverwaltung ausgeliefert hat. Wird nämlich zugestanden, dass auch die postfremde Staatgewalt Adressat der grundrechtlichen Verpflichtung zur Wahrung des Post- und Fernmeldegeheimnisses ist und dass dessen Schutz nicht schon damit endet, dass der Nachrichtenverkehr aus dem gegenständlichen Herrschaftsbereich der Post entlassen wird, so kann gleichfalls nicht bezweifelt werden, dass auch das Gericht selbst in das Post- und Fernmeldegeheimnis eingreift, wenn es die Reproduzierung der gewonnen Beweismittel in der Hauptverhandlung anordnet oder zulässt. Die persönlichkeitsrechtlichen Schutzaspekte sind unverändert auf die Verhinderung jeder und jeder weiteren Kenntnisname vom Nachrichteninhalt gerichtet, während die Beweisaufnahme eine solche Kenntnisnahme gerade vermitteln soll. Da die Beweismittel ferner unter Ausnutzung der besonderen Verhältnisse des bei der Post (jetzt Telekom, der Verf.) kanalisierten Nachrichtenverkehrs erlangt worden sind und der Schutzgegenstand mit ihrer Auslieferung an die Justiz

nicht untergegangen ist, bedarf auf die richterliche Beweisaufnahme als eine Intensivierung der zuvor begonnenen Verletzung einer gesetzlichen Grundlage; denn sie ist offenbar selbst eine Fortsetzung des Eingriffs in das Post- und Fernmeldegeheimnis. Eine solche gesetzliche Ermächtigung besteht jedoch nur im Rahmen der Eingriffstatbestände selbst. Da aber gegenwärtig das Eingriffsunrecht vorausgesetzt wird, ergibt sich, dass auch die Reproduzierung des rechtswidrig erlangten Beweismittels ihrerseits materiell rechtswidrig ist. Heraus folgt zugleich, dass die Beweisführung unter prozessualen Wertkategorien unzulässig ist; denn da die Reproduzierung des Eingriffs in der Hauptverhandlung - wie gezeigt - nur als Perpetuierung der Grundrechtsverletzung verstanden werden kann, das Grundrecht des Art. 10 GG aber auch im Prozess uneingeschränkte Geltung beansprucht (Art. 1 Abs. 3 GG), hat die Beweisführung zu unterbleiben. Diese Annahme ist im übrigen unabhängig davon, ob der Beschuldigte an dem überwachten Nachrichtenverkehr beteiligt war oder nicht.
[x] *Aus 14. Tätigkeitsbericht des Hamburgischen Datenschutzbeauftragten (Berichtszeitraum: 1995)*

Ein anderes Beispiel sind sogenannte Hörfallen: Die Polizei veranlasst eine Privatperson zu einem Telefonat mit dem Beschuldigten in einem Strafermittlungsverfahren. Dieses ‚Privatgespräch" wird von einem Polizeibeamten mitgehört. Wenn sich der Beschuldigte in dem „Privatgespräch" offenbart und Angaben macht, die ihn belasten, schnappt die Hörfalle zu: Der 2. Strafsenat des Bundesgerichtshofes hat die auf diese Weise erlangten Erkenntnisse für gerichtlich verwertbar gehalten, da die Polizei nicht in ein Ferngespräch eindringe, sondern lediglich mit Einwilligung des Gesprächspartners hieran partizipiere.
Diese Prämisse des Gerichts, wonach die Einwilligung eines der Gesprächspartner ausreiche, ist fragwürdig. Hierbei wird verkannt, dass sich der andere Teilnehmer nur einer bestimmten, von ihm für vertrauenswürdig gehaltenen Person offenbart hatte und die Annahme lebensfremd ist, ihm sei es gleichgültig gewesen, wer noch mithört.
Gegen die weitere Annahme, die in einem „Privatgespräch" freiwillig offenbarten Angaben könnten von den mithörenden Strafverfolgungsbehörden und vom Gericht grundsätzlich verwendet werden, hat sich nunmehr der 5. Strafsenat des Bundesgerichtshofes ausgesprochen. In einem Beschluss vom 22. März 1995 äußert der Senat gewichtige Zweifel an der These, die Offenbarung in dem polizeilich mitgehörten Telefonat sei freiwillig unter Privatleuten erfolgt. Der 5. Senat hält daher die durch eine Hörfalle erlangten Erkenntnisse im weiteren Strafverfahren nicht für verwertbar.
Wenn das Telefonat zwischen den Privatpersonen dem Zweck diene, ein Beweismittel zur Überführung des Beschuldigten zu beschaffen, würden die gesetzlichen Pflichten zur Belehrung, dass es dem Beschuldigten freisteht, sich zu der Beschuldigung zu äußern oder nicht zur Sache auszusagen (§ 136 Abs.1 Satz 2, § 163a Abs. 4 StPO), umgangen. Das polizeilich mit dem Zweck der Beweisführung veranlasste und mitge-

hörte Privatgespräch stehe einer förmlichen Vernehmung gleich, die dann unverwertbar ist, wenn sie ohne Belehrung erfolgt.
Die Äußerung des Beschuldigten in einem solchen polizeilich veranlassten Gespräch erfolge insbesondere auch nicht freiwillig. Vielmehr könne der von der Polizei eingesetzte Gesprächspartner (z. B. eine V-Person) mit Informationen ausgestattet werden, die das gezielte Aushorchen des anderen Teilnehmers ermöglichen oder fördern.
Diese Ausführungen des 5. Strafsenats sind zu begrüßen. Sie betonen im Bereich des hoheitlichen Handelns den Vorrang der gesetzlich vorgesehenen Verfahrensweise und ihrer besonderen Bindungen hier der Belehrungspflichten. Sie machen ferner deutlich, dass nur dann von freiwilligen Äußerungen ausgegangen werden kann, wenn kein informatorisches Ungleichgewicht zwischen den Gesprächspartnern besteht.
Da der 5. Strafsenat von der Rechtsprechung des 2. Strafsenats abweichen will, ist eine Entscheidung des Großen Senats für Strafsachen beim Bundesgerichtshof zu erwarten, wenn der 2. Senat seine Auffassung nicht revidiert. Bei Redaktionsschluss stand noch nicht fest, welchen Ausgang das Verfahren nimmt.

[xi] § 100g
(1) Begründen bestimmte Tatsachen den Verdacht, dass jemand als Täter oder Teilnehmer eine Straftat von erheblicher Bedeutung, insbesondere eine der in § 100a Satz 1 genannten Straftaten, oder mittels einer Endeinrichtung (§ 3 Nr. 3 des Telekommunikationsgesetzes) begangen, in Fällen, in denen der Versuch strafbar ist, zu begehen versucht oder durch eine Straftat vorbereitet hat, darf angeordnet werden, dass diejenigen, die geschäftsmäßig Telekommunikationsdienste erbringen oder daran mitwirken, unverzüglich Auskunft über die in Absatz 3 bezeichneten Telekommunikationsverbindungsdaten zu erteilen haben, soweit die Auskunft für die Untersuchung erforderlich ist. Dies gilt nur, soweit diese Verbindungsdaten den Beschuldigten oder die sonstigen in § 100a Satz 2 bezeichneten Personen betreffen. Die Auskunft darf auch über zukünftige Telekommunikationsverbindungen angeordnet werden.
(2) Die Erteilung einer Auskunft darüber, ob von einem Telekommunikationsanschluss Telekommunikationsverbindungen zu den in Absatz 1 Satz 2 genannten Personen hergestellt worden sind, darf nur angeordnet werden, wenn die Erforschung des Sachverhalts oder die Ermittlung des Aufenthaltsortes des Beschuldigten auf andere Weise aussichtslos oder wesentlich erschwert wäre.
(3) Telekommunikationsverbindungsdaten sind:
im Falle einer Verbindung Berechtigungskennungen, Kartennummern, Standortkennung sowie Rufnummer oder Kennung des anrufenden und angerufenen Anschlusses oder der Endeinrichtung,
Beginn und Ende der Verbindung nach Datum und Uhrzeit,
vom Kunden in Anspruch genommene Telekommunikationsdienstleistung,

Endpunkte festgeschalteter Verbindungen, ihr Beginn und ihr Ende nach Datum und Uhrzeit.

§ 100h

(1) Die Anordnung muss den Namen und die Anschrift des Betroffenen, gegen den sie sich richtet, sowie die Rufnummer oder eine andere Kennung seines Telekommunikationsanschlusses enthalten. Im Falle einer Straftat von erheblicher Bedeutung genügt eine räumlich und zeitlich hinreichend bestimmte Bezeichnung der Telekommunikation, über die Auskunft erteilt werden soll, wenn andernfalls die Erforschung des Sachverhalts aussichtslos oder wesentlich erschwert wäre. § 100b Abs. 1, 2 Satz 1 und 3, Abs. 6 und § 95 Abs. 2 gelten entsprechend; im Falle der Anordnung der Auskunft über zukünftige Telekommunikationsverbindungen gilt auch § 100b Abs. 2 Satz 4 und 5, Abs. 4 entsprechend.

(2) Soweit das Zeugnisverweigerungsrecht in den Fällen des § 53 Abs. 1 Nr. 1, 2 und 4 reicht, ist das Verlangen einer Auskunft über Telekommunikationsverbindungen, die von dem oder zu dem zur Verweigerung des Zeugnisses Berechtigten hergestellt wurden, unzulässig; eine den-noch erlangte Auskunft darf nicht verwertet werden. Dies gilt nicht, wenn die zur Verweigerung des Zeugnisses Berechtigten einer Teilnahme oder einer Begünstigung, Strafvereitelung oder Hehlerei verdächtig sind.

(3) Die durch die Auskunft erlangten personenbezogenen Informationen dürfen in anderen Strafverfahren zu Beweiszwecken nur verwendet werden, soweit sich bei Gelegenheit der Auswertung Erkenntnisse ergeben, die zur Aufklärung einer der in § 100g Abs. 1 Satz 1 bezeichneten Straftaten benötigt werden, oder wenn der Beschuldigte zustimmt.

[xii] Fangschaltung

Jeder, der durch Anrufe bedroht oder belästigt wird, kann bei seinem Telekommunikationsunternehmen einen Antrag auf Mitteilung bei ihm ankommender Verbindungen stellen (sog. Fangschaltung). Dieser Antrag muss schriftlich für die Zukunft gestellt werden und schlüssig darstellen, woraus sich für den Betroffenen eine Bedrohung oder Belästigung ergibt.

Bevor ihm diese Verbindungen und die Inhaber der Anschlüsse bekannt gegeben werden, muss der Antragsteller außerdem noch die entsprechenden Anrufe eingrenzen, um so sicherzustellen, dass wirklich nur die belästigenden oder bedrohenden Anrufe mitgeteilt werden. Das Unternehmen hat dem Antragsteller dann Namen, Anschrift und Telefonnummer der Person mitzuteilen, von deren Anschluss die im Rahmen der Fangschaltung ermittelten Anrufe ausgegangen sind. Falls diese Person nicht in einem Kundenverzeichnis eingetragen ist, unterbleibt die Mitteilung der Telefonnummer.

Falls der Kunde der „gefangenen“ Nummer bei einem anderen Telekommunikationsunternehmen Kunde ist, hat dieses die Auskünfte zu erteilen, die erforderlich sind,

um den Antragsteller zu informieren (netzübergreifende Auskunft). So ist sichergestellt, dass der Kunde sich nicht selbst an verschiedene Diensteanbieter wenden muss, um zu erfahren, von wem die Belästigung ausgeht.
Wichtig bei diesem Verfahren ist auch, dass der Inhaber des gefangenen Anschlusses nachträglich darüber zu unterrichten ist, dass er im Rahmen einer Fangschaltung gefangen wurde. Auf diese Information kann nur verzichtet werden, wenn der Antragsteller einer Fangschaltung schriftlich schlüssig vorträgt, dass ihm aufgrund dieser Benachrichtigung wesentliche Nachteile entstehen.
Rechtliche Grundlagen:
§ 89 Abs.2 Nr.3b TKG:
Nach Maßgabe der Rechtsverordnung dürfen Unternehmen und Personen, die geschäftsmäßig Telekommunikationsdienste erbringen oder an der Erbringung solcher Dienste mitwirken, die Daten natürlicher und juristischer Personen erheben, verarbeiten und nutzen, soweit dies erforderlich ist des Identifizierens von Anschlüssen, wenn er in einem zu dokumentierenden Verfahren schlüssig vorgetragen hat, das Ziel bedrohender oder belästigender Anrufe zu sein; dem Nutzer werden die Rufnummern der Anschlüsse sowie die von diesen ausgehenden Verbindungen und Verbindungsversuche einschließlich Name und Anschrift des Anschlußinhabers nur bekanntgegeben, wenn er zuvor die Anrufe nach Datum und Uhrzeit eingrenzt, soweit ein Mißbrauch der Überwachungsmöglichkeit nicht auf andere Weise ausgeschlossen werden kann; grundsätzlich wird der Anschlußinhaber über die Auskunftserteilung nachträglich informiert.

§ 10 TDSV
Mitteilen ankommender Verbindungen
(1) Trägt ein Kunde in einem zu dokumentierenden Verfahren schlüssig vor, dass bei seinem Anschluss bedrohende oder belästigende Anrufe ankommen, hat der Diensteanbieter auf schriftlichen Antrag auch netzübergreifend Auskunft über die Anschlüsse zu erteilen, von denen die Anrufe ausgehen. Die Auskunft darf sich nur auf Anrufe beziehen, die nach dem Antrag durchgeführt werden. Der Diensteanbieter darf die Nummern, Namen und Anschriften der Inhaber dieser Anschlüsse sowie Datum und Uhrzeit des Beginns der Verbindungen und der Verbindungsversuche erheben, speichern und seinem Kunden mitteilen. Die Sätze 1 bis 3 gelten nicht für Diensteanbieter, die als Anbieter für geschlossene Benutzergruppen ihre Dienste nur ihren Teilnehmern anbieten.
(2) Die Bekanntgabe nach Absatz 1 Satz 3 darf nur erfolgen, wenn der Kunde zuvor die Verbindungen nach Datum, Uhrzeit oder anderen geeigneten Kriterien eingrenzt, soweit ein Missbrauch der Überwachungsmöglichkeit nicht auf andere Weise ausgeschlossen werden kann. Sind die Inhaber der genannten Anschlüsse nicht in einem öffentlichen Kundenverzeichnis nach § 13 eingetragen, dürfen dem Kunden lediglich

Namen und Anschriften der Anschlussinhaber mitgeteilt werden.
xiii Aus den Vernehmungsunterlagen der Ehefrau des Tetzner
Die Kaufmannsehefrau Emma Lina Tetzner, geborene Georgi, geboren am 26.4.1907 in Oelsnitz im Erzgebirge, hier, Elisenstraße 52 II bei Böhm wohnhaft, gab an: „Ich bin bereit auszusagen und mich streng an die Wahrheit zu halten. Ich war mit dem Kaufmann Kurt Tetzner seit 25.12.1927 verheiratet, die Eheschließung fand in Freiberg i./S. statt. Nach erfolgter Eheschließung siedelten wir nach Oschatz über, kauften dort ein Kaffeehaus. In Oschatz verblieben wir bis Juni 1929, gingen dann nach Verkauf des Kaffeehauses einige Wochen auf Reisen und zogen hierauf in Leipzig zu. Durch den Verkauf des Kaffeehauses (er)lösten wir 10.000 RM. Mit diesem Betrag leistete mein Ehemann bei dem Pestalozzi-Verlag in München eine Einlage und bekam dafür die Generalvertretung für Sachsen. Er legte die Reisetouren in einem sich zugelegten Kraftwagen zurück, der Verdienst war zufriedenstellend. Der von ihm benutzte Kraftwagen war ein kleiner Opelwagen mit rotbrauner Lackierung. Mein Ehemann blieb in der Regel 6 - 8 Tage auf der Tour und kehrte dann wieder zurück. Länger als diese Zeit hat seine Abwesenheit ...“ (Ende der Aufzeichnung)
Ausschnitt aus Vernehmungsfortsetzung der Tetzner
„... Medizin vorgenommen worden. Zur Sektion habe ich mein Einverständnis gegeben. Die Leiche habe ich mir nicht angesehen. An dem Begräbnis haben die Mutter meines Ehemannes, Frau Anna Tetzner, Borna b. Leipzig und mein Bruder, der Kaffeehausinhaber Otto Georgi, in Gernrode am Harz wohnhaft, beigewohnt. Beide Personen hatte ich durch Telegramme benachrichtigt, wie es mein Ehemann mir eingegeben hatte.
Ich selbst habe auch am Begräbnis teilgenommen. Frau Tetzner, auch mein Bruder wissen bestimmt nicht, dass der Beerdigte ... nicht mein Ehemann ist, ich habe sie nicht eingeweiht. Beide sind völlig ahnungslos und wissen nicht den Sachverhalt.
Während der Anwesenheit meiner Verwandten musste ich die Trauernde spielen, um keinen Verdacht aufkommen zu lassen. Es ist mir furchtbar schwer gefallen, ich habe nicht aus Trauer geweint, sondern aufgrund meines belasteten Gewissens.
Ich hatte bereits gestern die Absicht, die volle Wahrheit zu sagen, fand aber den Mut nicht dazu.
Das am 4.12.1929, also heut früh gegen 1/4 9 Uhr geführte Ferngespräch aus Straßburg ist zweifelsohne von meinem Ehemann geführt worden. Er wird sich nach dort geflüchtet haben und vorübergehend aufhalten.
Ich wiederhole noch mal, dass ich mit meinem Ehemann vor seiner Abreise keinen Treffpunkt nach erfolgter Tat ausgemacht habe, ... wollte mir nach der Tat brieflich Nachricht zukommen lassen.
Die Nagel weiß von der ganzen Sache nichts, ich habe sie nicht eingeweiht. Als ich meinem Ehemann einige Tage vor seiner Abreise mitteilte, dass mir die Verstellung sehr schwer fallen werde, ich auch immer allein sei, erklärte er mir, ich solle mir die Nagel kommen lassen, damit sie mir Gesellschaft leiste und ich nicht immer allein sei und

grübeln könne. Ich habe darauf einige Tage vor seiner Abreise an die Nagel geschrieben und sie ersucht, m ..." (Ende der Aufzeichnung).

„... Mein Ehemann und ich sind im Besitz von Auslandspässen, ausgestellt unter dem 10.6.1929 vom Stadtrat in Oschatz.

Wir ließen uns die Pässe ausstellen, weil wir nach dem Wegzug von Oschatz auf Reisen gingen und an die Ostsee reisten und uns dort im Ostseebad Grömitz in Schleswig-Holstein aufhielten.

Eine Fotografie meines Ehemannes habe ich nicht im Besitz, die Hochzeitsbilder haben wir vernichtet, weil sie nicht geraten waren. Ich gedenk in den nächsten Tagen nicht wegzureisen, ich behalte auch meinen Wohnsitz in Leipzig."

Die Nagel, Katharina, Servierfräulein, gab an, vom September 1928 bis Juni 1929 bei dem Ehepaar Tetzner als Servierfräulein im Kaffeehaus in Oschatz tätig gewesen zu sein. Nach dem Wegzug Tetzners von Oschatz sei sie zunächst nach München gereist, ohne dort aber Stellung zu finden. Sie sei dann noch in Starnberg, in Landshut und zuletzt in Regensburg in Stellung gewesen. Auf einen Brief der Tetzner vom 18.11.29 habe sie sich entschlossen, deren Bitte nachzukommen, um ihr in Leipzig während der Abwesenheit ihres Ehemannes Gesellschaft zu leisten. Sie sei deshalb am 19.11.29 von Regensburg fort und am gleichen Tage in Leipzig eingetroffen.

Anordnungsgemäß wurden hierauf die Tetzner und die Nagel nach ihrer Wohnung entlassen, über Nacht verbleiben 2 Kriminalbeamte in der Wohnung, um beide scharf zu überwachen.

Am 4.12.1929 vormittags 7 Uhr suchte ich nochmals die Wohnung der Tetzner auf. Bei dieser Gelegenheit wies ich die überwachenden Kriminalbeamten nochmals an, die Tetzner als auch die Nagel nicht mit anderen Personen sprechen zu lassen ohne in ihrer Gegenwart.

Vormittags teilte Krim. - Hauptw. Zaumseil gegen 1/2 9 Uhr das überwachte Straßburger Ferngespräch mit, daraufhin ordnetet Herr Regierungsrat v. Criegern die sofortige Zuführung der Tetzner als auch der Nagel nach der Kriminalabteilung an.

Nach Eintreffen in der Kriminalabteilung, vormittags gegen 10 Uhr, wurde zunächst die Tetzner, anschließend die Nagel vernommen. S. a. nachfolgende Berichte. Leidert, Oberkrim. Komm.

Kriminalabteilung
am 9.12.1929

Vorstehender Bericht über die Befragung der Tetzner und der Nagel am 3.12.1929 (erste Befragung) ist irrtümlicherweise hier liegen geblieben.

Es wird gebeten, den Bericht als Seite 2, 3, 4 und 5 in den am 5.12.1929 Herrn Staatsanwalt Hebauer persönlich übergebenen Bericht über die Befragung der Tetzner und der Nagel am 4.12.1929 einzufügen.

Haftsache. Leidert. Oberkrim.- Komm.

Eilt!
Kriminalamt Leipzig, Beschluss vom 9.12.29, an StA Regensburg zum Vorgang.
Unterschrift: I.A. von Criegern

Am 4.12.1929 vormittags 1/2 9 Uhr teilte der mit der Überwachung betraute Krim.-Hauptw. Zaumseil fernmündlich mit, dass soeben die Tetzner an den Fernsprecher des Kaufmanns Heber, Elisenstraße 52 II verlangt worden sei. Fernsprechnummer Heber = 33530. An Stelle der Tetzner sei er an den Fernsprecher gegangen und habe das Gespräch entgegen nehmen wollen mit der Begründung, dass die Tetzner abwesend sei.
Der Anrufer habe angegeben, aus Straßburg i. - F. von der dortigen Nummer 1860 anzurufen und habe sich Srassneli genannt. Er müsse unbedingt Frau Tetzner persönlich sprechen und werde deshalb am 4.12.1929 nachmittags 6 Uhr nochmals von Straßburg aus anrufen, Frau Tetzner möge sich zu dieser Zeit bereit halten.
Auf Befragen habe die Tetzener angegeben, den angebl. Frassneli nicht zu kennen, sie könne keine Angaben über ihn machen.
Auf Anruf teilte das Fernsprechamt mit, dass der Anruf tatsächlich aus Straßburg erfolgt sei.xiii
Weiter teilte Herr Direktor vom hiesigen Messamt - Dr. Löbig - vertraulich mit, dass Tetzner auf Antrag unter dem 19.11.1929 ein Visum nach Frankreich beantragt und auch erhalten habe.
Herr Oberreg. Rat Dr. Heiland wurde vom Vorstehenden sofort in Kenntnis gesetzt. Auf Anordnung des genannten Herrn begab sich Herr Reg. Rat von Criegern vormittags 10 Uhr im Flugzeug nach Straßburg, um dort die Festnahme Tetzners zu veranlassen.
Unterschrift Leidert, Oberkrim.- Komm.
4.12.29
Da mit der Möglichkeit gerechnet wurde, dass RRA von Criegern nicht rechtzeitig in Straßburg eintreffen könnte, habe ich mich gegen 1/2 12 Uhr fern. telefonisch mit der Straßburger Kriminalpolizei in Verbindung gesetzt und sie unter Mitteilung der näheren Details um Festnahme Tetzners - ... mit Unterstützung des dortigen Fernsprechamtes - ersucht. Kripo Straßburg versprach alle Unterstützung.
Die Staatsanwaltschaft Regensburg - StA Hebauer - wurde fernmündlich von dem Geständnis des T. und von dem hier Veranlassten in Kenntnis gesetzt und gebeten, gegen T. Haftbefehl zu erwirken und nach Straßburg zu senden.
Auf telefonisches Ersuchen erklärte sich die Generaldirektion der Nordstern Versicherungs AG - Herr Dr. Bompertz und Direktor Renter - bereit, die Kosten für die Entsendung des RRA von Criegern bis zur Höhe von 1500.- RM zu übernehmen.
3/4 6 Uhr nachmittags teilte die Kripo Straßburg telefonisch mit , dass Tetzner dort festgenommen worden sei. Er bleibt auf mein Ersuchen dort in Haft, nachdem ich erklärte, dass StA Regensburg unverzüglich Haftbefehl übersenden wird.
StA Regensburg - StA Hebauer - wurde schon telefonisch von der Festnahme Tetzners

verständigt und gebeten, an Kripo Straßburg sofort zu telegrafieren, dass Haftbefehl und Auslieferungsbegehren für Tetzner unterwegs seien. Nachr. Dr. Heiland
Haft,
1. Fahndung löschen
2. Urschriftlich
an StA Regensburg
unter Zuführung der Ehefrau Tetzner und der Nagel zu weiteren Entscheidung.
Unterschrift: Dr. Heiland
Hierzu:
2 Auslandspässe
ausgestellt auf die Tetzner und die Nagel.

Aus einer Vernehmung der Tetzner
„Auf Zureden der Bestattungsfirma M. Ritter in Leipzig entschloss ich mich jedoch am 28. November 29, die Überführung der Leiche nach Leipzig zu genehmigen. Die Firma erkundigte sich telefonisch in Regensburg, wo es hieß, die Leiche sei freigegeben, worauf dann die Leiche nach Leipzig transportiert wurde. Am 30. November 29 um 3 Uhr fand das Begräbnis der angeblich Tetzner`schen Leiche am Südfriedhof in Leipzig statt; zugegen waren ich, mein Bruder und die Mutter meines Mannes, ferner die Hauswirtin. Von den sämtlichen „Trauergästen“ war ich die einzige Persönlichkeit, die um den wahren Charakter der Leiche wusste. Auch Katharina Nagel war bei dem Leichenbegängnis, die ebenso wenig von der Sache etwas wusste. Kurz vor der Beerdigung hatte noch eine Sektion der Leiche durch das Leipziger Institut für gerichtliche Medizin stattgefunden. Ich konnte nichts anderes machen, als die trauernde Witwe vorzutäuschen, obwohl mir dies äußerst schwer fiel, ich bedauerte den armen Schlucker, der in der Erde lag und der die Schlechtigkeit meines Mannes büßen musste.
VII
Am Sonntag, den 1. Dezember, kam der Kaufmann Paul Rohr, der ebenfalls beim Pestalozziverlag beteiligt war, zu mir nach Leipzig, um wegen des Grundschuldbriefes mit meinem Manne zu reden und um mich wegen meiner Verlassenheit mit nach München zu nehmen. Von diesem erfuhr ich nun, dass mein Mann am Dienstag oder Mittwoch, also am 26. oder 27. November 29 in München gewesen sei; nachdem er aber am Mittwoch in aller Frühe verbrannt sei, werde es wohl am Dienstag gewesen sein. Ich fuhr aber mit Rohr nicht nach München, sondern blieb zu Hause; Paul Rohr fuhr am 2. Dezember abends nach München. Inzwischen lebte ich in großer Unruhe, weil ich stündlich auf eine Nachricht meines Mannes wartete.
VIII
Bereits in der Frühe des 28. November 29 hatte ich gleich nach meiner Ankunft in Leipzig dem Auftrage meines Mannes gemäß an sämtliche 4 Versicherungsgesellschaf-

ten gleichlautende Telegramme folgenden Inhalts abgeschickt: ‚Versicherungsnehmer Police Nr.: ... tödlich verunglückt. Emma Tetzner.' Ich war durch die vorherige intensive Bearbeitung meines Mannes eben soweit gebracht worden, dass ich als sein Werkzeug alles ausführte. Selbstverständlich war ich mir darüber im klaren, dass ich mit diesen Telegrammen, durch die ich die Versicherungssumme unberechtigt erheben wollte, eine strafbare Handlung begehe.

IX

Inzwischen wartete ich mit Sorge auf irgend eine Nachricht meines Mannes; er hatte mir gesagt, dass er unter dem Decknamen ‚Frasnelli' - dem Namen eines Lehrers, den ich in früherer Zeit gekannt hatte - postlagernd an mich nach Leipzig schreiben werde. Meine Anfragen bei der Post waren aber vergeblich. Am 2. Dezember 1929 wurde ich auf die Kriminalpolizei geladen, wobei mir sofort klar war, dass die Sache nun schief gehe. Aus Angst getraute ich mich aber nicht mit der Wahrheit heraus zu rücken, ich fürchtete, mein Mann lasse mich allein im Elend sitzen und er selbst ziehe sich aus der Patsche. Infolgedessen verschanzte ich mich auf der Kriminalpolizei auf absolutes Nichtwissen. Ich wurde aber unter polizeiliche Bewachung gestellt."

Aus einer Vernehmung der Tetzner

„Am 4. Dezember 1929 vermutlich gegen 9 Uhr wurde ich ans Telefon gewünscht; ich war nämlich bei dem auf dem gleichen Gang unseres Hauses wohnenden Herrn Heber von auswärts angerufen worden. Der in meiner Wohnung befindliche Kriminalbeamte und ich begaben uns ans Telefon. Der Beamte nahm das Gespräch ab; es hatte ein Herr Frasnelli von Straßburg angerufen. Der Krim. Beamte sagte, die Frau Tetzner sei nicht anwesend, er solle später wieder anrufen. Zugleich erkundigte er sich nach der Straßburger Nummer, unter der er angerufen werden könnte. Damit war auch der Aufenthaltsort meines Mannes verraten; ich selbst war mir darüber im klaren, dass der Anrufer Frasnelli mein Ehemann war. Ich wurde daraufhin von der Krim-Polizei vorläufig festgenommen und zu Protokoll einvernommen. Die Angaben meines Mannes, ich sei die Triebfeder des ganzen Planes gewesen und er sei sozusagen von mir angestiftet worden, ist eine grobe Unwahrheit; das Umgekehrte ist richtig. Ich stand vollständig unter dem Einfluss meines Mannes und getraute mich schon aus Furcht vor seinen Gewalttätigkeiten nicht Widerstand zu leisten. Selbstverständlich weiß ich, dass ich wegen des Versuchs eines Versicherungsbetruges mich schuldig gemacht habe, wie mir auch klar ist, dass ich den Plan meines Mannes schon eher hätte offenbaren sollen, aber in meiner Angst glaubte ich, mein Mann bringe sich in Sicherheit und lässt mich im Unglück sitzen. Als Reiseziel nach Erhalt der Versicherungssumme von 145.000 M hatte mein Mann Frankreich, England und Amerika bezeichnet. Er sagte, er kenne in Amerika einen Staat, wo man ohne weiteres auf einen falschen Namen wieder heiraten könne und dadurch sei die Gelegenheit gegeben, vielleicht unter fremden Namen wieder nach Deutschland zurück zu kommen.

XI

(Tod meiner Mutter)

Meine Mutter war von Weihnachten 1928 bis April 1929 krank. Sie litt am Unterleib (Gebärmutterleiden - Krebs). Die Lebensversicherung wurde vielleicht im Jahre 1928 abgeschlossen und zwar bei der Allianz - Stuttgarter Verein. Die näheren Vorgänge sind mir ganz unbekannt. Meine Mutter lag von nach Weihnachten bis zum April daheim im Bett; zuletzt wurde sie ins städtische Krankenhaus in Oschatz geschafft und dort operiert, dort starb sie nach 3 Tagen. Nachdem meine Mutter versichert war, sollte sie nach Ansicht meines Mannes gleich sterben; von der gemeinen Gesinnung meines Mannes gibt der Vorfall Aufschluss, dass er einmal zu mir sagte, die Versicherungssumme erhöhe sich auf das doppelte im Falle eines Unfalles und man müsse einmal auf der Treppe einen Unfall hervorrufen, dass sie hinfalle und einen Herzschlag bekomme."

XII

Fall Nagel

„Die Katharina Nagel war von Anfang Oktober 1928 bis anfangs Juni 1929 in unserem Kaffeehausbetrieb in Oschatz als Servierfräulein bedienstet. Sie war arbeitsam und führte sich bei uns anständig. Nach Auflösung des Geschäftes trat sie bei uns aus. Als mein Mann seinerzeit mit dem Plan des groß angelegten Versicherungsschwindels herausrückte und zu diesem Zwecke sogar vor einem Mord nicht zurückschrecken wollte, geriet ich in eine entsetzliche ..." (hier Ende der Vernehmungsaufzeichnung).

Straßburg, den 5. Dezember 1929

STRASBOURG

Sûreté

Nr.: 349/29

Wie das Kriminalamt Leipzig gelegentlich der Überwachung der Frau Tetzner in Leipzig in Erfahrung gebracht hatte, hatte ein gewisser „Franelli" am 4.12.29 von Straßburg aus Frau Tetzner in Leipzig telefonisch zu sprechen versucht. Er hatte angegeben, dass er am 4.12.29 nachmittags 5 Uhr von Nr.: 1860 in Straßburg nochmals Frau Tetzner in Leipzig telefonisch anrufen werde. Da festgestellt werden konnte, dass Tetzner am 19.11.29 in Leipzig (ein) französisches Visum zur Einreise nach Frankreich erhalten hatte, bestand kein Zweifel mehr, dass der angebliche „Franelli" mit Tetzner identisch sei. Der Unterzeichnete begab sich deshalb auftragsgemäß nach Straßburg, um im Einvernehmen mit der Kriminalpolizei Straßburg Tetzner dort festzunehmen. Die Festnahme glückte der Kriminalpolizei Straßburg auch. Tetzner konnte am 4.12.29, nachmittags 4 Uhr (französische Zeit) 5 Uhr (deutsche Zeit) auf dem Hauptpostamt in Straßburg festgenommen werden. Er wurde der Kriminalpolizei in Straßburg zugeführt und die StA Regensburg durch die KP Leipzig gebeten, Haftbefehl zu beantragen und die StA Regensburg möglichst telegraphisch zu benachrichtigen. Nach Rücksprache mit der StA Straßburg wird diese nach Eintreffen des Haftbefehls gegen Tetzner ihn nach Colmar überführen, da von dort aus nach Erledigung der nötigen Formalitäten das Auslieferungsverfahren eingeleitet wird.

Vorgeführt gibt Tetzner an:
Zur Person: „Ich heiße Tetzner, Kurt Erich, geboren am 7. November 1904 in Oelsnitz (Sachsen). Meine Eltern sind: Max Robert Tetzner und die Anna, geborene Sprössig. Ich bin von Beruf Kaufmann, wohnhaft in Leipzig, Elisenstraße 52, verheiratet mit Lina, Emma Georgi. Ich bin vermögenslos, ohne Einkommen. Meine Frau hat ein Vermögen von etwa M 10.000,— als anteilige Besitzerin ihres Grundstücks in Oelsnitz. Ich bin schon vorbestraft mit acht Tagen Gefängnis wegen Diebstahls. Ich habe bis zur Vollendung des 14. Lebensjahres die Bürgerschule in Oelsnitz in Sachsen besucht. Nach Absolvierung der Bergvorschule in Zwickau habe ich in Oelsnitz als Bergmann im Bergwerk gearbeitet. Bis 1924 war ich in den Wotanwerken in Chemnitz als Nachkalkulator tätig. Bis 1926 war ich dann als Reisender tätig. Nach dieser Zeit trat ich in das Geschäft meiner Schwiegermutter in Oelsnitz ein. Ich habe eine glückliche Jugend verlebt, habe keine Schwierigkeiten auf der Schule gehabt und habe auch bis zum Eintritt in das Geschäft meiner Schwiegermutter sorgenfrei gelebt. Meine jetzige Ehefrau, die Tochter eines Bäckermeisters in Oelsnitz, lernte ich in der Tanzstunde in Oelsnitz im Jahre 1924 kennen. Es entspann sich zwischen uns ein Liebesverhältnis, wir pflegten auch Geschlechtsverkehr und wohl Weihnachten 1926 verlobte ich mich offiziell mit ihr. Nach der Verpachtung des Geschäftes meiner Schwiegermutter in Oelsnitz kaufte meine Schwiegermutter, mein Schwiegervater war 1923 schon gestorben, in Freiberg ein Lebensmittelgeschäft, wo ich auch tätig war. Im Jahre 1927 heiratete ich und wir siedelten nach Oschatz über, wo meine Schwiegermutter ein Caféhaus kaufte. Dort war auch die Kellnerin Nagel von Ende 1928 bis Anfang 1929, wo wir das Geschäft verkauften, tätig. Da wir in geschäftliche Schwierigkeiten gerieten, verkauften wir das Café. Nach einem zweiwöchentlichen Aufenthalt im Juli 1929 im Ostseebad Grömitz siedelten wir nach München über. Meine Schwiegermutter war inzwischen am 7. April 1929 in Oschatz an Gebärmutterkrebs verstorben. Ihr Leben war versichert bei der „Alliance" mit M 10.000,— . Diese M 10.000,— bekam ich als Nutznießer des Vermögens meiner Frau."
„... Begleiter zu beseitigen. Ich ließ meinen Wagen stehen, verließ den Wagen und forderte auch den Handwerksburschen auf, mit abzusteigen. Ich bat den Handwerksburschen, er solle doch mal unter den Wagen kriechen und die Schraube an der Ölzufuhr festziehen, es sei da etwas nicht in Ordnung. Er weigerte sich auch gar nicht und kroch unter den Wagen. Ich nahm nun den eisernen Hebebaum fürs Auto zur Hand in der Absicht, den Handwerksburschen, wenn er unter dem Auto wieder hervorkröche, zu betäuben, dann mit Benzin zu übergießen und in Brand zu setzen. Als der Kopf des Handwerksburschen unter dem Auto hervor sah, schlug ich mit dem eisernen Hebebaum zu. Der Handwerksbursche erhob sich und versetzte mir einen kräftigen Schlag gegen die Nase und das rechte Auge, woher auch die jetzt noch sichtbare Narbe an meinem rechten Nasenbeine stammt. Der Handwerksbursche riss darauf aus, ich be-

stieg meinen Wagen und fuhr davon. Ich machte mit meinem Wagen kehrt und fuhr Richtung Leipzig zurück. Ich bin dann die ganze Nacht und den halben nächsten Tag gefahren, wusste nicht recht, wo ich hin sollte und landete endlich in Halle wohl am 24. November abends. Ich habe meinen Wagen in Halle in der Leipzigerstraße in einer Garage untergestellt und habe in einem in der Nähe befindlichen kleineren Hotel gewohnt. Den Namen des Hotels weiß ich nicht mehr. Ich bin dann in Halle planlos bis zum 25. November herumgelaufen. Ich beabsichtigte, mir selbst das Leben zu nehmen, fand aber nicht den Mut dazu. Ich fuhr am 25. November nach Altenburg und von da nach Hohenstein - Ernsttal . Dort habe ich in einem Hotel, das ich heute nicht mehr nennen kann, übernachtet. Ich habe mich in Ernsttal polizeilich nicht gemeldet, während ich in Halle meinen richtigen Namen im Hotel angegeben habe."

Auf Vorhalt: „ Ich habe wohl daran gedacht, dass ich wegen des Mordversuchs an dem Handwerksburschen von der Polizei gesucht würde, habe mich aber trotzdem nicht gescheut, in Halle meinen richtigen Namen zu nennen, da ich den festen Entschluss gefasst hatte mir das Leben zu nehmen. Am 25.11.29, gegen Mittag, verließ ich mit meinem Wagen Hohenstein - Ernsttal und fuhr Richtung München. Gegen Abend, zwischen Hof und Regensburg, begegnete mir ein Handwerksbursche, der Richtung München lief. Er bat mich, ihn mit nach München zu nehmen. Nach einigen Stunden Fahrt kam mir wieder der Gedanke, wieder eine Panne zu markieren und dabei den Handwerksburschen umzubringen. Es wird wohl gegen 4 Uhr morgens gewesen sein. Ich ließ den Wagen halten. Mein Begleiter blieb im Wagen neben dem Führersitz sitzen. Ich tat, als ob mein Öltank nicht in Ordnung sei, nahm die Benzinkanne, begoss das ganze Auto von außen, Trittbrett u.s.w. mit Benzin. Öffnete den Benzintank, nahm ein Streichholz und zündete am rechten hinteren Trittbrett das Benzin an. Meine Absicht war, dass auf diese Art eine Explosion erfolgte, der Handwerksbursche dabei bis zur Unkenntlichkeit verbrannte. Es erfolgte auch eine furchtbare Explosion und ich lief kopflos davon. Ich bin dann nach Regensburg, dort mit dem nächsten Zuge nach München und von da ohne Aufenthalt in München nach Paris. Ich habe mir, nachdem ich den Plan seinerzeit mit meiner Frau besprochen hatte, das französische Visum in Leipzig verschafft, um nach Ausübung des geplanten Mordes nach Frankreich zu fliehen. In Paris habe ich im Hotel Monopol gewohnt und einige Zeit verstreichen lassen in der Hoffnung, mich mit meiner Frau in Leipzig in Verbindung setzen zu können. Am 3.12.29 abends fuhr ich nach Straßburg, um mich von hier aus mit meiner Frau telefonisch in Verbindung zu setzen. Ich wollte von hier aus anrufen, um mein Alibi zu verwischen. Ich begab mich in Straßburg in den Wartesaal des Bahnhofs, meldete dort ein Telefongespräch nach Leipzig, und zwar Herrn Heber, Leipzig, den Saalnachbar meiner Frau, an. Die Telefonnummer Hebers wusste ich nicht. Als das Gespräch kam, nannte ich mich Frasnelli. Es meldete sich in Leipzig eine Männerstimme. Ich sagte, hier sei Nummer 1860 in Straßburg, das war, glaube ich, die Telefonnummer des Wartesaales in Straßburg. Ich verlangte meine Frau, mir wurde aber erklärt, dass meine Frau nicht

anwesend sei, weshalb ich erklärte, ich würde gegen 5 Uhr noch einmal anrufen. Gegen 4 Uhr begab ich mich nach der Hauptpost, meldete ein Telefongespräch nach Leipzig an, wieder für Heber und wurde dabei von der KP von Straßburg festgenommen. Ich bereue meine Tat tief und verstehe nicht, wie ich so eine Scheußlichkeit begehen konnte. Ich bin so verzweifelt, dass ich am liebsten aus dem Leben scheiden möchte."
Eigene Anmerkung: Tetzner hat drei Tatversionen aufgeliefert. Der wirkliche Tathergang ist bis heute nicht geklärt. Das Opfer wurde nie identifiziert.

Folgen Auszüge aus einer der nächsten Versionen.
„Augenblicklich entstand ein dumpfes Getöse und mit Blitzesschnelle war der ganze Wagen von Flammen eingehüllt. Der Handwerksbursche saß ahnungslos im Wagen und hatte offenbar nicht den mindesten Verdacht geschöpft. Als ich die Flammen empor schießen sah, lief ich in voller Angst mit meinem Koffer den auf der linken Seite der Straße hinziehenden Waldabhang hinauf, weil die Straße durch den Brand taghell erleuchtet war. Ich kümmerte mich nicht mehr um das Schicksal des Handwerksburschen, sondern eilte verstört die Straße nach Regensburg entlang. Wieso die Benzinkanne am nächsten Morgen in der Wiese gefunden wurde und wieso ein Wagenpolster auf der Straße lag, kann ich nicht aufklären. Ich habe die Tat genau so geschildert, wie sie sich zugetragen hat. Der Handwerksbursche ist also bei lebendigem Leibe verbrannt oder durch die Brandgase erstickt; ich hätte nicht den mindesten Anlass, mich zu dieser grausamen Todesart zu bekennen, wenn es nicht wahr wäre. Zunächst hatte ich aber keinerlei Kenntnis von den Folgen der Explosion und dem Schicksal des Handwerksburschen. Dieses erfuhr ich erst in Paris, wie ich unter Ziffer V noch ausführen werde.
V
Als ich so in der Nacht nach Regensburg zuging, begegnete mir auf der Landstraße außer einem Lastauto niemand. In Regensburg erfragte ich den Weg zum Bahnhof und kam 5 Minuten vor 6 Uhr dort an. Ich erfuhr dort, dass um 6 Uhr ein Personenzug nach München fahre, löste unverzüglich eine Fahrkarte und fuhr fort. Mir war es darum zu tun, möglichst schnell aus der Gegend fortzukommen. Da der Personenzug nur bis Landshut fährt, stieg ich dort in den nachfahrenden Berliner D-Zug um und kam um 9.44 am Hauptbahnhof in München an. Alsbald beim Aussteigen bemerkte ich, dass mittags 12 Uhr ein D-Zug nach Paris fahre und ich dachte bei mir, das klappe und diesen Zug würde ich benützen. Ich hatte mir im November ein französisches Visum für meinen Reisepass für die Dauer von 6 Monaten besorgt, so dass meine Einreise in Frankreich möglich war. In München ging ich zunächst zu einem Friseur und dann zum nächsten besten Schneider, als den ich den Ign. (?) Schweiger, Göthestraße 3 (Aktenschreibweise) vorfand. Bei diesem ließ ich meinen Überzieher, der durch die Autofahrt zerknittert war, aufbügeln, Dann begab ich mich in die benachbarte Milchstube von Benkert, Bayerstr. 37-39, wo ich frühstückte und auch auf die Instandsetzung meines Überziehers wartete. Ich hatte keine Ahnung, dass der Pestalozziverlag inzwischen in das gleiche Anwesen

Bayerstraße 37-39 übergesiedelt war. So konnte es kommen, dass mich dort die Kontoristin Frieda Schirner im Laufe der Vormittags entdeckte und mir den Kaufmann Paul Rohr auf den Hals hetzte. Diesem versprach ich, nachmittags um 3 Uhr zur Regelung unserer geschäftlichen Angelegenheiten zu kommen, obwohl es bei mir feststand, dass ich schon um 12 Uhr wegfahre. Die Begegnung mit Rohr war mir peinlich, weil ich doch schon tot sein sollte; ich sollte doch schon in der Frühe in Etterzhausen mit meinem Auto verbrannt sein. Ich richtete daher von 12 Uhr in aller Eile ein Telegramm an meine Frau nach Leipzig des Inhaltes: „Herrn Rohr getroffen, ihm nichts drahten." Ich fürchtete nämlich, meine Frau könnte es sich vielleicht einfallen
lassen, ihm meinen „Tod" mitzuteilen, während ich andererseits hoffte, dass später beim Bekanntwerden meines „Todes" die verschiedenen Leute sich doch nicht mehr so genau an das Datum des Zusammentreffens in München erinnern könnten. Um 12 Uhr mittags bestieg ich am Hauptbahnhof München den Pariser D-Zug. Mit meiner Frau war vereinbart, dass die Fühlungnahme mit ihr durch postlagernde Briefe nach Leipzig aufrecht erhalten werden sollte.
Am 28. November 1929 früh 6.55 Uhr kam ich in Paris an. Ich stieg im Hotel Monopole 30 Boul. D'Magenta ab; dort trug ich mich unter meinem richtigen Namen in die Fremdenliste ein und blieb bis 3. Dezember 1929. In Paris kaufte ich mir in einem Zeitungsstand die Leipziger Nachrichten und fand darin die Notiz, dass ich mit meinem Auto bei Regensburg auf der Landstraße verbrannt sei und dass meine Frau an die Unglücksstelle abgereist sei. Dadurch erfuhr ich zum ersten Male, dass der Anschlag geglückt war.
Da ich nicht genügend sprachkundig war und ich hoffte, an der Grenze, wo die Einwohner der deutschen Sprache mächtig sind, besser zum Ziele zu kommen, beschloss ich, mich mit meiner Frau von Straßburg aus telefonisch ins Benehmen zu setzen. Der Hauptzweck meines telefonischen Gespräches wäre gewesen, dass sie mir Geld schicken sollte. Ich hatte auf der Reise so ungefähr 350 M dabei, die auf der Reise draufgegangen waren. Ich fuhr daher am 3. Dezember 1929 nachts 10 Uhr in Paris weg und kam am 4. Dezember 1929 in der Frühe um 6 Uhr in Straßburg an. Am Bahnhof in Straßburg meldete ich ein telefonisches Gespräch mit Leipzig an, gegen 8 Uhr - nicht gegen 9 Uhr, wie meine Frau auf Bl. 70 oben aussagt - meldete sich Leipzig. In Leipzig war eine männliche Stimme am Telefon, die sagte, meine Frau sei nicht da. Ich sagte, dass ich später nachmittags 5 Uhr wieder anrufen werde und bezeichnete mich am Telefon als „Frasnelli". Gegen 1/2 4 Uhr nachmittags französischer Zeit begab ich mich auf das Hauptpostamt in Straßburg, um das in der Frühe angekündigte Gespräch noch einmal aufzunehmen. Ich wartete in der Schalterhalle auf das Zustandekommen der telefonischen Verbindung, als auf einmal 3 französische KP Beamte auf mich zukamen und mir , ohne ein Wort zu sagen, Handschellen anlegten. Ich wurde in den Pol - Arrest gebracht und dort noch abends und am nächsten Tage von dem Regierungsrat beim Kriminalamt Leipzig, C. v. Criegern, vernommen, wie es Bl. 78 ff, der Akten ausweist.
VI

Beteiligung der Ehefrau

Wie aus meinen bisherigen Aussagen und den Aussagen meiner Ehefrau hervorgeht, war sie in meinen Plan eingeweiht. Sie wusste, dass ich durch die Tötung eines anderen Menschen meinen eigenen Tod vortäuschen und den Anschein eines Autounfalls erwecken wollte. Meine Frau riet mir immer von diesem Plan ab. Ich ließ mich aber nicht abbringen und setzte meine ganze Hoffnung auf diesen einen Schlag. Vielleicht hat aber meine Frau doch nicht entschieden genug abgeraten, sonst hätte ich vielleicht nachgegeben und wäre nicht zum Verbrecher geworden. Ich nehme an, dass meine Frau im wesentlichen doch mit der Sache einverstanden war, was sich ja auch daraus ergibt, dass sie bereit war, nach meinem „Tod" die entsprechenden Anträge bei den Versicherungsgesellschaften zu stellen. Dass sich meine Frau vor mir fürchtete, bestreite ich; ...